Politisches Denken ist

# Politisches Denken ist

## Festschrift
## für Margot von Renesse

Herausgegeben von

Susann Bräcklein
Jürgen Meyer
Henning Scherf

PETER LANG
Frankfurt am Main · Berlin · Bern · Bruxelles · New York · Oxford · Wien

**Bibliografische Information Der Deutschen Bibliothek**
Die Deutsche Bibliothek verzeichnet diese Publikation in der Deutschen Nationalbibliografie; detaillierte bibliografische Daten sind im Internet über <http://dnb.ddb.de> abrufbar.

Gestaltung und Satz:
Ulrike Zimmer

Frontispiz:
Margot von Renesse,
*Bildarchiv Deutscher Bundestag.*

ISBN 3-631-53977-0



www.peterlang.de

# Vorwort

Am 5. Februar 2005 feiert Margot von Renesse ihren 65. Geburtstag, zu dem wir ihr herzlich gratulieren. Wir würdigen und ehren mit dem vorliegenden Band eine überzeugte Protestantin, eine begeisterte und begeisternde Parlamentarierin und eine große Juristin.

Zunächst als Jugendrichterin, dann als Familienrichterin in Bochum tätig, zog sie 1990 für die SPD in den Bundestag ein. Hier arbeitete sie vor allem im Rechtsausschuss. Einem großen Publikum ist Margot von Renesse als anerkannte Stimme in den bioethischen Debatten, die Ende der 90er Jahre mit Vehemenz geführt wurden und bis heute andauern, bekannt geworden. Sie übernahm den Vorsitz der im März 2000 eingesetzten Enquete-Kommission für «Recht und Ethik der modernen Medizin» – um nur eine Station ihres langen politischen Lebens zu erwähnen.

Die Festschrift enthält fachliche und persönliche Beiträge von Wegbegleitern und Wegstreitern, von Gleichgesinnten und Andersdenkenden, von Bewunderern und Freunden – kurz, von ebenso leidenschaftlich politisch denkenden Menschen wie sie selbst.

Der Aufbau der Festschrift orientiert sich an dem Leitgedanken, der ihre Arbeit vor allem geprägt hat: dem Schutz der Menschenwürde. Die Kapitel «Mensch und Würde», «Achtung und Schutz», «Welt und Bekenntnis», «Pflicht und Gemeinschaft», «Recht und Geltung» sind begrifflich Artikel 1 Grundgesetz – wenn auch dort in anderer gedanklicher Struktur – entnommen, der die Unantastbarkeit der Würde des Menschen zum höchsten verfassungsrechtlichen Gebot bestimmt und dem Margot von Renesses (rechts)politisches und christliches Denken und Handeln erkennbar am stärksten entspricht.

Es ist all jenen zu danken, ohne deren Anteil die vorliegende Festschrift nicht zu Stande gekommen wäre: den Autorinnen und Autoren, dem Verlag Peter Lang für die Aufnahme des Bandes in das Verlagsprogramm, Ulrike Zimmer für Gestaltung und Satz des Buches, Georg Caliebe und Dr. Matthias Schmoll für die redaktionelle Bearbeitung, der Arbeitsgruppe Rechtspolitik in der SPD-Bundestagsfraktion für Hilfe bei der Recherche, Josefine Raasch für die Vorbereitung der Feierstunde und Stephan Detjen vom DeutschlandRadio für die Bereitstellung zweier Radiointerviews sowie die Zusammenstellung und den Schnitt der beigelegten Audio-CD, welche die Rednerin Margot von

Renesse im Originalton vorstellt bzw. in Erinnerung ruft; nicht zu vergessen ist die Unterstützung des Buchprojekts durch die Mitglieder der Familie von Renesse.

Wir wünschen Margot von Renesse Glück und Erfüllung bei der Fortführung ihres christlichen und politischen Engagements in der Verbundenheit mit Familie und Freunden.

Im Namen aller Autoren

Susann Bräcklein Jürgen Meyer Henning Scherf

## Inhaltsverzeichnis

## V. Recht und Geltung

## Zum Geleit

Die vorliegende Festschrift ehrt mit Margot von Renesse eine herausragende und leidenschaftliche Parlamentarierin. Die einzelnen Beiträge der Festgabe, wie auch die Auswahl der Autorinnen und Autoren, denen man problemlos hätte eine Vielzahl weiterer anschließen können, verdeutlichen das Spektrum ihres politischen Engagements.

Den meisten Beobachtern – und so auch mir persönlich – sind ihre rhetorisch glänzenden und inhaltlich anspruchsvollen Auftritte im Bundestag gut in Erinnerung. Immer wieder ist es ihr gelungen – vor allem wenn ich an die kontroversen Themen in der letzten Legislaturperiode denke –, komplizierte Fragen und komplizierte Antworten so anzugehen, dass sowohl eine vertiefte Auseinandersetzung in der Sache als auch Kompromisse möglich waren.

Mit der Aussage «Wir können uns unserer Wahrheiten nie sicher sein» hat sie nicht nur das Herz der Demokratie beschrieben, sondern auch ihren Lösungsansatz bei Fragestellungen, die sich nicht mit «Schwarz-Weiß» oder den jeweiligen parteipolitischen Mehrheiten beantworten lassen. Ihre Reden im Plenum des Bundestages zu den Möglichkeiten und Gefahren der Biotechnologie sowie den damit einhergehenden rechtlichen Fragen sind hier ein besonderes Beispiel.

Für die SPD und für die Bundestagsfraktion im Besonderen hoffe ich, dass sie ihr Wissen, ihre Erfahrung und ihre Menschlichkeit auch in Zukunft einbringen wird. Um noch viele wichtige Debatten in unserem Land mitgestalten zu können, wünsche ich vor allem Gesundheit. An der nötigen Courage hat es Margot von Renesse noch nie gefehlt.

Gerhard Schröder
Der Bundeskanzler

Von Susann Bräcklein

# Politisches Denken ist

## Biographische Notizen zu Margot von Renesse

«Keine besonderen Vorkommnisse», antwortete Margot von Renesse auf die Frage, was sie an ihrem Leben für besonders erwähnenswert halte. Besonderem Aufsehen um ihre Person begegnet sie immer mit heiterem Unverständnis. Stehender Applaus – wie anlässlich der Verleihung der Ehrendoktorwürde durch die Theologische Fakultät der Universität Bochum 2003 – erfreut sie in gleichem Maße wie er sie erstaunt. Möglicherweise wird sie auch eine Festschrift zu ihren Ehren verwundern. Schließlich hat sie nicht den Berufsweg innerhalb der Hochschule eingeschlagen, wo das «Festschriftenunwesen» zu runden Geburtstagen üblich ist.[1]

Für den vorliegenden Band bedarf es keiner «institutionellen» Rechtfertigung. Das politisch Erreichte spricht – wie die Wertschätzung der Autorinnen und Autoren – eine eigene Sprache.

Der folgende Beitrag will versuchen, einen Einblick vor allem denjenigen Lesern zu vermitteln, die Margot von Renesse bisher nicht erlebt haben; er will versuchen, das Besondere im normalen und das Normale im besonderen Leben der Margot von Renesse nahe zu bringen. Er ist auch von dem Anliegen getragen, ihr politisches Denken, wie es die Verfasserin verstanden und in vielen Gesprächen erfahren hat, als eines zu verdeutlichen, das im «menschlichen Denken» als solchem besteht ist; dass politisches Denken qua menschlicher Existenz entsteht und mit den Mitteln und Begabungen, die das Leben schenkt, zum Handeln drängt; dass politisches Denken das Denken über die allgemeinen Geschehnisse ist,[2] dass politisches Handeln – mit ihren Worten – ist wie Essen und Trinken auch: ein natürliches Bedürfnis.

### Wurzeln

Wer nach den Wurzeln ihres politischen Engagements sucht, kann Margot von Renesses Herkunft und den historischen Kontext ihrer Kindheit und Jugend nicht auslassen. Vor allem der Wandel politischer Ansichten ihrer Mut-

1 *I. v. Münch, Das Festschriftenwesen und -unwesen, NJW 2004, S. 3253.*
2 *H. Arendt, Von Wahrheit und Politik, München 1987.*

ter wird für ihr weiteres Leben große Bedeutung haben: Margarete Turmann kommt aus großbürgerlichem Elternhaus. Geboren wird sie 1906 in St. Petersburg. 1919 flieht die Familie nach Estland, an die Narva – dorthin, wo heute die Europäische Union endet. Sie macht in Tallinn das Abitur, beginnt an der Berliner Universität Anglistik zu studieren, promoviert und lernt den Historiker Bernhard Gericke kennen. Er ist Anhänger der konservativen Revolution. Beide lassen sich von der nationalsozialistischen Bewegung anstecken; sie gehören zum Umfeld von Joseph Goebbels und Georg Strasser. Noch vor der Machtergreifung der Nationalsozialisten und vor ihrer Heirat 1936 treten sie gemeinsam in die NSDAP ein.

Ihr erstes Kind kommt 1937 in Berlin zur Welt; drei weitere folgen. Mit der Arbeit in der NS-Frauenschaft beginnt die ideologische Wende der Mutter. Religiöse Prägung und NS-Ideologie führen zu unlösbaren Widersprüchen. Ein Auslöser für das Infragestellen ist die Aufforderung, sich von der Kirche zu lösen. Schon vor Ausbruch des Krieges verstehen sich beide als Nationalsozialisten der «zweiten Generation»; gemeinsam versuchen sie ein idealistisch geprägtes Buch über das «Zeitalter der Arbeit» zu schreiben.

Der Krieg trennt beider Welten - nicht nur räumlich. Während Margots Vater nach der Rückkehr aus englischer Kriegsgefangenschaft seine Intelligenz fast ausschließlich dazu nutzt, die Richtigkeit des «eigentlichen Nationalsozialismus» zu belegen, Mitbegründer der Sozialistischen Reichspartei als Abspaltung des nationalsozialistischen Flügels der Deutschen Konservativen Partei-Deutsche Rechtspartei (DKP-DRP) wird und sie später wieder verlässt, weil sie «das Wahre» des nationalsozialistischen Gedankens verkannt habe, zerbricht ihre Mutter fast an der Erkenntnis ihres Irrtums. Die Ehe wird 1946 geschieden.

Kindheit und Jugend erlebt Margot von Renesse im ökonomischen und ideologischen Überlebenskampf der Mutter, die versucht, im Studium der Theologie neuen Halt zu finden. Das Entsetzen ihrer Mutter über die Grausamkeiten im nationalsozialistischen Deutschland und die Auseinandersetzung mit der Frage um ihren eigenem Anteil durch geistige Unterstützung, begleitet ihr Erwachsenwerden in der Nachkriegsdemokratie. Der Vater spielt in ihrem Leben «allenfalls eine Besucherrolle.»

Früh entwickelt sie ein ausgeprägtes Verhältnis zur Religion und setzt sich mit Fragen um Leben und Tod auseinander; den Untergang des Segelschulschiffs «Pamir» im September 1957, der fast 80 junge Menschen in den Tod reißt, schildert sie später als ein Schlüsselerlebnis. In der katholischen Annette-von-Droste-Hülshoff-Schule in Münster hat sie katholischen und evangelischen Religionsunterricht und wird von Mitschülern als «kathogelisch» bezeichnet. Mit ihrer Mutter durchläuft sie alle Strömungen, die es im Protestantismus damals gab. Allerdings besuchen sie auch immer wieder die katholische Messe. Trotz der Faszination und Anziehungskraft des «geordneten und geschlossenen» Katholizismus fühlt sie sich dem Protestantismus näher. Heute beschreibt sie diese damals empfundene Nähe mit der «Möglichkeit, Autoritäten kritisieren zu können» und dem Verzicht, Religion als «Erziehungsverstärker» einzusetzen. Vor allem aber misstraut sie dem Anspruch auf Eindeutigkeit und Wahrheit – ein Misstrauen, das in ihrer juristischen und politischen Arbeit großes Gewicht hat. Der evangelischen Kirche wird sie eine zum Teil unbequeme und gleichzeitig wohlwollende Kritikerin sein; von 1997 bis 2003 wirkt sie in der Kammer für öffentliche Verantwortung beim Rat der Evangelischen Kirche Deutschlands.

> *«Eyn Christenmensch ist eyn fryer Herr über alle Ding und niemandt unterthan.*
>
> M. Luther

**Beruf, Familie, Politik**

Eigentlich will sie Lehrerin werden, wie ihre Mutter. Die Faszination für strukturelles Denken und Fragen um das Gute und Gerechte bringen sie schließlich zur Rechtswissenschaft. Von 1959 bis 1963 studiert sie in Münster; vom Evangelischen Studienwerk Villigst erhält sie ein Stipendium. Zu einem Repetitor, der Juristen das examensnotwendige Wissen einpaukt, geht sie nicht: «Selber Denken macht schlau.» Richterin zu werden, ist ihr Ziel von Anfang an. Einzutreten für das, was rechtens ist, Unrecht verhindern zu können, empfindet sie als eine erfüllende Vorstellung: «Ich balle nicht gern die Faust in der Tasche.»

1965 heiratet sie den Juristen Ernst-Albrecht von Renesse; zwischen 1966 und 1972 kommen ihre vier Kinder zur Welt. Die Familie wird später im Bundestag vielfach «zum Einsatz» kommen: nicht, um Volksverbundenheit zu demonstrieren, sondern als Beispiele eigener, gelebter familiärer Verantwortung oder für Fragen von Kindern, auf die Eltern wie Politiker gleichermaßen schwer Antworten finden.[3] Darüber hinaus wird sich im Laufe der Zeit – über den engsten Familienkreis hinaus – so viel Sachverstand ansammeln, dass man heute von einer Art privatem Sachverständigenrat für die von ihr als Abgeordnete bearbeiteten Themen sprechen kann.

Politisch hat sie zunächst eine konservative Einstellung, ohne zu wissen, warum - bis 1961, bis zur Rede Konrad Adenauers, in der er von «Brandt alias

3 *In der Debatte zum Gleichstellungsgesetz zitiert sie die Frage ihrer 12-jährigen Tochter, die ein Buch über die Situation von Frauen in Indien, in Afrika, in Südamerika und in Deutschland gelesen hat und ihre Mutter fragt, warum es Frauen überall schlechter geht als Männern. BT-Prot. 14/164, S. 16038.*

Frahm» spricht. Der «Sozialdemokratisierungsprozess», wie ihn ihr Freund und politischer Wegbegleiter Axel Schäfer nennt, verstärkt sich während der Villigster Werksemester. Sie arbeitet in einem Stahlwerk, später in einem Altenpflegeheim. Für die SPD macht sie schon Wahlkampf, bevor sie Parteimitglied wird. Den Aufnahmeantrag klaubt sie sich schließlich 1969 vom Schreibtisch ihres Mannes. Möglicherweise hat er dort einfach zu lange gelegen. Der Beginn ihrer aktiven politischen Zeit ist wahrscheinlich verbunden mit der Bürgerinitiative «Bessere Hustadt», die sie gegen die Schließung eines Kindergartens mitbegründet (vgl. A. Schäfer).

1972 wird sie Richterin. Fünf Jahre als Jugendrichterin werden prägend für die später im Parlament immer wieder vertretene Auffassung, bei der Anwendung des Strafrechts oder dessen Verschärfung Zurückhaltung zu üben (vgl. Chr. Pfeiffer). Ins Familienrecht wechselt sie 1977 etwas widerwillig. Allerdings kann sie die Provokation des damaligen Amtsgerichtsdirektors, «Sie werden sich doch nicht weigern, ein Gesetz anzuwenden, das Ihre Regierung verabschiedet hat», nicht unerwidert lassen.

Die 1970er Jahre sind bewegt von den familienrechtlichen Grundsatzfragen, vom Rentenausgleich bis zur großen Novelle des ersten Eherechtsreformgesetzes 1977. Im Familienrecht entwickelt sie eines ihrer großen politischen Tätigkeitsfelder. 1977 wird sie Mitglied in der Evangelischen Aktionsgemeinschaft für Familienfragen (EAF), kurze Zeit später ins Präsidium gewählt. Ab 1982 ist sie die Vizepräsidentin des Verbandes.

Auf die Frage in einer der EAF-Sitzungen, wer «gerne mal zum Verfassungsgericht möchte», hebt sie die Hand, nicht ahnend, dass damit die Abgabe der öffentlichen Stellungnahme in der mündlichen Verhandlung am 26. Mai 1981 vor dem Bundesverfassungsgericht zum Eherechtsänderungsgesetz gemeint ist. Sie hat eine Woche Zeit - Weglaufen unmöglich. Für den Juristinnenbund erscheint an diesem Tag die Richterin am Oberlandesgericht Hamburg Lore Maria Peschel-Gutzeit. In drei Abschnitten tragen die Damen jeweils aufeinanderfolgend die Positionen vor. Diese unterscheiden sich inhaltlich nur wenig, so dass Frau Peschel-Gutzeit sich schließlich aufgefordert fühlt, klarzustellen, dass eine vorherige Absprache nicht stattgefunden habe. Die Nähe beider in familienrechtlichen und familienpolitischen Positionen wird auch in der Zukunft bestehen bleiben.

Ihre Möglichkeiten politischer Einflussnahme wachsen weiter: Ab 1977 sitzt sie – für die Arbeitsgemeinschaft sozialdemokratischer Frauen (ASF) – in der rechtspolitischen Kommission des Parteivorstandes der SPD. Mit leuchtenden Augen beschreibt sie diese Zeit als besonders spannend und ausgesprochen produktiv. Sie trifft mit Juristen wie Böckenförde, Kriele, Schmude und Wassermann zusammen – Sacharbeit und Streitkultur auf hohem Niveau. Sie fühlt sich fast entschädigt «für den Streit im Räderspiel parteipolitischer Postenschieberei.» Teilnehmer erinnern sich an Margot von Renesse vor allem deshalb, weil ihr die unangenehme Art, etwas zu sagen, um es selbst auch noch mal gesagt zu haben, fehlt. Für den rechtspolitischen Kongress in Saarbrücken 1980 bereitet sie die zivilrechtliche Abteilung vor und füllt diese inhaltlich mit familienrechtlichen Themen bspw. zum Verwandtenunterhalt oder zu Diskrepanzen zwischen Unterhalts- und Sozialrecht.

Neben ihrer richterlichen Tätigkeit arbeitet sie im Verwaltungsrat des Westdeutschen Rundfunks (vgl. F. Pleitgen). Von 1981 bis 2000 ist sie Mitglied des Kuratoriums der Elly-Heuss-Knapp-Stiftung (Müttergenesungswerk); 1994 wird sie deren erste gewählte Vorsitzende.

EAF, ASF und die rechtspolitische Kommission im SPD-Parteivorstand sind institutionelle Brücken, um ihre Überlegungen zur Reform des Familienrechts – um der «Wahrung der Grundwerte der Familie» willen – zu erarbeiten und einem größeren Publikum in Vorträgen und Gesprächsrunden vorzustellen. Eine besonders große Brücke – schließlich bis ins Parlament hinein –, wird ihr im August 1988 in Münster mit dem Beschluss des SPD-Parteitages zur Aufnahme der Quotenregelung gebaut. Für die Bundestagswahl 1990 erhält sie einen Platz auf der Liste in Nordrhein-Westfalen und hält diesen drei Legislaturperioden. «Die SPD hätte keine Quote, hätte sie keine Quote», hatte Heide Simonis einmal gemeint.

Nur wenige Politikerpersönlichkeiten können sich mit der Anzahl politischer Vorhaben messen, die Margot von Renesse auf den Weg gebracht, denen sie sich angeschlossen hat bzw. die in ihrem Sinne letztlich umgesetzt worden sind, betrachtet man vor allem deren großes gesellschaftliches Veränderungspotenzial.

Zu den rechtspolitischen Entwicklungen, die sich ohne Margot von Renesse nicht oder ganz anders, zumindest aber wesentlich langsamer bewegt hätten, gehören: das Kindschaftsrecht, das 1998 in Kraft getreten ist;[4] die Reform des Rechtes des Schwangerschaftsabbruchs von 1993; die Änderung strafrechtlicher Vorschriften zur Vergewaltigung in der Ehe, die sie schon 1991 gefordert hat und die im Bundestag 1997 verabschiedet wurde; das Lebenspartnerschaftsgesetz, das am 1. August 2001 in Kraft getreten ist; das Stammzellgesetz, das am 25. April 2002 vom Bundestag verabschiedet worden ist. Sie hat maßgeblichen Anteil am Zustandekommen des Gesetzes zum Schutz vor häuslicher Gewalt (Gewaltschutzgesetz), das am 1. Januar 2002 in Kraft ge-

4 *Vgl. Debatte v. 2.7.1993, BT-Prot. 12/169, S. 14635.*

treten ist; am Gesetz zur rechtlichen Besserstellung von Prostituierten vom 20. Dezember 2001; sowie der Mietrechtsreform – hier bei der gesetzlichen Regelung des barrierefreien Wohnens in § 554a BGB –, die am 1. September 2001 in Kraft getreten ist. Außerdem befasst sie sich als Bundestagsabgeordnete mit der Reform des Namensrechts[5], der Aufhebung der eingeschränkten anwaltlichen Vertretungsbefugnis nach § 78 ZPO,[6] der Änderung der Patentanwaltsordnung, der Errichtung der Magnus Hirschfeld-Stiftung, der Rehabilitierung der Wehrmachts-Deserteure und verschiedenen anderen strafrechtlichen Themen. 1993 wird sie stellvertretende Vorsitzende der Enquete-Kommission «Zur Aufarbeitung von Geschichte und Folgen der SED-Diktatur».[7] Bis heute ist sie Mitglied des Kuratoriums des Instituts für Deutschlandforschung.

Zu den politischen Vorhaben, für die Margot von Renesse besonders gekämpft hat, die aber noch (!) nicht in ihrem Sinne Gesetz geworden sind, gehört die Reform des Betreuungsrechts[8] sowie das Gleichstellungs- bzw. Antidiskriminierungsgesetz.[9]

## Grundwerte und politische Begabungen

Ihre politischen Begabungen unterscheiden sie sich vom «Machtinstinkt», der erfolgreichen Politikern nachgesagt wird: das «Höher, Schneller, Weiter» im Ränkespiel von Macht und Eitelkeit war nie ihre Sache. Vielmehr würde sie Macht mit Machbarkeit gleichsetzen. Ihre großen Gaben sind intellektuelle und rhetorische, ihre Werte menschliche.

Ihre große Glaubwürdigkeit beruht darauf, dass zwei Dinge in der Person Margot von Renesse nie angezweifelt werden: die Lauterkeit ihrer Absichten und die Eigenleistung gedanklicher Vorarbeit.

5 *Familiennamensrechtsgesetz (FamNamRG) v. 16.12.1993, in Kraft getreten am 1.4.1994, vgl. BT-Prot. 12/185, S. 15997.*

6 *Vgl. Debatte v. 26.5.1994, BT-Prot. 12/230, S. 20009.*

7 *Sie reist viel durch die neuen Bundesländer, hört zu und spricht zu den Menschen, meist über den Rechtsstaat. Vgl. v. Renesse, Eine unabhängige Justiz gibt es nur bei echter Gewaltenteilung: zu den Ergebnissen der Rostocker Anhörung über Recht und Justiz der DDR, Neue Justiz (NJ), 1993, S. 409–411. V. Renesse, Die DDR – ein Staat ohne Recht?, in: Die Partei hatte immer recht – Aufarbeitung von Geschichte und Folgen der SED-Diktatur, hrsg. v. Faulenbach/Meckel/Weber, Essen 1994. Anlässlich der Debatte des Abschlussberichtes der Enquete stellt sie «schmerzlich» fest, dass die «ersten Erfahrungen mit dem heißersehnten Rechtsstaat für viele Bürger der DDR in Enttäuschung umgeschlagen zu sein scheinen.» Die Begegnung mit dem Grundgesetz sei für sie die Begegnung mit Eigentum gewesen, dem «BGB-Eigentum, als sei es das wichtigste Grundrecht überhaupt, als sei es die Bibel des Rechtsstaates», BT-Prot. 12/234, S. 20468.*

8 *Vgl. u.a. Was kann Politik leisten, um die Autonomie und die Wahrung der Grundrechte von Kranken und Behinderten sicherzustellen? BTPrax 1997, S. 6–8. Vgl. die Rede im Bundestag v. 13.3.1997, BT-Prot. 13/163, S. 14685.*

9 *In der Debatte um ein Gleichstellungsgesetz v. 12.2.1998 stimmte M. v. Renesse dem Einwand zu, dass*

Die emotionale Kraft, sich mit der gesamten Person für ein Thema einzusetzen, intellektuelle Brillanz und Beharrlichkeit verbunden mit der Kunst des geschliffenen Wortes – das sind die Fähigkeiten Margot von Renesses, die sie im politischen Geschäft der Institutionen zu einer Besonderheit haben werden lassen. Ihre Werte sind keine neuen, es sind die alten: christliche Werte. Gern verweise ich an dieser Stelle auf die Beiträge von Klaus Tanner und Siegfried Härle in diesem Band, die zum christlichen Menschenbild und zu Christen in weltlicher Verantwortung mehr aussagen, als es im Rahmen dieses Überblicks möglich ist.

Margot von Renesse ist leidenschaftlich moralisch, aber nicht moralistisch. «Ich liebe das Recht» sagte sie.[10] Diese innige Beziehung gründet sich auf die Möglichkeit des Rechts, Frieden zu stiften. Dem entspricht ihr Verständnis von politischem Handeln im Vorfeld von Recht. Für sie ist Politik mehr als ein intellektuelles Spiel, sondern Ausdruck ihrer moralischen Grundwerte. Streit versteht sie als Mittel der Verständigung, den Einsatz ihres Sachverstandes als das In-Dienst-Stellen des Erlernten für den Menschen, oder wie es ihr Freund und Kollege Karl-Josef Laumann zum Ausdruck gebracht hat: «Wer Politik machen will, muss die Menschen lieben.»

> *«Eyn Christenmensch ist eyn dienstpar Knecht aller Ding und ydermann unterthan.»*
> M. Luther

Gleichzeitig gilt sie als ausgesprochen hartnäckig. Wie Elisabeth Selbert 1948/49 die Gleichbehandlung der Geschlechter in Art. 3 Abs. 2 GG letztlich durchsetzte, indem sie als «Wanderpredigerin» die Frauenöffentlichkeit mobilisierte, so lief auch Margot von Renesse unbeirrt von Tür zu Tür und verstand es, Sperriges in Bewegung zu setzen.

Sie hat ein hervorragendes Gespür für politisch Machbares und sie gehört zu der Gattung von Rechtspolitikern, die Rechtspolitik nicht als Justiz-, sondern als Gesellschaftspolitik verstehen. Nicht nur was erforderlich, sondern auch was gesellschaftlich machbar ist, hat sie – ob auf Grund ihrer bodenständigen Verwurzelung im Ruhrgebiet oder wegen ihrer selbst gewählten Nähe zu Menschen – immer sehr konkret und treffend voraussehen können.

*die Gerichte Art. 3 Abs. 3 S. 2 GG berücksichtigen würden: «Ich kann ihnen Recht geben; In hundert Jahren ist der Sickerungsprozess erfolgt. So lange aber hat kein Mensch Zeit [...] erinnere ich daran, dass vor 15 Jahren die Diskussion über ein Gleichstellungsgesetz – es ging um Art. 3 Abs. 2 GG – an demselben Punkt war wie jetzt ein Gesetz zu Art. 3 Abs. 3 GG. Die rechte Seite des Hauses hat damals erklärt, so etwas bräuchte man nicht, das stehe doch schon in der Verfassung, das werde sich schon durchsetzen. Und wo sind wir heute?», BT-Prot. 13/219, S. 20035.*

10 *Die Zeit v. 31.5.2001.*

Als Parlamentarierin war es Margot von Renesse immer wichtiger, «die Menschen» hinter sich zu wissen, als nur die «eigene Mehrheit.» Mehrheiten konnte sie beschaffen. Sie wusste immer sehr genau, wozu andere nicht «Nein» sagen können, wo ihnen gute Gründe fehlen. Das gilt sowohl für das Projekt «Gemeinsames Sorgerecht nach Trennung der Eltern», als auch für das familienrechtliche Institut der Lebenspartnerschaften homosexueller Paare. Sie konnte mit großem Geschick – und mit immer größerem Erfolg – konsensfähige Positionen zu schwierigen Fragen entwickeln. Oft war sie in «verbindender Mission» unterwegs, wie etwa bei den Debatten zur Strafbarkeit des Schwangerschaftsabbruchs, der Reform des Betreuungsrechts oder ganz besonders in den bioethischen Debatten, welche sie zuletzt als Vorsitzende der Enquete-Kommission «Recht und Ethik der modernen Medizin» führte.

Ihr Weg zum Streit – oder im Streit – ist recht einfach nachzuvollziehen. Nachzulesen ist er bei Luther: «Hier steh' ich, ich kann nicht anders». Hat man selbst eine Position, so muss es auch andere geben, die «so stehen und nicht anders können»: Wer «Ich» sagt, muss auch «Du» sagen.

*«Denn wes das Herz voll ist, des gehet der Mund über.»*
Lukas, Kap. 6 V.45

Streit mit Margot von Renesse bedeutet nicht nur die Auseinandersetzung um den *In*halt, sondern auch um den *Er*halt des Wortes. Sie erprobt und festigt ihre Ansichten und Argumente an allen, die ihr «unter die Finger kommen». Sie fragt nicht nach Funktion oder Position, nach Bildung oder Geschlecht, Feind oder Freund. Vielleicht erinnert sie sich später nicht an jede Person, aber an jedes Argument. Man kann den Eindruck gewinnen, sie würde «körperlichen Schaden» nehmen, hätte sie ein Argument nicht bedacht und dadurch bewirkt, dass jemandem Unrecht geschehen könnte.

Die Kraft des Arguments zählt für sie mehr als institutionelle Zuordnung oder Loyalitätsbekundung. Ohne Aufrichtigkeit ist Loyalität nichts wert, könnte man ihr in den Mund legen. Aufrichtigkeit der Person und Hingabe an die Sache haben sie – über Fraktionsgrenzen hinweg – zu einer gefragten und anerkannten «Der-Sache-Verständigen» werden lassen.

*«Meinungen müssen ausgetauscht werden, nicht weil sie richtig, sondern, weil sie relevant sind»*
Justice Oliver W. Holmes

Ihre Reden im Plenum des Bundestages hatte Margot von Renesse immer ohne Manuskript und häufig als letzte Rednerin bestritten. Zum Abstraktum der Fernsehöffentlichkeit hat sie nie gesprochen, sondern meist zu denen, die noch nicht dafür waren. Auch wenn sich Positionen in dritter Lesung nicht – auch nicht durch besonders eine noch so gute Rede – ändern, war es ihr im Sinne des «free trade of ideas» wichtig, die Andersdenkenden zumindest für den zustimmungsfähigen Kern ihrer Ansicht zu gewinnen. Deshalb verwundert es auch nicht, dass sie für den größten Erfolg der Enquete-Kommission den Umstand hält, dass mehr getan wurde als nur «kontroverse Thesen zu verkünden»: «Wir haben eine Methode entwickelt und dargelegt, wie man trotz Kontroversen miteinander umgeht.»[11] Für ihre Verdienste um eine angemessene Streitkultur in ihrer Funktion als Vorsitzende der Ethik-Enquete hat sie 2002 den Arnold-Freymuth-Preis erhalten, der an den preußischen Justiz-Staatssekretär Arnold Freymuth erinnert, welcher 1933 aus Deutschland vertrieben wurde.

Wer die These von der Literarisierung der Politik zu belegen sucht, wird in ihren Bundestagesreden fündig. Hier zitiert sie Autoren wie Kleist, dessen «Prinz von Homburg sie in die Debatte einbezieht bis Droste-Hülshoff, in deren Gedicht «Am Turme» sie die Autorin als Vorkämpferin für Tanja Kreil und den Europäischen Gerichtshof für Menschenrechte sieht, der im Januar 2000 entschied, dass einer Frau der Dienst an der Waffe nicht zu verbieten sei.[12] Schon immer eine große Liebhaberin von Balladen und Gedichten, hat Margot von Renesse derer unzählige als «Volltext» im Kopf. Der Einsatz des unermesslichen Zitatenschatzes ist nicht Ausdruck von «Bildungsbürgerei.» Entweder hat es schon vor ihr jemand besser gesagt als sie selbst, oder ein Bild in der Geschichte oder der Literatur schildert den Problemfall so genau, dass sie das unbedingt erwähnen muss.

*Wär' ich ein Jäger auf freier Flur,*
*Ein Stück nur von einem Soldaten,*
*Wär' ich ein Mann doch mindestens nur,*
*So würde der Himmel mir raten;*
*Nun muß ich sitzen so fein und klar,*
*Gleich einem artigen Kinde,*
*Und darf nur heimlich lösen mein Haar*
*Und lassen es flattern im Winde!*
Annette von Droste-Hülshoff

Sicher ist Margot von Renesse nicht frei von Eitelkeit. Ein gewisses Maß an Eitelkeit gehöre zur Politik, so sagt sie selbst. Ihr eigen ist eine intellektuelle Eitelkeit: Der Ehrgeiz, Dinge selbst zu bewegen; das «Vermögen [...], eine Reihe von sukzessiven Dingen oder Zuständen von selbst anzufangen» (Kant, KrV B 476). Von der Eitelkeit, sich mit Amt und Funktion zu schmücken, hält sie dagegen nichts. So wird man «Medienwirksamkeit», wie sie mittlerweile als wichtigste Voraussetzung politischer Karrieren gilt, bei ihr vergeblich suchen. Effizienz qua Extravaganz ist ihr fremd. Hätte man ihr je den Vorschlag unterbreitet, für Kameras zu joggen, farbige Pollunder als Markenzeichen zu

11 *Tagesspiegel v. 25.11.2002.*

12 *«Der Meinung auf dem Schlachtfeld warst Du nicht.» Prinz von Homburg, Heinrich v. Kleist, zit. am 3.4.1998, BT-Prot. 13/228, S. 20961; Droste-Hüllshoff, zit. am 27.10.2000, BT-Prot. 14/128, S. 12346.*

tragen oder im Astronautenkostüm vor einer Schulklasse zu singen, hätte sie wahrscheinlich ein therapeutisches Gespräch empfohlen.

Die verbreitete Ansicht, Politiker seien wirklichkeitsfern,[13] trifft auf sie gewiss nicht zu. Sie unterscheidet nicht zwischen dem Einsatz für den Einzelnen oder dem für die Allgemeinheit. Spricht sie von der «Kassiererin im Supermarkt», so hat sie nicht nur «davon gehört», sondern kennt im Zweifel das damit verbundene Schicksal. Immer wieder hat sie im Bundestag daran erinnert, dass sich das Familienrecht kein «Bildnis» machen, keine «Norm-Familie» zeichnen dürfe, sondern die Wirklichkeit familiärer Verhältnisse – die sie jederzeit in vielerlei Konstellationen nachzeichnen kann – einbeziehen müsse.[14] 13 Jahre familienrichterlicher Tätigkeit haben hier immensen Realitätseinfluss hinterlassen.

## Vordenken

Ihre erste Legislaturperiode steht im Zeichen des am 3. Oktober 1990 erfolgten Beitritts der ehemaligen DDR zur Bundesrepublik. Zwei Themen sind für sie in diesem Zusammenhang von Bedeutung: Die Aufarbeitung des SED-Unrechts sowie die Reform des strafrechtlichen Normen zum Schwangerschaftsabbruch. Daneben verliert Margot von Renesse die von ihr bereits Jahre im Voraus entworfene Reform des Kindschaftsrechts nicht aus den Augen.

### Die Reform des Kindschaftsrechts

Bereits in den ersten Monaten ihrer Abgeordnetentätigkeit erarbeitet Margot von Renesse ein Thesenpapier mit den Grundzügen einer Reform des Kindschaftsrechts. Ziele der Reform sind u.a. die Abschaffung des gewohnheitsrechtlichen elterlichen Züchtigungsrechts sowie das Verbot elterlicher Gewalt, die Gleichstellung ehelicher und nichtehelicher Kinder sowie das «gemeinsame Sorgerecht». Dem Kind sollen nach einer Scheidung grundsätzlich beide Eltern als Sorgeberechtigte erhalten bleiben: «vom Kind her denken», wie Margot von Renesse es nennt.[15] Es erfordert große Kraftanstrengungen, die Widerstände, die ihr – vor allem auch aus den weiblichen Reihen der SPD entgegentreten – zu überwinden. Denn das «gemeinsame Sorgerecht» bedeutet auch die Aufgabe einer weiblichen «Machtposition» in der Auseinandersetzung mit Vätern. Wohlgemerkt, die Reform wird nahezu vollständig aus der Oppositionsrolle der SPD heraus entwickelt – eine Seltenheit. Der letztlich von der Bundesre-

13 *J. Leinemann, Höhenrausch: Die wirklichkeitsleere Welt der Politiker, 2004.*

14 *BT-Prot. 12/169, S. 14635.*

15 *Vom Kind her denken, jeder Familie konkret gerecht werden: ein Plädoyer, alte Denkschablonen im Familienrecht aufzubrechen, in: Sorgerecht allein oder zu zweit? Bonn, 1994.*

gierung 1996 eingebrachte Gesetzentwurf segelt «deutlich im Windschatten» des SPD-Entwurfes von 1992. Heute wird das Ergebnis als der Beginn einer Kultur der Elternschaft bezeichnet, die sich auch nach Krisen, Trennung und Scheidung der gemeinsamen Verantwortung für Kinder bewusst bleibt (vgl. L. M. Peschel-Gutzeit).

Mit dem Einsatz für die Reform des Kindschaftsrechts und ihrem beruflichen Hintergrund als Familienrichterin ist sie auf die «Soft-Themen», wie sie es selbst nannte, festgelegt. Sie wird zur Expertin in familien- und sozialrechtlichen Fragen. Hierzu gehört die Diskussion um die Rentenreform anlässlich des Urteils des Bundesverfassungsgerichts vom 7. Juli 1992, die Frage der Verfassungsmäßigkeit der Heraufsetzung des Rentenalters für Frauen[16] und die Frage eines Gleichbehandlungsgesetzes, das erst nach ihrem Ausscheiden aus dem Bundestag als sog. Antidiskriminierungsgesetz auf den Weg gebracht wird (vgl. D. Oberlies). Zudem befasst sie sich mit einer Reihe von Fragen des biotechnologischen Fortschritts, wie bspw. der Regelung des Biopatents (vgl. J. Kersten).[17] E

Es sind die weichen Themen mit einem harten Kern – wie es Jürgen Schmude nannte –, die Margot von Renesse besetzt (bzw. die sie besetzen). Im Kern sind sie fast alle stark emotionsbeladen und für die Betroffenen mit Verlustängsten behaftet.[18] Meist sind sie verfassungsrechtlich anspruchsvoll. Dass Margot von Renesse immer stärker in der bioethischen Debatte auftritt, ist auch mit der Nähe bioethischer Fragen zum Familienrecht zu erklären, vergegenwärtigt man sich die erweiterten Möglichkeiten der modernen Medizin im Bereich der künstlichen Befruchtung. Bereits 1990 hatte sie sich in in ihrem Fachbeitrag «in-vitro veritas» mit der zwangsläufigen «rechtlichen Unordnung» beschäftigt, die künstliche Befruchtungen zur Folge haben.[19]

16 *M. v. Renesse, Plädoyer für eine kinder- und familiengerechte Rentenreform: Thesen vor dem Hintergrund des Urteils des Bundesverfassungsgerichts vom 07.07.1992, Stimme der Familie, 1994, S. 5–7; Moderne Formen der Arbeitszeitgestaltung: Vor- und Nachteile für Frauen und Familien, Mitteilungsblatt des Deutschen Akademikerinnenbundes e.V. Bonn, 1994, S. 9–80; Heraufsetzung des Rentenalters für Frauen verfassungswidrig, Familienpolitische Informationen, Evangelische Aktionsgemeinschaft für Familienfragen e.V. (Hrsg.), S. 3–4.*

17 *Das Biopatent – eine Herausforderung an die rechtsethische Reflexion, Mitteilungen der deutschen Patentanwälte, München 2001, S. 1–4. Vgl. schon die Debatten Anfang der 1990er Jahre: BT-Prot. 12/140, S. 12151., in der sie in einer Aktuellen Stunde die patentrechtlichen Fragen – im europäischen Kontext – als «Mäuslein aus München» bezeichnet, das «vielleicht der Vorbote für eine kopernikanische Wende und einen Berg neuer Probleme schaffen könnte».*

18 *«Das Recht kann, wie ich sagte, die Herzen der Menschen nicht ändern. Wo Konflikte sind, wird das Recht allenfalls helfen, Konflikte zu managen und Schärfen mindern helfen.» aus der Debatte zur Reform des Kindschaftsrechts v. 25. September 1997, BT-Prot.13/192, S. 17247.*

19 *M. v. Renesse, In vitro veritas: Reproduktions- und Gentechnologie, in: Frauen im Recht, 1990, hrsg. v. Ulrich Battis und Ulrike Schultz, Heidelberg, 1990, S. 103–126.*

Auch die Diskussion zum Recht des Schwangerschaftsabbruchs zeigt die Nähe von Familienrecht und Bioethik exemplarisch. So ist das Neue am Diskurs zur Strafbarkeit des Schwangerschaftsabbruches des 20. Jahrhunderts nicht, dass Ungeborene als Menschen gelten und (fast) wie geborene Menschen gegen Tötung geschützt werden. Es ist vielmehr, dass die Theorie darüber, wann Leben beginnt, mit der Möglichkeit korrespondiert, «Leben» nachweisen zu können und das Tötungsverbot daran anschließen zu wollen. Das «Hineinsehen können» in biologische Abläufe – durch Ultraschall etc. – und die erweiterten Möglichkeiten der Nachweisbarkeit – z.B. durch Gentests – stellen das Recht und die Ethik vor komplizierte Fragen.

Nach ihren eigenen Worten hat sie ein «weniger heiliges Verhältnis» zum Embryo als bpsw. die Kirchen, vor allem wenn diese Ansichten zum Schutz des Embryos, den Mutterleib nicht ausreichend in die Überlegung einbeziehen. Eine durchweg konservative Haltung hat sie, wenn es um die Frage geht, ob es sich bei dem Zellhaufen, aus dem sich Leben entwickeln kann, um etwas handelt, das Menschenwürde hat, da es das «Bild unserer eigenen Menschwerdung» ist (siehe auch K. Lehmann).

## Die Reform des § 218 Strafgesetzbuches

Die Beratungs- und Fristenregelung ist seit langem Position der SPD. Der Einigungsvertrag von 1990 fordert nunmehr eine Reform, denn in der DDR gilt seit 1972 die Fristenlösung. Margot von Renesse gehört zum Kreis derer, die sich mit Reformüberlegungen beschäftigen. Ohne den Streit in ethischer Hinsicht zu entscheiden oder einem der Rechtsgüter – dem Selbstbestimmungsrecht der Frau («mein Bauch gehört mir») oder dem Leben des Ungeborenen – den Vorrang einzuräumen, entwickelt sie eine Lösung auf der Ebene der Strafrechtsdogmatik (vgl. J. Meyer).[20] Der rechtstechnische Ansatz hat aber einen zutiefst menschlichen Grundgedanken. Sie sieht die Menschenwürde der Schwangeren verletzt, wenn diese als bloßes «Gefäß und Instrument physiologischer Vorgänge» oder «als bloßer Nährboden der Schwangerschaft» betrachtet werde und damit in ihrer Person nicht geachtet, sondern lediglich benötigt werde, «damit sich Biologie ereigne.»

Damit widerspricht sie dem Bundesverfassungsgericht, das in seiner Entscheidung von 1975 Schwangere und Embryo noch nicht als Einheit betrachtete.[21] Die Ansicht der «Zweiheit» übersehe das Werdende des Embryos und

20 *§§ 218f. StGB – eine unvollkommene Antwort auf ein unlösbares Problem: rechtsdogmatische Überlegungen zur Reform des Schwangerschaftsabbruchrechts, Zeitschrift für Rechtspolitik (ZRP) 1991, S. 321–325.*

ginge unzutreffend vom «Sein» eines Menschen im Gegensatz zum «Werden» aus. Als juristische Weichenstellung kritisiert sie deshalb die mangelnde Differenzierung im Grundtatbestand des § 218 Strafgesetzbuch danach, ob die Schwangere selbst oder ein Dritter die Tat begehe, was zu «Wertungswidersprüchen und zum Auseinanderfallen von Recht und Rechtswirklichkeit» führe. Die Vorstellung, der gescheiterte Suizid einer Schwangeren würde die Strafbarkeit als versuchte Tötungshandlung am Embryo nach sich ziehen – also eine staatliche Lebenspflicht auferlegen –, scheint ihr unerträglich, eine staatliche Austragungs- und damit Überlebenspflicht übersteigt ihrer Ansicht nach die ethisch vertretbare Opfergrenze der Schwangeren.

*Handle so, dass du die Menschheit, sowohl in deiner Person als in der Person eines jeden anderen, jederzeit zugleich als Zweck, niemals bloß als Mittel brauchst.»*

I. Kant

Am Ende der Diskussion steht die Beratungs- und Fristenlösung als staatliches Schutzkonzept, auf das Margot von Renesse in ihrem Aufsatz aus dem Jahre 1991 ebenso hingewiesen hat. Der Bundestag verabschiedet am 26. Juni 1992 ein Schwangeren- und Familienhilfegesetz mit Fristenregelung und Beratungspflicht. Das Gesetz wird vom Bundesverfassungsgericht 1993 für verfassungsgemäß erklärt. Unter Verweis auf Margot von Renesse betont das Gericht die «einzigartige Verbindung von Mutter und Kind». Die Pflicht der Frau erschöpfe sich nicht darin, den Rechtskreis eines anderen nicht zu verletzen. Sie ziehe zugleich eine intensive, die Frau existenziell betreffende Pflicht zum Austragen und Gebären des Kindes – im Sinne einer Handlungs-, Sorge- und Einstandspflicht nach der Geburt über viele Jahre – nach sich.[22] Allerdings könnten «aus der Vorausschau auf die [...] damit verbundenen Belastungen [...] in der besonderen seelischen Lage, in der sich werdende Mütter gerade in der Frühphase einer Schwangerschaft vielfach befinden, in Einzelfällen schwere, unter Umständen lebensbedrohende Konfliktsituationen entstehen, in denen sich schutzwürdige Positionen einer schwangeren Frau mit solcher Dringlichkeit geltend machen, dass jedenfalls die staatliche Rechtsordnung – ungeachtet etwa weitergehender moralischer oder religiös begründeter Pflichtauffassungen – nicht verlangen kann, die Frau müsse hier dem Lebensrecht des Ungeborenen unter allen Umständen den Vorrang geben.»

21 *Urteil v. 25.2.1975, das die Fristenlösung im Gesetz der sozial-liberalen Koalition v. 18.5.1974 in wesentlichen Teilen für mit dem Grundgesetz nicht vereinbar erklärte: «Das sich im Mutterleib entwickelnde Leben steht als selbständiges Rechtsgut unter dem Schutz der Verfassung auch unter Art. 2, Abs. 2 und Art.1, Abs. 1 GG, und hat auch Vorrang vor dem Selbstbestimmungsrecht der Frau.»*

22 *BVerfGE 88, 203 (Schwangerschaftsabbruch II).*

1993 setzt das Bundesverfassungsgericht den Namen Margot von Renesse auf Platz 2 seines «Dreiervorschlags» gemäß § 7a Bundesverfassungsgerichtsgesetz. Die eingehenden Überlegungen zum Recht des Schwangerschaftsabbruches mögen ein Beweggrund gewesen sein. Die Wahl von Jutta Limbach, die zuvor bereits im Gespräch war, fand sie damals – und erst recht mit den Augen von heute – geradezu wunderbar: «In ihrem Kopf ist einfach so viel Ordnung.»

**Bioethik**

Von den Klonversuchen an Schaf Dolly bis zur beabsichtigten Freigabe der Stammzellforschung reicht das thematische Spektrum, das Mitte/Ende der 90er Jahre eine große Debatte über bioethische Themen entfesselt hat und die bis heute andauert: Dürfen wir alles, was wir können? Wird der Mensch zur Ressource? Wird sein Wert nach seiner Brauchbarkeit bestimmt? Darf man dem Erkenntnisdrang Fesseln anlegen? Das sind die Fragen, zu denen Margot von Renesse nunmehr im nationalen Diskurs und in ihrer Funktion als Vorsitzende der im Jahre 2000 eingerichteten Enquete-Kommission «Recht und Ethik der modernen Medizin» Stellung bezieht. Treffend beschreibt sie selbst die Problematik:

> «Wissen und Können der heutigen Biomedizin wachsen mit atemberaubender Geschwindigkeit. In Grenzsituationen menschlicher Existenz, in denen man sich früher nur in der Hand des Schicksals, des Zufalls oder der Allmacht Gottes wusste (Zeugung, Geburt und Sterben, Krankheit und Behinderung), sind heute gestaltende Eingriffe möglich. Das löst Hoffnung aus, aber auch Erschrecken.
>
> Wo von den neuen Erkenntnissen Gutes zu erwarten ist und wo Gefahren lauern, muss unterschieden werden. Kriterien dafür liefert dem Einzelnen die Ethik, der Gemeinschaft das Recht. Zwischen beiden besteht keine Identität, aber eine enge Verbindung. Am deutlichsten wird dies im Grundrechtskatalog unserer Verfassung. Recht kann nur dann mit freiwilliger Gefolgschaft rechnen, wenn es gemeinschaftsdienlichen Werten entspricht und darum plausibel und richtig erscheint.
>
> Die Pluralität der Weltanschauungen in unserer Gesellschaft bringt Wertevielfalt mit sich, aber auch Werteunsicherheit. Diese wird im Fall der Biomedizin noch dadurch gesteigert, dass sich Wissenschaft heute im internationalen Verbund entwickelt und auch hier unterschiedliche Wertordnungen zwangsläufig aufeinandertreffen. Zwischen Ablehnung und Akzeptanz, zwischen Furcht und Hoffnung entsteht gesellschaftliches Konfliktpotenzial. Gesetzliche Regelungen müssen hier Rechtssicherheit schaffen.

> Überzeugungskraft gewinnen sie aber nur dann, wenn sie aus einer Debatte mit der Öffentlichkeit hervorgehen und wenn im Deutschen Bundestag um alle relevanten Gesichtspunkte gerungen wird.»[23]

Der Schutz der Menschenwürde nach Artikel 1 des Grundgesetzes – den sie in diesem Zusammenhang als «verfassungsrechtliche Kostbarkeit» bezeichnet, die wir «unseren Kindern unbeschadet überlassen müssen» – kristallisiert sich erkennbar – auch auf Grund ihrer nunmehr exponierten Stellung in der bioethischen Diskussion – als Grundmotiv ihres politischen Wirkens heraus (vgl. T. Jähnichen). Nicht zuletzt die eigene Familiengeschichte mit ihrer Verbindung zum Nationalsozialismus, aus dessen Schrecken heraus Artikel 1 Grundgesetz zum grundlegenden Freiheitsrecht wurde – zum «Grund der Grundrechte» (E. Benda), verleihen ihr Sprache und Tiefe. Ihre Rede zu Bioethik am 31. Mai 2001 gehört zu den profundesten, die der Bundestag erlebt hat, die Rede zur Stammzellforschung am 30. Januar 2002 zu den bewegendsten, die am 25. April 2002 zu den leidenschaftlichsten.

In einer Art weiblicher Troika entwickeln die Protagonistinnen Andrea Fischer (Grüne), Maria Böhmer (CDU) und Margot von Renesse eine (Stichtags-)Lösung zur Frage des Imports von Stammzellen: Die Einfuhr wird grundsätzlich verboten. Ausnahmen beziehen sich ausschließlich auf existierende embryonale Stammzellen, aus denen sich kein menschliches Leben mehr entwickeln kann. Sie werden nur dann zugelassen, wenn es «hochrangige Forschungsziele» erfordern und diese mit anderen Stammzelltypen oder durch Tierversuche nicht erreicht werden können. Dem Antrag stimmt schließlich die Mehrheit des Bundestages – als Gewissensentscheidung ohne Fraktionszwang – zu (vgl. M. Böhmer).

Margot von Renesse beschreibt das Dilemma der Entscheidung mit der «Gratwanderung zwischen zwei Abgründen»: «der Prinzipienlosigkeit und der Grausamkeit gegenüber der Not des Einzelnen.» Die Lösung findet sich wieder in Art. 1 Grundgesetz. Denn die Freiheit der Forschung oder die Pflicht zur Hilfeleitung für Leidende sind nicht «Widersacher der Menschenwürde, sondern gehören zu deren Erscheinungsformen». Damit steht nicht die Abwägung oder der Kompromiss zwischen in Rede stehenden Werten zur Debatte, sondern der Ausgleich, die sog. praktische Konkordanz, die zu erreichen die große Herausforderung des Stammzellgesetzes darstellte. Dies konnte nur in einem auf Verständnis der Gegenpositionen beruhenden Aushandlungsprozess erfolgen. Das Klima wechselseitiger Wertschätzung der Politikerinnen, die sich re-

23 *Aus dem Vorwort der Enquete-Kommission «Recht und Ethik der modernen Medizin», BT-Drs. 14/9020.*

gelmäßig zu einem «Kaffeekränzchen» trafen, bildete daür die Grundlage. So sieht Margot von Renesse die Stärke der erzielten Verständigung gerade darin, dass sie jede weltanschauliche Sicht vermeidet und damit die Gewissensfreiheit erhalten bleibt: «Es ist nicht Aufgabe des Gesetzgebers zu entscheiden, was der Mensch ist und was ihn zum Menschen macht. Erlaubt ist, was nicht verboten ist, und genau darin besteht die Freiheit des Christenmenschen.»

Viele bioethische Themen, die sie im Bundestag beschäftigten, sind noch offen. Hierzu zählt sie selbst die Notwendigkeit eines Fortpflanzungsmedizingesetzes, eines Gentest-Gesetzes sowie die Regelung der Präimplantationsdiagnostik (PID).[24] Darüber hinaus hält sie die Errichtung eines ständigen nationalen Ethikrats über die Legislaturperioden des Bundestages hinaus für erforderlich. Als weiteres Thema benennt sie die zunehmende Rationierung in der modernen Medizin – die Tatsache, dass der Zugang zu bestimmten medizinischen Leistungen zunehmend nur Wohlhabenden offen steht.[25]

**Das Lebenspartnerschaftsgesetz**

Schon Anfang der 1990er Jahre hat Margot von Renesse Lösungen für rechtlich geschütztes gemeinsames Leben und Wohnen homosexueller Paare entwikkelt.[26] Allerdings genügte die schuldrechtliche Lösung den Betroffenen nicht. Sie berücksichtige nicht ausreichend die Bindungswilligkeit homosexueller Paare, die der ehelichen Verbindung gleich komme. Es bestand das Bedürfnis nach einem familienrechtlichen Institut, das die Exklusivität der Partner respektiere.

Das Konzept eines familienrechtlichen Instituts wird schließlich – auf Initiative der Grünen – in die Koalitionsvereinbarung mit der SPD bei Regierungsübernahme 1998 aufgenommen; in ihrer eigenen Partei hat Margot von Renesse ein solches Vorhaben für nicht durchsetzbar gehalten. Für den offen homosexuell lebenden Abgeordneten der Fraktion der Grünen, Volker Beck, der das Projekt vorantreibt, wird Margot von Renesse die stärkste Verbündete für das Vorhaben. Ihr Engagement als verheiratete Protestantin und vierfache Mutter hat – im Gespann mit Volker Beck – dem Gesetz zum Durchbruch verholfen sowie zu Akzeptanz – bzw. Gelassenheit – in der Öffentlichkeit geführt.[27]

24 *Hier plädiert M. v. Renesse für eine Zulassung der PID bei gleichzeitiger Einschränkung der Pränatalen Diagnostik (PND), deren Inanspruchnahme mit einer Beratung verbunden sein sollte, Zur Vereinbarkeit der Präimplantationsdiagnostik mit dem Embryonenschutzgesetz, Zeitschrift für Lebensrecht (ZfL) 2001, S. 10–12.*

25 *Tagesspiegel v. 25.11.2002.*

26 *Ein rechtliches Dach für Wohn- und Lebensgemeinschaften! ZRP, 1996, S. 212–214.*

27 *Stimmungsmache, wie bspw. im Antrag von Bündnis 90/Die Grünen anlässlich des Christopher*

Die einen Kritiker werfen ihr bis heute vor, sie sei zu alternativ, weil sie sich für eine eheähnliche Gemeinschaft Homosexueller engagiert habe, die anderen hingegen, sie sei zu konservativ, weil sie am «überholten Konzept» der Ehe und deren staatlichen Privilegierungen festhalte. Um diesen Widerspruch aufzulösen, lohnt ein näherer Blick: Zweifellos kann es als wertkonservativ gelten, die Ehe unter den staatlichen Schutz zu stellen. Allerdings ist Hintergrund nicht die Schutzwürdigkeit auf Grund einer – bereits statistisch zu bezweifelnden – Funktion der Ehe zur Familienanbahnung (vgl. S. Willutzki). Die Ehe als lebenslange Konzeption (letztlich halten mehr Ehen als geschieden werden) und ihre grundsätzliche Unauflöslichkeit (anders als bei anderen zivilrechtlichen Dauerschuldverhältnissen) sowie die Verpflichtung des Einzelnen zur Verantwortung ohne Gegenleistung rechtfertigen für Margot von Renesse letztlich den staatlichen Schutz dieser Partnerschaft.

Im Gegensatz zu den Juristinnen der Zeit zwischen 1890 und 1920 wie Anita Augspurg, die die Frauenbewegung gegen die familienrechtlichen Bestimmungen des BGB anführte, die Familienrecht und Gleichberechtigung mit Radikalität oder – wie Helene Stöcker – mit dem Begriff «Liebe» zu begründen suchten,[28] könnte man sagen, dass Margot von Renesse diese gedanklichen Ansätze für die Frage des Rechts äußerst untauglich scheinen. Sie stellt dagegen den Verantwortungsbegriff in den Mittelpunkt.[29] Von da aus gedacht, kann es nicht überzeugen, Homosexuellen das Eingehen einer Verantwortungsgemeinschaft im Rahmen einer rechtlich geschützten Lebenspartnerschaft vorzuenthalten. Die Lebenspartnerschaft führt zu «mehr Ordnung» und Verlässlichkeit, ohne eine Lebensform vorzuschreiben. Sie erweitert das «Angebot» verantwortlichen Einstehens füreinander. Darüber hinaus entlastet sie dadurch auch den Staat.

Doch all diese Argumente führt Margot von Renesse nicht in der abschließenden Plenardebatte ins Feld. Sie äußert ihr Verständnis gerade für die Menschen «älterer Jahrgänge», für die der rasante Wandel – von der tödlichen Bedrohung – sie führte in KZ über die «hochgradige Strafbarkeit» verbunden mit «lebenslanger gesellschaftliche Ächtung» bis zur Anerkennung einer Lebenspartnerschaft unter familienrechtlichen Schutz – eine große Herausforderung

*Street Days lehnte sie hingegen ab: «Ich mache mir für heiße Luft nicht mehr die Schuhe zu [...] Der Bundestag ist kein Predigtraum, in dem man Reden an die Bevölkerung über das hält, was sie in ihrem Herzen bewegen sollte. Ich gebe mich für so etwas nicht her, schon gar nicht bei einem Thema, mit dem wir sehr viel tiefer an die Gesellschaft heran müssen.»*

28 *Streitbare Juristen, Kritische Justiz (Hrsg.), 1988, S. 92 ff., 105 ff.*

29 *Th. Wagenitz, Familienrecht als ziviles Verantwortungsrecht, in Jahrbuch des öffentlichen Rechts, 2004, S. 245–254, Laudatio anlässlich der Verleihung des Arnold-Freymuth-Preises 2002 an M. v. Renesse am 24.11.2002 in Hamm.*

darstelle: «Ich sage das voller Mitgefühl, weil ich das verstehe.»[30] Am Ende muss es sie besonders gefreut haben, dass das Lebenspartnerschaftsgesetz niemandem Unmögliches abverlangt. «Die meisten haben verstanden, dass es keineswegs Pflicht ist homosexuell zu werden», warf sie einem Unionspolitiker in der Debatte zu.

## Nachdenken

Theologische und rechtsphilosophische Fragen sind es, die Margot von Renesses Geist am meisten herausfordern: «theologisch» in der Überzeugung, dass der säkulare Staat die Gewissens- und Bekenntnisfreiheit des Einzelnen am besten zu schützen vermag und «philosophisch» im pragmatischen und damit politischen Sinne: «mir ist ein Philosoph nur soviel wert, als er mir ein Beispiel zu nennen weiß.» (F. Nietzsche).

Zwei Konstanten bestimmen die Zielrichtung ihr politisches Denken im Wesentlichen: zum einen die Freiheit – nicht nach Wahrheit – der Lebensführung des Einzelnen und zum anderen das Streben nach einer gerechteren Welt; oder anders: das Ziel, den Ausgleich zwischen der Autonomie des Subjekts und den objektiven Normen des gesellschaftlichen Zusammenlebens zu finden. In jedem politischen Vorhaben sind diese Paramenter erkennbar, ohne dass sie miteinander in Widerspruch geraten: obwohl Familie eine Privatsache ist, hat sich Margot von Renesse der Familienpolitik besonders verschrieben;[31] obwohl Sexualität und Lebensplanung private Angelegenheiten sind, hat sie sich gerade mit den rechtlichen Fragen im Bereich der künstlichen Befruchtung, der Präimplantationsdiagnostik (PID), des Schwangerschaftsabbruches oder der Lebenspartnerschaft homosexueller Paare besonders beschäftigt, obwohl das Sterben – wie nichts anderes sonst – eine zutiefst persönliche Angelegenheit ist, richtet sich ihr Engagement beim Thema «Patientenverfügung» besonders auf menschlich und damit gesellschaftlich tragbare Ergebnisse.

Mit den Worten des amerikanischen Philosophen Richard Rorty, mit dem sich Margot von Renesse in ihrem eigenen Vortrag anlässlich der Verleihung der Ehrendoktors in Fragen der Kontingenz von Sein und Sprache oder der Selbstbestimmung des Einzelnen in großer Übereinstimmung fühlte – ob-

30 *BT-Prot. 14/115, S. 10959.*

31 *Zur Begrenztheit des Rechts: «Eltern müssen mehr tun als das, was im Gesetz steht. Wir können gar nicht alles, was Eltern tun sollen, ins Gesetz schreiben.»; Zur Begrenztheit des Richters: «Niemals wollte ich wohl, dass ein Familienrichter – Verzeihung! – mit seinen schmutzigen Händen in der Seele meiner Kinder rumgrabbelt. Juristen sind Juristen. Aber sie sollen bei ihren Leisten bleiben und nicht denken, die Angehörigen ihres Standes seien so etwas wie die besseren Eltern, sozusagen Überväter oder Übermütter», BT-Prot. 13/95 v. 21.9.1995, S. 4648.*

wohl sie ihn am Ende ihrer Rede (meines Erachtens zu Unrecht) als Zyniker einstuft –, könnte die Richtung ihres politischen Denkens und Handelns wie folgt beschrieben werden: Das «Ziel einer gerechteren, freien Gesellschaft [könnten wir] darin sehen, dass sie ihren Bürgern erlaubt, so privatisierend und ‹irrationalistisch› zu sein wie sie mögen, solange sie es in der Zeit tun, die ihnen gehört, und soweit sie anderen keinen Schaden zufügen und nicht auf andere Ressourcen zurückgreifen, die von weniger Begünstigten gebraucht werden.»[32]

Wie aber können wir dieses Ziel erreichen?

Der Weg, den Margot von Renesse immer wieder erkennbar eingeschlagen hat, ist sicher nur einer von vielen, Theorisches in Praktisches zu verwandeln. Er taugt aber als Vorbild, weil er nicht nur einfach und wirkungsvoll zugleich ist: Reflexion über uns selbst zieht die Reflexion über andere – auch ohne kategorischen Imperativ – nach sich. Sprechen ist Handeln. Austausch und Diskurs führen zu Verständigung und zu Konsens sowohl über ethische und moralische Wertkonflikte im Privaten als auch über objektive Normen im Gesellschaftlichen. In besonderer Weise versteht sie es, die Menschen in ihren Herzen – mit ihren Ängsten und Hoffnungen – zu erreichen. Furchtbare Gegenbeispiele sind ihr die z. B. die Aufseher in Auschwitz oder die Mörder von Beslan, die nicht so handelten, so wie sie es taten, weil sie zu wenig Kant gelesen, sondern weil sie zu wenig Mitgefühl hatten. Empathie ist ein Schlüssel, so auch Rorty, der uns zu dem «Prozess [bringt], in dessen Verlauf wir allmählich andere Menschen als ‹einen von uns› sehen statt ‹jene›», zu dem Prozess, dessen Verlauf von «der Genauigkeit [abhängt], mit der beschrieben wird, wie fremde Menschen sind, oder wie wir sind.»

Margot von Renesse, deren Einfallsreichtum jeweils mit den Widerständen, die ihr oder ihren politischen Vorhaben entgegentraten wuchs, ist deshalb auch ein besonderes Beispiel dafür, wie die Attraktivität von Sprache ein Werben um die Attraktivität des politischen Denkens und Handelns ist.

Bleibt die Frage nach dem sozialen Fortschritt: Woran erkennen wir, ob wir dem Ziel einer freien und gerechteren Gesellschaft näher kommen? Ist unsere Welt heute freier und gerechter als vielleicht vor 500 Jahren? Mögen wir auch keine endgültige Antwort auf diese Frage geben, so haben wir – vor allem die junge Generation als Nutznießer vergangener politischer Gefechte – doch mindestens die Möglichkeit, die Leistungen für Freiheit und Gerechtigkeit von Wegbereiterinnen wie Margot von Renesse zu erkennen und anzuerkennen.

32 *R. Rorty, Kontingenz, Ironie und Solidarität, Frankfurt/Main 1989, S. 13.*

## Ausblick

Wer Margot von Renesse am 18. Januar 2005 erleben konnte, als sie zu Abgeordneten der SPD- und der Bundestagsfraktion von Bündnis 90/Die Grünen zum umstrittenen Thema der Patientenverfügung sprach, konnte spüren, dass sie in ihrem Herzen immer Parlamentariern sein wird und gar nicht anders kann, als sich einzumischen, wenn es sie angeht. Bei rechtlich, weltanschaulich oder ethisch heiklen Fällen, die menschlichen Tiefgang und juristische Klarheit gleichermaßen erfordern, wird es sie angehen.

*«Nur bei uns heißt einer, der an den öffentlichen Angelegenheiten nicht teilnimmt, nicht ein stiller Bürger, sondern ein schlechter»*
Perikles nach Thukydides

Von Fritz Pleitgen

# Willkommen im Club

Liebe Frau von Renesse,
willkommen im Club der 65er! Es ist, wie ich Ihnen aus eigener Kenntnis versichern kann, ein nobler Verein. Sie werden erleben, welche Perspektiven Ihnen diese Mitgliedschaft noch eröffnen wird. Zu ihrem heutigen Ehrentag gratuliere ich Ihnen im Namen des Westdeutschen Rundfunks und persönlich ganz herzlich.

Bei uns im WDR sind Sie unvergessen. Wir von der Geschäftsleitung haben ihre klugen, inspirierenden und unverkrampften Beiträge in den Sitzungen des Verwaltungsrates in angenehmster Erinnerung. Das waren zwölf Jahre für den WDR. Mein heutiger Brief gibt mir die Chance, Ihnen nochmals sehr herzlich für Ihre Unterstützung und Freundschaft zum öffentlich-rechtlichen Rundfunk zu danken. Auf Ihre Solidarität zum Westdeutschen Rundfunk konnten wir uns immer verlassen.

Mein Glückwunsch gilt einer Juristin und Politikerin, die stets aus tiefster Überzeugung handelte und klare Worte nicht scheute, wenn es um politische Weichenstellungen, Grundüberzeugungen und ein deutliches Profil ging. Sie haben sich nie abschrecken lassen, gesellschaftspolitisch umstrittene Themen anzufassen. Im Gegenteil: ob es um das Familienrecht, das Abtreibungs- oder Gewaltschutzrecht ging – Ihnen ist es stets gelungen, parteiübergreifend Zustimmung für wegweisende Reformen zu gewinnen.

Ihre nachhaltigste politische Wirkung haben Sie sicher im Bereich der Fortpflanzungsmedizin und der Stammzellenforschung entfaltet. Es ist Ihnen gelungen, im Bundestag hohe moralische Maßstäbe zu setzen. Sie haben sich klar und konsequent für die Forschung eingesetzt, ohne die ethischen Grenzen außer Acht zu lassen. Mit der Versachlichung der Debatte und ihrer Ausgewogenheit ist es Ihnen in einzigartiger Weise gelungen, zwischen Wissenschaft und Ethik zu vermitteln.

Ich wünsche Ihnen einen schönen Geburtstag und all Ihren Plänen und Vorhaben besten Erfolg, vor allem aber Glück und Gesundheit.

Ihr Fritz Pleitgen

# I.
# Mensch und Würde

Von Traugott Jähnichen

# Das Grundmotiv*

«Ich halte Art. 1 des Grundgesetzes» – Die Würde des Menschen ist unantastbar – «für eine verfassungsrechtliche Kostbarkeit, die wir unseren Kindern unbeschädigt weitergeben müssen.»[1] Mit dieser Aussage haben Sie, Frau von Renesse, das Grundmotiv Ihres juristischen und Ihres politischen Wirkens umschrieben. Dieser Satz macht darauf aufmerksam, dass zur Generationengerechtigkeit nicht nur die wechselseitigen Versorgungsleistungen und eine materielle Güterausstattung gehören, sondern in ebenso hohem Maße die Pflege des Rechtsystems und das Verständnis für dessen normative Grundlagen.

Die Kostbarkeit dieses Verfassungsartikels kann auf mancherlei Weise beschädigt werden, durch eine mögliche Unterminierung und Aushöhlung ebenso wie durch eine extensive und kurzschlüssige Berufung auf seine Geltung. Es ist eine ständige juristische und vor allem politische Aufgabe, nach den konkreten Gestaltungsaufgaben und den jeweiligen Konsequenzen zu fragen, denn: es kann von keinem rechtlichen oder gesellschaftlichen Zustand behauptet werden, er stimme mit dem Ideal der Verfassungsaussage überein. Vielmehr – so hat es Gustav Heinemann in seiner denkwürdigen Ansprache anlässlich des Festaktes zum 25-jährigen Inkrafttreten des GG ausgeführt – besteht die Aufgabe, «die Wirklichkeit in beharrlicher Annäherung auf das Leitbild der Verfassung hin fortzuentwickeln. Es wäre das Ende aller Politik, wenn Bestehendes nur noch verwaltet, aber nicht mehr verbessert würde.»[2]

Die Kostbarkeit der Verfassungsordnung, speziell des Artikel 1 GG, ist genau dann für zukünftige Generationen zu bewahren, wenn der demokratische und soziale Rechtsstaat weiter entwickelt wird. In diesem Sinn haben Sie, Frau von Renesse – von Heinemanns Weg als Jurist und Politiker angestoßen und motiviert –, Ihre Verantwortung als Richterin und als Politikerin wahrgenommen und verstanden. Grundlegende Orientierung bot Ihnen dabei die Verwurzelung in der protestantischen Tradition, etwa wenn Sie exemplarisch König

* *Der Beitrag wurde als Laudatio anlässlich der Verleihung der Ehrendoktorwürde an M. von Renesse durch die Theologische Fakultät der Ruhr-Universität Bochum am 24. Juni 2004 gehalten.*

1 *M. von Renesse, Standpunkte der Enquete-Kommission Recht und Ethik in der modernen Medizin, in: ZaeFQ 2002, S. 476.*

2 *G. W. Heinemann, Präsidiale Reden. Einleitung von Th. Eschenburg, Frankfurt 1975, S. 183.*

Salomo als den ersten Familienrichter entdeckt haben, dessen Urteilsfähigkeit in diesem Bereich bis heute maßgebend sein sollte, indem er das so naheliegende Kriterium, dem Kind nicht zu schaden, zur Grundlage der Entscheidung gemacht hat.[3] Ihre Erfahrungen und Kompetenzen als Familienrichterin haben Sie, Frau v. Renesse, in vielen Gremien in Kirche und Gesellschaft fruchtbar machen können und es war für Sie von besonderer Bedeutung, dass Sie im Deutschen Bundestag maßgeblich an der Neugestaltung des Kindschaftsrechts mitwirken konnten.

Einer größeren Öffentlichkeit ist Ihr rechtspolitisches Wirken als Vorsitzende der Enquete-Kommission des letzten Deutschen Bundestages «Recht und Ethik in der modernen Medizin» bekannt geworden. Kaum eine öffentliche Debatte und kaum eine politische Entscheidung waren im Vorfeld so umstritten und so stark von grundsätzlichen ethischen Überlegungen geprägt wie diese. Als Kommissionsvorsitzende haben Sie sich, Frau von Renesse, wesentlich als Moderatorin und als Hermeneutin der unterschiedlichen Positionen verstanden. Immer wieder haben Sie die Unterschiedenheit und den differenzierten Zusammenhang von Recht und Ethik herausgestellt und deren freiheitsverbürgenden Sinn betont. Gerade deshalb kann die verfassungsrechtliche Kostbarkeit der Menschenwürde nur begründungsoffen verstanden werden, denn die Fähigkeit dieses Begriffs, allgemeine Regeln zu konstituieren und einzelne Rechtsbestimmungen zu normieren, setzt seine Interpretierbarkeit durch unterschiedliche, religiös-kulturell geprägte Begründungen voraus. Nur der Verzicht auf allgemeinverbindliche Deutungen des guten Lebens verbürgt den Freiheitssinn unserer Rechtsordnung. In dem Wissen um diesen Zusammenhang haben Sie, Frau von Renesse, ihre wesentliche Aufgabe als Kommissionsvorsitzende darin gesehen, eine echte Kommunikation zwischen den unterschiedlichen Positionen zu ermöglichen und die fruchtlose Phase der ethisch selbstgewissen Bekenntnisse und der prinzipiellen Abgrenzungen zu überwinden. Ihnen ging es darum, die Hintergrundannahmen der unterschiedlichen Positionen zu medizinethischen Fragen aufzuzeigen und vor der Verbindlicherklärung partikularer Deutungen zu warnen.[4] Entschieden haben Sie herausgestellt, dass das Recht nur ein ethisches Minimum absichern soll und muss, nicht jedoch ethische Höchstleistungen erzwingen kann.[5] Bei dieser Interpretations- und Vermittlungsaufgabe haben Sie Ihren hohen Respekt

3 *Vgl. M. v. Renesse, Die Bibel und das Recht. Vortrag anlässlich des Jahres der Bibel im Oktober 2003 im Oberlandesgericht Hamm.*

4 *Vgl. beispielhaft M. von Renesse, Standpunkte der Enquete-Kommission, a.a.O., S. 474f.*

5 *Vgl. a.a.O., S. 477.*

vor den den verschiedenen Positionen jeweils zu Grunde liegenden Gewissensentscheidungen bekundet und auf diese Weise die nicht selten antagonistisch gegeneinander stehenden Positionen zum Dialog motiviert. Erst durch diese Verständigungsarbeit ist eine wirkliche Kommunikation entstanden, welche die Bereitschaft einschließt, die eigene Argumentation kritisch zu prüfen, zu ergänzen oder ggf. zu korrigieren. Auf dieser Grundlage konnte schließlich eine von einer breiten Mehrheit geteilte Suche nach einem ethisch vertretbaren Kompromiss eröffnet und diese dann mit einem beachtlichen Mehrheitsvotum in hohem Maße einvernehmlich abgeschlossen werden.

Diese Form der politischen Arbeit und die dieses Handeln fundierende Verhältnisbestimmung von Recht und Ethik ist – auch wenn es im politischen Handeln stets nur ein indirektes Christentum geben kann – als unmittelbare Konkretion einer protestantischen Grundhaltung zu identifizieren. Gerade weil es im Bereich ethischen Handelns – bei den guten Werken – nicht um die Identität eines Christenmenschen geht, sondern um das, was für die Anderen, für den Nächsten gut und hilfreich ist, können solche Verständigungsprozesse und das Ringen um vertretbare Kompromisse initiiert werden.

Eng verknüpft mit diesem im Protestantismus verwurzelten, rechtsethischen Profil Frau von Renesses lässt sich in vielen Ihrer Beiträge und Stellungnahmen eine theologische Tiefendimension entdecken, die der Evangelisch-theologischen Fakultät in besonderer Weise Anlass war, Ihnen die Ehrendoktorwürde zu verleihen. Angesichts der Vielzahl ethisch selbstgewisser Bekenntnisse in der öffentlichen Debatte fragen Sie nach dem Ort, an dem in unserer Gesellschaft eine rationale und zivilisierte Auseinandersetzung über Fragen der Gesinnung und weltanschaulicher Überzeugungen geführt werden können. Unmissverständlich nehmen Sie diesbezüglich die Theologie und die Kirchen, speziell in ihrer Verantwortung für den Religionsunterricht, in der Pflicht.[6] Aus diesem Grund erwarten Sie von kirchlichen Stellungnahmen und theologischen Gutachten keine bevormundende Intervention, sondern die Offenlegung der jeweiligen Wertkonflikte und die Ermutigung der Christinnen und Christen zu einem eigenständigen Urteil in der Freiheit ihres Gewissens vor Menschen und in der Bindung ihres Gewissens vor Gott. Ein derart unterwiesenes Gewissen ist nicht irrtumsfrei, im Gegenteil, es weiß ganz besonders um das Risiko des Scheiterns, des Versagens und der Schuld, aber dieses Gewissen ist ein getröstetes und darum zuversichtliches Gewissen, weil es insbesondere um den Zuspruch der Vergebung von Schuld weiß. Frau von Renesse, Sie haben wiederholt und eindrücklich speziell Ihre evangelische Kirche auf dieses «Kerngeschäft»

6 *So insbesondere in dem Vortrag «Gesetzgebung im ethischen Wertekonflikt».*

hingewiesen, auf die Kenntnis der menschlichen Schwäche und Unsicherheit, auf die Gewissheit göttlichen Lenkens sowie auf die Hoffnung auf Vergebung.[7] In diesem Sinn fordern Sie die Kirchen, aber auch die Theologie, unermüdlich auf, gegen manche Tendenzen der Selbst-Banalisierung der eigenen Botschaft sich dieses Erbes immer wieder neu zu vergewissern und es überzeugend in der Gesellschaft zu kommunizieren.

Sehr verehrte Frau von Renesse, im Namen der Evangelisch-theologischen Fakultät darf ich unsere große Freude zum Ausdruck bringen, Sie mit dem heutigen Tag als Mitglied unseres Kollegiums zu begrüßen.

7 *Besonders eindrücklich in: M. v. Renesse, Handeln im dunklen Raum, in: ZEE 2002 (46. Jg.), S. 56–57.*

Von Ernst Benda

# Zur Würde des Menschen in der protestantischen Ethik und im Recht*

Mein Beitrag soll nur wenige Anmerkungen zu einem Thema machen, das vor allem in der Diskussion um die Anwendung gentechnischer Methoden auf den Menschen eine höchst aktuelle Bedeutung gewonnen hat. Hierzu verdanken wir Frau von Renesse viele und wesentliche Beiträge. Sie gehörte, wie ich, der Kammer für öffentliche Verantwortung der Evangelischen Kirche Deutschlands (EKD) an, die auch Fragen der Medizin und Bioethik behandelte. Ein Ergebnis dieser Arbeit war die 2002 erschienene Argumentationshilfe «Im Geist der Liebe mit dem Leben umgehen.»[1] Die Stellungnahme der Kammer kommt in wesentlichen Fragen nicht zu einer von allen Mitgliedern einmütig vertretenen Auffassung. So konnte über die Frage, «ob schon dem menschlichen Embryo vom Zeitpunkt der Befruchtung an ein subjektiver Anspruch auf Schutz der Menschenwürde und des Lebens zustehe», keine Übereinstimmung erzielt werden. Doch bestand Einigkeit darüber, «dass die staatliche Verpflichtung auf den Schutz der Würde des Menschen auch einen objektiv-rechtlichen Charakter hat.» Hierzu gehöre «auch ein Umgang mit menschlichen Embryonen in allen Entwicklungsstadien, der deren besonderen Status achtet und allen Tendenzen, sie wie eine beliebige Ware zu behandeln, wehrt.»[2]

In der Zeit, als diese Äußerung der Kammer erarbeitet wurde, veröffentlichte Frau von Renesse zusammen mit Andrea Fischer eine Stellungnahme, in der es heißt: «Vielmehr geht es um die Selbstverständigung unserer Gesellschaft über ihre gemeinsamen Werte und schließlich um die Suche nach einem der pluralistischen Gesellschaft angemessenen Weg, die vorhandenen Widersprüche in der Wertung zu einem tragfähigen Konsens zu bringen. Die Suche nach neuen Regeln erfolgt auf einer ethischen Grundlage, die sich in vielfältigen Debatten aus humanistischen ebenso wie aus religiösen Quellen herausgebildet hat. Allerdings stellen uns die neuen Möglichkeiten der Biotechnologie vor

* *Vortrag aus Anlass der Verleihung der Ehrendoktorwürde der Evangelisch-Theologischen Fakultät der Ruhr-Universität Bochum an Frau Margot v. Renesse am 24. Juni 2004.*

1 *Im Geist der Liebe mit dem Leben umgehen, Argumentationshilfe für aktuelle medizin- und bioethische Fragen, hrsg. vom Kirchenamt der EKD, 2002.*

2 *a.a.O., S. 45.*

Herausforderungen, in denen der Rekurs auf einmal gefundene Grundüberzeugungen alleine nicht weiterhilft.»[3]

Die Suche nach neuen Regeln muss also die «Unterscheidung und die enge Bezogenheit von ‹Ethik› und ‹Recht›» berücksichtigen. Hiervon spricht auch der bei der Fakultät eingereichte Antrag auf Verleihung der Ehrendoktorwürde an Frau von Renesse. Recht und Ethik sind nicht deckungsgleich. Aber beide haben die Zielsetzung, die in der Gesellschaft bestehenden Wertvorstellungen zur Grundlage des Zusammenlebens der Menschen zu machen.

«Wer die Ethik nicht fühlen will, muss das Recht hören» – mit diesem «bezeichnenden Kampfruf» (so hat dies Friedhelm Hufen empfunden)[4] wendet sich Ulrike Riedel gegen die von ihr leidenschaftlich und mit guten verfassungsrechtlichen Argumenten bekämpfte Behauptung, man könne oder müsse für den Umgang mit Embryonen von einem abgestuften Schutzkonzept ausgehen[5]. Dies ist ein harscher Ton, härter als der, mit dem Margot v. Renesse dem Recht seinen Platz zuweisen will: «Um Werteverlust und Verrohung zu verhindern, muss das Recht die neuen Techniken humanisieren, Missbrauch bekämpfen und sie lebensdienlich machen.»[6] Wie bei der Anfang der achtziger Jahre entwickelten Methode der In-vitro-Fertilisation gehe es für den Gesetzgeber bei den neuen Anthropotechniken weniger darum, sie «wegen ihres Gefährdungspotentials» zu verbieten als vielmehr darum, dass «ihre Humanisierung angestrebt werden» solle.[7]

Ich verstehe dies aber nicht als die Aufforderung an die Rechtsordnung, sich am besten aus dem Streit herauszuhalten und ihn den Ethikern zu überlassen. Anders evangelische Ethiker. In ihrer Stellungnahme zur Debatte um die Embryonenforschung[8] aus dem Jahre 2002 berufen diese sich auf die «Freiheit zum eigenen Standpunkt» – ein «Kennzeichen des Protestantismus.» Dies habe die Konsequenz, dass «moralischen Intuitionen ihre Freiheit» belassen wird, «wenn sie auch nicht von der Rechenschaftspflicht entbunden sind» – also «Pluralismus als Markenzeichen des Protestantismus.» Ich teile ganz die Meinung, dass die Evangelische Kirche nur in den Grundfragen des Glaubens Eindeutigkeit oder gar Einstimmigkeit verlangen kann, in «Fragen der

3 *A. Fischer und M. von Renesse, Niemand hat das Recht, über den Lebenswert eines Menschen zu entscheiden, F.A.Z. v. 3. März 2001, S. 11.*

4 *F. Hufen, Erosion der Menschenwürde?, JZ 2004, S. 313 (S. 318 Anm. 53).*

5 *U. Riedel, Wer die Ethik nicht fühlen will, muss das Recht hören, F.A.Z. v. 7. Mai 2001, S. 50.*

6 *M. von Renesse, Dem Tode bestimmt, dem Leben gewidmet, F.A.Z. v. 7. November 2001, S. B 1.*

7 *M. von Renesse, a.a.O.*

8 *Pluralismus als Markenzeichen – Eine Stellungnahme evangelischer Ethiker zur Debatte um die Embryonenforschung, F.A.Z. v. 23. Januar 2002, S. 8.*

Lebensform, der Lebensgestaltung und der Ethik» dagegen zumindest in der Regel die je eigene Überzeugung ihrer Gläubigen zu respektieren hat[9]. Hieraus folgt aber nicht, dass auch die Rechtsordnung sich aus dem Bereich des ethisch Umstrittenen herauszuhalten habe. Die evangelischen Ethiker räumen zwar in ihrer Stellungnahme ein, dass «auch in einer pluralistischen Gesellschaft [...] bestimmte moralische Mindeststandards und Grundrechte gesichert bleiben» müssen. Doch verlangen sie: «Einzelne, eng gefasste moralische Standpunkte können aber nicht zur Grundlage in einer pluralistischen staatlichen Rechtsordnung werden. Rechtsregelungen sind so zu gestalten, dass sie Entscheidungen gemäß unterschiedlicher moralischer Überzeugungen offen halten.[10]»

Diese Position verkennt die Aufgabe der Rechtsordnung. «Das Gesetz» – so das Bundesverfassungsgericht in seiner ersten Entscheidung zum Schwangerschaftsabbruch[11] – «ist nicht nur Instrument zur Steuerung gesellschaftlicher Prozesse nach soziologischen Erkenntnissen und Prognosen, es ist auch bleibender Ausdruck sozialethischer und – ihr folgend – rechtlicher Bewertung menschlicher Handlungen; es soll sagen, was für den Einzelnen Recht und Unrecht ist.» «Ethische Abwägungen sind unerlässlich» – so Andrea Fischer und Margot v. Renesse zu der Notwendigkeit gesetzgeberischer Entscheidungen in den Fragen der Biopolitik.[12]

Dem an das Gesetz gebundenen Richter ist der Rückgriff auf ungeschriebene ethische oder naturrechtliche Normen in der Regel versagt. Der Gesetzgeber darf, ja muss sich auf diese Grundlagen besinnen. Wenn die Parlamentarier solche Überzeugungen nicht mehr haben oder vorbringen, sondern verschweigen, bleibt nur die bloße Gesetzgebungstechnik, nur das kümmerliche Ergebnis eines wertfreien Opportunismus übrig. Wenn das geschieht, kann es kaum verwundern, dass auch in der Bevölkerung das Zweckmäßige das Gerechte, das ethisch Richtige, zu verdrängen droht.

Das bedeutet, dass in der Auseinandersetzung um die Gesetzgebungsvorhaben, die ethische Grundfragen aufwerfen, die Parlamentarier ihre eigenen Überzeugungen nicht verleugnen dürfen, sondern sie in die Debatte einbringen müssen. Der Vorwurf der Konfessionalisierung, den man dann oft hört, verlangt dagegen eine wertneutrale Haltung, die sich zwischen den verschiedenen Auffassungen nicht zu entscheiden vermag und sich schließlich auf eine Minimalposition zurückzieht.

9 *A.a.O.*
10 *A.a.O.*
11 *BVerfGE* 39, 1 (59).
12 *Vgl. Fn.* 3.

Allerdings kann das Ziel nicht darauf gerichtet sein, in den umstrittenen Fragen die Meinung z. B. einer Kirche deswegen durchzusetzen, weil das nun einmal deren Auffassung ist; vielmehr muss die vom Standpunkt der Allgemeinheit aus richtige und gerechte Lösung erreicht werden.

In die schließlich notwendige Entscheidung ist auch die Überlegung einzubringen, dass es im Einzelfall besser sein kann, eine vom eigenen Standpunkt aus nicht voll befriedigende Regelung zu erzielen, die auf eine breitere Zustimmung auch in der Bevölkerung hoffen kann und damit das neue Recht von der Rechtsüberzeugung aller oder doch vieler getragen sein lässt, als eine als ideal empfundene, aber heftig umstrittene Regelung mit knapper Mehrheit durchzusetzen.[13]

Der hiernach zu suchende Kompromiss – dies mag dem nahe kommen, was Margot v. Renesse mit ihrer Forderung nach «Humanisierung» der neuen Methoden der Biotechnik meint – ist aber dann nicht möglich, wenn das Gebot nach Schutz und Achtung der Würde des Menschen berührt wird. Dies ist die Fundamentalnorm des Grundgesetzes, die unbedingt zu gelten hat. Sie entzieht sich – so jedenfalls die bisher einhellig vertretene Meinung in verfassungsgerichtlicher Rechtsprechung und Literatur – jeder Abwägung mit anderen, sogar verfassungsrechtlich geschützten Zielsetzungen. Die evangelischen Sozialethiker erkennen dies nicht an: «Das Prinzip der Menschenwürde darf dem konkreten Konflikt nicht nur gegenübergestellt werden, sondern der Konflikt muss als Diskurs zwischen konkurrierenden Auslegungen der Menschenwürde betrachtet werden.»[14]

Die Frage, was wir über den Menschen wissen, richtet sich nicht nur an den Juristen, sondern an alle Wissenschaften, die sich mit dem Menschen beschäftigen; Menschenwürde ist ein «interdisziplinär zu erarbeitender Begriff»[15], wie Peter Häberle sagt.

Die Entscheidung des Grundgesetzes, die Würde des Menschen zum obersten Leitprinzip des staatlichen Lebens zu machen, hat nicht nur christliche, sondern auch viele andere, insbesondere humanistisch-aufklärerische Wurzeln. Dass das Grundgesetz in Deutschland vor allem auf «christlichem Nährboden» beruht – so die Überschrift eines Beitrages des früheren Bundesverfassungsrichters Paul Kirchhof[16] – vermag diese Grundentscheidung weder zu entwerten noch zu entleeren. «Das Grundgesetz und damit zumindest seine

13 *Vgl. zu dem Vorstehenden: Benda, Das Verhältnis von Ethik und Recht, in: Politisch Soziale Korrespondenz 1966, Heft 4, S. 5 ff. Auch in: Benda, Der Rechtsstaat in der Krise, Stuttgart 1972, S. 66 ff.*

14 *Pluralismus (Fn. 8).*

15 *P. Häberle, Menschenwürde und Verfassung, in: Rechtstheorie II (1980), S. 389 ff. [424].*

16 *P. Kirchhof, Auf christlichem Nährboden, Die Zeit v. 7. April 2000.*

Basisnormen bilden das Gedächtnis der Demokratie, suchen erprobte Werte, bewährte Institutionen, gesicherte politische Erfahrungen an die Gegenwart und Zukunft weiterzugeben», schreibt Kirchhof. Hieraus ergibt sich, dass Art. 1 GG «in der Kontinuität der philosophischen und rechtlichen Überlieferung zu deuten» ist; aber es handelt sich nicht um die Auferlegung eines staatlichen Zwanges an die Bürger, an die zugrunde liegenden Glaubensüberzeugungen zu glauben, sondern um die Umsetzung der nach der Entscheidung der Verfassung bewährten und für das Zusammenleben der Menschen nützlichen Konsequenzen vor allem in Bezug auf das Verhältnis des Staates zu seinen Bürgern. Wieder Kirchhof: «Das im Christentum wurzelnde Bild vom Menschen ist Fundament einer staatlichen Gewährleistung, die – in ‹Verantwortung vor Gott und den Menschen› formuliert (Präambel des Grundgesetzes) – für alle Menschen gilt, also ein Jedermannsrecht ungeachtet seiner Religion begründet; die Herleitung ist religiös, die Gewährleistung staatlich [...] Während christliche Lehre zwischen Wahrheit und Irrtum kategorisch unterscheidet, bekennt sich die verfassunggebende Gewalt des deutschen Volkes in bewusster anthropologischer Beschränkung nur zu den unverletzlichen und unveräußerlichen Menschenrechten (Art. 1 Abs. 2 GG), nicht auch zu deren religiöser Begründung.»[17]

Eine andere Position vertritt Mark Siemons in einem Beitrag zu den umstrittenen Fragen des Embryonenschutzes[18]. Es sei Brauch geworden, den Gegnern der verbrauchenden Embryonenforschung «theologische Motive zu unterstellen und sie damit zu marginalisieren.» In Wirklichkeit sei es gerade umgekehrt: «Wenn man den Begriff der ‹Menschenwürde› allein theologisch versteht, braucht man sich durch die derzeitige Diskussion nicht sonderlich behelligt zu fühlen.» «Der Satz ‹Die Würde des Menschen ist unantastbar› ist in diesem politischen Sinn eben keine Zustandsbeschreibung, sondern eine Setzung von größter metaphysischer Bescheidenheit. Das Minimum, das er verteidigt, ist, wenn man denn so will, in der Tat eine biologistische Kategorie: das pure Leben. Und ebenso ist das Kriterium für jene, die er unter seinen Schutz nimmt, ein biologisches: alle lebendigen Menschen, ungeachtet jeglicher theologischer, ethnischer, medizinischer oder sonst wie rationalistischer Einteilungen. Der politische Begriff der Menschenwürde zieht solchen kasuistischen Ein- und Ausgrenzungen und auch allen politischen Ambitionen seinerseits eine Grenze, indem er das biologische Wesen Mensch, die Gattung,

17 *Kirchhof, a.a.O.*

18 *M. Siemons, Würde – Mit dem Embryo schützt der Staat sich selbst, F.A.Z. v. 25. Februar 2001, S. 41.*

zum Tabu erklärt.» «Natürlich kann man mit gutem Grund sagen, dass diese Art Dezisionismus ohne christliche Wurzeln nicht denkbar gewesen wäre. Aber die Pointe des neuzeitlichen Politikverständnisses ist ja gerade, dass es auch abgekoppelt von einem christlichen Bekenntnis funktioniert. Die politische Idee der Menschenwürde wird gesetzt, um inmitten der Glaubens- und Bekenntnisunterschiede einer pluralistischen Gesellschaft ein ziviles Zusammenleben möglich zu machen.» Und, noch mehr zugespitzt: «Der moderne Staat lässt es dahingestellt, ob der Mensch eine unverlierbare Würde hat. Aber er weiß, dass er selbst seine Würde einbüßen kann, wenn er den Menschen nicht unterschiedslos Würde zuschreibt.» [19]

Allerdings verteidigt das Gebot der Achtung und des Schutzes der Menschenwürde weit mehr als den Anspruch auf das pure Leben, zu dem sich ja Artikel 2 Abs. 2 GG besonders äußert. Dass von sonst vernünftigen Leuten ganz rational über die unter bestimmten Voraussetzungen für zulässig gehaltene Folter diskutiert wird, zeigt, wohin eine so verengte Sichtweise «größter metaphysischer Bescheidenheit» führen kann. Bei seiner Bestimmung der Menschenwürde will Siemons sich zwar von einem christlichen Bekenntnis abkoppeln. Aber mit der Meinung, die Menschenwürde erkläre die Gattung Mensch zum «Tabu», bedient er sich doch wieder einer religiösen Begründung. Der Tabu-Begriff taucht gerade auch bei den Verfassungsrechtlern auf, die wie Matthias Herdegen (in seiner neuen Kommentierung zu Art. 1 GG) einen Bezug auf christliche Vorstellungen für nicht zulässig halten. Er spricht – an anderer Stelle – von «Tabuzonen [...], die die Würde der frühesten Erscheinungsform menschlichen Lebens schützen.» [20] Damit wird eine quasi-religiöse Begründung vorgetragen, die jedoch nicht etwa christlichen Wertvorstellungen entspricht, sondern durch Ethnologen in Polynesien im 19. Jahrhundert vorgefunden wurde und die «für die Phase des Verbots von Themen, Thesen, Erwähnung von Personen» steht.[21] Diese Meinung verweigert also eine Be-

19 *Siemons, a.a.O.*

20 *So etwa M. Herdegen in einem verfassungsrechtlichen Expertengespräch bei der Bundesministerin der Justiz am 22. Oktober 2001: «Was ich sagen möchte, ist relativ einfach, dass es auch Tabuzonen gibt, die die Würde der frühesten Erscheinungsform menschlichen Lebens schützen – ich sehe die ja etwa verletzt bei der gezielten Herstellung von Embryonen zur Gewinnung von Stammzellen -, dass aber diese Tabuzonen gegenständlich weniger weit ausgefächert sind als beim mehrmonatigen Embryo oder gar erst beim geborenen Menschen..» Von einem anderen Standpunkt aus, der das Lebensrecht des Embryos stärker betont, Wolfram Höfling, Zygote –Mensch – Person, FAZ vom 10. Juli 2001: «Die Menschenwürdegarantie entfaltet ihre Schutzwirkung daneben [d.h. neben dem Gebot des Lebensschutzes aus Art. 2 Abs. 2 GG] nur in Konstellationen, in denen eine lebensbeendende Maßnahme im Blick auf die Modalitäten und Umstände sich als Tabuverletzung erweist.»*

21 *E. Noelle-Neumann, FAZ v. 12. Juli 1995, S. 5*

gründung und behauptet stattdessen den allgemeinen Konsens darüber, dass das betreffende Verhalten schon außerhalb jeder Diskussion steht.

«Menschenwürde als Tabu» – dies ist auch der Titel eines vor kurzem veröffentlichten Beitrages des Rechtssoziologen und Rechtsphilosophen Ralf Poscher von der Ruhr-Universität Bochum.[22] Die Diskussionsverweigerung über die Absolutheit des Menschenwürdeschutzes beruhe auf der Tabuisierung, die in dem Verbot selbst einer Verfassungsänderung (Art. 79 Abs. 3 GG) ihren Ausdruck finde. «Tabus müssen nicht begründet werden.» Beiträge, die die Menschenwürdegarantie relativieren, würden nicht als Beitrag zur dogmatischen Diskussion wahrgenommen, sondern «als Tabubruch empfunden.»

Ich halte diesen Ansatz nicht für zutreffend. Die Behauptung einer nicht weiter zu diskutierenden Tabuzone ersetzt nicht das Bemühen um den Inhalt der Menschenwürde. Die Diskussion hierüber ist nicht verboten, sondern Voraussetzung jeder Erkenntnis. Auch der Jurist weiß nicht von vorneherein und für alle Zeiten feststehend, was konkret Menschenwürde bedeutet – die, wie Theodor Heuß gesagt hat[23], «nicht interpretierte These» muss immer neu erarbeitet werden, und die vor allem durch den Beitrag von Matthias Herdegen neu eröffnete Diskussion zeigt mit aller Deutlichkeit, wie notwendig dies ist. Bei der Frage, wie denn zu bestimmen sei, was zur Wahrung der Menschenwürde erforderlich ist, greife ich gern auf das zurück, was Hans Jonas die «Heuristik der Furcht» genannt hat[24]. Das ist ein Lernprozess, der nicht abgeschlossen ist und niemals ganz beendet sein wird. «Auch Ehrfurcht und Schaudern sind wieder zu lernen, dass sie uns vor Irrwegen unserer Macht schützen (zum Beispiel vor Experimenten mit der menschlichen Konstitution).» «Wir brauchen die Bedrohung des Menschenbildes, um uns im Erschrecken davor des wahren Menschenbildes zu versichern.» Auch das Bundesverfassungsgericht hat ausgesprochen: «Das Urteil darüber, was der Würde des Menschen entspricht, [...] [kann] nur auf dem jetzigen Stande der Erkenntnis beruhen und keinen Anspruch auf zeitlose Gültigkeit erheben.»[25] Dies öffnet nicht den Weg zu beliebiger Anwendung oder Missachtung nach modischen Strömungen oder bloßen Zweckmäßigkeitserwägungen. Vielmehr bedeutet das Konzept der Menschenwürde die «evolving standards of decency that mark the progress of a maturing society», wie Justice Brennan den Begriff der «human dignity» umschrieben hat.[26] Dass wir uns hierum bemühen in einem gewiss schwierigen Prozess, ist

22 *R. Poscher, Menschenwürde als Tabu, F.A.Z. v. 2. Juni 2004, S. 8.*
23 *Vgl. v. Doemming/Füßlein/Matz, JöR N.F. 1 (1951), S. 49.*
24 *H. Jonas, Das Prinzip Verantwortung, Frankfurt 1980, S. 63 f.*
25 *BVerfGE 45, 187 [229]; als «sehr treffend» zitiert bei Herdegen, a.a.O., Rn. 37 Anm. 1.*
26 *In: US Supreme Court, 356 U.S. 86 (1958), 100 f. (abw. Meinung von J. Brennan), auch zitiert bei*

umso notwendiger, je weniger in der heutigen Gesellschaft Glaubensüberzeugungen noch in der Lage sind, die verbindlichen Maßstäbe für menschliches Verhalten zu setzen. Das Recht kann solche Defizite nicht ausgleichen. Aber die Mindestvoraussetzungen für ein friedliches und gedeihliches Zusammenleben der Menschen kann und sollte es festlegen. Damit wird kein Tabu begründet, über das zu diskutieren unnötig oder gar unerlaubt ist. Im Gegenteil wird eine Aufgabe gestellt, die immer neu zu lösen ist.

Dabei verengt es den Blick, wenn «nur» über die Frage gestritten wird, welches Recht dem menschlichen Embryo zusteht. «Der Staat ist zum Schutz und zur Förderung allen menschlichen Lebens, also auch des von frühen Embryonen, verpflichtet. Denn Menschenwürde und Lebensrecht sind nicht nur Grundrechte, sondern auch Ziele staatlichen Handelns» – so Andrea Fischer und Margot v. Renesse.[27] «Menschenwürde [...] ist nicht nur die individuelle Würde der jeweiligen Person, sondern die Würde des Menschen als Gattungswesen»[28]. Mit dieser Aussage des Bundesverfassungsgerichts wird der Blick auf die Frage gelenkt, was wir nicht nur dem etwa zur Forschung freigegebenen oder gar erst für deren Zwecke erzeugten Embryo antun, wenn sich dahingehende Forderungen durchsetzen sollten, sondern was wir dem Menschen, also was wir uns antun. In dieser Betrachtungsweise werden die Befürchtungen, die mit den Bildern des Dammbruchs oder des Flächenbrandes verbunden sind, auch verfassungsrechtlich relevant. «Schon gar nicht darf man Dammbruch-Thesen denunzieren, so als handele es sich dabei um nichts anderes, als um rational unausgewiesene Ad-hoc-Annahmen, die der Scheinbegründung weltanschaulicher Fixierungen dienten. Über die Folgen muss man nachdenken und sprechen. Wir sollten wissen, was wir tun.»[29]

Wird die Menschenwürde als rechtlicher Begriff von ihrem «vorgelagerten geistig-ethischen Inhalt» abgeschnitten, so geht, wie Böckenförde sagt, «die fundamentale Norm des Grundgesetzes [...] der tragenden Achse verlustig.»[30] Die «Heuristik der Furcht», die uns Hans Jonas empfiehlt, hat zwei Bestandteile: «Schaudern» – also Furcht – und «Ehrfurcht.» Indem wir beides lernen, nähern wir uns dem Wesen der Menschenwürde.

*Herdegen, a.a.O. Rn. 36 Anm. 4.*

27 *A.a.O. (Fn. 3).*

28 *BVerfGE 87, 209 [228].*

29 *G. Robbers auf den 40. Bitburger rechtspolitischen Gesprächen 2002.*

30 *E.-W. Böckenförde, Die Würde des Menschen war unantastbar, F.A.Z. vom 3.9.2003*

Von Henning Scherf

# Die Würde des Menschen und die jüdisch-christliche Tradition

*« Unter den modernen Gesellschaften wird nur diejenige, die Wesentliches ihrer religiösen, über das bloß menschliche hinausweisenden Überlieferung in die Bezirke der Profanität einbringt, auch die Substanz des Humanen retten können.»* Jürgen Habermas

*« Eure Festreigen hasse und verschmähe ich, eure Spenden schätze ich nicht, eure Festmähler blicke ich nicht an. Tut mir weg das Geplärr eurer Lieder, euer Lautenspiel will ich nicht hören. Rauschte doch nur wie Wasser Gerechtigkeit auf!»* Amos 5, 22–24

«Die Würde des Menschen ist unantastbar». Hat dieses Gebot des Grundgesetzes, aus der Erfahrung von Auschwitz aufgeschrieben, noch Kraft genug, um unsere demokratische Zukunft zu bestimmen? Und welche Rolle spielt dabei die jüdisch-christliche Tradition?

Was bedeutet Menschenwürde? Wodurch wird sie verletzt, wodurch gestärkt? Haben tatsächlich alle Menschen die gleiche Würde? Wie zeigt sich Menschenwürde, woher kommt sie, worauf gründet sie? Was ist die Gültigkeit und Verbindlichkeit dieser großartigen Idee? Was menschliche Würde bedeutet, wird im Grundgesetz einfach vorausgesetzt.

Es wird nicht weiter geklärt, worin sie besteht. Offensichtlich kommt jedem Menschen Würde kraft seines Menschseins zu, unabhängig von seinen Leistungen und seinem Verhalten. Vielleicht ist diese Begründungsoffenheit ein großer Vorteil, vermeidet sie doch eine exklusive Geltungsbehauptung und lässt so die Möglichkeit zu, unterschiedliche Begründungen für die Menschenwürde gelten zu lassen.

Ich bin überzeugt, dass die biblischen Traditionen und von daher auch die christliche Botschaft, auf die ich mich hier konzentrieren will, wesentlich zur Geltung der Menschenwürde beitragen können. Nach biblischem Verständnis ist jeder Mensch Gottes Ebenbild. Eine stärkere Begründung für die Unantastbarkeit der Menschenwürde kann es nicht geben.

Hinzu kommt, dass Jesus von Nazareth mit seinem Lehren und Tun erheblich dazu beigetragen hat, ein Bewusstsein zu schaffen von Freiheit und Gleichheit, von Menschenrecht und Menschenpflicht, von Individualität und Sozialität jedes Menschen, unabhängig von seiner körperlichen, geistigen oder seelischen Verfassung, seinen Taten und Untaten, seinen Leistungen und Versäumnissen.

Jesus lässt keinen Menschen am Rande oder draußen. Er erklärt die Begegnung mit den Hungernden und Dürstenden, den Kranken und Gefangenen, mit denen, die er die Geringsten nennt, zur Gottesbegegnung. Deshalb darf man sagen, er hat die Würde und Einmaligkeit des Menschen als Person, gerade auch die Würde des Außenseiters, des Abgeschriebenen, des schwerstbehinderten und schwachen Menschen wie kein anderer hervorgehoben.

Und deshalb kann Heinrich Böll schreiben: «Selbst die allerschlechteste christliche Welt würde ich der besten heidnischen vorziehen, weil es in einer christlichen Welt Raum gibt für die, denen keine heidnische Welt je Raum gab: für Krüppel und Kranke, Alte und Schwache; und mehr noch als Raum gab es für sie: Liebe, für die, die der heidnischen wie der gottlosen Welt nutzlos erschienen und erscheinen.»

Dies ist festzuhalten in dem Wissen, dass das neuzeitliche Programm der Freiheit und Menschenrechte sich oft gegen das Christentum durchsetzen musste, dass es eine breite Blutspur in der Kirchengeschichte gibt.

Die christliche Fundierung der Menschenwürde findet sich wieder im Grundprinzip von Immanuel Kant: «Handle so, dass du den Menschen immer auch als Zweck an sich selbst und niemals bloß als Instrument, als Mittel zum Zweck, betrachtest.»

Nun ist es offensichtlich, dass heute der christliche Glaube in Europa an Boden verliert. Immer weniger Menschen bekennen sich zu ihm. Allein in der Bundesrepublik sind schon mehr als 20 Millionen konfessionslos. In manchen Großstadtbezirken sind nur noch 5 Prozent der Bewohner eingeschriebene Christen. Umfragen unter Jugendlichen belegen: die übergroße Mehrheit hält die Kirchen für verzichtbar. Nur 5 Prozent der männlichen und 8 Prozent der weiblichen Befragten halten die Kirchen für wichtig. Diese Tendenzen spiegeln keine Feindschaft gegenüber der Religion, sondern Gleichgültigkeit.

Nicht wenige begrüßen das Schwinden des christlichen Einflusses und hoffen, dass jetzt Aufklärung und Humanität wachsen und gedeihen können. Doch eher breiten sich Desorientierung und Aberglaube aus. An die Stelle des Glaubens an den menschen-freundlichen Gott tritt die «Religion des Marktes».

Der Mensch besitzt aber Würde und nicht Wert. «Wert» stammt aus dem ökonomischen und technischen Denken. Wert ist zählbar, messbar, vereinbar. Wert ist abhängig von der Definition des Menschen, ist auch verhandelbar. Grenzwerte werden von Kommissionen festgelegt, Messwerte sind statistische Ergebnisse, Geldwerte unterliegen den Wechselkursen, Grundwerte den gesellschaftlichen Diskursen.

Der Begriff Würde dagegen unterliegt keinen verhandelbaren Kategorien, er ist der Bewertung durch Menschen entzogen. Wenn Menschenwürde nur auf Absprachen beruht, auf einem Gesellschaftsvertrag, dann ist ihr Geltungsfundament dünn. Denn Verträge sind kündbar.

Die Kehrseite vom wertvollen Mensch ist der wertlose Mensch. Und mit der Entwertung von Menschen haben wir Erfahrungen gemacht, deren Wiederholung wir unter allen Umständen verhindern müssen.

Noch nie in der menschlichen Geschichte war die ethisch-moralische Herausforderung auf eine solche Reichweite und Langfristigkeit angelegt wie heute. Noch nie ging es so sehr, um mit Hans Jonas zu sprechen, um eine «Ethik der Fernstenwirkungen». Gleichzeitig steht nun aber in der Epoche der Globalisierung und des Pluralismus jeder ethische Universalismus unter dem Verdacht eines ethischen Dirigismus, gar Totalitarismus.

Wie lässt sich aber das Verlangen nach universaler Geltung der Menschenwürde mit den kulturellen Differenzen in der Menschheit verbinden? Gibt es Kriterien zur Anerkennung der Unantastbarkeit der Menschenwürde, die alle Menschen erreichen und verpflichten? Oder ist die einzige Antwort auf die Pluralität nur Toleranz, Dialog und Diskurs? Und was könnte dieses «Allgemeine» sein, das bonum commune, das heute oft geleugnet wird?
Meiner Überzeugung nach gibt es ein ethisches Kriterium, das verallgemeinert werden kann und das den Pluralismus kultureller Lebenswelten nicht zerstört, sondern schützt. Und dieses Kriterium hat in den meisten Religionen ein Fundament, in der jüdisch-christlichen Tradition sogar zentrale Bedeutung.

Allen Menschen gemeinsam ist die Erfahrung des Leidens. Den Religionen gemeinsam ist die Kraft, mitzuleiden, solidarisch und barmherzig zu sein. Empfindsamkeit für fremdes Leid, bis hin zum Leid der Feinde, gehört in das Zentrum jener «neuen Art zu leben», die in besonderer Weise Jesus von Nazareth angeboten hat.

Jesus erster Blick ist nicht auf die Sünde der Anderen gerichtet, wie Johann Baptist Metz betont, sondern sieht das Leid der Anderen. Sünde ist für Jesus vor allem Verweigerung der Teilnahme am Leid. Die Chancen und Aufgaben, die sich aus der biblischen, aber auch aus der Ethik anderer Kulturen und Religionen ergeben, liegen deshalb im Widerstand gegen die Ursachen ungerechten Leidens, im Widerstand gegen Rassismus, Fremdenfeindlichkeit, Antisemitismus, Nationalismus und Ausbeutung.

Menschliches Leid ist und bleibt die zentrale Grunderfahrung jedes Individuums, aller Gemeinschaften und aller Völker. Und das Gebot, das fremde Leid zur Sprache zu bringen, ist die Voraussetzung aller Friedenspolitik, aller Solidarität, allen sozialen Engagements angesichts der Risse zwischen Arm und Reich, zwischen den unterschiedlichen Religionen und Kulturen. Die Autorität der Leidenden kann universelle Anerkennung in allen Kulturen, Weltanschauungen und Religionen finden. Und über den Widerstand gegen ungerechtes Leiden können die Menschen aus den verschiedensten Kultur- und Lebenswelten zusammengeführt werden, kann Gerechtigkeit einen universalen Horizont gewinnen.

Das Mit-Leiden widersetzt sich der Gleichgültigkeit. Es ist eine Basiskategorie der Moral und der Hoffnung. Das Einbeziehen des Leidens der Anderen ist ein entscheidendes Kriterium für den Dialog der Kulturen und Religionen.

Die Fähigkeit zum Mit-Leiden und eine Ethik der Verantwortung können gerade auch jungen Menschen wieder Wege ins politische Engagement weisen.

Von Jürgen Meyer

# Die Menschenwürde in der künftigen Verfassung der Europäischen Union

Meine erste Begegnung mit *Margot v. Renesse* liegt 14 Jahre zurück. Wir hatten damals als frisch gewählte Bundestagsabgeordnete die Aufgabe übernommen, an der Reform des Schwangerschaftsabbruchsrechtes mitzuarbeiten. Durch den Einigungsvertrag (Art. 31) war der deutsche Gesetzgeber aufgerufen, ein neues gesamtdeutsches Recht zu schaffen, das besser sein sollte als das, was bis dahin in Deutschland-Ost (sog. Fristenlösung) und -West (sog. Indikationenlösung) galt. Eines Tages zeigte mir *Margot v. Renesse* ein von ihr verfasstes Manuskript, in dem sie die Auffassung begründete, dass der Schwangerschaftsabbruch als Verweigerung der «Rechtspflicht zur Austragung» kein Begehungs-, sondern eher ein Unterlassungsverhalten der Schwangeren sei. Die an mich als Strafrechtler gerichtete Frage war, ob diese Auffassung wohl strafrechtsdogmatisch vertretbar sei. Nach Durchsicht des Manuskriptes habe ich die Frage nicht nur bejaht, sondern mit Nachdruck zur Veröffentlichung in der «Zeitschrift für Rechtspolitik» geraten, die dann auch erfolgte (ZRP 91, 321). Was mich vor allem beeindruckte, war die Begründung wesentlicher Thesen mit der Unantastbarkeit der Menschenwürde (Art. 1 GG). *Margot v. Renesse* vertrat die Auffassung, für den Gesetzgeber müsse die Personenwürde der Frau eine «unübersteigbare Grenze für den Einsatz des Strafrechts sein, da dieses Grundrecht keinerlei Einschränkungen zulässt. Das gilt auch dann, wenn anderes Menschenleben in Gefahr ist. Eine Strafrechtsdrohung gegen abbruchswillige Frauen ist daher in keinem Stadium der Schwangerschaft möglich». Die Unantastbarkeit der Menschenwürde als Ausgangspunkt und Kontrollmaßstab rechtlicher Überlegungen blieb auch in den folgenden Jahren charakteristisch für die Arbeit der Rechtspolitikerin *von Renesse*. Das mag auch ein Grund dafür gewesen sein, dass wir in zwölf gemeinsamen Jahren im Rechtsausschuss des Deutschen Bundestages fast immer «Seite an Seite» gefochten haben. *Margot v. Renesse* hat das Leitmotiv ihrer juristischen und politischen Arbeit in dem Satz zusammengefasst: «Ich halte Art. 1 GG – die Würde des Mensch ist unantastbar – für eine verfassungsrechtliche Kostbarkeit, die wir unseren Kindern unbeschädigt weitergeben müssen». Die gemeinsame Grundüberzeugung motivierte mich zu dem Vorschlag, in einem 1995 vorgelegten ersten «Diskussionsentwurf» einer «Charta der europäischen Grundrechte» die Unantastbarkeit der Menschenwürde als Art. 1 vorzuschlagen und im Januar 2000 als Delegierter des Deutschen Bundestages im Grundrechte-Konvent der Europäischen Union einen entsprechenden Entwurf vorzulegen (Dokument CONTRIB 2 vom 6. Januar 2000). Der Vorschlag setzte sich mit der Unterstützung des Konventsvorsitzenden *Roman Herzog* letztlich durch, und er blieb auch während der Beratungen des Verfassungskonventes in den Jahren 2002 bis 2003, dem ich wiederum als Delegierter des Deutschen Bundestages angehörte und der sich unter dem Vorsitz von *Valéry Giscard d'Estaing* für die Aufnahme der Charta in die Europäische Verfassung aussprach, unverändert. Am 18. Juni 2004 hat schließlich der Europäische Rat in Brüssel zugestimmt, dass Art. II-1 der künftigen Europäischen Verfassung lautet: «Die Würde des Menschen ist unantastbar. Sie ist zu achten und zu schützen». Entstehungsgeschichte und Auslegung dieses Verfassungsartikels sind Gegenstand der folgenden Ausführungen.

## Entstehungsgeschichte

Auf Initiative der deutschen Präsidentschaft hat der Europäische Rat in Köln im Juni 1999 in seinen Schlussfolgerungen festgestellt, «dass im gegenwärtigen Entwicklungsstand der Europäischen Union die auf der Ebene der Union geltenden Grundrechte in einer Charta zusammengefasst und dadurch sichtbarer gemacht werden sollten». Als Quellen, aus denen diese Rechte gewonnen werden sollten, wurden u. a. die EMRK und die «gemeinsamen Verfassungsüberlieferungen der Mitgliedstaaten» genannt, die bekanntlich nach Art. 6 Abs. 2 EUV (früher Art. F) bereits geltendes Recht sind.

Da die Menschenwürde in der EMRK und ihren Zusatzprotokollen an keiner Stelle ausdrücklich erwähnt wird, musste insoweit der gemeinsamen Verfassungsüberlieferung besondere Bedeutung zukommen. Das ergab sich auch daraus, dass sich im Konvent unter den 62 Delegierten aus 15 Mitgliedstaaten ein Konsens kaum mit dem Hinweis auf eine einzelne Verfassung herbeiführen ließ, so sehr sich das deutsche Grundgesetz auch seit fünf Jahrzehnten bewährt hatte.

Der Rechtsvergleich ergab, dass die Menschenwürde bisher zwar nur in Deutschland den Charakter eines (einklagbaren) Grundrechtes hat, dass sie aber als Grundsatz und als Grundlage der Staatsordnung in den mitgliedstaatlichen Verfassungen europaweit im Vordringen begriffen ist. So heißt es etwa in Art. 23 S. 1 der *belgischen* Verfassung von 1994: «Jeder hat das Recht, ein menschenwürdiges Leben zu führen». Das neue Grundgesetz *Finnlands* von 1999, in Kraft getreten während der Konventsberatungen am 1. März 2000, enthält im ersten Kapitel über «Grundlagen der Staatsordnung» in § 1 Abs. 2

Satz 2 folgendes Bekenntnis: «Die Verfassung sichert die Unverletzlichkeit der Menschenwürde und die Freiheit und Rechte des Individuums und fördert die Gerechtigkeit in der Gesellschaft». In *Frankreich* hat der Conseil Constitutionnel in seiner Entscheidung vom 27. Juli 1994 unter Berufung auf die Präambel der Verfassung von 1946 festgestellt: «Die Wahrung der Menschenwürde gegenüber jeglicher Form der Unterjochung oder der Entwürdigung ist ein Grundsatz von Verfassungsrang». Art. 2 Abs. 1 der *griechischen* Verfassung ordnet an: «Grundverpflichtung des Staates ist es, die Würde des Menschen zu achten und zu schützen». In der Verfassung *Irlands* von 1937 wird die Würde des Individuums zusammen mit seiner Freiheit als Ziel der Verfassung angesprochen («auf dass die Würde und Freiheit des Individuums gewährleistet [...] werde»). Dagegen betont Art. 3 Satz 1 der *italienischen* Verfassung von 1947 den Zusammenhang von Würde und Gleichheit, allerdings als Bürger- und nicht ausdrücklich als Menschenrecht: «Alle Staatsbürger haben die gleiche gesellschaftliche Würde» (soziale Achtung). Besonders intensiv hat die Verfassung der *Republik Portugal* von 1976 den Würdegedanken aufgenommen. So lautet der einleitende Art. 1 Satz 1 unter der Überschrift «Grundsätzliche Bestimmungen»: «*Portugal* ist eine souveräne Republik, die sich auf die Achtung der Menschenwürde und des Volkswillens gründet». Die *schwedische* Verfassung von 1975 enthält in § 2 Abs. 1 Satz 1 unter der Kapitelüberschrift «Grundlagen der Staatsform» folgenden Passus: «Die öffentliche Gewalt ist mit Achtung vor dem gleichen Wert aller Menschen und vor der Freiheit und Würde des einzelnen Menschen auszuüben». Und schließlich lautet Art. 10 Abs. 1 der Verfassung *Spaniens* von 1978: «Die Würde des Menschen, die unverletzlichen Rechte, die ihr innewohnen, die freie Entfaltung der Persönlichkeit, die Achtung des Gesetzes und der Rechte anderer sind die Grundlagen der politischen Ordnung und des sozialen Friedens». Alle genannten Verfassungen enthalten eine Vielzahl von Konkretisierungen des Grundsatzes der Unantastbarkeit oder Unverletzbarkeit der Menschenwürde (z. B. Verbot der Todesstrafe, Folterverbot, Verbot unmenschlicher oder entwürdigender Strafen, das Gebot würdiger Arbeits- und Lebensbedingungen), mit denen sich die Verfassungen der nicht ausdrücklich genannten Mitgliedsländer der EU *(Dänemark, Luxemburg, Niederlande, Österreich)* begnügen. Dasselbe gilt für die menschenrechtliche Rechtsprechung des *Vereinigten Königreiches*.

Auf dieser Grundlage musste es möglich sein, im Konvent eine Einigung über die herausragende Bedeutung der Menschenwürde in der zu erarbeitenden Charta herbeizuführen, zumal auch auf universeller Ebene die Menschenwürde als Grundbedingung zivilisierter Staatlichkeit begriffen wird. Insoweit muss nur auf die Präambeln der Charta der *Vereinten Nationen* von 1945 und der

Allgemeinen Erklärung der Menschenrechte von 1948 hingewiesen werden. In der 9-monatigen Diskussion des Grundrechtekonvents ging es deshalb weniger um die Anerkennung als um die genaue Formulierung und den Rang und die Funktion des zu verankernden Grundrechts im Rahmen der Charta.

Bei der Formulierung von Art. 1 der Charta entschied sich der Konvent für die Eigenständigkeit des künftigen Grundrechtes. Er lehnte deshalb alle Versuche ab, die Menschenwürde mit anderen Grundwerten wie etwa Gleichheit oder Freiheit oder mit einzelnen Konkretisierungen zu verbinden und sie dadurch zu relativieren. Letztere wurden gesondert in den folgenden Art. 2 (Recht auf Leben), 3 (Recht auf Unversehrtheit), 4 (Verbot der Folter und unmenschlicher oder erniedrigender Strafe oder Behandlung) und 5 (Verbot der Sklaverei und der Zwangsarbeit) aufgeführt. Die Verbindung mit der Gleichheit etwa nach dem Vorbild der *italienischen* Verfassung erschien unnötig. Denn aus der Anerkennung der Würde für jeden Menschen, also als Menschenrecht, folgt logisch zwingend die Anerkennung der gleichen Würde (égale dignité) für alle Menschen. Die von einzelnen Delegierten vorgeschlagene Kombination von Menschenwürde und Freiheit in einer gemeinsamen Überschrift («Dignity and freedom of the human person») hätte sowohl der Eigenständigkeit der beiden Grundwerte als auch dem einzigartigen Rang der Menschenwürde widersprochen. Dieser wurde dadurch unterstrichen, dass zum einen die Würde des Menschen unter den im zweiten Absatz der Präambel genannten «unteilbaren und universellen Grundsätzen» an erster Stelle und damit noch vor den Grundwerten Freiheit und Gleichheit genannt wird (ebenso in Art. I-2 des Verfassungsentwurfes über «Die Werte der Union») und dass die Würde des Menschen zur eigenständigen Überschrift von Kapitel I der Charta und zum Inhalt ihres ersten Artikels gemacht wurde.

Mit allgemeiner Zustimmung wurde sie in vielen Diskussionsbeiträgen z. B. als «Leuchtturm in einem Grundrechtsgebäude» und auch als Ausdruck eines «europäischen Menschenbildes» bezeichnet. Aus dieser Entstehungsgeschichte, aber auch aus der Übernahme des Begriffes «unantastbar» aus dem deutschen Grundgesetz folgt, dass das Grundrecht keinerlei Einschränkungen unterliegt und eine Anwendung der allgemeinen Schrankenklausel des Art. 52 Abs. 1 der Charta nicht in Betracht kommt. Es ist allerdings zu beachten, dass die Würde des einen Menschen ihre Grenze in der Würde anderer Menschen findet. Das ist keine Grundrechtsschranke, sondern der ganz andere Fall einer Grundrechtskollision. In diesen Zusammenhang gehört die oben erwähnte Argumentation von *Margot v. Renesse* zu § 218 StGB. Auch wenn man dem Embryo die Eigenschaft als Mensch und damit ein eigenes Recht auf Achtung seiner Würde zuerkennt, darf nicht verkannt werden, dass auch die werdende

Mutter ein Grundrecht auf Achtung ihrer eigenen Würde hat. Wie ein solcher Kollisionsfall strafrechtlich zu behandeln ist, wird durch Art. 1 der Charta nicht entschieden. Alle Versuche, eine derartige Entscheidung in der einen oder anderen Richtung aus der Charta abzuleiten, finden in ihrem Wortlaut und in den Beratungen des Konvents keine Grundlage.

Die in den Konventsberatungen vielfach gewählte Charakterisierung des Grundrechts als «Muttergrundrecht», als «Hauptgrundrecht» oder als «das eigentliche Fundament der Grundrechte» erlaubt aber eine erste Aussage über seine Funktion im Rahmen der künftigen Verfassung. Viele der in der Charta anschließend aufgeführten Grundrechte, und zwar weit über die Art. 2-5 hinaus (mit Einschränkungen etwa bei den Bürgerrechten in Kapitel V, die als solche nicht allen Menschen zustehen), sind Ableitungen oder Konkretisierungen von Art. 1. Das und der besondere Rang des Artikels führt dazu, dass kein Grundrecht so ausgelegt oder angewandt werden darf, dass ein Widerspruch zur Menschenwürdegarantie entsteht. Darüber hinaus ist Art. 1 Abs. 1 bei der Beurteilung künftiger Grundrechtskonflikte, die im Zeitpunkt der Konventsberatungen noch nicht bekannt oder vorhersehbar waren, zu berücksichtigen. Er enthält also das Potenzial eines »living instrument" für die Rechtsprechung der europäischen Gerichtshöfe. So dürfte auch das Problem, dass der Konvent sich bei der Abfassung von Art. 3 zwar auf das Verbot des reproduktiven Klonens von Menschen verständigt hat, nicht aber auf ein von vielen Delegierten gefordertes Verbot des therapeutischen Klonens, letztlich vom EuGH zu behandeln sein. Dieser wird die Frage zu prüfen haben, ob bei der Auslegung etwa von Art. 13 (Forschungsfreiheit) unter Beachtung von Art. 1 die Verwendung (toti- oder pluripotenter) embryonaler Stammzellen zu Forschungszwecken anders zu beurteilen ist als die Verwendung somatischer bzw. adulter Stammzellen, eine Unterscheidung, die in ihrer Komplexität dem Konvent bei seinen Beratungen noch nicht bekannt war.

## Auslegung

Art. 1 der Charta ist nicht nur ein objektiver Verfassungsgrundsatz, sondern als eigenständiges Grundrecht auch individuelle Anspruchsnorm. Er begründet ein Abwehrrecht («zu achten») und eine Schutzpflicht («zu schützen»). Im Sinne *Kants* verbietet es die Unantastbarkeit der Menschenwürde, den Einzelnen zum bloßen Objekt hoheitlichen Handelns zu machen. Dieses Verständnis wird durch die Präambel der Charta und auch die Präambel der Gesamtverfassung bestätigt, wonach die Europäische Union die Person «in den Mittelpunkt ihres Handelns» stellt bzw. «die zentrale Stellung des Menschen» anerkannt wird. Es versteht sich von selbst, dass der Schutzanspruch eine gewisse Schwere des Eingriffs voraussetzt, vergleichbar etwa mit dem Verbot der erniedrigenden Strafe oder Behandlung (Art. 4). Der Anspruch gilt nicht gegenüber bloßen Unbequemlichkeiten oder Lästigkeiten.

Rechtsträger ist jeder Mensch, d. h. jede natürliche Person, unabhängig von Alter, Staatsangehörigkeit, angeborenen oder erworbenen Eigenschaften, Leistungen oder sozialem Status. Juristische Personen können nicht Subjekt der Menschenwürde sein. Die Verwendung des Begriffes «Person» in Art. 2 Abs. 1 (Recht auf Leben, Abs. 2 verbietet die Verhängung und Vollstreckung von Todesstrafe) statt «Mensch» in der deutschen Textfassung der Charta hat zu der abwegigen Vermutung geführt, dass geistig Behinderten, Todkranken oder auch schwerstbehinderten Säuglingen das Recht auf Leben abgesprochen werden könnte. Der zweite Konvent (Verfassungskonvent) hat diese Diskussion dadurch beendet, dass er vor der Aufnahme der Charta in den Verfassungsentwurf nach einem von mir unterstützten Vorschlag durchgehend (außer in Art. 2 z. B. auch in den Art. 3, 6, 7, 8, 10, 11, 12, 14, 15, 17 u.s.w.) den Begriff «Person» durch «Mensch» ersetzt hat, so dass auch sprachlich deutlich wird, dass es sich bei den auf Art. 1 folgenden Artikeln vielfach um Konkretisierungen des Menschenwürdegrundsatzes handelt. In der englischen Sprachfassung konnten derartige Missverständnisse angesichts der durchgehenden Verwendung von »Everyone" von vorneherein nicht auftreten. Keine Verständigung konnte der Grundrechtekonvent zu der Frage erreichen, wann das menschliche Leben beginnt, ob also der «nasciturus» selbst Träger und Subjekt des Grundrechts auf Menschenwürde ist oder aber wegen fehlender eigener Grundrechtsfähigkeit nur von den Grundrechten als objektiven Verfassungsnormen geschützt wird. Deshalb sollten auch die europäischen Gerichtshöfe diese Frage zunächst dem Diskurs in den Mitgliedstaaten und der Vorklärung durch die nationalen Gesetzgeber und Verfassungsgerichte überlassen. Es gibt also keine Veranlassung für den Versuch, die bevorstehenden Referenden über die künftige Verfassung mit einer Abtreibungsdiskussion zu verquicken.

Von den Konkretisierungen des Art. 1 verdienen die in Art. 3 Abs. 2 enthaltenen bioethischen Grundsätze besonderes Interesse. Im Anschluss an Abs. 1, wonach jeder Mensch das Recht auf körperliche und geistige Unversehrtheit hat, folgen Regelungen, die mit «insbesondere» eingeleitet sind. Es handelt sich also um eine beispielhafte Aufzählung. Deshalb kann nicht zweifelhaft sein, dass auch andere gravierende Verletzungen der Menschenwürde wie etwa die Erzeugung von Mensch-Tier-Hybriden oder Chimären verboten sind. In diesen Zusammenhang gehört auch die Auffassung der *Europäischen Ethikkommission*, dass Doping im Sport die Würde des Athleten verletzen kann (opinion 11/11/99). Grundsatz a) der «freien Einwilligung des Betroffenen nach vorheriger Aufklärung» («informed consent») ist u. a. dem Internationalen Pakt über bürgerliche und soziale Rechte (Art. 7 Satz 2) und der Biomedizinkonvention (Art. 5) entlehnt. Die Zustimmung zu biomedizinischen Eingriffen ohne vorherige umfassende Aufklärung ist weder frei, noch hat sie den Charakter einer Einwilligung.

Grundsatz b) enthält das «Verbot eugenischer Praktiken, insbesondere derjenigen, welche die Selektion von Menschen zum Ziel haben». Was damit gemeint ist, lässt sich den zutreffenden «Erläuterungen» des Konventspräsidiums entnehmen: «Durch den Hinweis auf eugenische Praktiken, insbesondere diejenigen, welche die Selektion von Personen zum Ziel haben, soll die Möglichkeit erfasst werden, dass Selektionsprogramme organisiert und durchgeführt werden, die beispielsweise Sterilisierungskampagnen, erzwungene Schwangerschaften, die Pflicht, den Ehepartner in der gleichen Volksgruppe zu wählen u.s.w. umfassen; derartige Handlungen werden in dem am 17. Juli 1998 in Rom verabschiedeten Statut des Internationalen Strafgerichtshofes (siehe Art. 7 Abs. 1 Buchstabe g) als internationale Verbrechen betrachtet». Daraus ergibt sich, dass sich das Verbot gegen Praktiken mit hohem Unrechtsgehalt richtet, bei denen es sich um hoheitlich verordnete oder zumindest geduldete Zwangsmaßnahmen handelt. Die ausschließlich «private» Eugenik im Zusammenhang mit der Präimplantationsdiagnostik (PID) ist also nicht gemeint.

Grundsatz c) ist das Verbot, «den menschlichen Körper und Teile davon als solche zur Erzielung von Gewinnen zu nutzen». Durch dieses Verbot soll entsprechend der Biomedizinkonvention (Art. 21) der verwerfliche Organhandel unterbunden werden. Daraus ergibt sich eine restriktive Auslegung. Deshalb fällt der Verkauf etwa von Haaren oder Fingernägeln nicht unter das Verbot. Es gilt im Übrigen nur für die Gewinnerzielung, nicht aber für die Übereignung von Organen zur Transplantation. In seinem Urteil zur Biotechnologie-Richtlinie hat der EuGH zutreffend festgestellt, im Bereich der Medizin und der Biologie umfasse der Schutzbereich des Rechts auf Unversehrtheit auch das Recht eines Spenders oder Empfängers menschlicher Bestandteile auf unbeeinflusste Willensentscheidung in voller Kenntnis der Sachlage (EuGH-Niederlande/Parlament und Rat C-377/98, Slg 2001, I-7079).

Das bereits erwähnte Verbot des reproduktiven Klonens von Menschen durch Grundsatz d) betrifft das Klonen menschlicher Lebewesen zu Zwecken der Fortpflanzung. Im Hinblick auf das therapeutische Klonen stellt das Präsidium des Konvents in seinen «Erläuterungen» zutreffend fest: «Die anderen Formen des Klonens werden von der Charta weder gestattet noch verboten. Sie hindert den Gesetzgeber also keineswegs daran, auch die anderen Formen des Klonens zu verbieten». Die Wertediskussion ist also in die Mitgliedstaaten zurückverlagert worden, denen es frei steht, das therapeutische Klonen zu verbieten oder es, wie in *Großbritannien*, unter bestimmten Voraussetzungen zuzulassen.

Man mag kritisieren, dass der Konvent auf besonders schwierige Fragen der europäischen Werteordnung, wie etwa Schwangerschaftsabbruch, Klonverbot und Sterbehilfe, keine abschließenden Antworten gegeben hat. Das entspricht aber nicht nur der Achtung der Vielfalt der Kulturen und Traditionen der Völker Europas und ihrer nationalen Identität (vgl. Abs. 3 der Präambel der Charta), sondern auch einer Grundauffassung von der Entwicklung der «europäischen Wertegemeinschaft», wie sie in einem dem Konvent vorgelegten Bericht der *Europäischen Ethikkommission* zum Ausdruck kommt (Dokument CONTRIB 233 v. 15. Juni 2000): «Contemporary European civilisation is at the same time based on science, technology and multiculturalism. This multiculturalism, however, is moderated by Graeco-Latin and Judeo-Christian traditions. These are the historical sources of European values, modern science and technology, and the roots of human rights, which ordains the respect of all individuals, including those of a non-European cultural background. Pluralism, tolerance, and open dialogue about cultural and moral differences constitute therefore a distinctive sign of the European idea. Its implementation requires discussion among all parties in a civil society as a primary source of legitimisation of the rules, to be followed by all".

Damit wird aber die Bedeutung und prägende Kraft der Unantastbarkeit der Menschenwürde keineswegs relativiert. Es darf nämlich nicht übersehen werden, dass auch viele *Freiheitsrechte* sich maßgeblich aus der Menschenwürde ableiten. Das gilt zum einen für klassische Rechte wie das Recht auf Freiheit und Sicherheit (Art. 6), die Religionsfreiheit (Art. 10) oder das Recht auf Bildung (Art. 14), zum anderen für ein neues Recht wie den Datenschutz (Art. 8). Das gilt aber auch für viele *soziale Grundrechte*. Soziale Mindestgarantien, wie das Recht auf soziale Sicherheit und soziale Unterstützung zur Sicherung eines menschenwürdigen Daseins (Art. 34), das Recht älterer Menschen auf ein würdiges und unabhängiges Leben (Art. 25) oder das Recht jeder Arbeitnehmerin und jedes Arbeitnehmers auf gesunde, sichere und würdige Arbeitsbedingungen (Art. 31) sind soziale Konkretisierungen des Menschenwürdegrundsatzes.

## Ausblick

Art. 1 und seine Konkretisierungen sind eine wesentliche Begründung dafür, die Grundrechtecharta als Verdeutlichung und Rechtsrahmen einer europäischen Werteordnung und damit auch als Herzstück der künftigen europäischen Verfassung zu verstehen. Ihre Quintessenz ist in der Präambel zusammengefasst. Ob man insoweit von dem Versuch sprechen kann, *das* Europäische Menschenbild zu formulieren, ist gleichwohl zweifelhaft. Denn die Charta lässt, wie erläutert, manche wesentlichen Fragen offen, und sie trifft selbstverständlich auch keine Aussage zu dem klassischen Menschenbildproblem der Willensfreiheit, also zu Determinismus oder Indeterminismus. Nach meiner Überzeugung würde der Verfassunggeber auch seine Grenzen überschreiten, wenn er versuchen wollte, «letzte Fragen» durch einen verbindlichen Machtspruch zu beantworten.

Der hohe Rang der Charta und ihre Gründung und ihr Aufbau auf der Unantastbarkeit der Menschenwürde als Grundwert und einklagbares individuelles Grundrecht werden ein wichtiges Argument in der bevorstehenden Diskussion über die Annahme des Verfassungsentwurfes durch Ratifikation oder Referenden in den 25 Mitgliedstaaten der Europäischen Union sein. In Deutschland hängt die Mitwirkung an der Entwicklung der Union u. a. davon ab, dass sie einen dem Grundgesetz «im Wesentlichen vergleichbaren Grundrechtsschutz gewährleistet» (Art. 23 Abs. 1 Satz 1 GG). Die Charta erfüllt diese Voraussetzung zweifellos. Aber schon vor Inkrafttreten der Verfassung und damit auch ihres zweiten Teils (Charta der Grundrechte der Union) wird sie verstärkt von der Rechtsprechung des EuGH zu beachten sein. Denn die Charta ist der Versuch, die gemeinsamen Verfassungsüberlieferungen der Mitgliedstaaten zu beschreiben. Diese gelten schon heute als «allgemeine Grundsätze des Gemeinschaftsrechts» (Art. 6 Abs. 2 EUV).

## Literatur

*Borowsky, M.*: Kommentierung von Kapitel I der Grundrechtecharta, in: Meyer, Kommentar zur Charta der Grundrechte der Europäischen Union, Baden-Baden 2001, S. 45–133.

*Häberle, P.*: Das Menschenbild im Verfassungsstaat, 2. Aufl., Berlin 2002.

*Kettner, M.*: Forschungsfreiheit und Menschenwürde am Beispiel der Stammzellforschung, in: Das Parlament vom 1. Juni 2004 (Beilage), S. 14–22.

*Meyer, J.*: Brauchen wir eine «Charta der europäischen Grundrechte»? In: SPD-Bundestagsfraktion (Hrsg.), Dokumente, 1995, S. 7ff., 57.

*ders.* (Hrsg.): Kommentar zur Charta der Grundrechte der Europäischen Union, Baden-Baden 2001.

*Rau, M./Schorkopf, F.*: Der EuGH und die Menschenwürde, NJW 2002, 2448.

*Reiter, J.*: Menschenwürde als Maßstab, in: Das Parlament vom 1. Juni 2004 (Beilage), S. 6–13.

*von Renesse, M.*: § 218f. StGB – eine unvollkommene Antwort auf ein unlösbares Problem, ZRP 1991, 321.

*dies.*: Standpunkte der Enquête-Kommission Recht und Ethik in der modernen Medizin, in: ZaeFQ = Zeitschrift für ärztliche Fortbildung und Qualitätssicherung, Jena 2002, S. 476.

*dies.*: «Gut gegen Gut» – Gesetzgebung im Widerspruch der Wertungen, in: R. J. Lorenz, D. Mieth und L. Müller (Hrsg.), Die «Würde des Menschen» – beim Wort genommen, 2003, S. 165–176.

*Streinz, R.*: EUV/EGV, Kommentierung der GR-Charta, München 2003, S. 2571-2657.

# II.
# Welt und Bekenntnis

Von Karl Kardinal Lehmann

# Bioethik und Menschenrechte

## Reflexionen über die Gefährdung und die Würde des menschlichen Embryo

Im Lauf der letzten Zeit haben sich außerordentlich viele Themen im Bereich der Bioethik in den Vordergrund geschoben[1], die auch eine große öffentliche Resonanz erhalten haben: das Human-Genomprojekt, die Pränatale Diagnostik, die Präimplantationsdiagnostik, die Stammzellforschung, das Klonen in verschiedenen Formen, Patente auf Leben und Gentherapie. Aber es gibt in der gesamten Thematik auch so etwas wir einen roten Faden oder eine durchlaufende Perspektive, die von Anfang an die Fragestellung beherrschen und leiten, wobei dies oft verborgen, indirekt oder implizit geschieht. Dazu gehört zuerst die Frage nach dem anthropologischen, ethischen oder auch moralischen Status des Menschen im Anfang seiner Existenz. Gerade die Frage nach der Schutzwürdigkeit ist entscheidend von der Antwort auf die Grundfrage geprägt: Wann beginnt menschliches Leben? Zugespitzt wird die Frage in diesem Beitrag durch den Bezug zu den Menschenrechten.[2]

### I.

Gelegentlich wird die These vertreten, die Frage nach dem Zeitpunkt für den Beginn des menschlichen Lebens habe an Bedeutung und Gewicht verloren. Durch die Entwicklung der Familienplanung und Geburtenkontrolle habe

1 *Der obige Text entspricht einem Vortrag, den der Verfasser anlässlich des Jubiläums zum 400-jährigen Bestehen der Päpstlichen Akademie der Wissenschaften im Rahmen einer Arbeitsgruppe « Stem Cell Technology and other innovative therapies» am 10. November 2003 im Vatikan gehalten hat. Er ist für diese Festschrift ergänzt worden.*

2 *Ich benutze in diesem Beitrag viele Erkenntnisse und Einsichten, die ich in einem größeren Kontext mehrfach vorgetragen habe. Dort findet sich auch ausführlichere Literatur, vgl. K. Lehmann, Das Recht, ein Mensch zu sein und zu bleiben = Der Vorsitzende der Deutschen Bischofskonferenz 22, im Druck. Italienisch in Il Regno, 46 (2001) Nr. 22 vom 15. Dezember 2001, Bologna, 771-780; Auszüge in deutsch in: Medizinische Klinik, 97 (2002) Nr. 11, 703–712. Ergänzt wird dies durch: Vom Staunen vor dem Leben als bleibender Imperativ, in: I. Hübner, K. Laudien, J. Zachhuber (Hrsg.), Lebenstechnologie und Selbstverständnis. Hintergründe einer aktuellen Debatte (=Festschrift für Prof. Dr. R. Schröder), Berlin 2004, 31–42. – In diesem Beitrag habe ich die Fragen der verschiedenen Traditionen zur Beseelung des Menschen (Sukzessiv- und Simultanbeseelung) und ihrer Wirkungsgeschichte bis in die Neuzeit hinein übergangen. Ebenso wäre ein ausführlicheres Eingehen auf die extrakorporale*

sich die Verantwortung überhaupt auf die Zeit vor der Zeugung verlagert. Das Recht zum Leben sei darum nicht mehr eine Naturgegebenheit, sondern eine Aufgabe der Eltern und der Gemeinschaft, die dieses Recht zu erteilen hätten.

Kinder müssen gewiss angenommen werden. Menschliches Leben ist angenommenes Leben. Der Akt dieser Annahme geht der bewussten Zeugung eines Kindes seitens der Eltern voraus und muss in den Verhältnissen seines Aufwachsens immer wiederholt werden. Dies offenbart bei aller Richtigkeit einiger Aspekte eine grundlegende Problematik: Denn hier wird gegenüber einem gewiss eindrucksvollen personalistisch orientierten Denken die Leiblichkeit des Menschen mit seinen biologisch-somatischen Grundlagen übergebührlich in den Hintergrund gedrängt.[3] Nicht wenige Gedankengänge in der heutigen Diskussion ziehen daraus die Konsequenz, ein entscheidender Einschnitt in der Entwicklung menschlichen Lebens bestehe eben darin, dass der wirkliche menschliche Embryo der Mutter bedarf, um sich zu einem Menschen entwickeln zu können. Dies erfülle sich eben erst in der vollen Annahme und Aufnahme einer befruchteten menschlichen Eizelle. Vom Menschen könne angemessen ohnehin nur dialogisch geredet werden, nicht in der Aussageweise einer Substanz. Sein heißt Zusammensein und Zusammenleben. Eine solche Überzeugung findet es höchst problematisch, wenn das menschliche Leben vom Zeitpunkt der Befruchtung an als «embryonaler Mensch» betrachtet wird.

Wenn diese Meinung – wie man meint – voll entfaltet wird, würde dies bedeuten, dass alle extrakorporal gezeugten Embryonen, die nach der Entscheidung des Arztes und der Frau nicht zur Einnistung bestimmt sind, ungeschützt bleiben und für einen verschiedenen Gebrauch und Verbrauch verfügbar sind. Geltung und Reichweite des Lebensschutzes hingen so letztlich von der Willkür der Mutter ab. Das Lebensrecht wird jedoch nicht durch die Annahme seitens der Mutter begründet, sondern durch das Lebensrecht des Embryos.

Dies ist ein Argumentationsmuster, das in modifizierter Form immer wieder vorkommt und sich sogar noch weiter zu verbreiten scheint. Dies steht im Gegensatz zu einer grundlegenden Überzeugung, die noch heute in vielen Verfassungen und auch in den Erklärungen der Kirchen festgehalten wird, dass

*Befruchtung mit allen ethischen Einzelproblemen in diesem Rahmen nicht mehr zu leisten, vgl. nur M. Rhonheimer, Etica della procreazione, Rom 2000 (Pont. Univ Lateranense); M. Aramini, La procreazione assistita, Mailand 1999.*

3 *Diese mangelnde Beschäftigung von Anthropologie und Philosophie, aber auch der Theologie mit der konkreten Leiblichkeit des Menschen, besonders auch z.B. mit der Geburt, habe ich ausführlicher dargelegt in: Zusammenhalt und Gerechtigkeit, Solidarität und Verantwortung zwischen den Generationen = Der Vorsitzende der Deutschen Bischofskonferenz 24, im Druck; Auszüge in: Forum. Vortragsreihe des Instituts der deutschen Wirtschaft, 53 (2003) Nr. 48 vom 25. November 2003, Köln.*

nämlich ein menschliches Lebewesen mit der Verschmelzung von Ei- und Samenzelle seinen Anfang nimmt. Damit beginnt eine neue biologische Realität. Dazu gehören ein eigenes Steuerungssystem, ein eigenes Lebensprinzip und ein genetisches Programm, aus dem sich dieses Lebewesen konsequent entwickelt. Mit diesem Anfang ist also ein vollständiges, in diesem Sinne auch individuelles menschliches Leben gesetzt. Darum haben Embryonen auch schon auf den frühesten Stufen ihrer Entwicklung am Schutz des menschlichen Lebens Anteil. Dass dieses Grundmodell eine differenzierte Betrachtung zulässt und fordert, sei nur nebenbei bemerkt.

Es gibt jedoch unterschiedliche Einschätzungen, die zu konkurrierenden Antworten auf die Frage führen, von wann an der Mensch ein Mensch ist. Man muss die anderen Betrachtungsweisen[4] kennen:

Eine heute sehr stark verbreitete Konzeption lässt das menschliche Lebewesen mit der Einnistung in der Gebärmutter (Nidation) um den fünften bis achten Tag beginnen. Manche vertreten nun die These, erst mit dieser ursprünglichen «Adoption» durch die Mutter entstehe die Menschenwürde und damit auch die Schutzbedürftigkeit. Richtig daran ist, dass sich ein Embryo ohne eine Mutter – es braucht nicht die genetische Mutter zu sein – nicht zum Fötus entwickeln und auch nicht geboren werden kann. Es geht hier gewiss um die einzigartige Zwei-Einheit zwischen der Frau und dem Kind. Die Verbindung mit dem mütterlichen Organismus ist für die Entwicklung des Embryos unersetzlich. Doch dies bedeutet nicht, dass die im Embryo angelegte genetische Information durch die Nidation eine Ergänzung erfährt oder in seinem ontologischen Status grundlegend verändert wird.

Die Nidation hat im Fall der In-vitro-Fertilisation eine andere Bedeutung als im Fall der natürlichen Zeugung. Im letzteren Fall wird die Entstehung des Embryos der Mutter erst im Nachhinein bewusst. Gerade bei der künstlichen Zeugung gibt es jedoch seitens der Mutter zu den Embryonen «in vitro» eine lebendige Beziehung, denn die Mutter wartet ja oft in großer Erwartung und mit Bangen auf das neue Leben. Es geht dabei nicht nur um eine «physische Einnistung».

Es bleibt das Argument, dass ein großer Teil der im Mutterleib gezeugten Embryonen vor der Einnistung unerkannt abgeht. Man spricht von bis zu 70 % befruchteter Eizellen, deren Entwicklung auf diese Weise abgebrochen wird. Man überträgt dann diese «Verschwendung der Natur» gerne auf die nun vom Menschen her bewusst zu ergreifende Möglichkeit steuernden Handelns. Der

4 *Die Belege für die folgenden Leitsätze habe ich in dem in Anm. 2 angeführten Beitrag ausführlich dargelegt.*

Mensch entscheidet dann, was mit dem Embryo in der Petri-Schale geschieht. Er wird in den meisten Fällen instrumentalisiert.[5]

Ein Argument wird auch bei dem Zeitpunkt gesucht, zu dem die Möglichkeit einer Mehrlingsbildung ausgeschlossen ist. Dies ist ungefähr am dreizehnten Tag der Embryonalentwicklung der Fall. Bis dahin könnte die Forschung an Embryonen bis zum vierzehnten Tag freigegeben werden, wie es in Großbritannien durchgesetzt worden ist. Man ist der Überzeugung, dass man vom individuellen Leben nur sprechen könne, wenn dieses Leben sich nicht mehr teilen könne. Man hat darauf hingewiesen, dass man von einem komplexeren Begriff von «Individuum» ausgehen muss, einer gegliederten, in enger Kooperation stehenden Funktionseinheit, die sich von innen her differenziert und so einen ganzen Embryo hervorbringt. Man muss also den Begriff des Individuums im Zusammenhang der Zellteilung nochmals neu durchdenken. Im Übrigen darf man Individualität nicht mit Singularität verwechseln.

Oft wird auch die These vertreten, dass Selbstbewusstsein und Selbstbestimmungsfähigkeit den Menschen ausmachen. Damit schiede der «nasciturus» von vornherein als Träger des Lebensrechtes aus. Damit wird auch die Frage provoziert, ob der Lebensschutz während des Schlafes nicht suspendiert wäre, für den Geisteskranken, vor allem aber für den Komatösen gar nicht gegeben sei. Aber der Mensch ist in seiner aktuellen Entfaltung nicht einfach Vernunftwesen. «Das Leben aber ist keine Erscheinung der Freiheit, sondern deren vitale Basis. Die Freiheit setzt Leben voraus, nicht umgekehrt.»[6]

Es gibt noch eine Reihe anderer Konzeptionen, die z.B. sich am Gedanken der selbstständigen Lebensfähigkeit des ungeborenen Kindes außerhalb des Mutterleibes orientiert und den Zeitpunkt mit der Lebensfähigkeit eines Fötus im Fall einer Frühgeburt identifizieren möchte. Dieser Zeitpunkt ist jedoch durch die medizinische Entwicklung und durch die Qualität der medizinischen Versorgung sehr relativ. Es gibt außerdem immer noch und immer wieder einige Leute, die das menschliche Leben erst mit der Geburt beginnen lassen möchten, womit das Lebensrecht ganz von der sozialen Anerkennung abhängen würde. Unter solchen Voraussetzungen würde die Forderung nach einer unantastbaren Menschenwürde von Grund auf verloren gehen, wenn ich auch sozialphilosophisch durchaus um die Bedeutung der Anerkennung weiß (vgl. die Studien von Axel Honneth).

5 *Dazu und zum Folgenden J. Isensee, Der grundrechtliche Status der Embryos, in: O. Höffe u.a., Gentechnik und Menschenwürde, Köln 2002, 37-77, bes. 55ff. W. Huber, Der gemachte Mensch. Christlicher Glaube und Biotechnik, Berlin 2002, 38-47.*

6 *J. Isensee, a.a.O, 57.*

Diese verschiedenen Theorien gehen davon aus, dass es sich bei der Menschwerdung um einengestuften Prozess handelt, der weitgehend dann auch Stufen des Lebensschutzes mit sich bringt. In Wirklichkeit gibt es zwar Zäsuren und Einschnitte, aber sie entstammen einem einheitlichen, dynamischen und sehr konsequenten Prozess. Jede «Stufe» folgt kontinuierlich aus den vorangegangenen Prozessen. Einzelne Abschnitte werden vor allem auch durch unsere Beobachtungsgenauigkeit und unsere begrifflichen Abgrenzungen identifiziert. Manche wollen auch durch die Tatsache verschiedener Namen (z.B. Zygote, Morula, Blastozyste, Prä-Embryo usw.) unterschiedliche Phasen ablesen, die auch einen qualitativ differenten moralischen Status des menschlichen Lebens begründen. In Wirklichkeit sind dies eher «Parameter der Reifungsvorgänge [...], um eine Eindeutigkeit der Beschreibung zu erreichen».[7] Es wird aber nichts Wesentliches ergänzt. In diesem Sinne haben nach meinem Dafürhalten die Spezies-, Kontinuum-, Identitäts- und Potenzialitätsargumente zwar eine Differenzierung, aber zugleich auch im Prinzip eine Bestätigung und Bekräftigung erfahren.[8] Es gibt keinen Zeitpunkt in der Entwicklung, an dem man sagen könnte, hier werde der Embryo erst zum Menschen. Es handelt sich in jedem Stadium um einen menschlichen Embryo. Der Mensch wird nicht zum Menschen, sondern er ist von Anfang an Mensch. Es scheint mir auch die Einsicht wichtig zu sein, dass sich die Steuerung der Entwicklung menschlichen Lebens differenziert. Die Entwicklung unterliegt am Anfang, bis zum Vierzellstadium noch weitgehend der Steuerung durch das mütterliche Genom, während im weiteren Verlauf zunehmend das embryonale Genom aktiviert wird.

## II.

Es soll gar nicht geleugnet werden, dass das eine oder andere Element und Moment einen wichtigen Gesichtspunkt in die Gesamtdebatte bringen kann. Es scheint mir aber wichtig zu sehen, dass diese manchmal auch etwas sperrigen Einsichten keine grundlegende Zäsur in der Entwicklung menschlichen Lebens

7 *G. Rager, in: Ärztliches Urteil und Handeln. Zur Grundlage einer medizinischen Ethik, hrsg., von L. Honnefelder und G. Rager, Frankfurt 1994, 86.*

8 *Vgl. dazu ausführlich G. Damschen/D. Schönecker (Hg.), Der moralische Status menschlicher Embryonen, Berlin 2003; A. Holderegger u.a. (Hg.), Embryonenforschung, Freiburg/Schweiz 2003; R. Beckmann/G. Loer (Hg.), Der Status des Embryos, Würzburg 2003; F.S. Oduncu u.a. (Hg.), Stammzellenforschung und therapeutisches Klonen = Medizin – Ethik – Recht 1, Göttingen 2002; M. Düwell/K. Steigleder, Bioethik, Franfurt 2003; J.P. Beckmann, Fragen und Probleme einer medizinischen Ethik, Berlin 1996; A. Lienkamp/C. Söling (Hg.), Die Evolution verbessern, Paderborn 2002; I. Schmid-Tannwald/M. Overdick-Gulden (Hg.), Vorgeburtliche Medizin, München 2001; B. Nacke/St. Ernst (Hg.), Das Ungeteiltsein des Menschen, Mainz 2002; Th. Zoglauer, Konstruiertes Leben, Darmstadt 2002; J. Reich, «Es wird ein Mensch gemacht», Berlin 2003.*

für die Anerkennung von Würde und Lebensschutz bedeuten. Dies hat Konsequenzen für die Methode der ethischen Urteilsfindung und Abwägung. Es sollte jene Konzeption den Vorrang erhalten, die am besten mit der Gesamtheit der einzelnen Teilergebnisse in der Embryonalentwicklung zusammenstimmt und auch am ehesten willkürliche Entscheidungen vermeidet. Dies scheint mir nach wie vor und ohne jeden Zweifel die Verschmelzung von Ei- und Samenzelle zu sein, daraus unmittelbar ein menschliches Leben beginnt. Das daraus entstehende Gebilde enthält die Potenz zur vollständigen Entwicklung einer individuellen menschlichen Person. Diese Entwicklung verläuft auch so, dass die Kriterien der Identität und der Kontinuität eine Rolle spielen. Mit Recht kann man also von einer Kontinuität der Entwicklung sprechen.

Schließlich geht es in diesem Zusammenhang um ein – wenn es doch ein Menschenwesen ist oder wäre – mindestens hypothetisches Menschsein, das dann einen entsprechenden Schutz verlangt und verdient. Hier gelten das Axiom «Im Zweifelsfall für die Annahme zu schützenden Menschseins und der Menschenwürde» und ein Tutiorismus, den es übrigens auch in zeitgenössischen ethischen Entwürfen gibt. Wer so denkt, wird auch darauf verzichten, eine bestimmte Stufe in der Entwicklung menschlichen Lebens so auszuzeichnen, dass erst jenseits dieses Einschnitts eine verbindliche Schutzwürdigkeit beginnt. Man darf auch aus einem Mangel an Schutzmöglichkeiten im Fall natürlich gezeugter Embryonen, die ohne unser Zutun abgehen können, nicht folgern, dass wir künstlich erzeugte Embryonen, die uns ganz anders zugänglich sind, beliebig für verbrauchende Forschung freigeben dürfen. Gewiss erhalten nicht alle Embryonen die Möglichkeit, sich zu entwickeln, aber für diejenigen, die sich entwickeln können, beginnt ein bestimmtes und individuelles Leben mit der Verschmelzung von Ei- und Samenzelle. «Somit folgt aus der embryologischen Betrachtung der menschlichen Entwicklung, dass der Embryo von der Befruchtung an menschliches Leben darstellt und die Möglichkeit besitzt, dieses menschliche Leben voll zu entfalten, wenn ihm die dafür nötigen Umgebungsbedingungen geboten werden.»[9] Damit wird man auch sagen dürfen, dass beim Embryo mehr festliegt als die Zugehörigkeit bloß zur menschlichen Gattung. Das individuelle, als solches einzigartige Genom, also die genetische Identität des Menschen, ist in hohem Maß festgelegt. Diesem Befund steht nicht entgegen, dass sich das Genom in einem oder in mehreren Lebewesen verkörpert (Zwillingfrage).

Es gibt hier viele Versuche, mit Hilfe einer bestimmten Sprachregelung und einer Semantik doch solche Zäsuren und Unterschiede auszudrücken,

9 *G. Rager, in: Ärztliches Urteil und Handeln, 82.*

die einen qualitativ verschiedenen, abgestuften Lebensschutz rechtfertigen. So möchte man gerne im Sinne qualitativer Unterschiede von der Zugehörigkeit zur Gattung Mensch *und* der Ausprägung einzelnen menschlichen Lebens, von menschlichem Leben *und* Menschen, von latentem menschlichen Leben Menschen sprechen. Im Blick auf die Nidation muss dagegen mit aller Deutlichkeit erklärt werden, dass sie eine notwendige Bedingung für die weitere Entwicklung darstellt, aber keine qualitative Zäsur. Es ist auch notwendig zu erkennen, dass das individuelle Leben des Ungeborenen, so notwendig und prägend es auch mit der Mutter in Verbindung steht, nicht bloßer Bestandteil der Mutter ist und ihrem Willen allein unterworfen ist. Der Embryo wird um seiner selbst willen geschützt, nicht um der Mutter willen. Darum hat der Embryo im Blick auf die Schutzwürdigkeit auch eine eigene Bedeutung.

Die Menschenwürde ist weder an Alter noch an Vernunft gebunden. Darum besitzen auch Geisteskranke Menschenwürde. Dabei gibt es auch Vor- und Nachwirkungen des Schutzes der Menschenwürde. So gibt es einen Persönlichkeitsschutz nach dem Tod. Verfassungsrechtlich mag es formell umstritten sein, ob der Embryo Menschenwürde besitzt oder ob die Würde des geborenen Menschen nur auf ihn ausstrahlt. De facto wird dem Embryo jedoch Menschenwürde zugesprochen. In diesem Sinne kann der Verfassungsrechtler J. Isensee nach einer eingehenden Darlegung der Problematik erklären: «Letztlich haften an allen Versuchen, den Lebensschutz auf einen Zeitpunkt nach der Kernverschmelzung zu verlegen, Momente von Willkür. Willkürfrei und folgerichtig ist die Anknüpfung an die Verschmelzung. Das Grundgesetz (der Bundesrepublik Deutschland) schützt das Leben von Anfang an. Aus seiner Sicht wächst und entfaltet sich das Leben seit der Vereinigung der weiblichen mit der männlichen Keimzelle ‹nicht erst zum Menschen, sondern als Mensch›. Das Schutzkonzept ist umfassend und folgerichtig. Die grundrechtliche Anerkennung erfolgt bedingungslos, ohne Ausnahme, ohne Vorbehalt. Sie erfasst das Leben vor und nach der Nidation, vor und nach der Geburt.» [10] Das Leben im frühen Stadium ist nie einfach Biomasse oder gar ein «Zellhaufen», sondern ein bestimmter Mensch als Individuum. Dann kann es auch kein würdeloses Menschenleben geben. In diesem Sinne ist der Embryo ein «Grundrechtsträger», Subjekt individueller Rechte. Menschenwürde kann nicht auf den Kreis der Vernünftigen und Leistungstüchtigen reduziert werden. Darum ist der Embryo auch nicht einfach Schutzobjekt, sondern selber Subjekt eines Rechtsanspruchs. Diese Menschenwürde liegt allen Normen und Rechtswerten im Einzelnen voraus. Sie ist der Grund aller Grundrechte. Sie verkörpert sich in

10 *J. Isensee, a.a.O, 61; vgl. zur Nidation ebd., 59f.*

ihnen. Um sie zentrieren sich die übrigen Rechtswerte. Damit strahlt die Menschenwürde auch in das Vorfeld aus, in dem Leben entsteht. Hier wird unter Umständen nicht die Würde eines einzelnen Menschen verletzt, sondern die der Menschheit überhaupt.

Es ist nicht leicht, hier angemessen mit dem Menschenrechtsbegriff umzugehen. Es gibt gerade seit einiger Zeit einen erweiterten Sprachgebrauch von Menschenrecht. Er bezeichnet grundlegende Rechte, die jedem Menschen als Menschen zustehen. Ihr Anspruch auf Gültigkeit ist universal. Dieses Recht ist lediglich an das Menschsein gebunden. Die konkreten inhaltlichen Ansprüche stellen meist Antworten auf kollektive Erfahrungen historischen Unrechts dar. Es kann deshalb keine erschöpfende und zeitlos gültige Liste von Menschenrechten geben. Dennoch haben sich bestimmte Bedrohungen durch staatliche und gesellschaftliche Mächte als so tief verletzend, als immer wiederkehrend oder als latent vorhanden gezeigt, dass sie als typisch zu regelrechten Katalogen zusammengefasst wurden. Dazu gehört auch das Recht auf Leben, wie auch z.B. auf Religions- und Gewissensfreiheit. Insofern Menschenrechte auf die Umsetzung sittlicher Normen in der politischen Gestaltung hindrängen und dadurch freilich auch positives Recht auf die ethische Idee der Gerechtigkeit hin kritisierbar machen, stellen sie eine Schnittstelle von Recht und Sittlichkeit dar. In diesem Sinne formuliere ich in diesem Zusammenhang gerne: Vom Recht, ein Mensch zu sein und zu bleiben. Dies ist das elementarste und fundamentalste Menschenrecht. [11]

## III.

Das kirchliche Lehramt erkennt dem menschlichen Embryo grundsätzlich den gleichen ethischen und rechtlichen Status zu wie jedem geborenen Menschen. In der lehramtlichen Sichtweise beginnt mit der Befruchtung ein kontinuierlicher, koordinierter und abgestufter Prozess, der jede Einteilung in vor- oder nichtmenschliche Lebensphasen von vornherein ausschließt wie jede Klassifizierung mit einem abgestuften Lebensrecht. Das Leben des Embryos ist wie jedes menschliche Leben, unabhängig in welchem Entwicklungsstadium es sich befindet, ein absolut zu schützendes Gut. Entschieden wendet sich die

11 *Dazu außer der schon genannten Literatur B. Hamm, Menschenrechte, Oplaten 2003; W. Odersky (Hg.), Die Menschenrechte, Düsseldorf 1994; St. Gosepath/G. Lohmann, Philosophie der Menschenrechte, Frankfurt 1998; M. Fleischhacker (Hg.), Der Schutz des Menschen vor sich selbst, Graz 2002; O. Höffe, Sittlich-politische Diskurse, Frankfurt 1981, 173-278; Ders., Moral als Preis der Moderne, Frankfurt 1993; E. Iliadou, Forschungsfreiheit und Embryonenschutz = Schriften zum Öffentlichen Recht, 799 Berlin 1999; R. Merkel, Forschungsobjekt Embryo. Verfassungsrechtliche und ethische Grundlagen der Forschung an menschlichen embryonalen Stammzellen, München 2002.*

Kirche gegen Rechtfertigungsversuche, die etwa im Hinblick auf gute Folgen experimenteller Forschung an Embryonen für nachfolgende Generationen von Nutzen sein könnten. Die Würde des Embryos ist unantastbar und darf nicht dem Kalkül folgenorientierter Handlungsbeurteilungen geopfert werden. Die Menschenwürde verbietet auch jegliche kommerzielle Verwendung lebender oder toter Embryonen. Weil das Leben des Embryos menschliches personales Leben im Vollsinn ist, verbieten die Gewährleistung seines Wohls und damit die Pflicht zur Wahrung seiner Integrität letztlich auch seine Kryokonservierung.[12]

Der jüngere Sprachgebrauch der kirchlichen Dokumente wird vielleicht am deutlichsten in der Instruktion der Kongregation für die Glaubenslehre über die Achtung vor dem beginnenden menschlichen Leben und die Würde der Fortpflanzung, die 1987 unter den Anfangsbuchstaben «Donum vitae» veröffentlicht worden ist.[13] Dort heißt es (I,1): «Jedes menschliche Wesen muss – als Person – vom ersten Augenblick seines Daseins an geachtet werden.» In derselben Instruktion heißt es eher kommentierend: «Sicherlich kann kein experimentelles Ergebnis für sich genommen ausreichen, um eine Geistseele erkennen zu lassen; dennoch liefern die Ergebnisse der Embryologie einen wertvollen Hinweis, um mit der Vernunft eine personale Gegenwart schon vor diesem ersten Erscheinen eines menschlichen Wesens an wahrzunehmen. Wie sollte ein menschliches Individuum nicht eine menschliche Person sein? Das Lehramt hat sich nicht ausdrücklich auf Aussagen philosophischer Natur festgelegt, bekräftigt aber beständig die moralische Verurteilung einer jeden vorsätzlichen Abtreibung. Diese Lehre hat sich nicht geändert und ist unveränderlich.» (I.1)

Das Zweite Vatikanische Konzil hatte schon deutlich zum Ausdruck gebracht, dass es aus diesem Grund auch das menschliche Leben von der Empfängnis an mit höchster Sorgfalt schützt (vgl. GS 51). Im Anschluss daran hat die «Charta der Familienrechte» von 1983 formuliert: «Menschliches Leben muss

12 *Zu den kirchenamtlichen Quellen vgl. Chr. Götz, Medizinische Ethik und katholische Kirche = Studien der Moraltheologie 15, Münster 2000 (mit einer umfangreichen Sammlung kirchlicher Quellentexte: 363-620); vgl. auch die Textsammlung von G. Filibeck, I diritti dell'uomo nell'insegnamento della chiesa. Da Giovanni XXIII a Giovanni Paolo II, Città del Vatikano 2001 (Texte 1958-1998). Texte zum Lebensrecht: 527-561; Dazu auch alle Veröffentlichungen der Pontificia Academia pro Vita, vor allem: Identità e statuto dell'embrione umano, Città del Vaticano 1998; Natura e dignità della persona umana a fondamento del diritto alla vita, Città del Vaticano 2003; Vgl. auch die Textsammlung von Papst Johannes Paul II. zum Lebensschutzthema anlässlich des 25. Jubiläums seines Pontifikates: Difesa della vita e promozione della salute, Roma 2003.*

13 *Vgl. den lateinischen und italienischen Text mit wichtigen Kommentaren: Congregazione per la dottrina della fede, Istruzione «Donum vitae» = Documenti e studi 12, Città del Vaticano 1990.*

vom Augenblick der Empfängnis an absolut geachtet und geschützt werden.» (Nr. 4)[14] In der «Erklärung zur vorsätzlichen Abtreibung» aus dem Jahr 1974[15] heißt es: «Von dem Augenblick an, indem die Eizelle befruchtet wird, beginnt ein neues Leben, welches weder das des Vaters noch das der Mutter ist, sondern das eines neuen menschlichen Wesens, das sich eigenständig entwickelt. Es würde niemals menschlich werden, wenn es das nicht schon von diesem Augenblick an gewesen wäre. Die neuere Genetik bestätigt diesen Sachverhalt, der immer eindeutig war [...], in eindrucksvoller Weise. Sie hat gezeigt, dass schon vom ersten Augenblick an eine feste Struktur dieses Lebewesens vorliegt: Eines Menschen nämlich, und zwar dieses konkreten menschlichen Individuums, das schon mit all seinen genau umschriebenen charakteristischen Merkmalen ausgestattet ist. Mit der Befruchtung beginnt das Abenteuer des menschlichen Lebens, dessen einzelne bedeutenden Anlagen Zeit brauchen, um richtig entfaltet und zum Handeln bereit zu werden.»[16]

Dabei muss die sorgfältige Argumentation im Kreuzungsfeld von Embryologie, Philosophie und Theologie beachtet werden. Wir haben den eher kommentierenden Text aus «Donum vitae» (I,1) bereits angeführt, kommen aber nochmals auf ihn zurück. Man kann in ihm leicht erkennen, dass der Argumentationsgang behutsam vor sich geht. Die unterschiedlichen Methoden und Erkenntnisweisen der Humanwissenschaften und der Philosophie sowie der Theologie werden angesprochen. Jedoch enthalten die empirischen Forschungen auch wertvolle Hinweise, «um mit der Vernunft eine personale Gegenwart schon vor diesem ersten Erscheinen eines menschlichen Wesens an wahrzunehmen». Es wird klar zum Ausdruck gebracht, dass die empirischen Hinweise einer weiteren Reflexion bedürfen, auf diesem Weg aber auch zu einer gültigen Einsicht hinführen können. Dabei ist die Aussage, dass es sich beim Embryo um eine «Person» handelt, einerseits eindeutig (auch in den anderen zitierten Quellen!), anderseits wird aber auch gegenüber dem Begriff Person eine gewisse Nachdenklichkeit zur Sprache gebracht, vor allem durch die unerwartete *Frage*: «Wie sollte ein menschliches Individuum nicht eine menschliche Person sein?» Mit überraschender Deutlichkeit wird festgestellt, dass sich das Lehramt auch beim Gebrauch des Personbegriffs «nicht ausdrücklich auf Aussagen philosophischer Natur festgelegt» hat. Außerdem geht man sehr stark auch von der ursprünglichen Intention dieser Aussagen aus, dass nämlich die Lehre

14 *Vgl. die deutsche Ausgabe als Nr. 52 der Verlautbarungen des Apostolischen Stuhls (1983).*

15 *Vgl. den lateinischen Text in: AAS 66 (1974) 730–747, hier: 738*

16 *Zur Interpretation vgl. aus der oben in Anmerkung 12 genannten Reihe der Glaubenskongregation «Documenti e studi» Nr. 3: Dichiarazione sull'aborto procurato, Città del Vaticano 1988 (dort auch lateinischer und italienischer Text).*

der Kirche jede vorsätzliche Abtreibung beständig verworfen hat. Schließlich gilt die Anerkennung als Person vor allem auch dem Schutz des Embryos.

Diese differenzierte Beschreibung ist durch die Enzyklika «Evangelium vitae», die eine der großen Achsen der Lehrverkündigung von Papst Johannes Paul II. ist, im Jahr 1995 wieder aufgenommen und bekräftigt worden, und zwar in einer lehramtlich nun noch stärker verbindlichen Form. In diesem Weltrundschreiben wird besonders auch die Begründung in der Offenbarung dargelegt. Aber im Ganzen herrscht trotz aller Verklammerung mit den Lehrtexten eher ein auf Katechese und Verkündigung abgestimmter Ton. Zusammengefasst ist diese jüngere Lehrentwicklung im «Katechismus der Katholischen Kirche»: «Da der Embryo schon von der Empfängnis an wie eine Person behandelt werden muss, ist er wie jedes andere menschliche Wesen im Rahmen des Möglichen unversehrt zu erhalten, zu pflegen und zu heilen.» Dies ist wohl der knappste, am meisten konzentrierte Text.

Schon aus den lehramtlichen Texten geht eine gewisse Ambivalenz im Gebrauch des Wortes Person für den Embryo hervor.[17] Darum ist die Anwendung des Begriffs in einem ersten Schritt eher etwas zögernd. Man geht von der Individualität des Embryos, seiner Schutzwürdigkeit, seinen Rechten und der ihm zugeschriebenen Menschenwürde aus. Von diesen Intentionen her geht man auf den Begriff der Person zu. Aufschlussreich ist dafür die gewiss nicht nur rhetorische Frage in «Donum vitae»: «Wie sollte ein menschliches Individuum nicht eine menschliche Person sein?» Die Zurückhaltung geht von dem verschiedenen Gebrauch des Personbegriffs aus und möchte offenbar die Sache selbst nicht durch einen Streit um Begriffe gefährden. Der Mensch ist zunächst Person, weil er mit Vernunft und Gewissen begabt ist, d.h. moralisch verantwortbares Subjekt ist. Dass jemand der Schutz der Würde einer Person zukommt, ist von nichts anderem abhängig als dem Umstand, Mensch zu sein.

In der klassischen Philosophie und Theologie gibt «Person» eine Antwort auf die Frage, wer jemand ist und was jemand ist. Eine Person ist eine von allen anderen Gegebenheiten unterschiedene und nicht weiter zu vervielfältigende Einheit, die vor allem durch das Vermögen der Vernunft ausgezeichnet ist. In der römischen Tradition werden stärker die Verantwortlichkeit für das eigene Handeln und die Menschenwürde betont. Dabei ist besonders für den klassischen Gebrauch des Personbegriffs wichtig, dass sich der Personcharakter auch

17 *Vgl. dazu C. Breuer, Person von Anfang an? Der Mensch aus der Retorte und die Frage nach dem Beginn des menschlichen Lebens = Abhandlungen zur Sozialethik 36, Paderborn 1995 (mit sehr umfangreicher Bibliographie: 308–400); Chr. Götz, Medizinische Ethik und katholische Kirche, Kap. 3, bes. 120ff.*

in der Unverletzlichkeit des menschlichen Leibes manifestiert. Dies bedeutet eine substanzielle Einheit von Person und Natur im individuellen Menschen. Deshalb bezeichnet z.B. Thomas von Aquin die vom Leib getrennte Seele für die Zeit dieser Trennung nicht als Person. Im Lichte des klassischen Verständnisses gibt es keine Trennung zwischen Person und Menschsein.[18]

Der neuzeitliche, moderne Personbegriff hat gewisse Gemeinsamkeiten, schlägt aber doch eine andere Richtung ein, indem die Person vor allem durch die Einheit des Bewusstseins konstituiert wird. In der klassischen Fassung des Personbegriffs sind alle Menschen Personen. Für weite Teile des neuzeitlichen Denkens ist die Person aber bewusstes, sittliches Subjekt. Offensichtlich gibt es aber menschliche Lebewesen, die nicht im aktuellen Zustand handelnde Subjekte sind, wie z.B. Ungeborene oder irreversibel Bewusstlose. Es spricht aber sehr viel dafür, dass man an der Einheit von Mensch und Personsein festhalten muss. L. Honnefelder hat dies überzeugend gerade durch das früher entwickelte Potenzialitäts-, Kontinuitäts- und Unverfügbarkeitsargument aufgezeigt.[19] Personalität wird nicht von außen anerkannt, nicht zuerkannt oder von irgendjemand verliehen; sie ist das Fundament für jede Beziehung. Mit der entgegengesetzten Haltung würde man das Personsein von nachzuweisenden Eigenschaften abhängig machen und die Gleichheitsforderung einschränken.

Es ist ganz offenkundig, dass das moderne Denken aus den angegebenen Gründen sich scheut, den Personbegriff auf Embryonen und ungeborene Kinder anzuwenden. Mit einer konstanten Argumentation wird dabei auf das Fehlen des Bewusstseins, der reziproken Anerkennung und der Empfindungsfähigkeit verwiesen, wobei gerade das letzte Argument im Blick auf moderne Entdeckungen recht differenziert und vorsichtig gehandhabt werden muss.[20] Immerhin sieht I. Kant Personsein und menschliche Natur in einem unlöslichen Zusammenhang, was freilich die theoretische Vernunft nicht erkennen kann, die praktische Vernunft muss dies postulieren. Kant unterstellt den Zusammenhang, vermag ihn aber von seinem Ansatz her nicht auszuweisen.

18 *Zur Geschichte des Personbegriffs vgl. die große Arbeit von Th. Kobusch, Die Entdeckung der Person. Metaphysik der Freiheit und modernes Menschenbild, Erste Auflage, Freiburg 1993, zweite durchgesehene und erweiterte Auflage, Darmstadt 1997; L. Honnefelder, Person und Menschenwürde, in: L. Honnefelder/G. Krieger (Hg.), Philosophische Propädeutik, Bd. 2: Ethik = UTB 1895, Paderborn 1996, 213–266; J. Reiter, Menschliche Würde und christliche Verantwortung, 103f. Zum Ganzen vgl. auch die wichtigen Ausführungen von G. Pöltner, Grundkurs Medizin-Ethik = UTB 2177, Wien 2002; D. Mieth, Was wollen wir können? Ethik im Zeitalter der Biotechnik, Freiburg i.Br. 2002; Zum weiteren Umfeld vgl. G. Maio, Ethik der Forschung am Menschen = Medizin und Philosophie 6, Stuttgart 2002.*

19 *L. Honnefelder, a.a.O., 252–254*

20 *Vgl. dazu mit vielen Analysen, Beispielen und Bildern: I. von Hardenberg, Erlebnisraum Mutterleib, in: GEO, Juli 2001, Heft Nr. 7, 18–42*

Es ist gewiss eine Frage der Sprachregelung, ob man das ungeborene menschliche Leben – gerade im Licht des modernen Sprechens von Person – wirklich mit der Person-Kategorie beschreiben soll. Die Verwendung des Adjektivs ist einfacher. Es ist jedenfalls schädlich gewesen und ist es noch, den Embryo vom Personsein und irgendwie auch vom Menschsein auszunehmen. Dafür ist vor allem Lockes Personbegriff verantwortlich. Dies hat aber nicht dazu führen können, dem Embryo auch in weiten Teilen der neuzeitlichen Philosophie abzusprechen, dass er ein «ens morale» ist.[21] Für den, der in der klassischen Philosophie geschult ist, lässt sich menschliches Denken, das nicht personales Denken ist, gar nicht konzipieren. «Denn was würde sonst das menschliche Leben nachträglich zu einem personalen Leben machen, etwa die Selbstbestimmung oder die Anerkennung durch andere [...] Personsein setzt doch gerade eine ursprüngliche Fähigkeit zur Selbstbestimmung voraus, kann also nicht durch diese erst konstituiert werden. Und würde Personsein durch Anerkennung durch andere konstituiert, würde die Person zum Produkt der menschlichen Gesellschaft, während sie dieser Gesellschaft doch als etwas zu Respektierendes vorgegeben ist.»[22] Im Horizont des neuzeitlichen Denkens, das hier freilich auch schon zum Teil überwunden ist[23], wird man vielleicht mit einer stark philosophisch pointierten Diktion etwas zurückhaltender sein. Auf jeden Fall muss man den Begriff erklären, was nicht ganz leicht ist, und die Intentionen aufzeigen, die diese Sprache erforderlich machen. In diesem Sinne ist die Rede von der Personalität oder von einem personalen Anfang des Embryos der Sache nach gerechtfertigt. Man sollte um der Klarheit willen diesen Begriff auch auf keinen Fall aufgeben,[24] aber man muss ihn ausdrücklich und ausführlicher deuten. Sonst könnte er sogar in die Irre führen.

Der Personbegriff hat einen stark praktischen Einschlag. Als Theologe, der vor allem mit dem Personenverständnis in der Trinitätslehre und in der Christologie vertraut ist, kann man dies nicht auf Anhieb erkennen. Von der römischen Welt her, besonders von Cicero, ist das Abendland jedoch auch gewohnt, den Rang des Menschen in der Menschenwürde zu sehen. Sie verbindet sich schon bei Boethius und vor allem bei Thomas von Aquin mit dem Status, Person zu sein. Die Verantwortlichkeit für das eigene Handeln steht dabei in

21 *Vgl. dazu Th. Kobusch, Die Entdeckung der Person, 102ff. 267ff.; L. Honnefelder, Person und Menschenwürde, 230ff.*

22 *J. Reiter, Menschliche Würde und christliche Verantwortung, 104f.*

23 *Vgl. Th. Kobusch, Die Entdeckung der Person, bes. das Nachwort der zweiten Auflage, 263-280*

24 *Für die hier anstehenden Fragen sind die beiden Bände «Personen» (Stuttgart 1996) und «Grenzen» (Stuttgart 2001) von R. Spaemann noch längst nicht in ihrer Bedeutung erkannt. Vgl. dazu auch B. Gillitzer, Personen, Menschen und ihre Identität = Münchener philosophische Studien 18, Stuttgart 2001.*

der Mitte. Inhaltlich wird dieser Personbegriff sehr stark von der Lehre der Gottebenbildlichkeit gefüllt, fällt aber nicht schlechthin einfach mit ihr zusammen. Deshalb wird der Begriff der Menschenwürde auch in der frühen Neuzeit in Denksystemen, die eine eher gelockerte Bindung an die christliche Glaubenslehre haben, aufgegriffen und dazu benutzt, das schöpferische Vermögen, aber auch die Gleichheit aller Menschen zum Ausdruck zu bringen.[25] Kant begreift die dem Menschen eigene Würde als Selbstzwecklichkeit und also von der Autonomie her. In den Texten «Charta der Vereinten Nationen» (1945), «Allgemeine Erklärung der Menschenrechte» (1948) und in ähnlichen Texten kommt der Begriff zu einer hohen Anerkennung. Er bezeichnet den unverlierbaren und unantastbaren Eigenwert der Person im Unterschied zu ihrer Verzwecklichung und Vernutzung vor allem in totalitären Gesellschaften.[26]

Die Menschenwürde ist keineswegs nur eine Leerformel, wie immer wieder behauptet wird. Gewiss besteht ihre Grenze darin, dass sie vorwiegend eine formale Größe darstellt, aus der keine konkreten Normen positiver Art unmittelbar abgeleitet werden können. Eine heute manchmal inflationäre Berufung auf die Menschenwürde kann diesen großen Gedanken gewiss auch entwerten. Aber gerade von der Thematik des moralischen Status des Embryos her gewinnt der Begriff durchaus an Gehalt und ist besonders auch im Blick auf die Menschenrechte inhaltlich bestimmt und ethisch fordernd. In diesem Sinne ist es hilfreich, wenn sowohl der Begriff der Person als auch der Menschenwürde ebenso von ihrer praktischen Aufgabe her gesehen werden. In diesem Sinne verbinden beide Begriffe die Menschen untereinander, denn sie veranlassen sie zur gegenseitigen Anerkennung in ihrer Würde. Damit wird auch der konkrete Menschenrechtsgedanke gestützt. «Zum Menschenrechtsgedanken gehört daher das Gebot der Unantastbarkeit der Person und das Verbot, dies von etwas anderem abhängig zu machen als der Tatsache, Mensch zu sein.»[27] R. Spaemann bringt seinerseits die Sache auf eine gute Formel, wenn er dies alles mit dem Eintritt eines Menschen in die Menschheitsfamilie zusammen-

25 *Vgl. G.P. della Mirandola, Über die Würde des Menschen, Zürich 1988; E. Schockenhoff, Naturrecht und Menschenwürde, Mainz 1996; Ph. Balzer u.a., Menschenwürde vs. Würde der Kreatur, Freiburg i.Br. 1998; F.J. Wetz, Die Würde des Menschen ist antastbar, Stuttgart 1988, bes. Kap. 7, 271–399.*

26 *Vgl. dazu knapp und klar L. Honnefelder, a.a.O., 221ff; zum weiten Hintergrund vgl. auch mit reicher Lit. J. Reiter, Über die Ethik der Menschenwürde, in: Weg und Weite. Festschrift für Karl Lehmann, hrsg. von A. Raffelt unter Mitwirkung von B. Nichtweiß, Freiburg 2001, 443–454. Vgl. auch zu den säkularen Quellentexten St. F. Winter u.a., Genmedizin und Recht, München 2001; H. Hasskarl (Hg.), Europäisches Gentechnikrecht, Aulendorf 2002; A. Eser (Hg.), Biomedizin und Menschenrechte. Die Menschenrechtskonvention des Europarates zur Biomedizin, Frankfurt 1999; Enquête-Kommission: Recht und Ethik der modernen Medizin. Stammzellforschung und die Debatte des Deutschen Bundestages zum Import von menschlichen embryonalen Stammzellen, Berlin 2002.*

27 *L Honnefelder, a.a.O., 261*

bringt: «Es kann und darf nur ein einziges Argument für Personalität geben: die biologische Zugehörigkeit zum Menschengeschlecht.»[28] Darum besteht aber das große Recht des Menschen, der ursprüngliche Schutz, darin, dass dem Embryo als Menschen nicht schon die Eintrittskarte in die Welt und die Menschheitsfamilie verwehrt wird. Dies wäre gerade bei der Ohnmacht des Ungeborenen, die seine Menschenwürde nicht aufhebt, sondern noch mehr zur Beachtung aufgibt, eine ganz und gar unerlaubte Verletzung der fundamentalen Menschenrechte.

Gewiss kann man darauf hinweisen, dass zwischen der Embryologie und einer philosophisch theologischen Auswertung der empirischen Befunde da und dort noch einige Fragen offen sind. Aber dies kann die Kraft des hier vorgetragenen Argumentes letztlich nicht schmälern. Man muss nämlich die Frage nach dem, was das menschliche Leben im Anfang bestimmt, immer wieder auch von der Endgestalt des Menschen auf den Anfang hin zurückverfolgen. Wenn man dann ohne Schwierigkeiten die Menschenwürde des Erwachsenen anerkennt und sieht, wie konsequent die Verwirklichung des genetischen Erbes des Menschen mehr oder weniger bruchlos und ohne erkennbare anthropologische Zäsuren erfolgt, dann muss man selbst im Zweifel *vorsichtshalber* und zur *Sicherheit*, also *tutioristisch* davon ausgehen, dass der Embryo bereits ein menschliches Wesen ist, dem Individualität und damit ein personaler Charakter zu Eigen ist. Im Sinne dieser Regel des Tutiorismus – in der modernen angelsächsischen Ethik heißt es: Benefit-of-the-doubt argument – ist man bei einem nicht behebbaren Zweifel in der moralischen Bewertung einer Handhabung verpflichtet, dem Prinzip zu folgen: «idem est in moralibus facere et exponere se periculo faciendi (eine Tat zu begehen und sich der Gefahr auszusetzen, sie zu begehen, ist moralisch gleich zu bewerten).» In diesem Fall ist man also verpflichtet, um der Wahrung der Menschenwürde und der Menschenrechte willen der jeweils strengeren Meinung zu folgen.[29] Vielleicht gelten diese Überlegungen in keinem ethischen Bereich so schwer und ernst wie auf dem Feld des vorgeburtlichen Lebens des Menschen. Denn das Leben ist zwar nicht das höchste, wohl aber das fundamentalste Gut des Menschen.

## IV.

Im Zentrum aller dieser Überlegungen bedarf sicher der Begriff der Menschenwürde jetzt und künftig einer stärkeren Reflexion. Er ist gerade in

28 *R. Spaemann, Personen, 264.*

29 *Vgl. zum Tutiorismus in unserem Zusammenhang: Beginn, Personalität und Würde des Menschen, 238, 309f., 389, 396 (Zitat: 396)*

jüngster Zeit immer wieder kritisiert worden, da er «leer» und kaum anwendungsfähig sei. Man möchte ihn in seiner Reich- und Geltungsweite lieber begrenzen, um einen größeren Spielraum für die Zulassung verbrauchender Forschung zu erhalten.[30] Manchmal liegen die ökonomischen Interessen dafür auf der Hand.

Deshalb ist es unbedingt notwendig, den Begriff der Menschenwürde grundlegend zu vertiefen. Dies gilt nicht nur für den Bereich der Ethik,[31] sondern auch für die Theologie.[32] Dabei muss die Philosophie sich fragen, wie weit sie – zunächst von Kant her – die Menschenwürde als absoluten Wert begründen kann und ob dies allein vom philosophischen Denken aus möglich ist. Dabei kommt es besonders darauf an, den Schutz des Lebens gerade bei den Schwächsten sicher zu stellen. Dieses Gelingen ist ein Maßstab für den Stand des Lebensschutzes in einer Gesellschaft. Dabei bleibt es eine ernsthafte Frage, ob die Begründung eines wirklich absoluten Wertes der Menschenwürde am Ende ohne Rückgriff auf Religion und Bibel möglich ist. J. Habermas hat in seiner bekannten Rede bei der Verleihung des Friedenspreises des deutschen Buchhandels 2001 an die Unersetzlichkeit religiösen Denkens und Sprechens erinnert.[33] Es wird besonders notwendig sein, den Sinn der biblischen Rede, dass der Mensch Ebenbild Gottes ist (vgl. Gen 1,27), angesichts der heutigen Herausforderungen zu vertiefen.[34] Dabei muss zugleich gefragt werden, ob ein Ernstnehmen der absoluten Geltung der Menschenwürde über unser Thema

30 *In diesem Zusammenhang kann ich nicht näher eingehen auf den Vortrag von Frau Bundesministerin B. Zypries «Vom Zeugen zum Erzeugen? Verfassungsrechtliche und rechtspolitische Fragen der Bioethik» vom 29. Oktober 2003 an der Humboldt-Universität in Berlin, mit dem Versuch, zwar an der absoluten Geltung der Menschenwürde festzuhalten, aber in Frage zu stellen, ob dem Embryo in vitro dieser Schutz zukomme. Diese Überlegungen stehen gewiss auch in einem größeren gesellschaftlich- politischen Zusammenhang, den Gehalt und den Rang der verfassungsrechtlich garantierten Menschenwürde zu relativieren. Vgl. dazu E.-W. Böckenförde, Menschenwürde als normatives Prinzip. Die Grundrechte in der bioethischen Debatte, in: Juristen-Zeitung (JZ), 58 (2003), Nr. 17 vom 5. September 2003, 809-815.*

31 *Vgl. dazu zahlreiche Arbeiten von O. Höffe, z.B. Prinzip Menschenwürde, Frankfurt 2002, 49-69; ders., in: Medizin ohne Ethik?, Frankfurt 2002; Dazu auch S. König, Zu Begründung der Menschenrechte: Hobbes-Locke-Kant = Praktische Philosophie 48, Freiburg 1994.*

32 *Dazu E. Schockenhoff, Ethik des Lebens, Mainz 1993, 168ff., K. Hilpert, Die Menschenrechte, Düsseldorf 1991, 94ff., 181ff., 185ff. u.ö.; Ph. Balzer u.a., Menschenwürde vs. Würde der Kreatur, Freiburg i.Br. 1998; W. Vögele, Menschenwürde zwischen Recht und Theologie = Öffentliche Theologie 14, Gütersloh 2000 (umfangreiche Bibliografie).*

33 *Vgl. die Rede unter dem oben genannten Titel, Frankfurt 2001.*

34 *Vgl. dazu W. Vögele, Menschenwürde zwischen Recht und Theologie, 467ff.; K. Koch, Imago Dei – Die Würde des Menschen im biblischen Text = Sitzungen der Joachim Jungius-Gesellschaft der Wissenschaften e.V. Hamburg, Jahrgang 18 (2000, Heft 4), Hamburg 2000 (Bibliografie: 67f.); vgl. J. Habermas, Friedenspreis 2001, 53f.; Ders., Die Zukunft der menschlichen Natur. Auf dem Weg zu einer liberalen Eugenik, Frankfurt 2001, 46ff., 56ff., 105ff.*

hinaus[35] nicht auch Konsequenzen hat für den Umgang mit dem Leben in anderen Bereichen.[36] Dies gilt nicht zuletzt für alle Formen der Tötung, wie z.B. Notwehr, Krieg und Todesstrafe.[37] Auch wenn es Unterschiede in der Wahrnehmung des Lebensschutzes geben muss, so ist der Lebensschutz selbst letztlich unteilbar. Es spricht vieles dafür, dass die Theologie und die Sozialverkündigung der Kirche seit einigen Jahrzehnten sich in dieser Richtung bewegen. Dies gibt auch neue Unterstützung für die Wahrung der Menschenwürde und der Menschenrechte im Bereich der Bioethik.[38]

Dankbar widme ich diesen Beitrag Frau Dr. theol. h.c. Margot v. Renesse, ehemalige Richterin und langjährige Bundestagsabgeordnete, der wir maßgebliche Schritte für die Rechtsetzung im Kindschaftsrecht und in der modernen Medizin verdanken. Mit dem Dank an sie und großem Respekt für ihre Lebensleistung verbinde ich die Bitte um Gottes reichen Segen für Leib und Seele zum 65. Geburtstag.

35 *Dabei finden sich auch noch unerledigte ökumenische Probleme, vgl. R. Anselm/U.H. Körtner (Hg.), Streitfall Biomedizin. Urteilsfindung in christlicher Verantwortung, Göttingen 2003.*

36 *Vgl. dazu auch H. J. Albrecht u.a., Wechselwirkungen. Beiträge zum 65. Geburtstag von A. Eser, Freiburg i.Br. 2001.*

37 *Dazu die Studien zum Tötungsverbot von W. Wolbert, Du sollst nicht töten = Studien zur Theologischen Ethik 87, Freiburg/Schweiz 2000; Was wollen wir, wenn alles möglich ist? Fragen zur Bioethik, hrsg., von H. Zirden, München 2003.*

38 *Zur Diskussion um die Menschenrechte vgl. auch W. Kerber (Hg.), Menschenrechte und kulturelle Identität, München 1991; G. Höver (Hg.), Religion und Menschenrechte = Schriften des Zentrum für Europäische Integrationsforschung 29, Baden-Baden 2001. Zu der Kraft von Glaubenstraditionen in unserem Thema vgl. auch H. Joas (Hg.), Was sind religiöse Überzeugungen? = Preisschriften des Forschungsinstituts für Philosophie, Hannover 1, Götten 2003, bes. 9ff.; P. Nolte, Bürgergesellschaft und christliche Verantwortung in der postsäkularen Welt, Bonn 2003 (Konrad-Adenauer-Stiftung e.V.).*

Von Wilfried Härle

# Die Bedeutung des christlichen Menschenbildes für Ethik und Politik

## Ethischer Orientierungsbedarf

Menschen müssen – jedenfalls wenn sie einen bestimmten geistigen Entwicklungsstand erreicht haben – ihre Handlungen verantworten. Mag es auch zahlreiche Beeinflussungen des menschlichen Verhaltens durch Gene, Hormone, Hirnströme, Veranlagung, Elternhaus, Milieu, Umwelt und Vorbilder geben, nichts von alledem entlastet uns von der Verantwortung für unser Tun und Lassen.

In der spezifisch menschlichen Frage: «Was soll ich tun?», die nach Kants Auffassung die ethische Frage schlechthin ist, wird deutlich, dass wir aufgrund von Reflexion und Entscheidung aus der Fülle der uns gegebenen Handlungsmöglichkeiten auswählen müssen und für diese Auswahl rechenschaftspflichtig sind. Vor welchem Forum oder welchen Adressaten Menschen sich rechenschaftspflichtig fühlen – vor ihrem Gewissen, vor den jetzt oder künftig lebenden Menschen, vor Gott –, hängt davon ab, welche ethische, weltanschauliche oder religiöse Prägung ihnen so zuteil geworden ist, dass sie ihnen verbindliche Lebensorientierung gibt.

Den Inbegriff der Regeln, denen ein Mensch oder eine Menschengruppe bei diesem Bemühen um verantwortliche Verhaltenssteuerung folgt, nennen wir deren *Ethos*. Dort, wo solches Ethos nachdenkend, kritisch reflektiert wird, sprechen wir von *Ethik*.

Nun gibt es einen «harten Kern» des Ethos, der für das gedeihliche Zusammenleben der Menschen von so grundlegender Bedeutung ist, dass wir ihn nicht der subjektiven Entscheidung Einzelner überlassen können, sondern in Form der Rechtsordnung kodifizieren und mit Sanktionen versehen müssen und dies auch tun. Damit wird den einzelnen Menschen ihre ethische Entscheidung nicht abgenommen, wohl aber in einer sehr bestimmten Weise beeinflusst. Wer Rechtsnormen übertritt, bekommt das im Normalfall schmerzhaft zu spüren. Aber das ethische Minimum, das durch das Strafrecht geschützt wird, lässt – ganz zu recht – in einer freien Gesellschaft einen großen Raum für die Entscheidungen der Individuen über das, was sie für richtig oder falsch, gut oder böse halten. Für die Bürger eines Landes stellt sich die ethische

Frage deshalb in zweifacher Weise: einerseits als die Frage, ob sie bereit sind, den vorgegebenen rechtlichen Rahmen zu akzeptieren und zu respektieren, andererseits als die Frage, wie sie diesen rechtlichen Rahmen für sich persönlich ethisch ausfüllen und gestalten.

Für Menschen, die – wie die «Jubilarin», der dieser Beitrag gewidmet ist – darüber hinaus für eine Zeitlang als Bundestagsabgeordnete Verantwortung tragen, kommt noch ein dritter Aspekt hinzu: die permanente Aufgabe der Prüfung, ob das bisher rechtlich kodifizierte und sanktionierte ethische Minimum ausreichend, angemessen oder reformbedürftig ist. Und auch dies ist nicht nur eine Frage politischer Zweckmäßigkeitserwägungen, sondern selbst eine ethisch relevante Frage, die deren Reflexion und Entscheidung erfordert und ihre Verantwortung in Anspruch nimmt.

Auch wenn gewiss nicht jede Frage, die im menschlichen Leben auftaucht, eine ethische Frage ist, so gibt es doch keinen Bereich, aus dem die ethische Reflexion über richtig oder falsch, gut oder böse grundsätzlich auszuschließen wäre. Woher aber gewinnen wir die Orientierung, die wir für unsere ethischen und die darauf aufbauenden politischen und rechtlichen Entscheidungen benötigen?

## Orientierungsbedarf der Ethik

Ich habe vor einigen Jahren zusammen mit einem Kollegen einen Band herausgegeben, der den Titel trägt: «Woran orientiert sich Ethik?»[1] Dieser Titel hat Überraschung ausgelöst, weil wir normalerweise davon ausgehen, dass die Ethik selbst orientierenden Charakter hat, uns also sagen will, was richtig oder falsch, gut oder böse ist. In jenem Band und in diesem Festschriftbeitrag geht es aber um die weitergehende Frage, woher wir die ethische Orientierung gewinnen können, die wir benötigen, wenn unsere ethischen Entscheidungen fundiert, also begründet sein sollen. Es scheidet jedenfalls der Verweis auf das, «was man tut», «was zur Zeit ‹in› ist» oder «was wir immer schon so gemacht haben», als akzeptable Antwortmöglichkeit aus; denn alle diese Außenleitungen bringen uns ja gerade nicht zu Entscheidungen, die wir selbst verantworten können, weil sie unserer eigenen Einsicht und Entscheidung entspringen, sondern signalisieren die Abhängigkeit von anderen Menschen, Institutionen, Strömungen, Trends oder Meinungen und die Fremdbestimmung durch sie.

Das schließt freilich nicht aus, sondern ein, dass wir auch dafür verantwortlich sind, wenn bzw. dass wir uns auf diese Weise fremdbestimmen lassen.

1 *Marburger Jahrbuch Theologie Bd. XIII, 2001.*

Unsere Verantwortlichkeit werden wir also auch auf diese Weise nicht los, aber wir können sie so nicht in angemessener Weise wahrnehmen. Ebenso wenig reicht freilich der Verweis auf das, was geltendes Gesetz und Recht ist, weil es ja unter Umständen gerade um die Frage geht, ob und inwiefern das geltende Recht ausreicht, oder ob es zu korrigieren, d. h. weiterzuentwickeln ist.

Unzureichend ist aber auch der Verweis auf «die Vernunft», selbst in der großartig ausgearbeiteten Form, die Kant diesem Verweis in seinen «Kritiken» und in seiner «Grundlegung zur Metaphysik der Sitten» gegeben hat. Denn die reine praktische Vernunft kann uns zwar auf mögliche innere Widersprüche zwischen unseren ethischen Wertungen und Entscheidungen aufmerksam machen, sie bietet aber als solche keinen inhaltlichen Maßstab dafür, wie solche Widersprüche aufzulösen und zu überwinden sind, und bleibt uns darum für die ethische Orientierung Entscheidendes schuldig.[2] Welche Alternative gibt es aber zu diesen drei – gängigen – Ansätzen bzw. Wegen, das Problem der ethischen Orientierung zu lösen?

In den letzten Jahren hat sich ein breiter Konsens darüber herausgebildet, dass wir für unsere ethische Orientierung angewiesen sind auf ein Verständnis vom Menschen bzw. auf ein Menschenbild, das sowohl den Einzelnen als auch die Gemeinschaft umfasst und uns sowohl etwas über die Verfassung des Menschen als auch über seine Bestimmung sagt. Insbesondere dieser letzte Ausdruck «Die Bestimmung des Menschen»[3] hat in der Philosophie und Theologie schon seit langem die Funktion bekommen, das zu bezeichnen, woran unsere ethische Urteilsbildung sich inhaltlich ausrichten kann und auszurichten hat. Eine solche Bestimmung bezeichnet nicht eine Determination, also eine Zielangabe, die in jedem Fall, automatisch und mit untrüglicher Sicherheit erreicht wird, sondern eine Zielangabe – ähnlich wie bei einer Postsendung –, die benennt, wohin etwas oder jemand gelangen *soll*, wobei aber die Möglichkeit besteht, dass dieses Ziel nicht erreicht oder verfehlt wird.

2 *Das habe ich in meinem Beitrag zu dem in der vorigen Anmerkung genannten Band im Detail zu zeigen versucht unter der Überschrift: Die weltanschaulichen Voraussetzungen jeder normativen Ethik» (aaO, S. 15–38).*

3 *Den Ausdruck «Bestimmung des Menschen» hat im Jahre 1748 der Aufklärungstheologe Johann Joachim Spalding in seiner gleichnamigen Schrift geprägt, die bis zum Jahr 1794 insgesamt 13 Auflagen erreichte. Vor allem durch Herder und Fichte wurde die Rede von der Bestimmung des Menschen damals aufgenommen, publizistisch verwendet und so einem breiten Publikum bekannt gemacht. Sie hat bis heute vor allem in der theologischen Anthropologie ihren festen Platz. Um Missverständnisse zu vermeiden, sei hierzu ausdrücklich angemerkt, dass diese – und die anderen, folgenden – Formulierungen nicht in dem Sinne «anthropozentrisch» sind, dass sie am Ergehen der übrigen Geschöpfe, insbesondere der Tiere desinteressiert wären. Zur Bestimmung des Menschen gehört auch ein rücksichtsvoller Umgang mit der übrigen Kreatur – um derent- und um unsertwillen.*

Eine «vision of life» hat der Tübinger Sozialethiker E. Herms[4] diese Bestimmung des Menschen genannt und damit den Zukunftsaspekt, aber auch den positiven Zielcharakter gut zum Ausdruck gebracht. Eine andere sprachliche Ausdrucksmöglichkeit ist die Rede von «Leitbildern gelingenden menschlichen Lebens».[5] In all diesen Formulierungen wird deutlich, dass fundierte Ethik einen realistischen Bezug zur konkreten, erfahrbaren Lebenswirklichkeit der Menschen braucht, an der sie sich auch zu bewähren hat. Wenn ich im Fortgang vom «Menschenbild» spreche, dann meine ich in diesem Sinn die «Bestimmung des Menschen» oder die «vision of life» oder das «Leitbild gelingenden Lebens», die bzw. das für die ethische Urteilsbildung und für das ethische Handeln eines Menschen grundlegend orientierenden Charakter hat.

## Die Pluralität der Menschenbilder

Haben die bisherigen Überlegungen ergeben, dass das, wodurch das Ethos eines Menschen, einer Gruppe oder einer Gesellschaft orientiert wird, als das zugrundeliegende Menschenbild bezeichnet werden kann, so muss jetzt sofort eingewandt bzw. hinzugefügt werden, dass es dies – individuell und sozial – nicht im Singular, sondern *nur im Plural* gibt. Das war schon immer so, ist aber heute – im Zeichen eines religiös-weltanschaulich immens angewachsenen Pluralismus – ganz unübersehbar.

Das kann man sich unschwer am Nebeneinander der Religionen oder an der Konkurrenz der Weltanschauungen verdeutlichen. Sie stehen jeweils für unterschiedliche Menschenbilder, die nur partiell miteinander übereinstimmen, an bestimmten Punkten aber auch erhebliche Differenzen aufweisen. Gelegentlich ist es sogar so, dass innerhalb der einzelnen Religionen oder Weltanschauungen unterschiedliche Menschenbilder miteinander konkurrieren.

Im Rahmen eines Oberseminars haben wir vor einigen Jahren einmal die Programme der im Bundestag vertretenen politischen Parteien auf die in ihnen – offen oder verdeckt – enthaltenen Menschenbilder hin untersucht. Dabei hat sich gezeigt, wie relevant, folgeträchtig und aussagekräftig die Unterschiede sind, die sich dabei zutage fördern lassen, wenn man nur gründlich nachliest und nachdenkt.

4 *Grundlinien einer ethischen Theorie der Bildung von ethischen Vorzüglichkeitsurteilen (1979), in: ders., Gesellschaft gestalten, Tübingen 1991, S. 44–55, dort S. 48.*

5 *Zu dieser Terminologie und den darin enthaltenen ethischen Möglichkeiten habe ich mich ausführlicher geäußert in den Aufsätzen: Die gewinnende Kraft des Guten, in: ThLZ 129/2004, Sp. 123-134 sowie: Gelingendes Leben!? in: Zeitschrift für Gottesdienst & Predigt 21/2003, H. 4, S. 7–9.*

Von daher war und ist es nicht überraschend, aber doch bemerkenswert und erfreulich, dass die Christlich Demokratische Union Deutschlands vor nicht allzu langer Zeit ein von ihrer Wertekommission erarbeitetes Papier veröffentlicht hat, das den Titel trägt: «Die neue Aktualität des christlichen Menschenbildes»[6]. Auch wenn ich nicht allen in diesem Papier enthaltenen Aussagen zum christlichen Menschbild zustimmen kann, so liegt hiermit doch ein wichtiger Versuch vor – auch auf dem Hintergrund der Erfahrungen vom 11. September 2001 –, eine Rückbesinnung auf das christliche Menschenbild und auf dessen Bedeutung z. B. für Bioethik und Genforschung, für eine moderne Familienpolitik, für Wirtschafts- und Sozialpolitik sowie für Bildungs- und Erziehungspolitik vorzulegen.

Für andere Parteien, die sich nicht durch das Adjektiv «christlich» in ihrem Namen zu einer solchen programmatischen Besinnung veranlasst sehen, bestünde gleichwohl die – ebenso sinnvolle wie wünschenswerte – Möglichkeit, sowohl ihr eigenes, spezifisches – sei es sozialdemokratisches oder sozialistisches, liberales oder ökologisches etc. – Menschenbild zu entfalten, als auch dabei ihr Verhältnis zum christlichen Menschenbild[7] zu bestimmen und offenzulegen. Die Offenlegung solcher leitender Menschenbilder wird zwar gewiss nicht automatisch zu einem politischen Konsens zwischen den Parteien führen, vielleicht sogar im Gegenteil die Wurzeln politischer Dissense offen legen. Aber schon dies wäre ein wichtiger, konstruktiver Beitrag zur politischen Kultur, weil dadurch möglicherweise sichtbar wird, auf welcher Ebene die eigentlichen Differenzen zu suchen sind, die im politischen Tagesgeschäft an der einen oder anderen Stelle zum Vorschein kommen.

Wenn ich hier davon ausgehe, dass es das christliche Menschenbild ist, das für die «christlichen» Parteien die Funktion einer grundlegenden Orientierungsgröße besitzt, so will ich – um mögliche Missverständnisse zu vermeiden – sofort zwei Zusätze anbringen: Ich gehe nicht davon aus, dass alle Abgeordneten dieser Parteien – geschweige denn alle ihre Mitglieder – das sind, was man

6 *Berlin 2001.*

7 *Wenn ich hier und im Folgenden vom bzw. von dem christlichen Menschenbild (im Singular) spreche, so bestreite ich damit natürlich nicht, dass alle vorliegenden und künftig möglichen Darstellungen des christlichen Menschenbildes perspektivischen Charakter haben, also nur eine bestimmte Interpretation dieses Menschenbildes sein können. Wenn es zwischen diesen verschiedenen Darstellungen jedoch zu einem sinnvollen Diskurs unter den Leitdifferenzen «richtig/falsch», «zutreffend(er)/unzutreffend(er)» oder «angemessen(er)/unangemessen(er)» kommen können soll, muss als Bezugspunkt eines solchen Diskurses vorausgesetzt werden, dass es das christliche Menschenbild gibt, dem sich unsere interpretierenden Darstellungen anzunähern und es zu erfassen versuchen und an dem sie darum auch zu messen sind. Dafür ist allerdings Zweierlei vorauszusetzen: eine Verständigung über die maßgeblichen Quellen und über die angemessenen Methoden, an denen man sich zu orientieren hat. Dem dient die christliche Dogmatik in Wahrnehmung ihrer fundamentaltheologischen Aufgabe.*

«praktizierende Christen» nennt. Es gibt unter ihnen sicher auch Menschen, die dem christlichen Glauben persönlich eher distanziert oder gleichgültig gegenüberstehen und aus anderen Gründen ihre politische Heimat in der Union gefunden haben. Andererseits gehe ich selbstverständlich davon aus, dass es auch in den anderen Parteien zahlreiche überzeugte und praktizierende Christen gibt, die möglicherweise sogar aus Gründen ihrer christlichen Überzeugung ihre politische Heimat nicht in der Union gesucht oder gefunden haben, für die aber persönlich das christliche Menschenbild Überzeugungs- und Orientierungskraft besitzt. Darauf muss man *generell* hinweisen, um keine verkehrten Fronten aufzubauen. Darauf muss und will ich in diesem Beitrag aber auch *speziell* hinweisen, da Margot v. Renesse sich auch in ihrem politischen Handeln als Sozialdemokratin stets zugleich freimütig als überzeugte Christin und engagiertes Mitglied der Evangelischen Kirche zu erkennen gegeben hat.

Die Frage nach dem für das politische Handeln orientierenden – christlichen – Menschenbild stellt sich also auf mindestens zweifache Weise: Einerseits stellt es sich im Blick auf das in einer *Partei* offiziell leitende bzw. maßgebliche Menschenbild, sei es *als* christliches Menschenbild oder *in seinem Verhältnis* zum christlichen Menschenbild. Andererseits stellt es sich im Blick auf die einzelnen Abgeordneten bzw. Mandatsträger und ihr persönliches, für ihr eigenes politisches Handeln maßgebliches Menschenbild[8] – wiederum entweder *als* christliches Menschenbild oder *im Verhältnis* hierzu. Ob und inwieweit sich beides deckt, ist eine Frage, die die einzelnen Abgeordneten und Mandatsträger nur für sich beantworten können. Und dasselbe gilt für die Frage, wie sie mit eventuell auftauchenden Differenzen oder Widersprüchen zwischen beidem umgehen (können). All dies setzt aber eine Verständigung darüber voraus, was denn unter dem «christlichen Menschenbild» zu verstehen ist. Das kann im Rahmen dieses Textes nur in ganz knapper Form[9] geschehen.

8 *Ich halte es für ein grundsätzliches Missverständnis des christlichen Glaubens und seines Menschenbildes, wenn man dessen persönliche und dessen politische Bedeutung voneinander trennt, wie dies z.B. immer dort geschieht, wo Religion – auch von Politikern – ausschließlich der Privatsphäre zugeordnet wird und angeblich nichts mit Politik zu tun hat. Eine solche Trennung wird weder den Mindestanforderungen an menschliche Identität noch dem umfassenden Geltungsanspruch des christlichen Glaubens gerecht. Wie sollte man sich die Identität eines Menschen vorstellen, der bei seinen politischen Entscheidungen seine persönlichen Überzeugungen suspendiert. Wovon lässt er sich dann bei seinen politischen Entscheidungen leiten? Wie sollte man sich einen christlichen Glauben vorstellen, dessen Aussagen nur für bestimmte Sektoren des menschlichen Lebens Bedeutung haben? Welche Aussagen gelten dann in den «anderen Bereichen»? Die Spaltung zwischen «persönlich» und «politisch» wird deswegen weder dem Menschsein noch dem christlichen Glauben gerecht. Politiker, die sich in ihrer Funktion offen zu ihrem religiösen Glauben oder zu ihrer weltanschaulichen Überzeugung bekennen, tun ein gutes Werk, das nicht nur ihrer individuellen seelischen Hygiene, sondern auch dem Gemeinwohl zugute kommt.*

9 *Ausführlicher habe ich mich zu diesem Thema geäußert im Lehrbuch «Systematische Philosophie»*

## Charakteristika des christlichen Menschenbildes

Im Unterschied zu nicht-religiösen bzw. säkularen Menschenbildern ist es für das christliche Menschenbild charakteristisch, den Menschen von vornherein in einem Horizont wahrzunehmen, der das *transzendiert*, was am irdisch-geschichtlichen Dasein des Menschen empirisch feststellbar ist. Das wird deutlich in Aussagen wie der vom Menschen als Geschöpf und Ebenbild Gottes oder in der Einsicht oder Ahnung, dass der Mensch eine Bestimmung hat, die über den Tod hinausreicht und die Hoffnung auf unzerstörbares Leben in der Gemeinschaft mit Gott umfasst. Martin Luther King hat das vor 45 Jahren in einer kleinen Schrift auf seine Weise anschaulich zum Ausdruck gebracht in dem Satz: «We know that man is made for the stars, created for the everlasting, born for eternity.» [10]

Was mir daran grundlegend wichtig zu sein scheint, ist nicht die Meinung, aus dem christlichen Menschenbild ließen sich bestimmte Aussagen über die Transzendenz, über Gott und das ewige Leben ableiten; sondern allein die Tatsache, dass der Mensch – und zwar jeder Mensch – in einem solch weiten Horizont wahrgenommen wird, ist für das jeweilige Menschenbild von großer Bedeutung. Wer etwas oder jemanden ganz wahrnehmen will, muss *mehr* als diesen Gegenstand oder diesen Menschen in den Blick fassen. Nur wer zumindest in Gedanken über die Grenzen hinaus geht, hat eine Vorstellung, eine Ahnung oder eine Gewissheit von dem, was das Ganze ist. Und deshalb gilt: *Wer den Menschen erkennen und verstehen will, muss über ihn hinaus fragen und denken.* Die Rede von Gott benennt dasjenige «Darüberhinaus», das dem Menschen seine Grenze und sein Maß setzt und das darum auch in der Präambel der Verfassung [11] an die Grenze und das Maß erinnert, das allem menschlichen Handeln und Entscheiden gesetzt ist.

Dieser Gottesbezug – nicht nur in der Verfassung, sondern im christlichen Menschenbild – trägt deshalb andererseits dazu bei, dass der Mensch unreduziert in seiner leib-seelischen Einheit als Gottes Geschöpf und Ebenbild wahrgenommen wird, d. h. von seinem allerersten Anfang bis zu seinem Ende, im Wachen wie im Schlafen, in Gesundheit wie in Krankheit und Behinderung, im Erfolg wie im Scheitern und Versagen.

*(München 1987, S. 210–228), in der «Dogmatik» (Berlin/New York 2000, S. 429–439), im Schlussvortrag des Wiener Europäischen Theologenkongresses 1999 (Der Mensch Gottes, in: Menschenbild und Menschenwürde, Hg. E. Herms, Gütersloh 2001, S. 529–543) sowie in RGG4 in dem Artikel «Mensch VII. Dogmatisch und Ethisch» (Bd. 5/2002, Sp. 1066-1072). Ein Aufsatzband, der 2005 in Tübingen bei Mohr publiziert werden soll, enthält weitere – bisher unveröffentlichte – Studien zur Anthropologie.*

10 *The Measure of a Man (1959), Minneapolis ND 2001, S. 18.*

11 *Wenn auch leider nicht in der Europäischen Verfassung.*

Es gibt zahllose andere Menschenbilder, in denen als Mensch nur zählt oder ernst genommen wird, wer im Vollbesitz seiner geistigen Kräfte ist, fähig zur Sprache, zum Denken, zu verantwortlichem Handeln. Dieses Ausklammern des «Defizitären» ist selbst Ausdruck eines defizitären Menschenbildes, das mit großer Wahrscheinlichkeit auch defizitäre ethische und politische Entscheidungen nach sich zieht. Wer nur den als Menschen anerkennt und gelten lässt, der in der Lage ist, über sein eigenes Dasein frei zu entscheiden und zu bestimmen, wird sich zumindest schwer tun, Säuglinge – von Föten und Embryonen ganz zu schweigen –, intellektuell schwerstbehinderte, komatöse, demente oder sterbende Menschen überhaupt als Menschen im vollen Sinn wahrzunehmen.

Denn *kein* Mensch wird gezeugt, empfangen und geboren im Vollbesitz seiner geistigen Kräfte, fähig zur Sprache, zum Denken, zu verantwortlichem Handeln. *Viele* Menschen beenden ihr Leben in einem Zustand, in dem zumindest einige dieser Fähigkeiten nicht mehr – jedenfalls nicht mehr im vollen Umfang – vorhanden sind. *Jeder* Mensch ist tagtäglich davon bedroht, durch einen Unfall oder eine Erkrankung solche Fähigkeiten auf Zeit oder auf Dauer zu verlieren. Wir können in Lebenskrisen geraten und darin zusammenbrechen oder ausfallen, ohne zu wissen, ob wir je wieder zu einem selbstbestimmten Leben finden. Und das Leben vieler Menschen endet in einem Zustand der Hilflosigkeit und des Angewiesenseins auf andere. Sollten wir in all diesen Situationen nicht mehr *Menschen* oder nur noch Menschen minderer Qualität, zweiter Klasse sein?

Wo diese Randzonen des menschlichen Lebens, von denen wir alle herkommen und von denen wir stets umgeben sind, aus dem Menschsein ausgeschlossen werden, da droht der Rückfall in eine Barbarei, gegen die die Auszeichnung des Menschen als Bild Gottes und die Anerkennung der Würde jedes menschlichen Wesens gerichtet war und ist.

Unsere Gesellschaft befindet sich in einem Entwicklungsprozess, in dem solche «Randzonen des Menschseins», in denen wir nicht über uns verfügen, unser Leben nicht in der Hand haben, nicht alleine mit dem Leben zurechtkommen, von vielen Menschen als etwas Ängstigendes oder sogar Entwürdigendes empfunden und beurteilt und darum verdrängt oder als «nicht menschenwürdig» bzw. als nicht zum lebenswerten Menschsein gehörend wegdefiniert werden.

Das Leitbild vom selbständigen, selbstbestimmten, souveränen Menschen rückt auf diese Weise die Anfangs- und die Endphase, die Lebenskrisen und Übergangszeiten sowie das Widerfahrnis schwerer Beschädigung und Behinderung in eine Grauzone, in der sie angeblich nicht wirklich zum Menschsein oder jedenfalls nicht zu einem akzeptablen Menschsein hinzugehören, weil wir sie als *unverfügbar* erleben. Demgegenüber erinnert das christliche Menschenbild daran, dass Menschsein grundsätzlich etwas Unverfügbares ist und dass all die genannten Erfahrungen, in denen dies unübersehbar wird, konstitutiv zum wirklichen menschlichen Leben hinzugehören. Aus der Sicht des christlichen Menschenbildes hat die Missachtung, Geringschätzung oder Verdrängung dieser «Randzonen» deshalb eine schwere Beeinträchtigung der humanen Qualität unserer Gesellschaft zur Folge.

Dabei will ich sofort selbstkritisch anmerken, dass wir auch als christliche Theologen keineswegs vor der Gefahr gefeit sind, aus dem Blick zu verlieren, dass nach biblischen Aussagen nicht nur Kinder, sondern auch schon Föten und Embryonen sowie behinderte, lebensuntüchtige, kranke und sterbende Menschen selbstverständlich Menschen sind und darum in unserem Menschenbild vollgültig mit vorkommen und mitbedacht werden müssen.[12] Das Neue Testament geht bekanntlich sogar so weit, kleine Kinder nicht nur am Rand zu integrieren, sondern zum Vorbild und Modell zu erklären.[13]

Was ist das Charakteristische am Menschen, wenn er so umfassend wahrgenommen und wenn er in diesem transzendenten Horizont wahrgenommen wird? Das Charakteristische ist – und darüber besteht ein breiter Konsens unter christlichen Theologen –, dass der Mensch dann nicht von irgendwelchen Eigenschaften, Fähigkeiten oder Leistungen her definiert wird, sondern von dem *Beziehungsgefüge* her, in das hinein er gezeugt, empfangen und geboren wird, dem er bis zum Ende seines Daseins angehört und in dem er als ein von Gott bejahtes und angenommenes Geschöpf existieren kann. Die unverzichtbare Bedeutung dieser Einsicht besteht darin, dass kein Mensch sich sein Lebensrecht oder seine Menschenwürde erst durch die Ausbildung seiner Fähigkeiten oder durch das Erbringen bestimmter Leistungen verdienen muss, sondern dass diese ihm mit seinem Dasein gegeben sind, religiös gesprochen: dass sie ihm von Gott gegeben sind.

## Konsequenzen für bioethische Entscheidungen

Das christliche Ethos ist von Anfang an ein dem Heilen verpflichtetes Ethos gewesen und stets geblieben. Es ist weder lebensverneinend noch fatalis-

12 *Verschiedene – wohl nicht zufällig meist von Frauen verfasste – Arbeiten aus den letzten Jahren haben auf solche innertheologischen Wahrnehmungsdefizite hingewiesen. Ich nenne exemplarisch: Ina Praetorius, Anthropologie und Frauenbild in der deutschsprachigen protestantischen Ethik seit 1949, Gütersloh 1993 sowie Friederike F. Spengler, Kindsein als Menschsein. Beitrag zu einer integrativen theologischen Anthropologie, Marburg 2005.*

13 *«Lasst die Kinder zu mir kommen und wehret ihnen nicht; denn solchen gehört das Reich Gottes. Wer das Reich Gottes nicht empfängt wie ein Kind, der wird nicht hineinkommen» (Mk 10,14 f.).*

tisch. Das belegt nicht nur das Neue Testament mit seinem Interesse an den Krankenheilungen, sondern das zeigt auch die Geschichte der christlichen Diakonie und Caritas mit ihren großen Leistungen für Therapie und Pflege von kranken, behinderten und pflegebedürftigen Menschen.

Aber alle medizinische Forschung im Dienste von Heilungsmöglichkeiten findet ihre Grenze in der Würde des Menschen, der nicht zum bloßen Objekt gemacht werden darf. Deswegen ist es vom christlichen Menschenbild her ausgeschlossen, die Phase des menschlichen Lebensbeginns[14] als etwas, das unserer beliebigen Entscheidung unterliegt, oder als möglichen Rohstoff für die Entwicklung künftiger Therapiemöglichkeiten freizugeben. Aus der Sicht des christlichen Menschenbildes handelt es sich dabei um eine Verzweckung oder Verdinglichung des Menschen, die nicht widerspruchslos hingenommen werden – weder am Anfang des Lebens noch in irgend einer anderen Phase. Diese über eine lange Zeit hin unbestrittene Sicht wurde um die Jahrtausendwende zum Gegenstand tiefgreifender und teilweise erbitterter Auseinandersetzungen. Auslöser dafür war die Absicht der Deutschen Forschungsgemeinschaft – entgegen früheren Aussagen und Beschlüssen –, die sog. verbrauchende Forschung mit embryonalen Stammzellen zu fördern. Zwar war – und ist – solche zur Vernichtung von menschlichen Embryonen führende Forschung durch das Embryonenschutzgesetz vom 13. Dezember 1990[15] verboten bzw. unter Strafe gestellt, aber das Gesetz schließt nicht ausdrücklich den *Import* von embryonalen Stammzellen bzw. Stammzell-Linien aus, die in anderen Ländern legal «gewonnen» wurden.

Der Deutsche Bundestag musste sich deshalb mit der Frage befassen, ob sich das Verbot der embryonalen Stammzellforschung auch auf importierte Stammzell-Linien erstrecken solle oder nicht. Er tat das am 30. Januar 2002 in Form einer Grundsatzentscheidung[16] sowie am 25. April 2002 durch einen dieser Entscheidung entsprechenden Gesetzestext, der Zweierlei miteinander zu verbinden sucht: das Nein zur Tötung von Embryonen für Forschungszwecke und die Ermöglichung der Forschung an embryonalen Stammzellen.

Im Vorfeld und zur Vorbereitung dieser gesetzlichen Lösung hat sich nicht nur der Deutsche Bundestag, sondern auch die von ihm eingesetzte Enquete-

14 *Ebenso ist es aus dieser Sicht ausgeschlossen, das Ende des Lebens als einen wertlosen Teil zu behandeln, den man durch Suizid oder aktive Sterbehilfe abschneiden kann in der Meinung, damit nichts Wesentliches preiszugeben. Aber das ist ein anderes, hier nicht zu entfaltendes ethisches Anwendungsfeld für das christliche Menschenbild.*

15 *BGBl. I, 2746, § 1 und 2.*

16 *Diese Debatte und Entscheidung ist dokumentiert in dem von der Enquete-Kommission Recht und Ethik der modernen Medizin veröffentlichten Band: Stammzellforschung und die Debatte des Deut-*

Kommission «Recht und Ethik der modernen Medizin» unter dem Vorsitz von Margot v. Renesse intensiv mit dieser Thematik befasst und sich mit großer Mehrheit *gegen* die Ermöglichung embryonaler Stammzellforschung ausgesprochen.[17] Maßgeblich für dieses ablehnende Votum war die Einsicht, dass verbrauchende Forschung an Menschen mit der Menschenwürde unvereinbar ist und dass es sich bei menschlichen Embryonen von der Befruchtung an um Menschen handelt. Insofern wurde mit diesem Mehrheitsvotum eine Konsequenz gezogen, die dem oben skizzierten christlichen Menschenbild entspricht.

Gleichzeitig beschäftigte sich im Auftrag des Rates der Evangelischen Kirche in Deutschland deren Kammer für Öffentliche Verantwortung ebenfalls – unter anderem – mit der Frage nach der ethischen Zulässigkeit embryonaler Stammzellforschung. Auch diesem Gremium gehörte Margot v. Renesse an und beteiligte sich mit großem Engagement an den einschlägigen Diskussionen. Die Kammer kam in dieser Frage jedoch – anders als die Enquete-Kommission – zu keiner klaren Mehrheitsentscheidung gegen – oder für – die Zulassung verbrauchender Embryonenforschung, auch nicht – anders als der Deutsche Bundestag – zu einem Kompromiss, sondern «nur» dazu, einerseits den in dieser Grundfrage bestehenden Dissens zu beschreiben, andererseits sich einmütig auf insgesamt neun «Gemeinsamkeiten trotz bestehender Dissense» zu verständigen.[18] Als strittig erwies sich dabei und in der Folgezeit genau das christliche Menschenbild, von dem ethische Orientierung erhofft bzw. erwartet wurde. Spätestens hieran zeigt sich, dass die Berufung auf die Orientierungskraft des christlichen Menschenbildes keinen gegebenen Tatbestand, sondern eine immer wieder neu gestellte und zu bearbeitende Aufgabe bezeichnet, bei deren Erfüllung es zwischen Christenmenschen zu erheblichen Differenzen kommen kann.

Wie ist von da aus der überparteiliche bzw. interfraktionelle Kompromiss[19] zu beurteilen, der im Deutschen Bundestag möglich wurde und an dessen Zustandekommen ebenfalls Margot v. Renesse maßgeblich beteiligt war? Der

*schen Bundestages zum Import von menschlichen embryonalen Stammzellen, Berlin 2002, S. 229–333.*

17 *AaO, S. 129–138.*

18 *Siehe dazu: «Im Geist der Liebe mit dem Leben umgehen. Argumentationshilfe für aktuelle medizin- und bioethische Fragen», Hg. vom Kirchenamt der EKD, Hannover 2002, bes. S. 42–47.*

19 *Mit der Kennzeichnung des schließlich erfolgreichen Gruppenantrags Drucksache 14/8102 als «Kompromiss» widerspreche ich der Interpretation, die Margot v. Renesse in ihrer damaligen Bundestagsrede gegeben hat (Stammzellforschung [s. o. Anm. 12], S. 235). Sie sagte damals: «Der Antrag ist nicht das Ergebnis eines Kompromisses, sondern einer Verständigung. Nach meiner Auffassung bietet das die höchste Gewähr für eine Antwort, mit man leben kann». Dem würde ich den Satz entgegenstellen: «Der Antrag ist das Ergebnis der Verständigung auf einen Kompromiss, mit dem man leben kann».*

Kompromiss bestand und besteht[20] darin, dass ein von einer breiten Mehrheit akzeptierter *Grundsatz* gefunden wurde, der besagt: Um der Forschung in Deutschland willen darf kein menschlicher Embryo getötet werden.[21]

Um den Sinn und die Bedeutung dieses Grundsatzes genau zu verstehen und um ihn angemessen würdigen zu können, ist es wichtig, sich genau zu vergegenwärtigen, was er sagt und was nicht:

- Der Satz heißt *nicht*: Um der Forschung willen darf in Deutschland kein menschlicher Embryo getötet werden.
- Der Satz heißt auch *nicht*: Um der Forschung willen darf kein menschlicher Embryo getötet werden.
- Und der Satz heißt schließlich auch *nicht*: In Deutschland darf keine Forschung durchgeführt werden, die die Tötung eines menschlichen Embryos voraussetzt oder zur Folge hat.

Betrachtet man diese drei möglichen alternativen Grundsätze, so ist zum ersten Satz zu sagen, er würde auf eine meines Erachtens ethisch *nicht* verantwortbare Weise zulassen – wenn nicht sogar dazu einladen –, dass menschliche Embryonen, die in Deutschland für Forschungszwecke verwendet werden sollen, in anderen Ländern getötet und dann nach Deutschland verbracht werden. Es würde lediglich die Tötungshandlung ins Ausland verlagert, aber weder verhindert noch missbilligt, sondern im Ergebnis – gerne – in Anspruch genommen.

Der zweite Satz wäre von seinem Inhalt her ethisch überhaupt nicht zu beanstanden, sondern positiv zu werten. Er beschreibt auch eine m. E. nicht nur wünschenswerte und allein verantwortbare ethische Haltung, aber er kann

20 *Die Betonung des Präsens neben dem Imperfekt ist erforderlich, weil es unter medizinischen Forschern teilweise die abwegige, im Rahmen einer Anhörung der neuen Enquete-Kommission Ethik und Recht der modernen Medizin mit Nachdruck öffentlich geäußerte Vorstellung und Forderung gibt, der im Jahre 2002 erzielte Kompromiss mit seiner Stichtagsregelung müsse endlich durch Neufestsetzung des Stichtags «fortgeschrieben», also jeweils auf einen neue(re)n Stand gebracht werden. Dass damit der Sinn des Kompromisses verkannt ist und nachträglich zerstört würde, ist offensichtlich nicht allen Beteiligten bzw. vom Gesetz Betroffenen so selbstverständlich, dass eine solche Anmerkung überflüssig wäre. Die Wichtigkeit der Stichtagsregelung hat auch Margot v. Renesse in ihrer Bundestagsrede betont, wenn sie sagt: «Nach unserem Antrag wird kein Embryo geschädigt, – nicht einmal in Zukunft. Nicht nur in Deutschland, sondern auch in anderen Ländern geben wir durch die Stichtagsregelung [Hervorhebung im Redetext] keinen Anreiz, Embryonen zu vernichten, um Stammzelllinien zu gewinnen, selbst wenn Wissenschaftler zum Ausdruck bringen, dass sie es gerne anders hätten» (aaO, S. 236).*

21 *Maria Böhmer hat diesen Grundsatz, sie spricht von der «Grundlinie», in ihrer Bundestagsrede in folgenden drei Sätzen formuliert: «Es darf in Deutschland nicht dazu kommen, dass Embryonen für die Forschung verbraucht und damit getötet werden. Wir wollen keinen Anreiz zur Herstellung neuer embryonaler Stammzelllinien im Ausland schaffen. Wir wollen damit vermeiden, dass weitere Embryonen getötet werden» (aaO S. 245).*

durch ein Deutsches Parlament keine *Rechtskraft* erlangen, da er die Grenzen überschreitet, die dem Deutschen Gesetzgeber gezogen sind.[22]

Der dritte Satz wäre derjenige, der auf dem durch das Embryonenschutzgesetz beschrittenen, mit dem hier skizzierten christlichen Menschenbild übereinstimmenden Weg gelegen hätte. Ihm wäre in ethischer Hinsicht eindeutig zuzustimmen. Aber er hat im Deutschen Bundestag bedauerlicher Weise am 30. Januar 2002 keine parlamentarische Mehrheit gefunden und konnte darum auch am 25. April 2002 keine Rechtskraft erlangen.

Demgegenüber ist der Grundsatz: «Um der Forschung in Deutschland willen darf kein menschlicher Embryo getötet werden» nur eine zweitbeste Lösung.[23] Dass er immerhin so positiv bewertet werden kann, gilt freilich *nur* wegen der mit diesem Grundsatz essentiell verbundenen, nicht verschiebbaren Stichtagsregelung, die besagt, dass nur solche menschlichen embryonalen Stammzellen für die Forschung zugelassen werden, die bereits *vor* dem 1. Januar 2002, also *vor* dem einschlägigen Beschluss des Deutschen Bundestages «gewonnen» worden waren. Ohne eine solche Stichtagsregelung bzw. für den Fall ihrer nachträglichen Verschiebung nach oben wäre der erzielte Kompromiss ethisch wertlos und nicht von dem Alternativsatz eins zu unterscheiden. Er würde die Tötung der Embryonen lediglich ins Ausland verlagern, um dann die benötigten Stammzellen importieren zu können.

Durch die Stichtagsregelung ist *dieser* Missbrauch ausgeschlossen, weil das Importverbot sich auf *alle* nach dem Stichtag «gewonnenen» embryonalen menschlichen Stammzellen bezieht. Und nur unter dieser Bedingung ist die Gefahr zumindest vermindert, wenn auch nicht gänzlich ausgeschlossen, dass die so befristete Zulassung des Imports von Stammzelllinien als Billigung der Tötung von Embryonen zu Forschungszwecken gedeutet werden kann. Denn die durch den Bundestagsbeschluss vom 30. Januar 2002 und den Gesetzestext vom 25. April 2002 eröffnete Möglichkeit des Imports von Stammzelllinien aus dem Ausland kann angesichts der Festlegung auf den Stichtag 1. Januar 2002, an dem diese Stammzelllinien bereits existiert haben müssen, nicht als *Motiv* für die Tötung (weiterer) menschlicher Embryonen – wo auch immer – dienen. Dass der Bundestagskompromiss *dies* erreicht bzw. verhindert hat, macht ihn zu einem *akzeptablen* Kompromiss. Das ändert nichts da-

22 *Dadurch ist natürlich nicht gesagt, dass der Deutsche Bundestag oder die Deutsche Bundesregierung im Rahmen von internationalen Vereinbarungen, Beschlüssen oder Gesetzgebungsverfahren – z. B. auf EU- und UN-Ebene – nicht ihren Einfluss dahingehend geltend machen könnte und sollte, dass solche Sätze europaweit oder weltweit Rechtskraft erlangen.*

23 *In diesem Sinne hat sich meiner Erinnerung nach auch der jetzige Ratsvorsitzende der EKD, Bischof Huber, in einem Fernsehinterview nach der Abstimmung vom 30. Januar 2002 geäußert.*

ran, dass er – als Kompromiss – m. E. hinter dem ethisch Wünschenswerten zurückbleibt.

Ebenso wichtig wie die kritische Bewertung und Ablehnung der Tötung menschlicher Embryonen zu Forschungszwecken ist es jedoch, auf Grund des christlichen Menschenbildes und des mit ihm verbundenen Ethos des Heilens für die tatsächlich bestehenden Möglichkeiten zur Entwicklung neuer Therapien, die ohne Vernichtung von Embryonen möglich sind, mit allem Nachdruck einzutreten und sie zu fördern, soweit dies möglich ist. Dem Nein zur embryonalen Stammzellforschung, zum reproduktiven und zum «therapeutischen» Klonen ist deswegen das Ja zur adulten Stammzellforschung ebenso entschlossen zur Seite zu stellen, wie die Bejahung jeder anderen Form medizinischer Forschung im Dienste menschlicher Gesundheit und Fürsorge, die ohne irgendeine Beeinträchtigung der Menschenwürde möglich ist und darum eine ethisch begründete Aufgabe darstellt.

Von Klaus Tanner

# Bekenntnis zum Grundgesetz?

## Vom indirekten Gottesbezug der Verfassung

### I.

Die bioethischen Auseinandersetzungen sind zu einer Triebkraft neuer Bekenntnisbildung geworden. Diese Bekenntnisbildung vollzieht sich nicht mehr auf den klassischen kirchlichen und theologischen Themenfeldern. Nicht mehr im Streit um die Auslegung der Bibel, sondern in den Kontroversen um das Grundgesetz bilden sich neue Bekenntnisparteien. Abgeordnete, Juristen, Minister und Politikerinnen «bekennen» sich in den Kontroversen um die «richtige» Auslegung von Artikel 1 des Grundgesetzes zur «Unantastbarkeit der Menschenwürde».

Wo es um Bekenntnisse geht, geht es immer um Wahrheit, eine Wahrheit, für die der oder die Bekennende als Person einstehen will. Mit derartigen Bekenntnissen wird das rein juristische Sprachspiel überschritten und die Rechtserkenntnis bewegt sich an den Rändern des juristisch klar Fassbaren. Meistens ist dann von den «Werten» die Rede, auf denen die Verfassung aufbaue bzw. von dem «Menschenbild», das der Rechtsordnung zugrunde liege. Im Hinblick auf das Grundgesetz hat das Günter Dürig 1956 in seiner Abhandlung «Der Grundrechtssatz der Menschenwürde» klassisch formuliert: «die verpflichtende Kraft [...] einer Verfassung» könne «letztlich nur in objektiven Werten begründet sein» (AöR 81 (1956) 117). Weil die Menschenbild- und Wertedebatten über fachwissenschaftliche juristische, philosophische oder theologische Fragen hinausgehen, haben sie auch eine breitenwirksame Mobilisierungskraft.

«Werte» bzw. das «Menschenbild» sind Stellvertreter geworden für Fragen, die einst mit dem Sprach- und Symbolmaterial religiöser Traditionen thematisiert wurden. Es gibt also bei aller Anerkenntnis der Selbständigkeit des modernen Rechts immer wieder Orientierungsprobleme, bei denen in der Rechtswissenschaft selbst die Notwendigkeit entsteht, über das positive Recht hinauszufragen und die metajuristischen Gehalte des Rechts zu thematisieren. Damit kommen dann regelmäßig weltanschauliche, religiöse und philosophische Aspekte ins Spiel, die sehr viel schwieriger zu handhaben sind als Rechtssätze. Lange Zeit waren die Naturrechtslehren das Instrumentarium, mit dem diese metajuristischen Fragen in der Rechtswissenschaft thematisiert wurden. Als Gustav Radbruch 1946 zur Wiedereröffnung der Heidelberger Juristischen Fakultät in seiner berühmten Rede «Erneuerung des Rechts» auf den Unrechtsstaat der Nationalsozialisten zurückblickte, forderte er: «Wir müssen uns wieder besinnen auf die Menschenrechte, die über allen Gesetzen stehen, auf das Naturrecht».

Durch die bioethischen Diskussionen hat die Frage nach den metajuristischen Voraussetzungen des Rechts neue Schubkraft erhalten. Insbesondere der Vergleich unterschiedlicher Regelungen im Umgang mit den ersten Entwicklungsstufen menschlichen Lebens zeigt, dass Rechtssysteme in Kulturen verwurzelt sind, die durch je spezifische Traditionen, historische Erfahrungszusammenhänge und Argumentationsmuster geprägt sind. Mit dem Rekurs auf die «Vernunft» als einer vermeintlich kulturtranszendenten Größe lässt sich diese mehrdimensionale Problemlage offensichtlich ebensowenig einfach auflösen, wie durch die Emphase des jeweiligen Bekenntnisses.

Der Modus des Umgangs mit den metajuristischen Gehalten des Rechts, der in den politischen Kulturen mit einer liberalen Verfassungsordnung die meiste Zustimmung findet, besteht darin, diese weltanschauliche Dimension der «Privatsphäre» zuzuweisen und den öffentlichen Raum von solchen mit religiöser Energie aufgeladenen Bekenntnissen zu entlasten. In den Bioethikdebatten werden die Grenzen dieses Weges der «Problemlösung» sichtbar. Für die Lebensführung des Einzelnen grundlegende Überzeugungen wirken sich immer im öffentlichen Raum aus. Insofern muss ihnen in der Konzeption einer demokratischen Öffentlichkeit auch ein angemessener Stellenwert zuerkannt werden. Wer der individuellen Freiheit einen hohen Wert zuerkennt, muss auch die Quellen achten, aus denen heraus Individuen Muster der Selbst- und Weltwahrnehmung wie auch der Handlungsorientierung entwickeln. Wer versucht, solche Überzeugungen theoretisch wie praktisch zu neutralisieren, verzerrt die Wahrnehmung der politischen Prozesse und nimmt einer liberalen Demokratie wichtige Bewegungskräfte.

Die weltanschauliche Prägung der Diskussionen um die Menschenwürde verführt Protagonisten unterschiedlichster Couleur immer wieder dazu, Hegemonieansprüche auf dem Feld der Deutungen zu erheben. Die historische Genese der Idee der Menschenwürde ist, wie von Vertretern der Kirche und von Theologen immer wieder betont wird, verknüpft mit christlichen Grundüberzeugungen. Für die Genese der Idee der Menschenwürde wie ihre Etablierung als Fundamentalnorm unserer Verfassung gilt allerdings, dass jeder diese Geschichte verzeichnet, der versucht, sie einseitig zu vereinnahmen. Der Würdeschutz, wie er heute in Gestalt von Menschenrechten und Grundrechten existiert, verdankt sich weder allein christlichen Impulsen, noch allein philosophischen Traditionen. Was sich an Pico della Mirandolas Schrift über die Menschenwürde schon beobachten lässt, zieht sich wie ein roter Faden durch die Geschichte der Entwicklung und Verwendung dieser normativen Leitidee: Ihre Wirkungskraft speiste sich aus dem Zusammenfließen und Verschmelzen unterschiedlicher Traditionslinien und Erfahrungen.

Im folgenden soll ein exemplarischer Fall des Umgangs mit solchen weltanschaulichen Überzeugungen auf dem Feld des Politischen in Erinnerung gerufen werden, bei dem unterschiedliche Bekenntnisse nicht einfach ignoriert, sondern deutlich *coram publico* artikuliert wurden.

## II.

Das Grundgesetz entstand nicht in einer Welt, in der noch alle selbstverständlich an christliche Traditionen anknüpften. Schon 1948 gab es einen weltanschaulichen Pluralismus, dessen Wurzeln weit in die sozialen und politischen Konflikte des 19. Jahrhunderts zurückreichten, in denen sich die großen weltanschaulichen Milieus eines konservativen und eines liberalen Protestantismus, der Sozialdemokratie, und eines politisch organisierten Katholizismus ausgebildet hatten.

Explizit wurde im Parlamentarischen Rat in zwei Diskussionszusammenhängen auf christliche Traditionen Bezug genommen, zum einen bei der Formulierung der Präambel und zum anderen, als es um Artikel 1 GG ging.

Die Diskussion um die Präambel ist primär von anderen Themen geprägt gewesen. Der Streit um die Frage, ob das Deutsche Reich noch fortbestehe, und den damit verbundenen Auseinandersetzungen darüber, wer eigentlich das verfassungsgebende Subjekt sei, Diskussionen um das Wiedervereinigungsgebot und die relative Vorläufigkeit des neuen Verfassungswerkes, all dies spielte eine Rolle. In den ersten Entwürfen zur Präambel gab es noch keinen Gottesbezug. Erst in der sechsten Sitzung des Plenums des Parlamentarischen Rates am 20. Oktober 1948 empfahl der rheinische CDU-Politiker Dr. Adolf Süsterhenn, ein Repräsentant des Verbandskatholizismus, die Aufnahme des Gottesbezugs in die Präambel. Er verwies dabei auf die Auffassung der scholastischen Naturrechtslehrer «von der sog. vis directiva, der sozialpsychologischen und sozialpädagogischen Wirkung eines guten Gesetzes». Diese «dirigierende Kraft» des neu zu schaffenden Grundgesetzes wollte Süsterhenn schon in der Präambel zum Ausdruck gebracht sehen, «und zwar in der Weise, dass wir auch in der Präambel [...] den zentralen Gedanken dieses Grundgesetzes», den Schutz der Menschenwürde, «so unterbauen, dass er nicht einfach durch einen Mehrheitsentscheid wieder weggefegt werden kann, sondern dass er seine fundamentalen Wurzeln letzten Endes auch im Metaphysischen findet». Süs-

terhenn wurde hinsichtlich der *Invocatio Dei* unterstützt durch Hans-Christoph Seebohm von der Deutschen Partei, einer Partei vor allem des protestantischen Konservativismus.
Theodor Heuß, in liberal-protestantischer Tradition von Friedrich Naumann geprägt, gingen solche religiösen Legitimationsversuche zu weit. Es provoziere nur theologische Auslegungsdebatten, «diese mehr diesseitigen Werke zu stark im Metaphysischen verankern zu wollen». In den weiteren Beratungen des Grundsatzauschusses brachte dann der CDU-Abgeordnete Kroll einen Entwurf ein, in dem gleich an drei Stellen der Gottesbegriff eine herausragende Rolle spielen sollte. Diese massive religiöse Grundierung war nicht konsensfähig. Der Vorsitzende des Grundsatzausschusses von Mangold legte einen Entwurf vor, in dem es nur noch hieß: «Im Vertrauen auf Gott und die wiedererweckten sittlichen Kräfte des deutschen Volkes». Es war wieder Heuß, der diese Formel kritisierte. An die Stelle von «im Vertrauen auf Gott» wollte er lieber «in Verantwortung vor Gott» formuliert sehen. Er begründete diesen Vorschlag mit den Worten: «Es ist sauberer als das andere. Den lieben Gott für alle die Dummheiten, die hier gemacht werden, unmittelbar verantwortlich zu machen, ist eine theologische Überhebung».

Diese Zurückhaltung von Heuß gegenüber einer direkten Inanspruchnahme Gottes als Legitimationsgrund für das politische Handeln hatte selbst eine spezifisch protestantische Komponente. Sie war geleitet von dem Interesse, eine politische Funktionalisierung religiöser Überzeugungen zu verhindern. Heuß wusste zu unterscheiden zwischen dem weltlichen Geschäft des Juristen und der religiösen Grundüberzeugung der Einzelnen. Diese Unterscheidung war Folge einer bestimmten theologischen Einsicht, die sich folgendermaßen reformulieren lässt: Wenn Recht direkt religiös begründet wird, droht immer die Gefahr einer Überlegitimation des Politischen, d.h. einer Übersteigerung des Politischen, die weder der Weltlichkeit der Welt noch der Selbständigkeit des Religiösen gerecht wird. Aus pragmatischen Gründen, aus dem Interesse an der Verhinderung permanenter Begründungsdebatten, hat sich diese Position in den Beratungen des Parlamentarischen Rates schließlich durchgesetzt.

## III.

Wie das Votum Süsterhenns zeigt, wurde der Sinn des Gottesbezugs der Präambel in einem inneren Zusammenhang mit dem Schutz der Menschenwürde gesehen. Über Artikel 1 GG fand das mit der *Invocatio Dei* verbundene politische Grundinteresse – die Begrenzung politischer Herrschaftsansprüche – seine rechtliche Konkretion. Der Gottesbezug wurde im Grundgesetz konkretisiert mittels der Anthropologie.

Dieser Zusammenhang zwischen der Rede von Gott und dem leitenden Menschenbild wird in der Präambel selbst schon deutlich. Der Gottesbezug wird eingeführt zur Bestimmung des Verantwortungsbegriffs. Verantwortung bezeichnet eine ethisch qualifizierte Reflexion auf menschliches Handeln. Verantwortung setzt Freiheit zum Entscheiden voraus. Der Verantwortungsbegriff beinhaltet zugleich einen Richtungssinn für den Gebrauch der Freiheit. Sie soll nicht nur zur individuellen, kurzfristigen Nutzenmaximierung gebraucht werden, sondern das Wohl der Mitmenschen in einer Langzeitperspektive mitbedenken. Verantwortung ist der soziale Gebrauch individueller Freiheit. Die Fähigkeit zum verantwortlichen Gebrauch der Freiheit ist ein konstitutives Element der Rede von der Würde des Menschen.

Dem Grundsatzausschuss lag zu Artikel 1 zunächst folgende Fassung zur Beratung vor: «Die Würde des Menschen ruht auf ewigen, einem Jeden von Natur aus eigenen Rechten». Von Mangold erläuterte, man habe durch diese Formulierung den «Untergrund des Naturrechts» herausheben wollen. Der SPD-Abgeordnete Schmid warnte davor, die naturrechtliche Begründung absolut zu setzen. Sie sei zudem in sich selbst nicht einheitlich. Theodor Heuß plädierte erneut für Streichung des religiösen Bezuges. In der zweiten Lesung des Hauptausschusses vertrat Seebohm dann einen gemeinsamen Antrag der Fraktionen von CDU, DP und Zentrum, in dem es zu Absatz 2 des Artikels 1 hieß, dass die unverletzlichen und unveräußerlichen Freiheits- und Menschenrechte «von Gott gegeben» seien. Süsterhenn unterstützte diese Formulierung mit dem Argument: Sie mache deutlich, dass die Freiheitsrechte «nicht etwa erst vom Staate verliehen» werden. Die Unantastbarkeit der Würde des Menschen lasse sich am besten gegen Mehrheitsentscheid sichern, wenn sie metaphysisch begründet sei. Süsterhenn, wohl wissend um den Streit der Theologen, betonte: «Also eine theologische Absicht ist unsererseits mit diesem Antrag in keiner Weise verknüpft». Vom SPD-Abgeordneten Greve wurde dieser Vorschlag abgelehnt mit der Begründung, «er und mit ihm sicher eine namhafte Anzahl Deutscher sei der Auffassung, dass diese Freiheits- und Menschenrechte nicht von Gott gegeben sind». Auch Heuß wehrte sich erneut gegen eine «Strapazierung der Religion», und zwar mit religiösen Argumenten. (JöR N.F. 1 (1951), S. 52). In diesem Diskussionszusammenhang machte Heuß auch die später viel zitierte Aussage, die Menschenwürde sei eine» nicht interpretierte These»(a.a.O. S. 49).

In den weiteren Beratungen stellte sich dann heraus, dass der explizite Gottesbezug in Art. 1 nicht mehrheitsfähig war. Gleichwohl hat die Aussage «Die Würde des Menschen ist unantastbar» eine religiöse Dimension. Wir nehmen mit diesem Satz etwas in Anspruch, was in unserer Erfahrungswelt nicht als empirische «Tatsache» bewiesen werden kann. Diese Aussage ist eine kontrafaktische Leitannahme. Sie ist die Transzendenz am Ort des Individuums, gleichsam das «Jenseits im Diesseits».

Die Achtung der Menschenwürde ist, wie die Debatten im parlamentarischen Rat exemplarisch zeigen, ein Ergebnis politischer Prozesse und insofern ein Kulturprodukt, dessen Geltung rückgebunden bleibt an konkrete Anerkennungsgemeinschaften. Der Gedanke der Würde verweist zurück auf das Postulat, dass der Mensch frei sei und zu einer eigenständigen vernünftigen Ausrichtung seines Handelns befähigt. Freiheit als dieser Fußpunkt der Würde ist aber keines empirischen Beweises fähig. Diese Einsicht hat Kant, dessen Verständnis von Menschenwürde bis in die Auslegung des Grundgesetzes hinein stark wirkt, klar formuliert. Ein «vernünftiges Wesen» hat nach Kant «zwei Standpunkte, daraus es sich selbst betrachten, und Gesetze des Gebrauchs seiner Kräfte, folglich aller seiner Handlungen, erkennen kann, einmal sofern es zur Sinnenwelt gehört, unter Naturgesetzen (Heteronomie), zweitens als zur intelligibelen Welt gehörig» (GMS BA 108/109). Die These, dass wir uns als Menschen noch von einem anderen Standpunkt aus betrachten können und deshalb mehr sind als das, was sich von uns empirisch als Naturwesen beobachten und darstellen lässt, ist nach Kant eine Folge des Postulats der Freiheit. Freiheit ist nach Kant eine Idee, von der ein Wissen möglich ist, «ohne sie doch einzusehen» (KdpV A 5). Freiheit als Fußpunkt der Würde ist zwar ein argumentativ rechtfertigbarer, aber «keiner empirischen Darstellung fähiger Begriff der Kausalität» (KdpV A 30). In seiner «Grundlegung zur Metaphysik der Sitten» arbeitet Kant den inneren Zusammenhang zwischen Sittlichkeit und Freiheitsidee heraus und stellt fest: die Idee der Freiheit «aber konnten wir, als etwas Wirkliches, nicht einmal in uns selbst und in der menschlichen Natur beweisen; wir sahen nur, dass wir sie voraussetzen müssen, wenn wir uns ein Wesen als vernünftig und mit Bewusstsein seiner Kausalität in Ansehung der Handlungen, d.i. mit einem Willen begabt, uns denken wollen» (GMS BA 103).

Die entscheidende Frage, die uns kein Verweis auf die «Natur» abnehmen kann, ist, ob und wie wir uns als Menschen selbst beschreiben und «denken wollen». Gerade wer mit der «Würde» argumentiert, kann nicht ohne Selbstwiderspruch die normativen Fragen durch den Hinweis auf biologische Sachverhalte, etwa auf die Existenz bestimmter Zellstrukturen, «lösen» wollen, wie das in den neueren bioethischen Debatten immer wieder geschieht. Mühsam wird versucht, mit Hilfe der Zell- und Entwicklungsbiologie ein «objektives» Kriterium zu finden, wann denn die Schutzwürdigkeit des Embryos beginnt. Ein entscheidender Einschnitt soll nach dem 8-Zell-Stadium liegen, dann, wenn die Zellen ihre Totipotenz vielleicht verlieren. Auch die Begründungsstrategien, die im Hinblick auf den Embryo mit Kontinuitäts-, Potentialitäts- und Identitätsargumenten operieren, verlassen nicht den Umkreis solcher naturalistischen Argumentationen.

## IV.

Die Auseinandersetzungen im parlamentarischen Rat um Art. 1 GG haben über ihre unmittelbare historische Bedeutung hinaus eine exemplarische Bedeutung für die Frage nach dem Zusammenhang von Rechtsordnung und religiösen Überzeugungen. Sie lassen erkennen: Das Verfassungsrecht ist Resultat eines im Einzelnen heftig umstrittenen politischen Kompromisses. Die Etablierung als Fundamentalnorm unserer politischen Ordnung, als «Mittelpunkt des Wertsystems der Verfassung» (BVerfGE 35, 202 (25)) ist das Ergebnis eines bewussten Verzichts auf einseitige Begründungsstrategien im Parlamentarischen Rat und der daran sich anschließenden Rechtsprechung. Zum Erbe der Verfassungsgeber gehört auch dieser zurückhaltende Umgang mit vermeintlich alternativlos gültigen Begründungsmustern im Raum des politischen Handelns.

Wenn christliche Elemente und religiöse Bezugnahmen in solchen politischen Diskussionen artikuliert werden, sind sie nicht dem Streit enthoben. Sie können deshalb auch nicht vorweg als gemeinsames Konsensfundament in Anspruch genommen werden. Das Christentum gibt es in politischen und juristischen Auseinandersetzungen nur in Gestalt der Christen und ihrer je individuellen Frömmigkeit. Religion hat ihren primären Ort immer in der besonderen, individuellen Biographie des Einzelnen, so sehr sie auch über Institutionen, kulturelle Traditionen, Texte und Symbolbestände an den einzelnen vermittelt wird. Überzeugungen, die in den religiösen Anschauungen von Individuen mit verwurzelt sind, lassen sich nicht unmittelbar in juristische Regelungen umsetzen, die für alle gelten sollen. Die Behauptung einer universalen Geltung grundlegender Schutzrechte bleibt einerseits rückgebunden an die je individuelle Genese der Akzeptanz und Anerkennung solcher Normen, die ihrerseits eng gekoppelt sein kann an die religiösen Überzeugungen einer Person. Andererseits kann ein überindividueller Geltungsanspruch nur erhoben werden, wenn bei den beteiligten Individuen selbst noch einmal die Fähigkeit und Bereitschaft vorhanden ist, einen Unterschied zu machen zwischen den eigenen Überzeugungen und dem, was von allen als «Wahrheit» zu akzeptieren ist. Die Fähigkeit und Bereitschaft zu solch einer Unterscheidung, in der ich mich nicht nur als Mittelpunkt meiner Welt, sondern gleichsam mit anderen Augen wahrnehme, ist selbst ein Ausdruck von Freiheit, der Freiheit im Umgang mit sich selbst. Festigkeit der eigenen Überzeugung und Offenheit zur Akzeptanz anderer Überzeugungen ist eine Konkretion solcher Freiheit.

Die durch diese Differenzierung gewonnene Offenheit für eine Pluralität von Begründungsmustern fundamentaler Normen ebnete den Weg für die Grundrechtsformulierungen des Grundgesetzes. Nach von Mangold habe man im parlamentarischen Rat die Grundrechte «je nach dem weltanschaulichen Standpunkt als von Gott gegebene und angeborne oder als naturgegebene und unveräußerliche Rechte» angesehen. Die Akzeptanz der Pluralität von Begründungen ermöglichte die Anerkenntnis ihrer legalen Verbindlichkeit. Politische Kompromisse, ein Lebenselement der Demokratie, sind nur dann möglich, wenn auf weltanschauliche oder religiöse Eindeutigkeit der Verfassung im Sinne der direkten religiösen Genetisierung bestimmter Verfassungssätze verzichtet wird. Wer sich im politischen Alltag auf die Suche nach Kompromissen macht, nimmt Ernst, dass andere es auch Ernst meinen und praktiziert die Achtung der Freiheit und Würde der anders Denkenden.

Mit dem Gottesbezug der Präambel wie mit dem Würdeschutz verweist die Rechtsordnung über sich hinaus. Im Hinblick auf die Präambel formulierte W. Apelt 1949 diese transzendierende Funktion mit den Worten: «Die Präambel sucht [...] ein ethisches Fundament von absoluter Tragfähigkeit, indem sie beteuert, dass sich dieses Volk seiner Verantwortung vor Gott und den Menschen bewusst sei». Ein «ethisches Fundament» lässt sich nicht mehr rechtlich voll und ganz positivieren.

Gegenläufig zu Artikel 4 GG wurden in der juristischen Literatur, zum Teil auch in der Rechtspraxis, immer wieder Versuche unternommen, der Verfassung ein neues materiales Wertfundament zu unterlegen. Ausgangspunkt eines solchen Interpretationsprogrammes ist meistens ein kulturkritisches Leiden daran, dass in unserer pluralistischen Gesellschaft gemeinsame, in allen gesellschaftlichen Gruppen akzeptierte Werte sich angeblich auflösen und die Integrationsprobleme zunehmen. Mit einer religiös wertgebundenen Interpretation des GG soll diesen erlittenen Zerfallstendenzen Einhalt geboten bzw. ein neues substantielles Wertfundament als allgemeinverbindlich durchgesetzt werden. Der Versuch, durch eine enge Verknüpfung von Religion und Recht alte Grundwerte zu befestigen, führt faktisch jedoch zu neuer Polarisierung und Abgrenzung. Programme, mit Hilfe der christlichen Traditionen in ethischen Konfliktlagen und juristischen Auslegungsdebatten Eindeutigkeit gewinnen zu wollen, erweisen sich rechtspolitisch meistens schnell als Illusion. Denn jene normative Eindeutigkeit, die man durch die Beschwörung religiöser Substanz erzeugt, bleibt dem faktischen gesellschaftlichen und religiös-weltanschaulichen Pluralismus unserer Gesellschaft äußerlich.

## V.

Auf dem Hintergrund des kurzen Blicks auf die Entstehungsgeschichte des Grundgesetzes lässt sich die Bedeutung der religiösen Grundierung des GG in vier Punkten bündeln.

1. Bereits die Formulierungen der Präambel implizieren ein bestimmtes Menschenbild und damit – so von Mangoldt/Klein – auch ein «Staatsziel»: «Alle staatliche Politik muss den Menschen in seiner Würde achten». Zwischen der Fundamentalnorm Artikel 1, ihrer Konkretisierung im Grundrechtskatalog und der Präambel besteht ein innerer Zusammenhang, der darauf ausgerichtet ist, individuelle Freiheit gegen politische Verfügungsansprüche zu sichern.

2. Die Präambel verweist mit ihrem Gottesbezug zurück auf einen bestimmten historischen Erfahrungszusammenhang, die Zeit des Nationalsozialismus. Hinter der Entstehung der Präambel steht eine bestimmte Deutung der Genese des nationalsozialistischen Unrechts: Es sei in seinem Kern Folge einer Emanzipation des Menschen von Gottes Gebot. Für uns heute ist dies eine allzu einfache, die historische Komplexität verkürzende Deutung des Nationalsozialismus. Doch auch wer diese religiöse Deutung des Nationalsozialismus heute nicht mehr mitzuvollziehen vermag, kann ihr ein Wahrheitsmoment zuerkennen: Politische Ordnung wird immer dann zu Unrecht pervertiert, wenn keine Grenzen des politischen Systems bzw. Grenzen politischer Verfügung über den Einzelnen mehr formuliert und anerkannt werden. Das Ringen um Grenzen menschlichen Verfügens über andere Menschen ist dabei mit dem ursprünglichen Verfassungstext keineswegs definitiv abgeschlossen, wie die weitere Auslegungsgeschichte zeigt. Diese Suche nach solchen Grenzen ist vielmehr eine konfliktreiche Daueraufgabe, weil die Zugriffsmöglichkeiten auf Menschen sich durch den Zuwachs an wissenschaftlich-technischer und ökonomischer Verfügungsmacht mit großer Geschwindigkeit wandeln.

3. Die religiöse Grundierung der Verfassung hat eine bestimmte fundamentalpolitische Relevanz, die insbesondere im Zusammenklang von Präambel und Artikel 1 deutlich wird: Sie sichert die Freiheit des Einzelnen, indem sie im Grundtext des politischen Systems an ein Subjekt erinnert, das weder mit dem Verfassungsgeber noch mit dem individuellen Bürger identisch ist. Im Grundgesetz-Kommentar von Mangoldt/Klein wird der Gottesbegriff der Präambel bezeichnet als eine «Chiffre für einen über alles Menschliche hinausgehenden Verpflichtungshorizont». Diese Rede von der Gottes-Chriffre vermag sich durchaus auch der Theologe zu eigen zu machen. «Gott» im Grundgesetz bezeichnet gleichsam eine freiheitsnot-

wendige Leerstelle. Ihre Funktion kann diese Leerstelle nur entfalten, wenn sie nicht weiter inhaltlich gefüllt wird. Das bedeutet für die politischen wie juristischen Auseinandersetzungen um die Auslegung der Verfassung: Jeder Versuch, den metajuristischen Bezugshorizont zu positivieren, bringt gerade das zum Verschwinden, was der Sinn der Rede von Gott im Eingang der Verfassung ist. Gott gehört niemandem. Er gehört keiner Kirche, aber auch keiner Partei, auch einer christlichen nicht. Er bezeichnet den Ort des Denkens, an dem sich das Bewusstsein der eigenen Partikularität und Endlichkeit zu bilden vermag. Eben dieses Bewusstsein, die Akzeptanz der eigenen Endlichkeit, hat eine enorme politische Funktion. Sie ist die elementare Voraussetzung für politische Konsens- und Kompromissbildung.

4. Dass Gott in der Präambel nur abstrakt erscheint, hat insofern seinen guten Sinn. Gerade die Abstraktheit der Gottesformulierung impliziert die Aufforderung, zwischen den individuellen Wertsetzungen und den Regelungsmechanismen zu differenzieren, die eine friedliche Koexistenz dieser Wertoptionen ermöglichen. Nur die Bereitschaft, die Differenzierung immer wieder neu zu vollziehen, eröffnet die Möglichkeit der Toleranz.

In den bioethischen Debatten hat sich erneut gezeigt, dass der Rekurs auf die Menschenwürde nur dann eine steuernde Kraft entfaltet, wenn er nicht abstrakt erfolgt, sondern die spezifische Sachhaltigkeit von Problemlagen mit in den Blick genommen wird. In der Anerkenntnis der Fundamentalnorm der Verfassung sind sich schnell alle einig, die Differenzen brechen an den einzelnen Sachfragen wie der Zulassung der PID oder der Stammzellforschung auf. Die Berufung auf den Schutz der Menschenwürde beendet nicht kategorisch den Prozess differenzierten Abwägens, sondern eröffnet ihn. Dabei bringen dann die Beteiligten ihre unterschiedlichen Beschreibungssprachen für Probleme ins Spiel und die jeweiligen Fachperspektiven werden erweitert und angereichert. Ethische Reflexion vollzieht sich konkret in Gestalt dieser Perspektivenöffnung und -verknüpfung, geleitet vom Interesse der Suche nach lebensdienlichen Wegen des Umgangs mit Konflikten.

Von Siegfried Keil

# Güte, Gerechtigkeit und Wahrheit als Grundbedingungen unseres Lebens

Ich widme diese Predigt, die ich in den Wochen der Auseinandersetzung um Hartz IV und die Verschärfung der Kontrollen von Schwarzarbeit am 1. August 2004 im Kirchspiel Cappel (Marburg) gehalten habe, der Jubilarin Dr. theol. h.c. Margot v. Renesse, weil sie stets ein großes Interesse daran hatte, ihre Orientierung zu aktuellen Fragen der Politik in der biblischen Botschaft zu suchen. Dass ich bei meinen Vorbereitungen auf die Predigt des preußischen Reformtheologen Friedrich Schleiermacher aus dem ersten Drittel des 19. Jahrhundert gestoßen bin, wird ihr sicher eine besondere Freude bereiten.

*Ahmt Gott nach als seine geliebten Kinder (2) und liebt einander, weil auch Christus uns geliebt und sich für uns hingegeben hat als Gabe und als Opfer, das Gott gefällt. (8) Denn einst wart ihr Finsternis, jetzt aber seid ihr durch den Herrn Licht geworden. Lebt als Kinder des Lichts! (9) Das Licht bringt lauter Güte, Gerechtigkeit und Wahrheit hervor. (10) Prüft, was dem Herrn gefällt, (11) und habt nichts gemein mit den Werken der Finsternis, die keine Frucht bringen, sondern deckt sie auf! (12) Denn man muss sich schämen, von dem, was sie heimlich tun, auch nur zu reden. (13) Alles, was aufgedeckt ist, wird vom Licht erleuchtet. (14) Alles Erleuchtete aber ist Licht. Deshalb heißt es: Wach auf, du Schläfer, und steh auf von den Toten, und Christus wird dein Licht sein.*

Epheser 5, 1+2, 8–14

## Licht bedeutet Leben.

Licht und Finsternis sind das Thema dieses Gottesdienstes. Licht bedeutet Leben – Finsternis steht für Tod. Für die frühe Christenheit rund um das Mittelmeer ist das ein eindrucksvolles Bild. Der Wechsel von Tag und Nacht vollzieht sich bei ihnen viel abrupter als bei uns. Und ohne künstliches Licht, ohne Gas und Strom sind die Menschen der Dunkelheit viel stärker ausgeliefert als wir. Und dennoch erleben auch wir diesen Gegensatz von Licht und Finsternis noch 100 Jahre nach der Erfindung der Glühbirne als elementar. Wir erleben ihn im Kreislauf des Jahres, des Tages und unseres Lebens.

Sehnsüchtig warten wir im dunklen und frostigen Winter, in dem die Natur gestorben zu sein scheint, auf das helle und wärmende Frühjahr, in dem das Leben wieder zu sprießen beginnt. In diesem Jahr haben wir beides erlebt: eine im Frühling so üppig sprießende, geradezu explosionsartig sich entfaltende Pflanzen- und Blütenpracht wie seit Jahren nicht mehr und die Enttäuschung über den ausbleibenden Sommer. Statt immer heller und wärmer wurde es wieder dunkler und kälter. Dabei haben wir gespürt, wie abhängig unsere Stimmung von diesen Hell-Dunkel-Schwankungen ist. Die Winterdepressionen kehrten auf einmal auch im Sommer wieder. Wie oft habe ich den Satz gehört: «Das Wetter schlägt mir richtig aufs Gemüt!»

Viele Menschen erleben auch den täglichen Wechsel von Tag und Nacht als bedrohlich, fürchten sich vor der Dunkelheit, gehen nachts nicht mehr aus dem Haus, brauchen ein kleines Dämmerlicht in ihrem Schlafzimmer. Kinder können oft nicht einschlafen, wenn nicht das Licht durch eine Ritze der nur angelehnten Tür scheint: Das Licht als Verbindung zum Leben, zu den Eltern, der Familie, die am nächsten Morgen wieder da ist und nicht in der Finsternis der Nacht für immer verschwindet.

Unwiederbringlich schwächer wird für die meisten Menschen die Kraft des Augenlichts, ehe es am Ende des Lebens ganz erlischt. Wie sehr kann auch damit ein Verlust an Lebensqualität verbunden sein, wenn ich die Farbenpracht der Natur nicht mehr in ihrer Vielfalt wahrnehmen oder wenn ich meine Mitmenschen nicht mehr erkennen kann und sich die Gemeinschaft mit anderen mehr und mehr auf das Hören reduziert.

Welch ein freudiges Erstaunen kann es hervorrufen, wenn eine neue Brille mich wieder klarer sehen lässt, ein spezielles Lesegerät mir durch die Lektüre der Tageszeitung die Teilnahme am Zeitgeschehen erleichtert, eine Operation mich aus der Dunkelheit erlöst.

Licht und Leben sind für uns auf so vielfältige Weise miteinander verbunden, dass die Begriffe auch im übertragenen Sinne zum Ausdruck bringen, wie es um uns steht, ob wir auf der Licht- oder auf der Schattenseite des Lebens stehen. Vor allem bei uns selber merken wir schnell, wenn ein Schatten auf uns fällt, wenn wir von der Sonnen- auf die Schattenseite des Lebens zu rutschen drohen und versuchen uns dagegen zu wehren.

Wir sehen ja auch die im Licht stehen, beneiden sie vielleicht und wünschen uns, aus dem Schatten herauszutreten. «doch die anderen sieht man nicht» (singt Bert Brecht). Man kann wohl aus dem Dunklen ins Helle blicken, aber aus dem Hellen ins Dunkle, das geht nicht.

Darum fällt es uns auch so leicht, die im Schatten stehen zu vergessen: Die wachsende, bald auf ein Drittel der Bevölkerung geschätzte Zahl der Armen im eigenen Land und die mit Sicherheit mehr als zwei Drittel der Weltbevölkerung, die unterhalb des Existenzminimums leben. Dabei weiß keiner, wie lange dieser Zustand noch zu halten ist, wie lange die Wagenburg Europa dem Drängen aus Afrika und Asien widerstehen kann und wie viel soziale Schieflage unser eigenes Gemeinwesen aushält. Wohl aber wissen wir, dass diese soziale

Ungerechtigkeit nach Gottes Willen nicht sein soll; denn Licht bedeutet nicht nur Leben, sondern auch Liebe.

**Licht bedeutet Liebe.**

Wie Gott in seiner Schöpfung die Sonne geschaffen hat, deren Licht das biologisch natürliche Leben der Menschen, Tiere und Pflanzen auf unserer Erde ermöglicht, so hat er mit seiner Erlösung durch Jesus Christus neben das natürliche Licht der Sonne das soziale Licht der Liebe gestellt – eine unabdingbare Voraussetzung für unser besonderes menschliches Leben und Zusammenleben. So wie das natürliche Leben ohne Sonnenlicht verkümmert, so geht unser soziales Leben ohne das Licht der Liebe zugrunde, verkümmern unsere Beziehungen zu Freunden und Bekannten, beherrschen Neid und Konkurrenz unseren beruflichen Alltag.

Dabei ist die Liebe wie die Sonne ein Geschenk Gottes. Ihr Strahlen geht von ihm aus. In Jesus Christus begegnet uns seine Liebe und erleuchtet unser Leben; «Denn einst wart Ihr Finsternis, jetzt aber seid Ihr durch den Herrn Licht geworden. Lebt als Kinder des Lichtes!» heißt es im achten Vers unseres Predigttextes und einige Verse vorher: «Liebt einander, weil auch Christus uns geliebt hat.»

Die Kinder des Lichtes sind als Gottes geliebte Kinder daran zu erkennen, dass sie Güte ausstrahlen, sich für Gerechtigkeit einsetzen und der Wahrheit verpflichtet fühlen. Güte, Gerechtigkeit und Wahrheit sind die Prüfkriterien, um die Werke des Lichtes von den Werken der Finsternis zu unterscheiden. – Drei Kriterien, die in den verschiedenen Bereichen unseres Lebens unterschiedliches Gewicht haben.

Das erste Kriterium, die Güte, spüren oder vermissen wir am stärksten im Nahbereich. Für die kleinen Kinder ist das Erfahren der Güte ihrer Eltern lebensnotwendig, um vertrauensvoll in das Leben hineinzuwachsen und als Erwachsene selbständige und sozial verantwortliche Menschen zu werden. Und für die alten Menschen ist das Erleben der Güte ihrer Kinder eine wichtige Voraussetzung für einen zufriedenen Lebensabend ohne Angst vor dem Sterben und ohne Hader mit dem bisherigen Leben.

Das zweite Kriterium, den Einsatz für die Gerechtigkeit, benötigen wir in allen Bereichen unseres Lebens und Zusammenlebens. Im Augenblick beherrscht die Diskussion über soziale Gerechtigkeit beim Umbau des Sozialstaats die nationale Diskussion. Fast alle sind für Reformen und sehen ein, dass wir in den fetten Jahren 1955 bis 1975 mehr umverteilt haben als uns heute noch zur Verfügung steht. Aber fast jeder wehrt sich, wenn es zu seinen Lasten geht.

Dabei verblassen die sozialen Unterschiede im eigenen Land vor den Problemen jenseits der Grenzen. Staatsbürgerliche Vernunft und christliche Nächstenliebe verbieten es gleichermaßen, unseren Wohlstand verteidigen zu wollen auf Kosten der hungernden Völker Asiens und Afrikas. Schon vor 180 Jahren hat der große Berliner Theologe und Kirchenvater der Moderne, Friedrich Schleiermacher, in einer vergleichbaren historischen Situation, in der Zeit der Neuordnung Europas und der innerstaatlichen Reformen nach dem Sieg über Napoleon, in einer Predigt über unseren heutigen Predigttext gesagt: «Wenn der Wetteifer, der sich natürlich zwischen mehreren Völkern erzeugt, welche in Gemeinschaft miteinander auf der gleichen Bahn der Verbesserung fortschreiten, ein solcher ist, dass wir glauben, nur auf ihre Kosten unserem Ziele näher kommen zu können: so wandeln wir auf einem ebenso verderblichen Wege wie der habsüchtige, ehrgeizige und herrschbegierige einzelne.» (Fr. Schleiermachers Gesammelte Werke, Zweite Abtheilung, Vierter Band, Neue Ausgabe, Berlin, bei G. Reimers 1835, S. 623)

Schleiermacher zielte damals auf den Wiederaufbau der von den Feldzügen Napoleons unterschiedlich betroffenen europäischen Staaten. Wir dürfen heute nicht nur an die europäischen Staaten nach dem Zerfall des Sowjetreiches denken, wenn wir seine Mahnung hören, dass wir nur nicht glauben sollen, auf ihre Kosten unserem Ziel näher kommen zu können. Auch die Staaten Afrikas, Südamerikas und Asiens, die an den Kolonialisierungsfolgen im Zuge der Globalisierung wieder besonders zu leiden haben, gehören in den Verantwortungshorizont, den Schleiermacher meint.

Neben Güte und Gerechtigkeit ist das dritte Kriterium, die Wahrheit, das schärfste Kriterium, um zwischen den Werken der Finsternis und des Lichtes zu unterscheiden; denn die Wahrheit soll die Werke der Finsternis aufdecken. Sehen wir das dritte Kriterium im Zusammenhang mit dem zweiten, dann erscheinen Steuerhinterziehung, Geldwäsche und Bestechung an der Spitze der Gesellschaft ebenso wie Schwarzarbeit und Erschleichen von Leistungen der Sozialhilfe oder Pflegeversicherung am unteren Ende der Gesellschaftspyramide als typische Werke der Finsternis in unseren Tagen.

Hier ist die Versuchung besonders groß. Die Wahrheit als Kriterium der Liebe ist am stärksten in Gefahr, vernachlässigt zu werden, weil es uns umso leichter fällt, ein soziales Fehlverhalten unter Freunden und Nachbarn mit dem Mäntelchen der Liebe zuzudecken, wenn wir selber das gleiche Verhalten an den Tag legen.

So können die an Finanzamt und Sozialamt vorbei verdienten Euro für den Auftraggeber auch als Akt der Nächstenliebe empfunden werden, weil ja der arme Empfänger netto für brutto erhält und dadurch etwas mehr Geld in der

Tasche hat. Der Auftraggeber lässt aber die Wahrheit nicht zu, dass auch er selbst dabei verdient, weil er die Arbeitsleistung billiger eingekauft hat und dass sie beide zusammen den Staat in der Gesamtheit aller Wirtschaftsvergehen um viele Milliarden Euro betrügen.

«Man muss sich schämen, von dem, was sie heimlich tun, auch nur zu reden.», heißt es im Epheserbrief. Heute scheint das Umgekehrte angezeigt. Wir müssen darüber reden, damit die Menschen sich wieder schämen lernen, wenn sie dem Gemeinwohl schaden. Mit Schleiermacher gesprochen, ist ein solches Verhalten an der Spitze der Gesellschaft wie an ihrem Sockel «weit entfernt, eines christlichen Volkes würdig zu sein» (aaO., S. 623).

## Lasset Euer Licht leuchten!

Epistel und Evangelium des heutigen 8. Sonntags nach Trinitatis enden mit einem Appell: «Lasset Euer Licht leuchten!» «Wach auf, Du Schläfer und steh' auf von den Toten und Christus wird Dein Licht sein.» (Epheser 5, 14 b) «So soll Euer Licht vor den Menschen leuchten, damit sie Eure guten Werke sehen und Euren Vater im Himmel preisen.» (Matth. 5, 16)

Die Liebe des Schöpfers hat durch das Licht der Sonne die Vielfalt des Lebens in den verschiedenen Klimazonen mit ihren unterschiedlichen Tages- und Jahreszeiten auf dieser Erde hervorgebracht. – Eigentlich Grund genug, dankbar zu sein, um sorgsam und verantwortlich mit den guten Gaben Gottes umzugehen.

Doch die Menschen haben das von Anfang an immer wieder vergessen, die Schätze der Natur als Gottes gute Gabe zu empfangen. Sie haben nicht nur Raubbau an der Natur selbst betrieben, sondern sich auch untereinander die Schätze der Natur streitig gemacht. Die Starken haben sich zu Herren aufgeschwungen, und die Schwachen wurden zu Sklaven gemacht. Sie haben um Jagdreviere, Weidegründe und Bodenschätze Kriege geführt, Weltreiche aufgebaut und Kolonien erobert. Das Licht der Sonne hat sie verblendet statt ihnen den Weg zu weisen.

Darum war das Licht Christi notwendig, um den Menschen aus dieser Finsternis zu befreien und ihm mit dem Licht der Liebe eine neue Orientierung zu geben: Güte, Gerechtigkeit und Wahrheit sind solche Kriterien der Liebe.

Darum sind wir aufgerufen, uns von diesem Licht anstecken zu lassen: Aufzuwachen vom Schlaf, unser Licht nicht unter den Scheffel zu stellen und mit einem guten Beispiel voranzugehen; mit dem Beispiel von Güte, Gerechtigkeit und Wahrheit und keine Angst davor zu haben, dass wir so wenige sind.

Schon wenige Körner Salz reichen für den guten Geschmack einer Suppe. Schon wenige Christen reichen für den guten Geist einer Schulklasse oder einer Arbeitsgruppe, eines Gemeinwesens oder einer Gesellschaft. Schon wenige Beispiele reichen aus, um Konturen des Reiches Gottes sichtbar zu machen, wenn wir damit – um am Ende noch einmal Schleiermachers Predigt zu folgen – «Gott, dem Herrn den Dank abstatten, der ihm wohlgefällig ist, weil wir dadurch seine großen Wohltaten unter uns befestigen und was er uns Gutes erwiesen, auch wieder gewissenhaft verwenden in seinem Reich.» (a. a. O. S. 636)

Amen.

Von Ulrich Battis

# « Das Kreuz mit dem Kopftuch »* – eine Zwischenbilanz

Der Doppelsinn des Titels – das Kreuz als Zeichen, das das Ärgernis eines gesellschaftlichen Streits bezeichnet, das aber auch durch die Gemeinsamkeit mit dem Kopftuch Toleranz evoziert – lässt m.E. einige der Facetten aufscheinen, die für die vielfältigen Handlungsfelder der zu ehrenden Persönlichkeit typisch sind, sei es als streitschlichtende oder -entscheidende Familienrichterin, als Repräsentantin evangelischer Familienpolitik oder als wegweisende Parlamentarierin in reproduktions- und gentechnischen Fragen. Zum letztgenannten Bereich habe ich *Margot von Renesse* zuerst kennen gelernt anlässlich eines aufsehenerregenden Vortrags an der Fernuniversität in Hagen.[1] Bekannt war *Margot von Renesse* mir schon einige Zeit vorher – nicht zuletzt wegen des Familiennamens, der jedem Münsteraner und manchem Besucher der Gaststätte *Pinkus Müller* wegen des legendären «Ziegenbarons» vertraut ist.

Nachdem das Ausgangsverfahren des Kopftuchstreits, die Klage von *Frau Fereshta Ludin* durch das Urteil des BVerwG vom 24. 6. 2004, zu dem *Böckenförde*[2] eine subtile Anmerkung verfasst hat, rechtskräftig entschieden worden ist, scheint eine Zwischenbilanz zur unvermindert weitergehenden gesellschaftlichen Debatte aus juristischer Sicht angebracht.[3] Anders als beim ersten Urteil des BVerwG in dieser Sache,[4] hat Frau *Ludin* darauf verzichtet, Verfassungsbeschwerde einzulegen. Das Urteil des BVerfG vom 24.9.2003 hatte der Verfassungsbeschwerde stattgegeben und die Sache an das BVerwG zu erneuten Entscheidung zurückverwiesen.[5] Die Situation des BVerwG war alles andere als einfach, hatte doch seine aufgehobene Entscheidung der h.M. entsprochen,

* *lautet der Titel von Heft 2/2004 der Zeitschrift Ansprüche – Forum demokratischer Juristinnen und Juristen.*

1 *Am 14. Oktober 1986, veröffentlicht in: Battis/Schultz (Hrsg.), Frauen im Recht, 1990, S. 103.*

2 *Böckenförde, JZ 2004, 1181.*

3 *BVerwG, NJW 2004, 3581.*

4 *BVerwGE 116, 359; dazu Neureither, JuS 2003, 541; Vorinstanzen VGH Mannheim, NJW 2001, 2899; VG Stuttgart, NVwZ 2000, 958; vgl. auch OVG Lüneburg, NVwZ-RR 2002, 698 vs. VG Lüneburg, NJW 2001, 167; weiter Nachw. bei Battis, BBG, 3. Aufl. 2004, §8 Rn. 29 u. 30.*

5 *BVerfGE 108, 282.*

was das ungewöhnlich scharf formulierte Sondervotum[6] dreier Verfassungsrichter bestätigte. Vor allem aber gibt das Mehrheitsvotum des BVerfG manches Rätsel auf, wie die Kritiker bei durchaus unterschiedlichem Ausgangspunkt nahezu einhellig monieren.

So heißt es etwa bei *Isensee,*[7] der dem BVerfG Amtsvergessenheit vorwirft: «Das Bundesverfassungsgericht hat mit dem Kopftuch-Urteil den Apfel der Zwietracht in die deutsche Gesellschaft geworfen. Es hat erreicht, dass an einem Randproblem der Schulverwaltung ein politischer Fundamentalkonflikt entzündet und sich ein läppisches Kleidungsstück in die Fahne des Kriegs der Kulturen verwandelt.» Ein Vertreter der Gegenposition stellt fest: «Das Urteil des BVerfG im ‹Kopftuch-Streit› stellt eine Konzessionsentscheidung dar, die nicht vertretbar und auch mit seiner bisherigen Rechtsprechung unvereinbar ist. Das Grundgesetz untersagt die mit einem Kopftuch-Verbot verbundene Benachteiligung bei der Einstellung im öffentlichen Dienst aufgrund von Religion und Weltanschauung.»[8] *Böckenförde*[9] spricht von «Spannungen, vielleicht auch Inkonsistenzen innerhalb des Urteils» und an anderer Stelle: «Man muss bei dem Urteil unterscheiden zwischen Vorgaben, die es macht und Erwägungen, die es anstellt. Dieser Unterschied, würde ich sagen, ist in diesem Urteil etwas neuartig.»[10]

Ins Positive gewendet resümiert *Morlok:* «In der Sache selbst hat das Gericht einen Entscheidungs- und vorgängig einen Argumentationsraum für den Gesetzgeber offengelassen. Für diesen skizziert das Gericht beispielhaft zwei entgegengesetzte Argumentationslinien. So mag die verstärkte religiöse Pluralisierung Anlass für eine forcierte staatliche Neutralität sein, oder auch Anlass für eine stärkere Öffnung für den Ausdruck unterschiedlicher religiöser Überzeugungen auch in der Schule zum Zwecke der Wahrnehmung von Verschiedenheit und das Einüben von Toleranz ihr gegenüber. Es wird also substantiiert vorgeführt, wie unterschiedliche gesetzliche Regelungen begründet werden können.»[11] Diese Einschätzung trifft sich mit der des Vorsitzenden des Zweiten Senats des BVerfG.[12] «Sofort war das öffentliche Feld besetzt mit klaren und entschiedenen Urteilen über das Urteil und sie waren allermeist kritisch bis vernichtend. Die Kritiker waren überzeugt, das Gericht hätte den

6 *BVerfGE 108, 282/314; krit. dazu Sachs, NWVBl 2004, 209; Czermak, NVwZ 2004, 943/946.*
7 *F.A.Z. v. 8. Juni 2004, S. 11.*
8 *Adam, ZTR 2004, 450/455.*
9 *Böckenförde, JZ 2004, 1181/1183.*
10 *LT BW, Ausschuss für Schule, Jugend und Sport, Sitzungsprot. v. 12.3.2004, S. 64.*
11 *Morlok, Recht der Jugend und der Bildung, 2003, S. 381/392.*
12 *Hassemer, Religiöse Toleranz im Rechtsstaat, 2004, S. 26.*

Fall sofort und endgültig entscheiden müssen; manche: für das Kopftuch, die meisten: dagegen. Die Mehrheit des Zweiten Senats aber hatte die Frage als für Staat und Gesellschaft weitreichend eingeschätzt und die realen Dimensionen des Problems als verschwommen. Sie hatte deshalb entschieden, darüber zu befinden sei zuerst einmal Sache des Volkes und der von ihnen gewählten Vertreter, nicht aber der Behörden und Gerichte.»

Zugespitzt: «Der Gesetzgeber darf unter bestimmten Voraussetzungen das Tragen eines moslemischen Kopftuchs an einer staatlichen Schule verbieten, er kann es aber auch erlauben.»[13] Die Landesgesetzgeber können sich für ein Neutralitätsmodell oder ein Integrationsmodell entscheiden.[14] Oder in den Worten des BVerwG: «Wie auf die Vielfalt der Glaubensüberzeugungen in der Schule zu antworten ist, insbesondere welche Verhaltensregeln in Bezug auf Kleidung und sonstiges Auftreten für Lehrerinnen und Lehrer zur näheren Konkretisierung der allgemeinen beamtenrechtlichen Pflichten und zur Wahrung des religiösen Friedens in der Schule aufgestellt werden sollen, kann und muss der demokratisch legitimierte Landesgesetzgeber entscheiden. Für die Beurteilung der tatsächlichen Entwicklungen, ihrer Bedeutung für die Wahrung oder Gefährdung des religiösen Friedens in der Schule, wie auch der Auswirkung von Maßnahmen, mit denen abstrakten oder konkreten Gefahren begegnet werden kann, verfügt der Gesetzgeber über eine Einschätzungsprärogative, die Behörden und Gerichte nicht in Anspruch nehmen können (BVerfGE 50, 290/332 f.; 99, 367/389 f.). Es ist seine Sache zu entscheiden, ob er eine großzügige Lösung wählt, die es ermöglicht, die zunehmende religiöse Vielfalt in der Schule aufzunehmen und als Mittel für die Einübung gegenseitiger Toleranz zu nutzen, oder ob er wegen des größeren Potenzials möglicher Konflikte in der Schule den Weg geht, der staatlichen Neutralitätspflicht im schulischen Bereich eine striktere und mehr als bisher distanzierende Bedeutung beizumessen und demgemäß auch durch das äußere Erscheinungsbild einer Lehrkraft vermittelte religiöse Bezüge von den Schülern grundsätzlich fern zu halten, um Konflikte mit Schülern, Eltern oder anderen Lehrkräften von vornherein zu vermeiden (BVerfGE 108, 282 = NJW 2003, 3111). Mit diesen Positionen lässt sich die Bandbreite seines Gestaltungsermessens kennzeichnen, innerhalb dessen er sich bei Wahrung der Gleichheit, Systemgerechtigkeit und Verhältnismäßigkeit frei entscheiden kann.»[15]

13 *So Huster, in: FS für Tsatsos, 2003, S. 215; ders., Der Grundsatz der religiös-weltanschaulichen Neutralität des Staates – Gehalt und Grenzen, 2004, S. 20; vgl. auch Hufen, NVwZ 2004, 575.*

14 *So Battis/Bultmann, JZ 2004, 581.*

15 *BVerwG, NJW 2004, 3581/3583 f.*

Dieser zu Recht betonte Regelungsspielraum des Gesetzgebers, der auch nicht ernsthaft durch den Rekurs auf die Askese des republikanischen Amtes (von Lehrern oder auch Hochschullehrern) in Frage gestellt werden kann,[16] dürfte durchaus auch im Sinne einer engagierten Parlamentarierin wie *Margot von Renesse* sein. Ob ihr die vom BVerwG in seiner Entscheidung zugrunde liegende baden-württembergische Lösung zusagt, steht dahin. Das BVerwG hat mit ausführlicher Begründung dargelegt, dass für das konkrete Revisionsverfahren das neue, nach Streitbeginn erlassene baden-württembergische Schulrecht streitentscheidend ist, dass der baden-württembergische Gesetzgeber innerhalb des vom BVerfG gezogenen weiten Rahmens zulässiger Weise die striktere Linie verfolgt, dass die bewusste Kundgabe einer religiösen Überzeugung durch das Tragen eines islamischen Kopftuchs in der staatlichen Schule als abstrakte Gefährdung der weltanschaulich religiösen Neutralität der Schule und des religiösen Schulfriedens bewertet, und dass deshalb die Klägerin zu Recht mangels erforderlicher Eignung nicht in den Schuldienst eingestellt worden ist.

Also ein Sieg auf der ganzen Linie für die baden-württembergische Landesregierung und das Landesparlament? Wohl kaum. *Böckenförde* spricht von einem «Pyrrhussieg».[17] Das BVerwG hat die von Regierung und Parlament verfolgte Absicht, das Tragen christlicher und jüdischer Symbole von der Verbotsregelung des § 38 Abs. 2 S. 1 u. 2 bawü SchG auszunehmen, «durch verfassungskonforme Reduktion ins Leere laufen» lassen.[18] Schärfer formuliert: Die kolportierte Hoffnung der einen oder anderen Richterin, dass es den Gesetzgebern angesichts der Inkonsistenzen des Urteils nicht gelingen werde, eine nicht diskriminierende Verbotsregelung gerichtsfest zu formulieren, scheint sich erfüllt zu haben.

Überzeugend legt das BVerwG dar, dass der Gesetzgeber, wenn er den Weg des Verbots religiöser und weltanschaulicher Äußerungen wegen abstrakter Gefährdung von staatlicher Neutralität und Schulfrieden wählt, aufgrund der Vorgaben des BVerfG gehalten ist,[19] alle religiösen Symbole gleich zu behandeln. Das Gebot der strikten Gleichbehandlung aller Religionen und Weltanschauungen ist m.E. eine der wenigen eindeutigen Aussagen des Urteils des BVerfG. Mit dieser Aussage wird zugleich der Weg in die Laizität be-

16 *Ausgerechnet vom wortmächtigen und seine einzigartige Persönlichkeit in jeden Vortrag mitreißend einbringenden J. Isensee, F.A.Z. v. 8. Juni 2004.*

17 *Böckenförde, JZ 2004, 1081/1184.*

18 *So Böckenförde, JZ 2004, 1081/1084.*

19 *Vgl. Böckenförde, JZ 2004, 1184.*

schritten.[20] Diese Verfassungslage besteht nicht in Baden-Württemberg im Unterschied zu Frankreich[21] oder in anderer Form auch zur Schweiz,[22] von der Türkei[23] ganz zu schweigen. Es dürfte unstreitig sein, dass die damalige und jetzige Kultusministerin von Baden-Württemberg mit ihrer die Gerichtsverfahren auslösenden Initiative das Gegenteil beabsichtigte.

Was für Baden-Württemberg gerichtlich entschieden ist, gilt auch für die hinsichtlich der Privilegierung der christlich-jüdischen und humanistischen Tradition intentional gleichartigen, in den Formulierungen nicht entscheidend abweichenden Regelungen im Saarland[24] und Hessen[25] sowie im Entwurf von Art. 59 Abs. 2 BayUG[26]. Der niedersächsische Gesetzgeber hat die ursprünglich beabsichtigte privilegierende und zugleich diskriminierende Regelung gestrichen und begnügt sich insoweit ebenso wie Berlin mit einer Regelung ohne Vorbehalt zu Gunsten christlich-jüdischer oder humanistischer Symbole.[27]

Trotz seiner sehr sorgfältigen Begründung dürfte das rechtskräftige Urteil des BVerwG nicht das letzte Wort im Streit um das Kopftuch als einem Symbol einer nicht zufriedenstellenden Integrationspolitik sein. Das BVerwG trägt m.E. einer durchgängigen Grundaussage des Urteils des BVerfG zu wenig Rechnung, nämlich dem Gebot der Einzelfallprüfung, ein Gebot, das im übrigen aus verfassungsrechtlichen Gründen auch bei anderen beamtenrechtlichen Eignungsbeurteilungen vorgegeben ist.[28] Was für Art. 33 Abs. 2 GG gilt, gilt in gesteigertem Maße für das Grundrecht der Religionsfreiheit.[29] Es ist m.E. nicht überzeugend, dem Gesetzgeber zu konzedieren, die allgemeinen beamtenrechtlichen Pflichten zur Mäßigung und Zurückhaltung für Lehrpersonen so zu konkretisieren, dass generell religiöse Zugehörigkeit zuordnende Kleidung verboten ist.[30] Im Kern beinhaltet das Urteil des BVerwG die Wiederbelebung der vom BVerfG verworfenen, im Minderheitsvotum allerdings

20 *Vgl. auch Böckenförde, F.A.Z. v. 17. Juli 2004, S. 41.*

21 *Vgl. dazu Müller/Elschner, VBlBW 2003, 342; allgemeiner Gusy, KritVJ 2004, 153.*

22 *Vgl. dazu Michael, JZ 2003, 256/257.*

23 *Vgl. dazu zuletzt EMRK-Urteil v. 29.6.2004 – Leyla Sahin vs. Turkey.*

24 *ABl 2004, S. 1510.*

25 *GVBl 2004, S. 306.*

26 *GVBl 2004, S. 443, dazu Battis/Bultmann, JZ 2004, 581/586; ebenso Böckenförde, JZ 2004, 1181/1184; vgl auch Langenfeld, RdJB 2004, 4/7; für den mit der baden-württembergische Lösung im Kern übereinstimmenden Entwurf der CDU (NRW), LT-Drs. 13/4564, gilt nichts anderes.*

27 *GVBl 2004, S. 140.*

28 *Weiterer Nachweis Battis, BBG, § 8 Rn. 19-21 – Frauenförderung, § 7 Rn. 14-20 – Extremisten, SED-Stasi-Mitarbeit.*

29 *Vgl. auch Adams, ZTR 2004, 450/455.*

30 *So aber BVerwG, a.a.O., S. 3583; krit. auch, aber zweifelnd wegen der Inkonsistenz des BVerfG-Urteils Böckenförde, a.a.O., S. 1182 f.*

verteidigten alten h.M. Zwar lässt das BVerfG den Landesgesetzgebern die Wahl zwischen dem Integrations- und dem Neutralitätsmodell, aber es ist methodisch verfehlt, die Grundrechtsposition der Lehrpersonen ohne möglichen verfahrensrechtlichen Ausgleich a limine hintanzustellen. Es drängt sich beinahe der Eindruck auf, als diene das Neutralitätsmodell dem BVerwG als Vehikel dazu, die im ersten Revisionsurteil gefällte Entscheidung zu halten. Das Festhalten am beamtenrechtlichen status quo ante klingt auch an in der Formulierung: «Will der Gesetzgeber daran festhalten, dass ein Lehrer prinzipiell dauerhaft an allen Schulen des Landes einsetzbar bleiben muss, so ist es nur folgerichtig, auf die generellen Verhältnisse an den Schulen des Landes abzustellen. Hiermit wäre eine vereinzelnde Betrachtung nicht zu vereinbaren.»[31]

Aus dem Urteil des BVerfG folgt damit nicht, dass die Landesgesetzgebungen nur das Integrationsmodell verfassungskonform umsetzen können, vielmehr können sie das Neutralitätsmodell verfolgen, ohne den Gang in die Laizität zu beginnen und ohne den Grundrechtsschutz der Lehrpersonen unverhältnismäßig zu verkürzen. Dazu habe ich zusammen mit *P. F. Bultmann* für die SPD-Fraktion im nordrhein-westfälischen Landtag gutachterlich eine entsprechende Regelung vorgeschlagen.[32] Der Vorschlag lautet: «Lehrerinnen und Lehrer dürfen im Dienst keine Kleidung oder Zeichen tragen oder in Schulräumen aufstellen oder anbringen, deren objektiver Erklärungsgehalt zu Grundwerten der Verfassung, insbesondere der Menschenwürde sowie den Freiheits- und Gleichheitsrechten, in Widerspruch steht und die geeignet sind, den Schulfrieden zu beeinträchtigen. Ob diese Voraussetzungen im Einzelfall vorliegen, ermittelt die Schulleitung im Zusammenwirken mit der Schulkonferenz. Die abschließende Entscheidung trifft die zuständige Schulaufsichtsbehörde.»

Der Vorschlag enthält keine offene oder verdeckte Diskriminierung des Islams. Auch christliche Fundamentalisten, wie Anhänger von Engelssekten in Rheinland-Pfalz oder an ihrer Kleidung erkennbare Vertreter eines radikalen, Frauen diskriminierenden Kalvinismus wären betroffen. Um die Grundrechte der betroffenen Lehrkräfte nicht stärker zu beeinträchtigen als zum Schutze der konkurrierenden Rechtsgüter erforderlich ist, und um die erforderliche Eignungsprüfung im Einzelfall zu ermöglichen, werden jene Grundrechte durch geeignete Verfahrensregeln geschützt. Die Letztentscheidung dieses Verfahrens im Einzelfall trifft die staatliche Schulaufsicht. Fremdenfeindliche Blockaden durch Minder- oder Mehrheiten in der Schüler- oder Elternschaft sind deshalb ausgeschlossen.

31 *BVerwG, NJW* 2004, 3581/3584.
32 *LT-Drs. NW, Vorlage* 13/2727; *vgl. auch JZ* 2004, 581 *u.* 586.

## Nachbemerkung

Im Jahre 1998 habe ich in einer Abhandlung[33] zum Fall *Ludin* prognostiziert, dass auf der Basis der h.M. die Gerichte wegen des Beurteilungsspielraums des Oberschulamtes die Klage abweisen würden. Die Verwaltungsgerichtsbarkeit hat tatsächlich so entschieden und auch das Sondervotum des BVerfG hat die zugrunde liegende Auffassung geteilt. In derselben Abhandlung habe ich die Hoffnung ausgesprochen, dass in fünf bis sechs Jahren der zugrunde liegende gesellschaftliche Konflikt befriedet sein werde und die Behörden unbehelligt von Weisungen und Klagen zu einer integrationsfreundlichen Praxis übergehen würden. So kann man sich irren. *Margot von Renesse* ist sicher ein Mensch, der aufgrund reichhaltiger Erfahrungen weiß, dass trotz sorgfältiger Vorbereitung in rechtspolitischen Parteikommissionen und parlamentarischen Enquetekommissionen nach ausführlicher parlamentarischer Beratung der zukunftsgestaltende Gesetzgeber Fehler machen kann, die er dann zu korrigieren hat.

33 *Battis, ZTR* 1998, 529/531.

# III.
# Achtung und Schutz

Von Jutta Limbach

# Der internationale Schutz der Menschenrechte

## Anspruch und Wirklichkeit

### Eine kopernikanische Wende

Die Menschenrechte sind heute in der Mehrzahl der staatlichen Verfassungen sowie in einer Vielzahl von internationalen Deklarationen und Pakten ausdrücklich verbrieft. Man spricht deshalb von einem Zeitalter der Menschenrechte. Doch die erstaunliche Flut der Normen darf nicht darüber hinwegtäuschen, dass der Schutz der Menschenrechte noch viel zu wünschen übrig lässt. Die Schreckensherrschaft der Nazis hatte zu der Einsicht geführt, dass der Schutz der Menschenrechte nicht allein Sache des jeweiligen Staates bleiben darf. Auch die Völkerrechtsgemeinschaft sollte künftig für die Garantie der Grundrechte Sorge tragen. Die im Jahr 1948 von der Generalversammlung der Vereinten Nationen verabschiedete Allgemeine Erklärung der Menschenrechte war ein Auftakt für den internationalen Schutz der Menschenrechte. Denn sie wollte durch internationale Zusammenarbeit den Respekt dieser fundamentalen Rechte fördern und festigen.

Die unbedingte Wortwahl «Jeder Mensch hat das Recht» darf nicht darüber hinwegtäuschen, dass es im Jahr 1948 nicht gelang, die Allgemeine Erklärung der Menschenrechte als juristisch verbindliches Dokument zu verabschieden. Man bekannte sich zu einem Weltethos, das es Schritt für Schritt zu realisieren gilt. Erst im Jahr 1966 wurde mit dem Erlass der beiden Internationalen Pakte der Vereinten Nationen über die bürgerlichen und politischen Rechte sowie über die wirtschaftlichen und kulturellen Rechte ein Fortschritt erreicht. Gemeint ist, dass nicht mehr nur Staaten als Träger von völkerrechtlichen Rechten und Pflichten in Betracht kommen. Auch Personen sollten künftig vor völkerrechtlichen Institutionen gegen ihren Heimat- oder Aufenthaltsstaat vorgehen können. Dieser Fortschritt ist als eine kopernikanische Wende in der Geschichte des Völkerrechts apostrophiert worden.

Im Gegensatz zu der Allgemeinen Erklärung der Menschenrechte ist die im Jahr 1950 verabschiedete Europäische Konvention der Menschenrechte und Grundfreiheiten weniger programmatisch, dafür aber mehr auf Verbindlichkeit bedacht. Mit dem im Jahr 1959 in Straßburg errichteten Gerichtshof ist erstmalig ein internationales unabhängiges Organ zum Schutze der Menschenrechte geschaffen worden. Auf den 1. November 1998 kann der Wendepunkt datiert werden, seit welchem erstmals in Europa die Menschenrechte mit universalem Anspruch über die Staatsgrenzen hinaus als einforderbare Rechte positiv verankert sind. Seitdem können rund 800 Millionen Bürger der 44 Vertragsstaaten des Europarats den Straßburger Gerichtshof als letzte Instanz des Grundrechtsschutzes anrufen. Und zwar unabhängig davon, ob der beklagte Staat die individuelle Beschwerdemöglichkeit seiner Einwohner anerkannt hat oder nicht.

## Allgemeine und unteilbare Menschenrechte

Obgleich die große Mehrzahl der Staaten der Welt die Allgemeine Erklärung der Menschenrechte ratifiziert hat, leisten sie vielfach nur Lippenbekenntnisse. Rhetorik und Wirklichkeit klaffen weit auseinander. Diese Diskrepanz wird zum Teil mit der Behauptung gerechtfertigt, dass die Menschenrechte die kulturelle Vielfalt negierten. Diese seien Produkt der westlich-christlichen Kultur. Wenn nicht gar nur eine «fixe Idee» westlicher Imperialisten, die mit ihrer Hilfe den Weltmarkt beherrschen wollen. Wegen ihrer einseitig-individualistischen Gestalt seien sie für Kulturen mit kollektiven Traditionen, die die Familien- und Gemeinschaftswerte betonten, nicht akzeptabel. Über die praktischen Konsequenzen dieser Vorbehalte liefern uns die Medien trauriges Anschauungsmaterial in Unmenschlichkeit: die Beschneidung von Mädchen, die das Schuldprinzip missachtenden grausamen Körperstrafen der Scharia, die ethnische Verfolgung/Säuberung.

Niemand wird leugnen, dass es unterschiedliche Kulturen, Religionen und Traditionen gibt. Doch ist treffend festgestellt worden, dass keine Kultur Folter, grausame Körperstrafen, Verstümmlung und Ausbeutung von Kindern oder die religiöse Unterdrückung der Frau verlangt. Die Hinweise auf andere religiöse und kulturelle Traditionen dienen zumeist auch nur dazu, Unterdrückungsmaßnahmen staatlicher oder religiöser Herrschaft zu rechtfertigen. Die Behauptung abweichender kultureller Identität wird zumeist von autoritären Regimen vorgebracht, die damit ihre inhumanen Praktiken des Machterhalts gegen Kritik zu wappnen versuchen.

Gewiss, die ersten Erklärungen der Menschenrechte sind in dem Teil der Welt formuliert worden, den wir die westliche Hemisphäre nennen: die englische und die nordamerikanische Bill of Rights oder die französische Declaration des droits de l'homme et du citoyen. Doch die Entstehungsgeschichte der Menschenrechte widerlegt die These, dass uns die Menschenrechte als Früchte der abendländischen Philosophie und der christlichen Religionen in den Schoß gefallen seien. Sie sind politische Errungenschaften, die in bitteren Auseinandersetzungen mit staatlichen und kirchlichen Mächten erkämpft worden sind.

Wir werden allerdings die Menschen anderer Kulturen schwerlich von den Vorzügen unserer Rechtskultur überzeugen, wenn wir deren Standards nicht auch im Umgang mit ihnen beachten. Der jüngst zu Tage getretene Widerspruch zwischen westlichen Prinzipien und westlicher Praxis im «War on Terror» hat dem US-amerikanischen Sendungsbewusstsein eine herbe Schlappe zugefügt. Das exterritoriale Gefangenenlager in Guantanamo, das sich außerhalb jeder Kontrolle der Parlamente und der Gerichte befindet, sowie die der Genfer Konvention widersprechende Misshandlung der Gefangenen im Gefängnis Abu Ghraib nähren den Zweifel an der Grundrechtstreue demokratischer Regierungen und Administrationen. Gewiss ist es in Zeiten des fanatisierten Terrors nicht leicht für Demokratien, ihre Gesellschaftsordnung mit verfassungsmäßigen Mitteln zu verteidigen. Die Terroristen wollen diese durch Angst und Schrecken zur Preisgabe von Rechten bewegen, die – wie auch die Justizgrundrechte – zu den Grundfesten unserer Demokratie gehören. Aber wer Abstriche im Schutz der Menschenrechte gegenüber denjenigen macht, die er des Terrors verdächtigt, zerstört letztlich selbst den freiheitlichen Rechtsstaat, den er zu schützen sucht.

## Der Europarat als Pionier

Der Europarat hat sich – allerdings zunächst nur im Westen – als Pionier des Schutzes der Menschenrechte erwiesen; denn hier ist der Schritt von der politischen Programmatik zur Praxis im Grundsatz geglückt. Sowohl in den Verfassungen der europäischen Staaten wie in der Europäischen Menschenrechtskonvention erschöpft sich der Katalog der Grundrechte nicht in bloßen Programmsätzen. Die Dokumente formulieren weitgehend – auch gerichtlich – einforderbare Rechte. Die mit der Individualbeschwerde vor dem Europäischen Gerichtshof durchsetzbaren Menschenrechte haben allerdings nur die politischen und bürgerlichen Freiheiten sowie die Justizgrundrechte zum Gegenstand, nicht jedoch soziale Menschenrechte. Zwar verfügt der Europarat auch über eine wiederholt fortgeschriebene Sozialcharta, die zum Beispiel ein Recht auf soziale Sicherheit und auf gerechte Arbeitsbedingungen kennt. Doch sieht die Sozialcharta nicht die Möglichkeit einer Individualklage vor. Der Sache nach handelt es sich nicht um einforderbare Rechte, sondern um Politikziele der Vertragsstaaten. Das bedeutet, dass ein arbeitsloser Bürger eines osteuropäischen Staates beispielsweise, der mangels staatlicher Unterstützung Hunger leidet und kein Obdach hat, nicht vor dem Europäischen Gerichtshof für Menschenrechte ein Existenzminimum einklagen kann.

In der Tat haben wir die wirtschaftlichen und sozialen Rechtspositionen lange Zeit vernachlässigt. Zu einseitig waren wir auf die gerichtliche Durchsetzbarkeit von Menschenrechten fixiert. Dabei wissen wir wohl, dass nur derjenige, der über ein Einkommen und ein Obdach verfügt, fähig und bereit sein wird, sich seiner staatsbürgerlichen Freiheitsrechte zu bedienen. Die Förderung der Menschenrechte verlangt die gleiche Aufmerksamkeit wie der individuelle Schutz der Menschenrechte. Allerdings bedarf es im Bereich der sozialen Sicherheit anderer Instrumentarien als bei der Abwehr von Eingriffen in Freiheitsrechte. Denn ein Urteil, das etwa einen Anspruch auf Sozialhilfe zuerkennt, hätte für den betroffenen Staat über den Einzelfall hinaus weit reichende volkswirtschaftliche Konsequenzen. Hier muss noch sozioökonomische und juristische Phantasie entwickelt werden, um qua Menschenrecht die Befriedigung der materiellen Grundbedürfnisse auf Nahrung, Unterkunft und Gesundheit sicherzustellen.

Abgesehen von dieser noch offenen Frage eines Rechts auf ein physisch-materielles Wohlergehen hat der Europarat mit der Konvention der Menschenrechte und dem Aufbau des Gerichtshofs in Straßburg Vorbildliches geleistet. Man denke nur an seine Rechtsprechung zum Folterverbot. Er wird gern als Pionier der Menschenrechte bezeichnet. Dessen Rechtsschutz legt Zeugnis für die Einsicht ab, dass die Menschenrechte ohne ein faires und rechtsstaatliches Justizsystem nur auf dem Papier stehen. So treffend der Bericht der Vereinten Nationen über die menschliche Entwicklung 2000.

## Exkurs: Die soziale Dimension in der Charta der Europäischen Union

Auf der transnationalen Ebene erhebt die EU-Verfassung den Anspruch, der Europäischen Union neben der liberalen auch eine soziale Dimension zu verschaffen. Sie erstrebt laut Art. 3 Abs. 3 eine in hohem Maße wettbewerbsfähige soziale Marktwirtschaft, die auf Vollbeschäftigung und sozialen Fortschritt abzielt. Darüber hinaus formuliert die Charta unter dem Titel «Solidarität» soziale Grundrechte und Politikziele. So wird jeder Person ein Recht auf gerechte und angemessene Arbeitsbedingungen sowie ein Recht auf Schutz vor ungerechtfertigter Entlassung eingeräumt. Auch anerkennt und achtet die Union das Recht auf Zugang zu den Leistungen der sozialen Sicherheit und zu den sozialen Diensten, die in Fällen wie Mutterschaft, Krankheit, Alter oder Arbeitslosigkeit Schutz gewährleisten.

Sind damit einklagbare Individualrechte oder – trotz der Wortwahl «Rechte» – auch nur politische Direktiven gemeint? Von einigen Europa-Abgeordneten wird in der Tat die Ansicht vertreten, dass die Charta der Europäischen

Union nicht nur soziale Politikziele formulieren, sondern persönliche Rechte einräumen wollte. Die Normqualität und Justiziabilität von sozialen Grundrechten wird in der Verfassungslehre gegenwärtig intensiv diskutiert. Es geht dabei nicht nur um das Spannungsverhältnis von Freiheit und sozialer Sicherheit. Beide Prinzipien stehen auch in einem Wechselverhältnis zueinander und bedingen einander. Sowohl die politischen Freiheitsrechte als auch die sozialen Teilhaberechte gehören zur funktionellen Grundlage der Demokratie. Denn wer weder Einkommen noch ein Obdach hat, wird kaum am politischen Geschehen aktiv teilnehmen können.

Aber wie die Bestimmungen des Solidaritäts-Titels auch rechtlich zu qualifizieren sein mögen, Art. II 52 Abs. 5 der Charta stellt die Tragweite dieser Bestimmungen für die Gerichte klar: Diese Artikel können vor Gericht nur bei der Auslegung der Rechtsakte und bei Entscheidungen über deren Rechtmäßigkeit herangezogen werden. Das bedeutet im Umkehrschluss, dass die nationalen Gerichte keine sozialen Ansprüche von Individuen gegenüber Organen der Europäischen Union dekretieren dürfen. Der durch die Normen der Charta angestrebte Schutz ist im Regelfall nur durch ein Handeln der gesetzgebenden Organe und der Exekutive, aber nicht in erster Linie durch die Gerichte zu erreichen.

Gleichwohl dürfen die sozialen Bestimmungen der EU-Charta nicht gering geschätzt werden. Sie können auch als Auslegungshilfe dazu beitragen, den Kapitalismus zu sozialisieren. Die transnationalen wie die nationalen Gerichte werden der Tatsache Rechnung zu tragen haben, dass in der EU-Verfassung die markt-ökonomischen Ziele mit dem Prinzip des sozialen Ausgleichs zusammengeführt worden sind. Es wird auch ihre Aufgabe sein, im Rechtsraum der Europäischen Union die Freiheitsrechte mit den sozialen Teilhaberechten klug zu harmonisieren.

## Das Instrumentarium des weltweiten Schutzes

Der universelle Menschenrechtsschutz steckt zwar noch in den Kinderschuhen, doch die Suche nach Strategien und Institutionen hat seit über einem Jahrzehnt Konjunktur. Es gibt eine Reihe von Konventionen, Pakten, Resolutionen und Übereinkommen, die im Gefolge der Allgemeinen Erklärung der Menschenrechte auf der Ebene der Vereinten Nationen vereinbart worden sind. Hier sei nur der Pakt über bürgerliche und politische Rechte, das Übereinkommen über wirtschaftliche, soziale und kulturelle Rechte sowie das über die Beseitigung jeder Form der Diskriminierung der Frau und nicht zuletzt die Konvention über die Rechte des Kindes genannt. Diese sind im großen Maßstab von über 100 Ländern ratifiziert worden. Die Vereinten Nationen bedienen sich bekanntlich besonderer Institutionen und Mechanismen, die den Schutz der Menschenrechte in den Mitgliedstaaten überprüfen und damit sichern. Als Beispiele seien zum einen die UN-Menschenrechtskommission und zum anderen Individual- und Staatenbeschwerde sowie die Berichtspflicht genannt.

### Das Beispiel der Menschenrechtskommission

Die Menschenrechtskommission ist ein aus 18 unabhängigen Experten bestehendes ständiges Gremium des Internationalen Paktes für bürgerliche und politische Rechte (Art. 28 PbpR). Jeder, der meint, in seinen durch den Pakt verbürgten Rechte verletzt zu sein, kann sich mit der Individualbeschwerde an diese Kommission wenden; allerdings nur unter der Voraussetzung, dass sein Staat deren Zuständigkeit anerkannt hat. Das haben immerhin 92 Staaten getan. Die Kommission kann nicht mit rechtlicher Verbindlichkeit entscheiden. Sie hat keine Sanktions- und keine Vollstreckungsmacht, sondern wirkt vor allem als eine moralische Autorität. Ihre Feststellungen haben nur empfehlenden Charakter. Die Entscheidungen werden allerdings veröffentlicht, fordern die internationale Kritik heraus und vermögen von daher durchaus der Reputation des gescholtenen Staates zu schaden. Etwa 30 bis 40 % aller Entscheidungen werden von den betroffenen Staaten respektiert.

Die Arbeit der Menschenrechtskommission leidet insbesondere darunter, dass nicht erst mit dem Sudan Staaten mit einem miserablen Ruf in das höchste Menschenrechtsgremium der Weltgemeinschaft berufen worden sind. Der Bock wird so zum Gärtner gemacht. Reformen dieses Gremiums müssen bei der Wahl der Mitglieder, deren Menschenrechts-Expertise und Unabhängigkeit ansetzen.

### Das Beispiel der Berichtspflicht

Hinzukommt die ebenfalls im Pakt für bürgerliche und politische Rechte statuierte Pflicht der Staaten, in bestimmten Abständen über die Maßnahmen zu berichten, die sie zum Schutze der Menschenrechte getroffen und welche Fortschritte sie erzielt haben (Art. 40 PbpR). Der Ausschuss für Menschenrechte überprüft die Berichte und gibt Empfehlungen. Bedenkt man, dass 92 Staaten diesen Pakt ratifiziert haben, so kann man sich die Arbeitslast dieses Ausschusses vergegenwärtigen, der im Jahr 15, höchstens 18 dieser Staatenberichte zu diskutieren vermag. Das eigentliche Problem besteht jedoch darin, dass ein Verfahren fehlt, in dessen Rahmen überprüft wird, ob und inwieweit der Staat den Ratschlägen der Kommission gefolgt ist und ob und inwieweit er die beanstandeten Unzulänglichkeiten des Schutzes abgestellt hat.

Hier wie bei anderen Interventions- und Kontrollmechanismen der Institutionen der Vereinten Nationen macht sich der Mangel übergreifender Strategien bemerkbar, die für eine bessere Koordination der verschiedenen Instrumente, deren Effizienz und Wirksamkeit Sorge tragen. Was bringen eigentlich die immer umfangreicher werdenden Staatenberichte? Welchen Einfluss üben die Empfehlungen der Kommission auf die Innenpolitik des gescholtenen Landes aus? Sind nicht Ausschüsse wie der Europäische Ausschuss zur Verhütung der Folter mit seinen präventiven Besuchen von Haftanstalten viel wirksamer als ein- oder zweimal im Jahr zusammentreffende Kommissionen? Jener Ausschuss hat sich einen hervorragenden Ruf als unabhängige, kompetente und effiziente Einrichtung erworben. Seine kritischen, aber gleichzeitig konstruktiven Berichte und Empfehlungen haben in vielen Staaten das Haftsystem verbessert und das Risiko von Folter und erniedrigender Behandlung vermindert (Manfred Nowak). Der Erfolg und Misserfolg der Instrumente des internationalen Menschenrechtsschutzes müsste eigentlich ein lohnendes Feld für die Effektivitätsforschung sein.

## Ein Weltgericht?

Bedarf es auch auf der Ebene der Vereinten Nationen gerichtlicher Institutionen, um den Respekt der Menschenrechte sicher zu stellen? Einen internationalen Gerichtshof für Menschenrechte – vergleichbar dem Europäischen Gerichtshof für Menschenrechte – gibt es nicht. Ein Schutz der Menschenrechte im Einzelfall ist auf dieser universellen Ebene auch kaum zu leisten. Ein Weltgericht für Menschenrechte als letzte Instanz für Individualbeschwerden aus aller Welt ist bestenfalls eine Utopie. Der Europäische Gerichtshof droht bereits unter der Überlast der Klagen zusammenzubrechen. Gegenwärtig wird über Filter und Verfahren nachgedacht, die sicherstellen, dass das Gericht künftig nur noch über die grundsätzlichen Fragen des Menschenrechtsschutzes entscheidet, um einen allgemein-europäischen Grundrechtsstandard sicher zu stellen.

Wir müssen eines bedenken, nämlich dass das Völkerecht nicht nach dem Muster des staatlichen Rechts zugeschnitten werden darf. Die überkommenen Konzepte von Staatlichkeit taugen nicht für internationale und supranationale Organisationen. Denn diese Konzepte beruhen auf der Einheitlichkeit der Staatsgewalt, während die Mitgliedstaaten der Vereinten Nationen ihre Souveränität weitgehend behaupten. Im Falle der Europäischen Union teilen sie sich ihre Hoheitsrechte mit der supranationalen Organisation.

Bei der Konstruktion der Gremien, Verfahren und Maßnahmen ist stets der Grundsatz der Subsidiarität im Auge zu behalten. Das ist nicht nur eine Konsequenz der staatlichen Souveränität und der Arbeitsökonomie. Das Subsidiaritätsprinzip beruht auf der Einsicht, dass alles, was auf der staatlichen, der regionalen oder der lokalen Ebene mit besserer Sachnähe wie Sachkunde und größerer Wirksamkeit getan werden kann, auch dort entschieden werden sollte. Viele Verfassungsgerichte haben wegen ihrer besseren Kenntnis der politischen Kultur und Geschichte ihres Landes einen wohltätigen Einfluss auf das Wissen, Handeln und Denken ihrer Bürger, Politiker und Angehörigen des öffentlichen Dienstes ausgeübt. Der Erfolg jeder Reform des internationalen Schutzes der Menschenrechte wird davon abhängen, dass die Mechanismen und Instrumente auf den unterschiedlichen Ebenen klug mit einander verschränkt und auf einander abgestimmt werden.

Von Dieter Schwab

# Metamorphosen der Verantwortung

## I.

Verantwortung ist ein großes Wort. Im Bewusstsein seiner Verantwortung vor Gott und den Menschen hat sich das Deutsche Volk kraft seiner verfassungsgebenden Gewalt das Grundgesetz gegeben, wie es in dessen Präambel heißt. Für die Theologie bildet die Verantwortung einen zentralen Begriff für die Bestimmung des Verhältnisses des Menschen zu Gott, zu den Mitmenschen und zur Welt. In der Moralphilosophie begreift sich eine verbreitete Richtung als «Verantwortungsethik» und stellt die Verantwortung des Menschen für sein Tun und dessen Folgen in das Zentrum der Lehre von der Sittlichkeit. Gehobenes Pflichtbewusstsein greift gerne zu diesem Wort. Zweck des Tierschutzgesetzes ist es nach Auskunft seines ersten Paragraphen, aus der Verantwortung des Menschen für das Tier als Mitgeschöpf dessen Leben und Wohlbefinden zu schützen – was offenbar nicht ausschließt, dass derselbe Mensch einige Tierarten genüsslich verzehrt. Ähnlich erklärt § 1 des Bundesnaturschutzgesetzes, dass Natur und Landschaft «auch in Verantwortung für die künftigen Generationen» in bestimmter Weise zu schützen, zu pflegen, zu entwickeln und wiederherzustellen seien.

Im Gebrauch der Vokabel «Verantwortung» schwingt ein hoher Anspruch mit, er scheint für mein Sprachgefühl noch dichter an hehrer Aura als seine französischen oder englischen Geschwister «responsabilité» und «responsibility»: Es geht um existenzielle, aus der Personalität des Menschen erwachsende Pflichtsituationen, zu denen er sich feierlich bekennt.

So verstanden bringt Verantwortung eine gewaltige Pflichtenlast, die «übernommen» und «getragen» sein will. Es wundert dann auf den ersten Blick, dass wir in dem uns umgebenden Sprachgebrauch geradezu einen Run auf die Verantwortung feststellen können. Keine Grundsatzrede ohne Verantwortung, die, meist flankiert von «Globalisierung» und «Herausforderung», die Einleitungen und Schlüsse verbaler Offenbarungen bevölkert. Alles scheint sich nach Verantwortung zu drängen. Ein Blick ins Internet vermittelt eine Ahnung von der Dimension des Verantwortungsgebrauchs. Die Vokabel gibt den Namen für Websites ebenso her wie für Vereinigungen verschiedenster Art. Nicht nur die Politik, vor allem auch die Wirtschaft stürzt sich auf die

Verantwortung: Von fast allen großen Wirtschaftsunternehmen, angefangen bei der Allianz Group über BASF, Daimler-Chrysler, die Bahn bis RWE und Carl Zeiss finden wir Texte, die von ihrer – oft «gesellschaftlichen» und nicht selten «hohen» – Verantwortung sprechen. Was trägt man zu Beginn des 21. Jahrhunderts? Verantwortung! Wie erklärt sich dieser Drang? Sind Politiker und Unternehmer wirklich brennend daran interessiert, ihre Pflichten zu verschärfen und für ihr Tun und Lassen in Haftung genommen zu werden?

Wenn wir vermuten, dass dem nicht so ist, dann muss mit dem Verantwortungsbegriff etwas verbunden sein, das seine Eignung für Festreden und Hochglanzbroschüren aller Art begründet. Man kann folgende Erklärung versuchen: Die Verantwortung muss *einerseits* in der Lage sein, den hohen Pflichtanspruch, den eine Organisation an sich stellt, feierlich zu formulieren (damit die Corporate Identity zu fördern und sich gleichzeitig nach außen überzeugend zu positionieren); ohne aber *andererseits* das Risiko konkreter Haftung nach sich zu ziehen. Im Gegenteil: Das Bekenntnis zur Verantwortung soll eher immunisierend wirken: *Weil* wir zu unserer Verantwortung stehen, wäre es ganz absurd, uns irgendein «unverantwortliches» Verhalten anlasten zu wollen. Die an sich selbst gestellte Pflicht kehrt sich oft unmerklich in eine Abwehr nach außen um. So gesehen ist «Verantwortung» standardmäßiger Teil von gesellschaftlichen Beschwörungsformeln, die das Ziel der Selbstvergewisserung mit dem der Unterdrückung von Zweifel und Kritik von außen verbinden.

Nicht selten kann man sogar beobachten, dass sich die verkündete «Verantwortungsethik» vom Element der Verpflichtung zur *Begründung von Rechten gegen Dritte* umkehrt. Das geschieht vielfach subkutan, zum Teil aber in ganz offener Weise. Wenn jemand erklärt, für diese oder jene Frage sei *er* verantwortlich, dann ist damit oft gemeint, andere hätten hier nichts zu sagen; «Verantwortung» bezeichnet in diesem Fall also einen exklusiven Zuständigkeitsbereich. Insoweit schwingt im Bedeutungskreis des Wortes eine Vorstellung von Autonomie mit (Gott, dem Volk oder sonst einer übergeordneten Instanz gegenüber muss ich Rechenschaft ablegen, aber gerade *dir* gegenüber, der du mich an meiner Verantwortung packen willst, nicht).

Verräterisch für den anspruchstellenden Gebrauch der Verantwortung sind Meldungen wie folgende: Das «ZDF will die alleinige Verantwortung bei 3sat»[1] oder die CDU verlautbart «Wir wollen Verantwortung für Schleswig-Holstein übernehmen»[2]. Was hier als Verantwortung reklamiert wird, ist letztlich die Macht, die sich als Pflichtenlage maskiert. Es gibt von der Vokabel «Verantwor-

1 *www.quotenmeter.de/index.php?newsid=8056*

2 *www.cdu.de/archiv/2370_5997.htm*

tung» einen durchaus aggressiven Gebrauch – zur Begründung von Machtansprüchen, zur Abwehr von unerwünschten Einflüssen, zur Behauptung von Unanfechtbarkeit, ja gerade zur *Abwehr* eingeforderter Pflichterfüllung.

Diese heute vordringende Art, die «Verantwortung» zu gebrauchen, steht neben anderen Bedeutungen. Es gibt viele Sinnvarianten, auch in der Rechtssprache, über die sogleich zu reden sein wird. Doch droht der Verantwortung in Zeiten, da die Sprache hauptsächlich dem politischen und ökonomischen Marketing dient, ganz offenbar das Schicksal vieler positiv gefüllter Allgemeinbegriffe, die zu massenhaft und oft kleinteilig verwendeten Floskeln verkommen. Natürlich macht die Verantwortung auch vor dem Fußball nicht halt. Dass die Spitzen von Fußballverbänden höchste Verantwortung tragen, ist selbstverständlich und verbindet sie mit beliebigen anderen Vereinsfunktionären – aber auch die einzelnen Spieler werden aufgefordert, mehr Verantwortung zu zeigen, und ein gewisser Spielmacher Rosicky soll sogar von der Verantwortung erdrückt worden sein.[3]

## II.

Bevor wir die heutige Rechtssprache betrachten, scheint es nützlich, einen kurzen Blick in die Wort- und Bedeutungsgeschichte zu werfen, die uns ohnehin mit dem Rechtsbereich in Berührung bringt. Die Ausgangsbedeutungen sind – wie bei anderen Wörtern, deren Sinn im Laufe der Zeit zu hoher Abstraktion gediehen ist – sehr konkret. «Verantworten» hängt mit «antworten» zusammen und ist im gleichen Sinne gebraucht worden.[4] Vorausgesetzt ist gedanklich eine Frage, die Antwort erheischt. Im Rechtsleben ist es die Klage (welche sich in der alten Rechtssprache auch mit der «Frage» berühren kann)[5], auf die der Beklagte eine Antwort geben muss, wenn er nicht verurteilt werden will. Von daher hauptsächlich scheint die Bedeutung von «verantworten» oder «sich verantworten» als sich rechtfertigen, sich verteidigen zu stammen. Wer sich verantworten muss, muss sein Tun erklären, rechtfertigende Gründe dafür herbeibringen und, wenn er das nicht kann, für sein Tun einstehen. Immer gibt es eine Person oder Instanz, welcher die Antwort geschuldet ist, man hat sich «gegen Gott» oder «vor den Fürsten» oder «bei Gericht» zu verantworten.

3 *www.welt.de/data/2004/12/02/368439.html.*

4 *Für das Folgende insbesondere: Jacob und Wilhelm Grimm, Deutsches Wörterbuch, Zwölfter Band I. Abteilung (Band 25), bearbeitet von E. Wülcker, R. Meiszner, M. Leopold, C. Wesle, Leipzig 1956 (Nachdruck Deutscher Taschenbuch Verlag, 1991), Sp. 79 ff.*

5 *Grimm, Deutsches Wörterbuch, Vierter Band Erste Abteilung Erste Hälfte (Band 4), bearbeitet von J. Grimm, K. Weigand, R. Hildebrand, Leipzig 1878, Sp. 48 f., «peinliche Frage» etc.*

Das Substantiv «Verantwortung» (auch «Verantwortlichkeit»)[6] scheint eine spätere Bildung – etwa seit der zweiten Hälfte des 15. Jahrhunderts – zu sein und nimmt zunächst die beschriebenen Bedeutungen auf: Verantwortung ist die Rechtfertigung vor Gottes Richterstuhl, vor Gericht etc. Sie kann auch bedeuten: in die Lage kommen, sich vor Gericht verantworten zu müssen, «zur Verantwortung gezogen» zu werden. Das Grimm'sche Wörterbuch[7] konstatiert denn auch «neben dieser konkreteren Bedeutung» den abstrakteren Sinn: «‹zustand der verantwortlichkeit›, wo die handlung der verantwortung nur als möglichkeit besteht», zieht hierfür aber hauptsächlich Zeugnisse aus der «neueren Sprache» (Schiller, Freytag, Heyse, Gutzkow) heran. Die dafür gefundenen Zitate nähern sich bereits dem moralisch aufgeladenen Sprachgebrauch, wie er uns in der Präambel des Grundgesetzes entgegentritt, so wenn Heyse von dem «gefühl der hohen verantwortung» spricht, «die fürsten auf ihren Schultern tragen».

Die hergebrachte Bedeutung des Wortes lässt sich mithin so umschreiben: Verantwortung kennzeichnet die Lage einer Person, sich gegenüber einer Autorität oder gegenüber einer anderen Person für ihr Verhalten rechtfertigen (Antwort geben), und – wenn ihr das nicht gelingt – für ihr Verhalten einstehen zu müssen. Das Einstehen-Müssen schlägt die Brücke zur Verantwortung als Zustand von Pflicht und Haftung. Wenn ich jemandem gegenüber für etwas verantwortlich bin, so habe ich ihm gegenüber Pflichten, für deren Nichterfüllung ich zur Rechenschaft gezogen werden kann. «Unverantwortlich» handeln heißt in diesem Kontext einfach nur, dass für eine bestimmte Handlungsweise keine rechtfertigenden Gründe gefunden werden können. Die Verantwortung, verstanden als Pflichtensituation, kann sich auch zu einem Bewusstsein von der Verantwortung, zum Verantwortungsgefühl verinnerlichen.

Es ist zu greifen, dass heute die Ausgangsbedeutungen des Wortes «Verantwortung» weit überschritten sind. Der Bezug zur Rechtfertigung eigenen Verhaltens, zu Pflicht und Haftung verdünnt sich nun umso mehr, je weiter die Autorität, der gegenüber man verantwortlich ist, verblasst. Abstrakta wie die Menschheit, die künftigen Generationen, die Umwelt et cetera eignen sich als Adressaten der Verantwortung besonders dann, wenn die Pflichtensituation, die mit der Verantwortung angesprochen sein könnte, möglichst sanktionslos bleiben soll: Derjenige, dem Antwort gegeben wird, ist nicht in der Lage, den sich Verantwortenden auch tatsächlich zur Verantwortung zu ziehen.

6 *Grimm, Bd. 12 Abt.1 (Bd. 25), Sp. 81.*
7 *Grimm, Bd. 12 Abt.1 (Bd. 25), Sp. 82.*

Schließlich kann sich der Verantwortungsbegriff so verselbständigen, dass überhaupt niemand mehr da ist, der da fragen und eine Antwort entgegennehmen könnte. So können beliebige Verantwortungen «übernommen» werden, ohne dass im Geringsten deutlich würde, vor wem das Verhalten des Verantwortungsträgers gerechtfertigt werden muss. Es ist dann viel die Rede von der Verantwortung *für* etwas (zum Beispiel für die Tierwelt oder für die deutsche Wissenschaft), aber nicht *vor* wem, das heißt es bleibt völlig offen, wer denn befugt sein soll, die Antwort einzufordern.

Allenfalls kommt – und das macht den Kern der Ethik aus – die eigene Person in Betracht, doch das nützt anderen meist nichts. «Das mache ich auf meine Verantwortung» kann bedeuten, dass der so Sprechende *niemandem* eine Antwort, d.h. die Rechtfertigung seines Tuns schuldig sein will, außer allenfalls seinem eigenen Gewissen, einer für betroffene Dritte ziemlich unzuverlässigen Instanz. In diesen Zusammenhang gehört der Begriff der Eigen- und Selbstverantwortung, dessen Gebrauch in der Rechtsprache uns noch beschäftigen soll. Seine Funktion kann sein, die Verantwortung anderer auszuschließen, aber auch: die Notwendigkeit einer Rechtfertigung anderen gegenüber zu bestreiten. Insofern ist das Gegenteil von dem gemeint, was der Verantwortung ursprünglich innewohnt.

## III.

Nach dem Gesagten verwundert nicht, dass die *Sprache der heute geltenden Gesetze* den Terminus «Verantwortung» in recht unterschiedlichen Bedeutungsvarianten benutzt. Von einem festen Rechtsbegriff der Verantwortung sind wir weit entfernt.

Am klarsten ist der Sinngehalt, wenn die Rechtswörter «verantwortlich», «Verantwortlichkeit» und «Verantwortung» im geschilderten traditionellen Sinne der alten Gerichtssprache verwendet werden: Verantwortung trifft denjenigen, der vor Gericht oder vor einer anderen Autorität für sein Verhalten Rechenschaft ablegen muss. So steht der Begriff «Verantwortlichkeit» für die Fähigkeit, wegen einer Straftat oder Ordnungswidrigkeit belangt werden zu können.[8] §§ 827 und 828 BGB regeln die Frage, unter welchen Voraussetzungen eine Person für eine schädigende Handlung «nicht verantwortlich» ist, d.h. nicht (oder nur begrenzt) einem anderen zum Schadensersatz verpflichtet sein kann; auch hier verwendet das Gesetz die substantivische Form «Verant-

8 *§ 3 JGG; § 12 OWiG. Das StGB hingegen verwendet den Begriff «verantwortlich», «Verantwortlichkeit» in gleichem Zusammenhange nicht (§§ 19–21 StGB).*

wortlichkeit».[9] Doch ist zwischen «Verantwortlichkeit» und «Verantwortung» in diesem Zusammenhange kein grundsätzlicher Unterschied auszumachen. Wenn u. a. Mitglieder des Bundestages zu keiner Zeit wegen ihrer Abstimmung oder wegen einer Äußerung, die sie in der Körperschaft oder einem ihrer Ausschüsse getan haben, «zur Verantwortung gezogen» werden dürfen[10], dann sind sie damit davon freigestellt, vor Gericht oder einem anderen Staatsorgan für dieses Verhalten persönlich einstehen zu müssen.[11] Und in einem ganz verwandten Sinne bleiben wahrheitsgetreue Berichte über öffentliche Sitzungen des Bundestages und seiner Ausschüsse «von jeder Verantwortlichkeit frei». Und wenn dem Schwurpflichtigen bei der eidesgleichen Bekräftigung vorgesprochen wird «Sie bekräftigen im Bewusstsein Ihrer Verantwortung vor Gericht», so wird ihm das Einstehen-Müssen für seine Aussagen gegenüber den Justizorganen vor Augen gestellt.

Wie im allgemeinen Sprachgebrauch so spielt auch in der Gesetzessprache das Einstehen-Müssen für eine Tätigkeit oder einen Bereich in die Beschreibung eines Pflichtenkreises hinüber. «Verantwortlich sein» kann dann die Belastung mit Fürsorgepflichten bedeuten, für deren Erfüllung man zur Rechenschaft gezogen werden kann. Signifikantes Beispiel hierfür ist die elterliche Verantwortung. Bei diesem Begriff ist eine gewisse Vorsicht am Platze, weil er nicht im BGB verwendet wird, wohl aber in anderen Gesetzen, meist in Bezug auf internationale Verträge als Übersetzung der dort verwendeten Termini «parental responsibility»/«responsabilité parental». Die «elterliche Verantwortung» kann im Einzelfall das elterliche Sorgerecht (-pflicht) meinen, steht oft aber für die umfassende Pflichtenlage, in der sich Eltern gegenüber ihren minderjährigen Kindern befinden.[12] So oder so umschreibt die elterliche Verantwortung eine Pflichtsituation von Eltern gegenüber ihren minderjährigen Kindern. Der Begriff bleibt im Rahmen der traditionellen Rechtssprache: Mit ihm ist nicht bloß eine privatisierte Verantwortung unter Individuen gemeint, vielmehr ist mit elterlicher Verantwortung zugleich das Einstehen-Müssen gegenüber dem Kind wie auch gegenüber dem das Kindeswohl bewachenden

9 *Auch in den von der Schuldrechtsmodernisierung eingefügten amtlichen Überschriften.*

10 *§ 36 StGB.*

11 *Die Strafrechtsdogmatik deutet die Aussage des § 36 StGB als persönlichen Strafausschließungsgrund.*

12 *Das Europäische Abkommen über die Ausübung von Kinderrechten von 1996, Art. 1 Abs. 3 (BGBl. 2001 II 1075, 1076) nennt als Elemente der «Elterlichen Verantwortung» Aufenthaltsbestimmung und Umgang (residence and access to children). Umfassend auch die Definiton der Verordnung des Rates vom 27. November 2003, (L 338/1), Art. 2 Nr. 7: «the term ‹parental responsibility› shall mean all rights and duties to the person or the property of a child which are given to a natural or legal person by judgement, by operation of law or by an agreement having legal effect. This term shall include rights of custody and rights of access.»*

Staat gemeint: Der Staat als Wächter des Kindeswohls zieht die Eltern, die ihren Pflichten nicht nachkommen und es dadurch gefährden, zur Verantwortung. Insoweit trifft § 1627 S. 1 BGB, wonach die Eltern das Sorgerecht «in eigener Verantwortung» ausüben, nicht die volle Verantwortungslage.

Demgegenüber scheint die Verantwortung, die nach jüngeren Gesetzen Ehegatten[13] und eingetragene Lebenspartner füreinander tragen,[14] eher auf einer bloß individuellen Ebene zu bestehen. Diese wird indes auch hier überschritten: Wenngleich die gegenseitige Verantwortung im höchstpersönlichen Bereich nicht mit den Mitteln des Zwanges eingefordert wird, weil sittliche Autonomie der beteiligten Personen nicht unangemessen eingeschränkt werden soll, so ist sie doch justiziabel, sobald der engste Kreis freier sittlicher Entscheidung überschritten ist. Die gegenseitige Verantwortung äußert sich beispielsweise in einklagbaren gesetzlichen Unterhaltspflichten, in strafrechtlicher Garantenstellung füreinander, in Pflichten zu fairem Vermögensausgleich, zum gegenseitigen Beistand und zur gegenseitigen Rücksichtnahme, deren Verletzung nachteilige Rechtswirkungen nach sich ziehen kann.

Mit der «Verantwortung» als Pflichtbereich hängt zusammen, dass die Vokabel auch einen Bereich der Haftung oder der Zurechnung bezeichnen kann, so etwa wenn § 676e BGB vom «Verantwortungsbereich eines zwischengeschalteten Kreditinstituts» spricht und daran eine Schadensersatzhaftung knüpft, oder wenn nach § 12 EGGVG «die Verantwortung für die Zulässigkeit der Übermittlung [...] die übermittelnde Stelle» trägt. Im verwandten Sinne ist auch von der presserechtlichen Verantwortung die Rede, gleichfalls davon, dass bei der Anmeldung einer öffentlichen Versammlung anzugeben ist, «welche Person für die Leitung der Versammlung oder des Aufzuges verantwortlich sein soll».[15] «Verantwortlich» ist derjenige, an den sich Behörden oder Gerichte notfalls halten können.

Von der Verantwortung als Pflicht- und Haftungsbereich aus kann der Begriff zu schlichteren Bedeutungen herabsteigen und sich z.B. zur bloßen Zuständigkeitsbestimmung verdünnen. Auf dem Wege dorthin ist die Aussage des Art. 65 GG, wonach der Bundeskanzler die Richtlinien der Politik bestimmt und dafür die Verantwortung trägt, während innerhalb dieser Richtlinien jeder Bundesminister seinen Geschäftsbereich selbständig und unter eigener Verantwortung trägt. Hier steht die Kompetenzverteilung im Vordergrund

13 *§ 1353 Abs. 1 S. 2 BGB in der Fassung des Eheschließungsrechtsgesetzes vom 4. Mai 1998 (BGBl. I 833), dazu Th. Wagenitz, Wider die Verantwortungslosigkeit im Eherecht, in: Festschrift für Walter Rolland zum 70. Geburtstag, Köln 1999, S. 379 ff.*

14 *§ 1353 Abs. 1 S. 2 Halbsatz 2; § 2 S. 2 LPartG.*

15 *§ 14 Abs. 2 Versammlungsgesetz.*

des Regelungszwecks. Es wird deutlich, dass die «Verantwortung» auch als Rechtstitel benutzt werden kann: «Dafür bin ich verantwortlich» heißt dann nicht (nur): «Ich möchte dafür einstehen», sondern «In diesem Bereich hat ein anderer nichts zu sagen».

Damit befinden wir uns am Übergang zur mehrdeutigen Floskel «eigene Verantwortung». Sie kann bedeuten, dass eine Person für ihre Tätigkeit niemand anderen oder keine bestimmte andere Person zur Rechenschaft ziehen will oder kann, etwa wenn der Anwaltsvertreter «in eigener Verantwortung» tätig wird.[16] In diesem Zusammenhang kann das «Handeln auf eigene Verantwortung» sich mit dem «Handeln auf eigene Gefahr» berühren. Andererseits kann mit der «eigenen Verantwortung» – wie gezeigt – eine Zuständigkeit reklamiert werden: In diesem Sinne «leitet» der haushaltführende Ehegatte gemäß § 1356 Abs. 1 S. 2 BGB den Haushalt «in eigener Verantwortung», d.h. der andere hat ihm nicht dreinzureden.[17] Die Verantwortung kann sich bis auf die Pflicht zur Kostentragung minimieren. Wenn dem Hilfsbeamten des Gerichtsvollzieherdienstes gesagt wird, er trage für die Höhe seiner Aufwendungen zur Einrichtung eines Geschäftszimmers selbst die Verantwortung, dann ist schlicht gemeint, dass er sie selbst und ohne Möglichkeit des Regresses bezahlen muss.[18]

In jüngeren Gesetzestexten finden wir schließlich auch die Verantwortung in dem allgemeinen, aus der Verantwortungsethik stammenden Sinn: Die Eltern berücksichtigen bei Pflege und Erziehung des Kindes dessen wachsendes Bedürfnis «zu selbständigem verantwortungsbewusstem Handeln» (§ 1626 Abs. 2 S. 1 BGB). Der Vollzug der Jugendstrafe soll den Verurteilten dazu erziehen, «künftig einen rechtschaffenen und verantwortungsbewussten Lebenswandel zu führen»[19], wie der Strafvollzug überhaupt dazu befähigen soll, «künftig in sozialer Verantwortung ein Leben ohne Straftaten zu führen»[20] Würde ein Leben ohne Straftaten nicht genügen?

## IV.

Unsere Umschau ergibt, dass der Terminus «Verantwortung» im Recht weit überwiegend geschichtlich gewachsene, verhältnismäßig konkrete Bedeutun-

16 *§ 53 Abs. 9 S. 1 BRAO.*

17 *A. Wacke, in: Münchener Kommentar zum BGB, 4. Aufl., Bd.7, München 2000, § 1356 Rn.9.*

18 *§ 113 Abs. 1 S. 2 GVO erläutert dies wie folgt: «Er kann daher mit diesen Aufwendungen weder einen Anspruch auf dauernde Verwendung im Gerichtsvollzieherdienst noch auf Schadloshaltung aus Unterstützungsmitteln begründen.»*

19 *§ 91 Jugendgerichtsgesetz (JGG).*

20 *§ 2 S. 1 des Gesetzes über den Vollzug der Freiheitsstrafe und der freiheitsentziehenden Maßregeln der Besserung und Sicherung (Strafvollzugsgesetz).*

gen aufweist. Es geht um das Einstehen-Müssen einer Person für ihr Verhalten oder ihren Einflussbereich, und zwar gegenüber einem Gericht oder einer sonstigen Autorität, hergeleitet aus diesem Gedanken dann auch um die Beschreibung einer Pflichtenlage, ferner um die Zurechnung von Pflichtwidrigkeiten, und schließlich – auf der untersten Stufe des Wortgebrauchs – um die Bezeichnung von Kompetenz- und Zuständigkeitsbereichen. In «pädagogischen» Zusammenhängen hat die Verantwortung im allgemeinen ethischen Sinn vereinzelt in die Gesetzessprache Einzug gehalten.

Sehr viel häufiger finden wir die Verantwortung im zuletzt genannten Sinne allerdings in der einschlägigen Rechtsprechung[21] und Rechtsliteratur. Damit hängt der letzte Aspekt zusammen, der in diesem Beitrag zur Sprache kommen soll.

Seit einiger Zeit hat ein Begriff von Verantwortung in die Rechtssprache Einzug gehalten, der ihre Ausgangsbedeutung auf den Kopf stellt. Diese Spielart der Verantwortung hat mit Einstehen-Müssen nichts mehr zu tun, sie dient auch nicht der Beschreibung einer Pflichtenlage, sondern dem Zweck, mit Hilfe eines assoziativen Wortgebrauchs unerwünschte Rechtswirkungen abzuwehren und erwünschte zu begründen.

An dieser Sprachfindung ist auch das Bundesverfassungsgericht beteiligt. In seiner berühmten Entscheidung vom 17. 11. 1992[22] hat das BVerfG die Regelung des 137 Abs. 2a des früheren Arbeitsförderungsgesetzes bei verfassungskonformer Auslegung mit dem GG für vereinbar erklärt. Danach waren bei der Bedürftigkeitsprüfung Einkommen und Vermögen einer Person, die mit dem Arbeitslosen in eheähnlicher Gemeinschaft lebt, ebenso wie Einkommen und Vermögen eines Ehegatten zu berücksichtigen. Bei dieser Gelegenheit hat das Gericht «die eheähnliche Gemeinschaft» zu definieren versucht und sie im Leitsatz als «Verantwortungs- und Einstehensgemeinschaft» beschrieben:[23] Gemeint ist eine Lebensgemeinschaft zwischen einem Mann und einer Frau, die auf Dauer angelegt ist, daneben keine weitere Lebensgemeinschaft gleicher Art zulässt und sich durch innere Bindungen auszeichnet, die ein gegenseitiges Einstehen der Partner füreinander begründen, also über die Beziehungen in einer reinen Haushalts- und Wirtschaftsgemeinschaft hinausgehen.

21 *Die FamRZ-Datenbank weist 720 Gerichtsdokumente auf, in denen das Wort «Verantwortung» verwendet ist.*

22 *FamRZ 1993, 164 ff.*

23 *«Eine eheähnliche Gemeinschaft im Sinne des § 137 Abs.2a AFG liegt bei verfassungskonformer Auslegung der Vorschrift nur vor, wenn zwischen den Partnern so enge Bindungen bestehen, dass von ihnen ein gegenseitiges Einstehen in den Not- und Wechselfällen des Lebens erwartet werden kann (Verantwortungs- und Einstehensgemeinschaft)».*

Die gezogene Schlussfolgerung wäre logisch, wenn Ehegatten und «eheähnlich» Zusammenlebende gegenseitig zu den gleichen Solidarpflichten verbunden wären. Das ist aber nach damaligem wie heutigem deutschen Recht absolut nicht der Fall. Frau und Mann, die ehelos zusammenleben, und wenn auch noch so innig und dem idealsten Ehepaar ähnlich, stehen sich – die rechtliche Pflichtenlage betreffend – gegenüber wie beliebige einander fremde Personen. Es gibt keine gesetzlichen Unterhaltsansprüche, keinen gesetzlichen Vermögensausgleich, gehaftet wird nach allgemeinem Delikts- und Bereicherungsrecht, und der Annahme stillschweigender Verträge legt die Rechtsprechung zudem unnötige Steine in den Weg.[24] Rudimentäre Solidarwirkungen des neuesten Rechts – so des Gewaltschutzgesetzes für diejenigen, die in einem «auf Dauer angelegten gemeinsamen Haushalt» leben oder gelebt haben[25] – sind zu situativ, als dass wir von einer Verantwortungsgemeinschaft reden könnten.[26] Die «eheähnliche Gemeinschaft» ist zivilrechtlich gesehen – mag sie auch sozialrechtlich eingefangen und als «Bedarfsgemeinschaft» in weitere begriffliche Schubladen verfrachtet werden[27] – die freie, rechtlich nicht verfasste Paarbeziehung, von der gegenseitigen Übernahme von Verantwortung in einem rechtlich relevanten Sinne kann nicht die Rede sein.

Das BVerfG verlagert denn auch die eheähnliche Solidarität auf die Gefühlsebene: «Nur wenn sich die Partner einer Gemeinschaft so sehr füreinander verantwortlich *fühlen*, dass sie zunächst den gemeinsamen Lebensunterhalt sicherstellen, bevor sie ihr persönliches Einkommen zur Befriedigung eigener Bedürfnisse verwenden, ist ihre Lage mit derjenigen nicht dauernd getrennt lebender Ehegatten im Hinblick auf die verschärfte Bedürftigkeit vergleichbar.» Aber auch dieses Gefühl, dessen objektive Betätigung wohl kaum verlässlich nachzuprüfen ist, bringt kein Einstehen-Müssen füreinander zustande, kein Partner kann auf die beschriebene Einkommensverwendung klagen, eigentlich handelt es sich nur um eine Beschreibung *jetzigen oder früheren tatsächlichen Verhaltens,* dessen Fortdauer unterstellt wird. Der springende Punkt aber ist, dass *aus der beschriebenen Faktizität mittels des Verantwortungsbegriffs normative Wirkungen hergeleitet werden.*

Den vorläufigen Höhepunkt hat ein solcher Gebrauch der Verantwortung durch das «Gesetz zur Änderung der Vorschriften über die Anfechtung der

24 *Siehe nur den Fall BGH FamRZ 1997, 1553.*

25 *§ 2 des Gewaltschutzgesetzes vom 11. Dezember 2001 (BGBl I 3513).*

26 *Wie die nichteheliche Lebensgemeinschaft vom Gesetzgeber gleichsam umkreist, aber nicht spezifisch getroffen wird, habe ich in meinem Beitrag «Ehe und ehelose Zusammenleben heute – eine Reflexion» beschrieben (in: Festschrift für Rechtsanwältin Dr. Ingrid Groß, Bonn 2004, S. 215 ff.).*

27 *§ 7 Abs. 3 SGB II.*

Vaterschaft und das Umgangsrecht von Bezugspersonen des Kindes, zur Registrierung von Vorsorgeverfügungen und zur Einführung von Vordrucken für die Vergütung von Berufsbetreuern» vom 23. April 2004[28] erfahren. Die Begriffswelt dieses Gesetzes verdanken wir einmal mehr dem Bundesverfassungsgericht, dem freilich nicht alle Auswüchse des Gesetzgebers zuzurechnen sind.

Bekanntlich ging es in der Entscheidung des BVerfG vom 9. April 2003[29] um die Rechtsposition des «leiblichen, aber nicht rechtlichen Vaters». Im Ergebnis wurde diese Rechtsposition zu Lasten der bestehenden «rechtlichen» Familie entscheidend gestärkt: *Zum einen* wurde dem leiblichen Vater die Befugnis der Anfechtung einer anderweitig bestehenden rechtlichen Vaterschaft eingeräumt, allerdings mit der Einschränkung, dass dem «der Schutz einer familiären Beziehung zwischen dem Kind und seinen rechtlichen Eltern nicht entgegenstehen» darf. *Zum andern* wurde dem «biologischen Vater» ein Umgangsrecht mit dem Kind eingeräumt, «wenn zwischen ihm und dem Kind eine sozial-familiäre Beziehung besteht» und der Umgang dem Wohl des Kindes dient. Dieses Umgangsrecht soll auch dann bestehen, wenn der Erwerb der rechtlichen Vaterschaft nicht in Betracht kommt oder gar nicht erst angestrebt wird.

Die «Verantwortung» kommt in den Begründungen zu beiden Positionen des Gerichts ins Spiel:

– Beim *Anfechtungsrecht* des «leiblichen Vaters» spielt sie eine Rolle, wenn es um die Beschränkung dieser Befugnis geht. Die Lage des Scheinvaters, der mit dem Kind «sozial und personal verbunden» ist, wird mit dem Begriff «sozial-familiäre Verantwortungsgemeinschaft» umschrieben, die gleichfalls vom Schutz des Art. 6 Abs. 2 GG erfasst sein soll. Das BVerfG sieht also in den einschlägigen Fällen eine Konkurrenz zwischen zwei durch das verfassungsrechtliche Elternrecht geschützten Positionen (hier Abstammung, dort sozial-familiäre Verantwortungsgemeinschaft), die vom Gesetzgeber gegeneinander abgewogen werden müssen. Die Verwendung des Begriffs «Verantwortungsgemeinschaft» war in diesem Zusammenhang weder nötig noch ist sie einer Erkenntnis förderlich. Es geht darum, ob zwischen dem Vater und dem Kind ein faktisches (soziales) Eltern-Kind-Verhältnis entstanden ist. Die «Verantwortungsgemeinschaft» suggeriert eine Gegenseitigkeit, die auf Seite des Kindes ganz unsinnig wäre, denn dieses ist für seine Eltern (oder diejeni-

28 *BGBl. I, 598. Schon der Gesetzestitel verdient, für die deutsche Rechtsgeschichte als Monument des Geistes der Gesetzgebung in Erinnerung gehalten zu werden.*

29 *FamRZ 2003, 816.*

gen, die als solche gelten) in keinem Sinne verantwortlich. Immerhin ist der Gebrauch des Verantwortungsbegriffs in diesem Zusammenhang auch nicht besonders schädlich. Mit ihm soll zwar ein faktischer Zustand mit dem Ziel seiner rechtlichen Immunisierung gekennzeichnet werden – insoweit besteht eine Ähnlichkeit mit der Argumentationsweise bei der «eheähnlichen Gemeinschaft». Doch ist die Verantwortung des Scheinvaters kein bloßer faktischer Zustand: Sie besteht, solange sie nicht wirksam angefochten ist, als *rechtliche Elternverantwortung* mit allen Konsequenzen. Wenn die Anfechtung der Vaterschaft unterbleibt oder an der «sozial-familiären Verantwortungsgemeinschaft» scheitert, bleibt der Scheinvater der rechtliche Vater mit voller Elternverantwortung. Und selbst wenn die Anfechtung erfolgreich ist, lässt sich nicht alles, was bis dahin geschehen ist, rechtlich rückabwickeln.[30] So oder so geht es nicht um bloße Faktizität, übrigens auch nicht beim leiblichen Vater, der selbst dann, wenn er (noch) nicht *rechtlicher Vater* als Träger des Elternrecht ist, doch mit seinem Anerkennungsinteresse unter den Schutz des Art. 6 Abs. 2 S. 1 BGB fällt und also auf jeden Fall *verfassungsrechtlicher Vater* ist.[31]

– Seine bedenkliche Wirkung entfaltet der neueste Gebrauch des Verantwortungsbegriffs bei der zweiten Aussage des BVerfG, die auch dem bloß leiblichen Vater ein *Umgangsrecht* einräumt. Man hätte dieses Umgangsrecht aus der Vaterstellung und somit aus Art. 6 Abs. 2 S. 1 GG herleiten können: Unbestreitbare Abstammung *plus* Bestehen eines sozialen Vater-Kind-Verhältnisses hätten für die Qualifikation einer verfassungsrechtlichen Vaterschaft ausgereicht, aus der auch ein Umgangsrecht herleitbar gewesen wäre. Das BVerfG hat es aber vorgezogen, an diesem Punkt den Schutzbereich des Art. 6 Abs. 2 GG zu verlassen, mit der Begründung, das Nebeneinander von zwei Vätern entspreche nicht der Vorstellung von elterlicher Verantwortung, die Art. 6 Abs. 2 S. 1 GG zugrunde liegt.[32] Statt auf den Absatz 2 rekurriert das BVerfG auf den Schutz der Familie aus Art. 6 Abs. 1 GG. Zwischen dem leiblichen, nicht rechtlichen Vater und dem Kind existiere eine Familie, wenn zwischen ihnen eine «soziale Beziehung besteht, die darauf beruht, dass er zumindest eine Zeit lang tatsächlich Verantwortung für das Kind getragen hat. Art. 6 Abs. 1 GG schützt

30 *Zu den Problemen M. Wellenhofer-Klein, in: Münchener Kommentar zum BGB, 4. Aufl., Bd.8, München 2002, § 1599 Rn. 19, 28.*

31 *Mit den Begriffen «leiblicher Vater», «rechtlicher Vater», «rechtliche Elternschaft» tut sich das BVerfG schwer, vgl.: «Auch der leibliche, aber nicht rechtliche Vater eines Kindes steht unter dem Schutz von Art. 6 Abs. 2 S. 1 GG. Leiblicher Vater eines Kindes zu sein, macht diesen allein allerdings noch nicht zum Träger des Elternrechts aus Art. 6 Abs. 2 S. 1 GG. Die Grundrechtsnorm schützt den leiblichen Vater aber in seinem Interesse, die Rechtsstellung als Vater des Kindes einzunehmen.»*

32 *FamRZ 2003, 816, 819.*

den leiblichen Vater wie das Kind in ihrem Interesse am Erhalt dieser sozial-familiären Beziehung und damit am Umgang miteinander.»[33]
Es geht mir im Folgenden nicht darum, ob ein Umgangsrecht des rechtlich nicht anerkannten Vaters begründet werden kann, auch nicht um eine Stellungnahme zu dem entschiedenen Fall, sondern um die Entscheidungsgründe. Im Zentrum steht das Tragen (oder eigentlich: *Eine-Zeitlang-Getragen-Haben) tatsächlicher Verantwortung* für das Kind. Nicht die – ja wirklich bestehende – leibliche Vaterschaft, auch nicht ein damit verbundenes psychisches Kind-Vater-Verhältnis, sondern das Tragen tatsächlicher Verantwortung und die daraus entstehende soziale Beziehung sollen das Umgangsrecht begründen. Die Vaterschaft als Grundlage bleibt deswegen aus dem Spiel, weil das BVerfG zuvor behauptet hatte, das Kind könne nicht zwei Väter mit elterlicher Verantwortung haben und weil es den Umgang zur elterlichen Verantwortung rechnet.[34] Folglich konnte im Rahmen des Art. 6 Abs. 1 GG die Vaterschaft nicht die zentrale Rolle spielen,[35] den Ausweg bildet die auf getragener tatsächlicher Verantwortung beruhende «sozial-familiäre Beziehung».

In dem Fall, in dem das BVerfG ausschließlich über den Umgang des leiblichen Vaters zu entscheiden hatte,[36] sah nach dem vom Gericht mitgeteilten Sachverhalt das Tragen tatsächlicher Verantwortung wie folgt aus: Eine verheiratete Frau hatte ein Kind mit einem anderen Mann, das gesetzlich dem Ehemann zugerechnet wurde. Die Beziehung der Mutter zum Kindesvater dauerte mit Unterbrechungen einige Jahre: Drei bis vier Monate vor der Geburt des Kindes trennte sich der Mann von der Mutter, nahm dann die Beziehung zur Mutter wieder auf, die etwa 3 Jahre nach der Geburt endete. Während dieser Zeit lebte die Mutter von ihrem Ehemann getrennt, während der leibliche Vater des Kindes eine eigene Wohnung unterhielt. Die Intensität der Kontakte des leiblichen Vaters zum Kind war im Einzelnen streitig. Immerhin erbrachte er nach der Trennung von der Mutter Unterhaltszahlungen für das Kind und schloss für dieses eine Versicherung ab. Das «Tragen tatsächlicher Verantwortung» bezieht sich hier auf verschiedene Umstände: auf eine häufige Begegnung oder ein partielles Zusammenleben mit Mutter und Kind, auf das

33 *FamRZ 2003, 816, 822.*
34 *FamRZ 2003, 816, 819.*
35 *Freilich bleibt die Vaterschaft nicht ganz außer Betracht: Wo es dienlich ist, darf sie hereinspielen, vgl. den Satz: «Auch bei Wegfall dieser Möglichkeit ‹scil. der Fortsetzung des verantwortlichen Handelns für das Kind› bleibt aber die zwischen dem biologischen Vater und seinem Kind entstandene personelle Verbundenheit bestehen, die zudem noch getragen wird durch die verwandtschaftliche Verbindung zwischen Vater und Kind.» (Hervorhebung durch den Autor). Das «Zudem noch» soll das Argument verstärken, bildet aber nicht seinen Kern.*
36 *1 BvR 1493/96.*

Bekenntnis des Mannes zum Kind, auch auf Solidarleistungen des Mannes für das Kind.[37]

Die Begründung des BVerfG hält die aus dem Sachverhalt ersichtlichen Elemente, die das Tragen tatsächlicher Verantwortung durch den Vater begründen können, nicht im Einzelnen auseinander. Deshalb konnte der Eindruck entstehen, schon die Beziehung zu einer mit ihrem Kind zusammenlebenden Mutter oder die häusliche Gemeinschaft mit Mutter und Kind könnten – ganz unabhängig von leiblicher Vaterschaft und väterlichen Solidarleistungen – ausreichend sein, um das «Tragen tatsächlicher Verantwortung für das Kind» auszufüllen.

Das blieb nicht ohne Konsequenzen. Unter Bezug auf das im Mai 2003 zur Zeichnung aufgelegte Übereinkommen des Europarats über den Umgang mit Kindern und auf Positionen des Europäischen Gerichtshofs für Menschenrechte glaubte sich der Gesetzgeber befugt, den § 1685 Abs.2 BGB in einer geradezu revolutionären Weise umzugestalten. Ein Recht zum Umgang mit dem Kind haben nun *alle* engen Bezugspersonen des Kindes, die «für das Kind tatsächliche Verantwortung tragen oder getragen haben (sozial-familiäre Beziehung)». Die Übernahme tatsächlicher Verantwortung soll in der Regel anzunehmen sein «wenn die Person mit dem Kind längere Zeit in häuslicher Gemeinschaft zusammengelebt hat».

Damit ist der Verantwortungsbegriff auf einem Tiefpunkt angelangt. Er dient in keiner Weise mehr dazu, das Einstehenmüssen einer Person für ihr Verhalten oder eine Pflichtensituation zu kennzeichnen, sondern verbindet die Beschreibung eines rein tatsächlichen Zustands mit einer normativen Wirkung, nämlich Gewährung eines subjektiven Rechts *ausschließlich zugunsten* des vordem angeblich Verantwortlichen. Enthüllend ist der Gebrauch der Vergangenheitsform: Das Umgangsrecht besteht auch dann, wenn jemand für das Kind Verantwortung *getragen hat*, also jetzt, da der Umgang durchgesetzt werden soll, gar nicht mehr trägt (und dann auch nicht, würde man das Ganze ernst nehmen, zur Verantwortung gezogen werden könnte).[38] *Verflossenes* Verantwortung-Tragen soll *später* Rechte gegenüber dem Kind und dem Sorgeberechtigten begründen – eine absurde Vorstellung!

37 *Nach Darstellung der Mutter sind die Leistungen des leiblichen Vaters für das Kind ohne ihr Wollen geschehen und hätten den Ehemann dazu bewegen sollen, die Ehelichkeit anzufechten.*

38 *Es ist daran zu erinnern, dass das BVerfG das Umgangsrecht der rechtlichen Eltern in den Begriff der elterlichen Verantwortung zieht (FamRZ 2003, 816, 819), hingegen das auf Art. 6 Abs. 1 GG gestützte Umgangsrecht Dritter einschließlich des bloß leiblichen Vaters außerhalb dieser Verantwortung sieht (der leibliche, nicht rechtliche Vater hat keinen Anspruch auf Fortsetzung seines verantwortlichen Handelns gegenüber dem Kind, FamRZ 2003, 816, 822). Bedeutet nicht die Innehabung eines Umgangsrechts Verantwortung, sogar rechtliche?*

Der Terminus «tatsächliche Verantwortung» ist in sich verfehlt. Er soll offenkundig einen Gegensatz zur «rechtlichen Verantwortung» zum Ausdruck bringen. Das hätte aber nur dann einen Sinn, wenn über den Gegensatz «rechtlich» – «tatsächlich» hinaus der Verantwortungsbegriff konstant bliebe. Das ist nicht der Fall. Wer im Sinne des § 1685 Abs.2 BGB neuer Fassung tatsächliche Verantwortung getragen hat, hatte in keinem Sinne irgend etwas Bestimmtes irgendwem gegenüber zu verantworten, er hat nur mit dem Kind und seiner Mutter in einem Haushalt gelebt oder sonstige Kontakte unterhalten. Wie er sich dabei dem Kind gegenüber verhalten hat, scheint bedeutungslos oder zweitrangig, ob er ihm «ein zweiter Vater war» (dann hätten wir das eigentliche Thema der sozialen Vaterschaft) oder das Kind bloß als unvermeidliche Störung der Zweierbeziehung mit der Mutter ertragen hat, wird nicht thematisiert.

In den kritischen Fällen ginge die sinnvoll gestellte Frage dahin, ob sich aus einem langem Zusammenleben mit dem Partner der Mutter eine psychische («soziale») Eltern-Kind-Beziehung entwickelt hat, deren abrupte Beendigung das Kindeswohl schädigt. Würde man so einsteigen, so käme sehr viel weniger ein Umgangsrecht des gewesenen Verantwortungsträgers als ein *Umgangsrecht des Kindes* in Betracht, dessen Wohl gefährdet wird. Und dann würde sich die Verantwortungslage im wahren Sinne der Wortbedeutung anders darstellen lassen: Den sozialen Vater träfe jetzt eine (rechtliche!) Verantwortung, den Kontakt mit dem Kind nicht schroff und unverarbeitet abreißen zu lassen, ebenso träfe die Mutter die Pflicht, den abrupten Abbruch der Beziehungen zu verhindern und dem Kind die psychische Verarbeitung der Trennung zu ermöglichen. Allerdings glaube ich, dass für solche Konstellationen die staatlichen Eingriffsmöglichkeiten nach § 1666 BGB ausgereicht hätten.

Das Umgangsrecht dritter Personen bedarf nach meiner Ansicht überhaupt der Überprüfung, was immer internationale Juristendokumente dazu aussagen mögen. Das Konzept des Grundgesetzes überlässt den Eltern die Pflege und Erziehung ihrer Kinder nach eigenen Vorstellungen und gesteht, soweit sie sich einig sind, dem Staat nur ein Wächteramt zu, kraft dessen er gegen gravierende Gefährdungen des Kindeswohls einschreiten kann. Dagegen ist es dem Staat nicht erlaubt, den Eltern die Gestaltung der Pflege und Erziehung positiv vorzuschreiben. Daran hält sich das Kindschaftsrecht im Großen und Ganzen, nur eben nicht beim Umgang. Das zeigt schon die Vorschrift des § 1626 Abs.3 S.2 BGB, wonach zum Wohl des Kindes auch der Umgang mit anderen Personen als den Eltern gehören soll, «zu denen das Kind Bindungen besitzt, wenn ihre Aufrechterhaltung für seine Entwicklung förderlich ist». Das Kindswohl wird hier positiv mit Inhalten aufgeladen,[39] so als ob der Staat gesicherte Kenntnisse darüber hätte, was den Kindern gut tut und was nicht, während in Wirklichkeit Konsens nur über die eindeutig kindschädlichen Verhaltensweisen und allenfalls die «am wenigsten schädlichen Alternative»[40] zu erzielen ist. Bestimmen zu können, mit wem das Kind Kontakte hat, welcher Art, wie häufig und zu welcher Zeit, gehört zu den wichtigsten Instrumenten des Sorgerechts, die es den Eltern ermöglichen, ihrer (rechtlichen!) Verantwortung gerecht zu werden. Die Einräumung von Umgangsrechten zugunsten diverser dritter Personen bedeutet nichts anderes als eine *generelle Beschränkung des Personensorgerechts,* denn soweit das Umgangsrecht des Dritten greift, hört das Umgangsbestimmungsrecht des Personensorgeberechtigten auf. Es stellt sich die Frage, ob eine derartige allgemeine Einschränkung der Elternsorge ohne Rücksicht auf konkret drohende Kindswohlgefährdung dem Konzept des Grundgesetzes entspricht – diese Frage erledigt sich auch nicht mit einem Verweis auf Abkommen des Europarates und Positionen des Europäischen Gerichtshofes für Menschenrechte. Man übertrage doch nur das beim Umgang verfolgte Verfahren auf andere Bereiche: Ließen sich nicht auch für die medizinische Behandlung des Kindes den Eltern positive Vorgaben machen? Für die Wahl der Schule? Für allfällige Entscheidungen des schulischen Lebens, da doch auch die Lehrer (sogar rechtliche!) «Verantwortung tragen»? Für den Bereich der sportlichen Entfaltung?

Die Herleitung von Umgangsrechten aus früher getragener «tatsächlicher Verantwortung» – begriffen als bloße Tatsache des Zusammenlebens oder einer häufigen Begegnung mit dem Kind – öffnet letztlich der Beliebigkeit Tür und Tor. Wann werden die neuen Partner des also Umgangsberechtigten auf der Schwelle stehen, die bei den Umgängen anwesend waren? Wann die «Umgangsgroßmütter» und «-väter»?[41] Das derzeitige Recht glaubt dem Kindeswohl am besten dadurch zu dienen, dass es die Lebenswelt des Kindes rechtlich zerstückelt: Spaltung des Sorgerechts, Vervielfältigung der Umgangsrechte, Mehrung der Gerichtskontakte. Könnte es sein, dass sich diese Linie, die das Kind einem Ansturm von sich kreuzenden Erwachsenenrechten aussetzt, als *generell kindschädlich* erweisen wird?

39 *Zur Vermehrung solcher Zugriffe s. meinen Beitrag «Rechtserwartungen an die Institution ‹Familie›», in: Vierteljahresschrift für wissenschaftliche Pädagogik, Heft 1/2004, S. 14 ff.*

40 *Grundlegend und leider von vielen deutschen Gerichten nicht hinreichend beachtet: J.Goldstein/ A. Freud/ A.J. Solnit, Jenseits des Kindeswohls, dt. Übersetzung mit einem Beitrag von S. Simitis, Frankfurt am Main 1974.*

41 *So will ich die Eltern des umgangsberechtigten Dritten bezeichnen.*

## V.

Verantwortung ist ein großes Wort, aber auch ein gefährliches. Die Gefahrenzone ist spätestens dort erreicht, wo mit Verantwortung keine Pflichtensituation verknüpft wird, sondern nur noch Zuständigkeiten, Kompetenzen und subjektive Rechte des Verantwortungsträgers begründet werden sollen. Gleichwohl gilt: Abusus non tollit usum. Die Möglichkeit, soziale und rechtliche Begriffe sinnwidrig einzusetzen, hindert nicht ihren rechten Gebrauch. Wir kommen ohne Verantwortung weder in der Politik noch im Recht aus. Das zeigt das Reden und Wirken von Margot v. Renesse, der ich diesen Essay in Verehrung zueigne.

Von Wolfgang Clement

# Für eine menschenwürdige Nutzung biowissenschaftlicher Forschung

## Eine (Zwischen-) Bilanz zur Stammzellendebatte

Die Debatte begann – wie leider zu oft in Deutschland – mit gewaltiger Verspätung. Bereits im Jahr 1996 hatte der Max-Planck-Forscher Davor Solter auf die herannahende Klon- und Stammzellentechnik aufmerksam gemacht und davor gewarnt, diese Entwicklung zu verschlafen. Es wäre vielleicht «keine schlechte Idee», stichelte Solter damals in der Zeitschrift «Nature», «wenn wir uns in Deutschland jetzt überlegen, was wir in Zukunft zu tun gedenken.»

Im Sommer 1996 kam in Großbritannien Klonschaf Dolly zur Welt, bald darauf wurden die ersten humanen embryonalen Stammzellen in einem amerikanischen Labor gezüchtet und spätestens im November 1998 wusste die Weltöffentlichkeit: Es gibt sie, jene Zellen, die Heilung für bisher unheilbar Kranke versprechen. Die Alleskönner wachsen zu Haut- und Hirngewebe heran. Sie tragen das Potential zur Insulinproduktion ebenso in sich wie die Fähigkeit, defekte Herzmuskeln zu reparieren.

In der deutschen Öffentlichkeit blieb diese Entwicklung in den Lebenswissenschaften und die damit möglicherweise verbundenen medizinischen Potentiale weitgehend unbemerkt, sieht man von einigen Sensationsmeldungen über das Klonschaf Dolly ab. Und selbst die Fachleute waren offenbar skeptisch. Das änderte sich erst, als die Deutsche Forschungsgemeinschaft nicht zuletzt in Reaktion auf ein ihr zur Förderung vorliegendes Forschungsprojekt des Bonner Mediziners Prof. Dr. Oliver Brüstle, das unter anderem den Import humaner embryonaler Stammzellen aus Israel beinhaltete, im Mai 2000 ihr zunächst ablehnendes Urteil zur embryonalen Stammzellforschung revidierte.

Die Revision fiel gründlich aus und sie kam für viele überraschend: Nun gelte es nicht nur, so die Deutsche Forschungsgemeinschaft, die in den Labors weltweit verstreuten Zellkulturen zu importieren, gegebenenfalls müsse man auch in Deutschland Zellen aus so genannten überschüssigen Embryonen gewinnen können und hierfür das zehn Jahre alte Embryonenschutzgesetz überarbeiten.

Damit war die Politik gefordert. Ihre Reaktion fiel freilich eher zögerlich aus. Die Deutsche Forschungsgemeinschaft drängte, das Thema «Stammzellenforschung» rückte allmählich aus den Feuilletons auf die Titelseiten der Zeitungen, Bundespräsident und Bundeskanzler meldeten sich in durchaus unterschiedlicher Akzentuierung zu Wort, der Bundestag nahm sich des Themas an und es wurde rasch klar: So spät die Debatte einsetzte, so heftig und vor allem so – typisch deutsch! – grundsätzlich wurde sie geführt.

Ich hatte mich – damals im Amt des Ministerpräsidenten des Landes Nordrhein-Westfalen – aus der Einsicht, dass es bei der modernen biomedizinischen Forschung große Chancen, aber nicht minder große Risiken gibt, an dieser Debatte beteiligt, und das zu einem vergleichsweise frühen Zeitpunkt. So habe ich auch öffentlich auf der Rheinischen Synode der Evangelischen Kirche im Januar 2001 auf den schwierigen Prozess der ethischen Abwägung zwischen absolutem Lebensschutz und Heilungschancen hingewiesen, was mit Nachdenklichkeit aufgenommen wurde, allerdings öffentlich kaum Beachtung fand.

Ganz anders ein halbes Jahr später nach meinem Besuch in Israel, wo ich in Haifa ein Forschungsinstitut besuchte, an dem mit humanen embryonalen Stammzellen gearbeitet wurde, welche die mich begleitenden Bonner Forscher für ihre Arbeit importieren wollten. Ich hatte mit harten Auseinandersetzungen gerechnet, aber dass die Reaktion auf meine in der Tat ganz praktische Unterstützung der Forschung auch mit humanen embryonalen Stammzellen in Deutschland zumindest in einigen Fällen die bei einem Politiker durchaus weit gezogene Grenze überschritt, das habe ich dann doch nicht erwartet. Allerdings habe ich weiterhin meine Position in die öffentliche Debatte eingebracht.

Mir ging und geht es auch heute darum, die Ergebnisse moderner biowissenschaftlicher Forschung menschenwürdig nutzen zu können. Ich halte das durchaus für vereinbar mit einer christlichen Ethik, und zu einer solchen Ethik gehört nach dem Gebot der Nächstenliebe immer auch die Ethik des Heilens. Konkret gesprochen: Wir müssen abwägen zwischen dem Schutzbedürfnis schwerkranker Menschen und dem Schutzbedürfnis künstlich befruchteter humaner Eizellen, die nicht in den Mutterleib eingeführt werden, also nicht bestimmt sind, zu menschlichem Leben zu werden. So gewonnene humane Stammzellen sollten wir zum Zwecke der Grundlagenforschung nach Deutschland importieren dürfen.

Mir ging es auch um Transparenz, Kontrolle und ethische Begleitung solcher Forschungsprojekte. Dies war und ist nach meinem Eindruck hierzulande besonders gut gewährleistet an akademischen Forschungseinrichtungen. Dort gibt es Ethik-Kommissionen, und Forschungsmittel werden nur für solche Projekte zur Verfügung gestellt, die höchsten wissenschaftlichen Anforderungen genügen.

So viel zu der von mir damals auf zahllosen Veranstaltungen vorgetragenen Position in der Stammzellendebatte, die ja zumindest in Teilen Eingang fand in das vom Bundestag verabschiedete Stammzellgesetz. Doch bevor es soweit war, brandete die Stammzellendebatte in all ihren Facetten erst einmal hoch. Sie bewegte sich dabei um die beiden Pole «Ethik des absoluten Lebensschutzes» und «Ethik des Heilens», jeweils munitioniert mit den entsprechenden verfassungsrechtlichen, theologischen und philosophischen Argumenten.

Das ging teilweise so weit, dass den Forschern Kannibalismus vorgeworfen wurde; für vage Heilsversprechen opferten sie die unantastbare Würde des Menschen. Das sei bigott, konterten die Forschungsbefürworter. Der Zellhaufen im Gefrierschrank – ohnehin dem Tod durch Auftauen geweiht – werde höher geachtet und besser geschützt als das heranwachsende Kind im Mutterleib.

Doch schließlich obsiegte die Nachdenklichkeit. Dass dies gelang, war nicht zuletzt der Bochumer Bundestagsabgeordneten Margot von Renesse zu verdanken. Als Vorsitzende der Enquete-Kommission «Recht und Ethik der modernen Medizin» des Deutschen Bundestages nahm sie in der Debatte über die Stammzellenforschung eine Schlüsselposition ein. Als gelernte Juristin wusste sie die rechtlichen, vor allem auch die verfassungsrechtlichen Implikationen des Problems zu bewerten und als erfahrene Politikerin drängte sie immer wieder darauf, bei allem notwendigen Streit in der Sache sich nicht den Weg zu möglichst mehrheitsfähigen Lösungen zu verbauen.

Margot von Renesse mahnte die Kombattanten im Streit um die Biopolitik der Zukunft zur Besonnenheit, und ich verrate sicherlich kein Geheimnis, wenn ich sage, dass auch ich zu den Adressaten dieser Mahnungen gehörte. Margot von Renesse tat dies mit der ihr eigenen Zurückhaltung. Öffentliche Kritik an Personen hörte man von ihr selten. Sie suchte nicht das Mikrophon, sondern griff lieber zum Telefon. Aber im Gespräch unter vier Augen nahm sie, wie ich mich gut erinnern kann, kein Blatt vor den Mund.

Im Kern ging es ihr darum, die Beteiligten an der Stammzellendebatte für die Einsicht zu gewinnen, dass keine der hartnäckig vertretenen Positionen verwerflich sei, dass man sich nicht gegenseitig absprechen dürfe, moralisch handeln zu wollen, die einen im Sinne eines möglichst absoluten Lebensschutzes, die anderen in der Abwägung hochrangiger Interessen unheilbarer Kranker. Das klingt nach Formelkompromiss oder anders gesagt: Nach Moral im Plural. Aber damit, so scheint es, werden wir, wenn es um Biopolitik geht, in Zukunft leben müssen, nicht nur in Deutschland, auch – und besonders – in Europa.

Immerhin war die gegenseitige Achtung kontroverser Positionen in der Stammzellendebatte die Voraussetzung dafür, dass der Bundestag das «Gesetz zur Sicherstellung des Embryonenschutzes im Zusammenhang mit der Einfuhr und Verwendung menschlicher embryonaler Stammzellen» im April 2002 mit klarer Mehrheit verabschieden konnte. Auf dieser gesetzlichen Grundlage wurde die Deutsche Forschungsgemeinschaft handlungsfähig, und heute arbeiten in Deutschland nach sorgfältiger Prüfung und Genehmigung mehrere Forschungsinstitute mit humanen embryonalen Stammzellen. Als Befürworter dieser Forschungsarbeit finde ich das gut so, ohne dass ich sähe, dass damit die Stammzellendebatte an ihr Ende gekommen sei.

Bereits vor der Verabschiedung des Stammzellgesetzes im Deutschen Bundestag hatten Forscherinnen und Forscher davor gewarnt, dass die damals in Betracht gezogene Stichtagsregelung für den Import von humanen embryonalen Stammzellen realitätsblind sei. Dies vor allem, weil sich der in globaler Konkurrenz fortschreitende Gang der Forschung und die Entwicklung moderner Labortechniken durch Vorgaben des deutschen Gesetzgebers nicht beeindrucken ließen.

Das Gesetz legte dann den 1. Januar 2002 als Stichtag fest, das heißt, nach Deutschland dürfen nur solche Stammzelllinien importiert werden, die vor diesem Tag gezüchtet worden sind. Dies ist zwar durchaus im Blick darauf nachvollziehbar, dass der Gesetzgeber die Züchtung humaner Stammzelllinien eigens für den Import nach Deutschland (Stichwort: Embryonenverbrauch) verhindern wollte, aber es setzt gleichzeitig den Erfolgsaussichten deutscher Forscherinnen und Forscher enge Grenzen. Denn unter Fachleuten ist inzwischen klar, dass jüngere Stammzelllinien auf Grund weiter entwickelter Labortechniken und neuer Erkenntnisse über molekulare und zelluläre Dispositionen eine weitaus bessere Eignung für die anstehenden Forschungsarbeiten aufweisen, als das bei den älteren Linien der Fall ist. Hinzu kommt: Die älteren Stammzelllinien sind allesamt in Nährlösungen gezüchtet worden, die aus Mäusezellen bestehen. Wegen der mit einer Xenotransplantation verbundenen Gefahren verbietet sich der therapeutische Einsatz von Therapeutika, die auf ihrer Grundlage gewonnen wurden, von vornherein.

Wer glaubt, dies seien Probleme, die nur für Fachleute von Bedeutung sind, der irrt. Spätestens dann, wenn der Stammzellenforschung im Ausland ein Durchbruch gelingt, wird das Thema auch bei uns wieder medial auf der Tagesordnung stehen, zumal bereits jetzt Stimmen aus der Forscherszene laut werden, die auf diesen Zusammenhang hinweisen. Da hilft es auch nicht, der Wissenschaft hierzulande vorzuhalten, sie greife sofort nach der ganzen Hand, wenn man ihr den kleinen Finger (Stammzellgesetz) gereicht habe. Auch dies ist einer jener Stehsätze, die in der Stammzellendebatte des Jahres 2001 immer wieder zu hören waren und aus denen ein Misstrauen gegenüber den Forscherinnen und Forschern hierzulande spricht, das ich für ungerechtfertigt halte.

Bei allen Diskussionen, an denen ich teilgenommen habe, sind mir Forscherinnen und Forscher begegnet, die eine sehr differenzierte und problembewusste Sicht der Dinge haben. Sie gehen verantwortungsvoll mit den Ergebnissen ihrer Tätigkeit um, und sie wissen, dass auch die Methoden und Wege, auf denen sie zu diesen Ergebnissen kommen, öffentlicher Nachfrage und Kritik Stand halten müssen. Dies gilt auch und gerade für die Heilungschancen, die im Zusammenhang mit der Stammzellforschung erörtert werden. Ich zumindest habe es nicht erlebt, dass hier in unverantwortlicher Weise geradezu Heilsversprechen gemacht wurden, – im Gegenteil: Für solche Stellungnahmen der Wissenschaft waren eher vorsichtige Zurückhaltung und weit in die Zukunft weisende Prognosen charakteristisch.

Es stimmt ja auch: Vieles, was man sich von der Stammzellforschung heute verspricht, mag nie eintreffen. Dafür wird manches möglich werden, was heute keiner vermutet. Vielleicht auch Problematisches. Forschung wird von Neugier, Risikobereitschaft, dem Wunsch nach Naturbeherrschung und dem Zweifel an überkommenen Selbstverständlichkeiten getrieben. Darum halte ich auch ein Misstrauen für ungerecht, das in pauschaler Weise unterstellt, Forscherinnen und Forscher überschritten Grenzen moralischer Gebote – etwa aus persönlichem Ehrgeiz, oder gar aus Geldgier.

Dieses Misstrauen gibt es freilich, und unsere Gesellschaft steht in der Pflicht, es aus der Welt zu schaffen, wenn wir eine erfolgreiche Entwicklung von Wissenschaft und Forschung im Interesse der Menschen und nicht zuletzt auch als Grundlage für die Schaffung zukunftssicherer Arbeitsplätze hierzulande haben wollen. Darum halte ich es für notwendig, die Regeln und Verfahren transparent und eindeutig zu gestalten, damit die Forscherinnen und Forscher bei uns ihre Arbeit frei von Verdächtigungen gestalten können. Dazu gehört auch die nüchterne und vor allem rechtzeitige Überprüfung gesetzlicher Standards, wenn offenbar wird, dass sie der Forschung in Deutschland nur schwer zu rechtfertigende Grenzen setzen.

Um es konkret zu machen: Ich halte die Stichtagsregelung im Stammzellgesetz für überprüfungsbedürftig, nicht weil ich die Stammzellendebatte des Jahres 2001 wiederholen will, sondern weil ich hoffe, dass wir daraus gelernt haben, wie wichtig es ist, Problemlagen nicht zu verdrängen, sondern rechtzeitig, offen und öffentlich darüber zu diskutieren und dann zügig zu entscheiden. Ich fürchte allerdings, dass es wieder Stimmen geben wird, die in der Stichtagsregelung einen «Rubikon» sehen, der keinesfalls überschritten werden darf.

Dieses Bild vom «Rubikon», das schon in der Stammzellendebatte immer wieder bemüht wurde, halte ich für problematisch. Es erweckt den Eindruck, als gäbe es eine klare, ein für allemal festgelegte Grenze. Doch bei den Lebenswissenschaften handelt es sich um ein Gebiet, auf dem immer wieder neue Grenzfragen aufgeworfen werden. Deshalb liegt es nach meiner Überzeugung nahe, Schritt für Schritt vorzugehen, statt alles abschließend bewerten und begrenzen zu wollen.

So wie ich es sehe, gilt dies für die biomedizinische Forschung und für die ethische Bewertung gleichermaßen. Beide lassen sich im Zeitalter der Globalisierung nicht mehr allein national diskutieren und regeln. Das kann man ja bedauern, aber eine Gesellschaft im 21. Jahrhundert muss lernen, damit umzugehen. Tut sie das nicht, wird sie sich nicht nur von internationalen Entwicklungen in der Forschung abkoppeln, sondern auch ethisch in Probleme kommen.

Denn auch die ethische Debatte hat eine internationale Dimension, die wir zur Kenntnis nehmen müssen. Die schottischen Presbyterianer beispielsweise halten therapeutisches Klonen für vereinbar mit ihrem Verständnis von christlicher Ethik. Die Evangelische Kirche Österreichs hat sich in ihrer Denkschrift vom Oktober 2002 für eine Öffnung hin zur Forschung mit humanen embryonalen Stammzellen ausgesprochen und in Israel sind die ethischen Probleme, die wir in Deutschland diskutieren, nicht von Gewicht, weil im jüdischen Glauben menschliches Leben erst mit der Geburt beginnt.

Wenn wir also, wofür ich mit aller Entschiedenheit eintrete, internationale ethische Standards für biomedizinische Forschungsarbeiten vereinbaren und ihre Einhaltung durchsetzen wollen, dann werden wir mit Maximalpositionen und Absolutsetzungen nicht weiter kommen. Damit will ich keinem moralischen Minimalismus das Wort reden, sondern mir geht es darum, die Erkenntnisse moderner biowissenschaftlicher Forschung menschenwürdig nutzen zu können.

Dies nicht zuletzt auch deshalb, um die internationale Konkurrenzfähigkeit deutscher Forscherinnen und Forscher zu sichern. Dieser Aspekt ist mir in den Diskussionen über die Stammzellforschung zu kurz gekommen. Wer ihn, wie ich das getan habe, angesprochen hat, der sah sich oftmals dem Vorwurf ausgesetzt, dies markiere das Ende jeder Moral.

In meinen Augen ist das zu simpel. Heute ist klar, dass der gesamte Bereich der Lebenswissenschaften zu den innovativsten und zukunftsträchtigsten Technologien gehört, die wir haben. Wer sich aus den internationalen Entwicklungen in diesem Bereich ausklinkt, der wird nicht nur in der Forschung ins Hintertreffen geraten, sondern auch bei der Umsetzung ihrer Ergebnisse in innovative Produkte, bei der Verwertung von Erfindungen und Innovationen und damit dann auch bei der Sicherung vorhandener und bei der Schaffung neuer Arbeitsplätze. Ich halte das für eine sozial-ethische Dimension, der ich mich als Politiker, der für die Entwicklung von Wirtschaft und Arbeit in diesem Land mitverantwortlich ist, nicht entziehen darf und auch nicht entziehen werde.

Alles in allem darf man sich nichts vormachen: Was wir vor zwei Jahren in der biopolitischen Debatte erlebt haben, dürfte ein laues Lüftchen sein im Vergleich mit dem, was unsere Gesellschaft in fünfzig Jahren an Stürmen zu bestehen haben wird, wenn es dann um die ethische Bewertung biomedizinischer und biogenetischer Forschungsperspektiven und Ergebnisse gehen wird.

Dafür sollten wir uns heute wappnen durch die Einübung einer handlungsrelevanten und handlungsorientierenden Streitkultur, in der Wissenschaft, Politik und Öffentlichkeit lernen, sich wechselseitig Handlungsspielräume und Handlungsgrenzen plausibel zu machen, um sie dann gemeinsam, in möglichst breitem Konsens normiert, festzulegen.

Das wäre im übrigen – im klassischen Weberschen Sinne – eine Verantwortungsethik, die gesellschaftliche Entwicklungsprozesse befördert, ohne dabei moralische Standards und Normen aufzugeben. Gesinnungsethische Absolutsetzungen führen demgegenüber zu einer Gesellschaft, die sich abschottet und in einem Selbstlähmungsprozess erstarrt. Daran kann niemandem gelegen sein.

Von Maria Böhmer

# Als wir Parlamentsgeschichte schrieben

## Ein Rückblick auf die Entstehung des Stammzellgesetzes.

«Am Anfang herrschte blankes Misstrauen» hat ein gut informierter Journalist über den Beginn der Zusammenarbeit zwischen Margot von Renesse, Andrea Fischer, Wolf-Michael Catenhusen und mir in der Frage des Imports embryonaler Stammzellen geschrieben.[1] Hätten wir uns blank misstraut, wären wir wahrscheinlich nicht zusammengekommen. Völlig im Klaren waren wir uns aber über die Haltung des jeweils anderen tatsächlich nicht: Wie hätte es auch anders sein sollen, trafen wir uns doch gewissermaßen auf der Sturmwelle der bioethischen Debatte, die längst die Parteigrenzen überspült hatte, ohne deshalb eine klare Richtung einzuschlagen. Am Ende, als sich – nein, als wir – die Wogen geglättet hatten, machten wir eine gemeinsame Bootsfahrt: als symbolischer Abschluss einer Zusammenarbeit, die ich nicht vergessen werde, getragen von Wertschätzung und Vertrauen, die bis heute anhalten.

Sturmwellen hinterlassen ihre Spuren im Gedächtnis, in jedem Gedächtnis aber andere Spuren. Meine Spuren möchte ich im Folgenden nachzeichnen, im Wissen, dass sie sich mit anderen überschneiden und dennoch meine Spuren bleiben: Wertschätzung schätzt nicht das absolut Identische, sondern die produktive Differenz.

### Biopolitik im Jahr 2001

1997 wurde Dolly geboren, Ende des Jahres 1998 gelang es amerikanischen Forschern erstmals, aus menschlichen Embryonen Stammzellen zu isolieren und daraus mehrere Zellinien zu gewinnen. Ende 2000 stimmte eine Mehrheit im britischen Unterhaus für die Forschung an bis zu 14 Tage alten Embryonen und das sogenannte therapeutische Klonen. Bereits im Juni 2000 hatte das amerikanische Unternehmen Celera den Rohentwurf der Erbsequenz des Menschen präsentiert. In schöner Regelmäßigkeit werden seither verbesserte Datensätze vorgestellt, der vorläufig letzte im Oktober dieses Jahres: Ein Mediencoup in Form einer Stufenrakete, von dem wir Politikerinnen einiges lernen können.

1 *C. Schwägerl: «Das biopolitische Quartett», in: FAZ, 25. April 2002.*

Der technische Fortschritt und die politische Entscheidung stimulierten Ängste und Euphorien gleichermaßen. In ethisch sensiblen Bereichen fühlten wir uns in Deutschland aber halbwegs sicher hinter den wohlgegründeten Mauern des 1990 verabschiedeten Embryonenschutzgesetzes. Die Herstellung von Embryonen zu Forschungszwecken, die Gewinnung von Stammzellen, die Klonierung von Embryonen: Fragen, die in Deutschland rechtlich im Sinne eines Verbots beantwortet und zudem gesellschaftlich breit akzeptiert schienen.[2]

Aber die Mauern des Rechts halten zum einen nur, so lange eine Mehrheit an ihrer Haltbarkeit interessiert ist und zum anderen, solange keine Schlupflöcher entdeckt und ausgenutzt werden. Das war zu Beginn des Jahres 2001 weniger klar als zuvor: Ende 2000 hatte der Bundeskanzler von einer Diskussion ohne Scheuklappen gesprochen, Anfang 2001 erklärte er, einen Nationalen Ethikrat einsetzen zu wollen, der am 3. Mai seine Arbeit aufnahm.[3] Beides wurde weithin als Versuch interpretiert, Spielräume für die Politik zu öffnen: Denn mit der zweiten Enquete-Kommission «Recht und Ethik der modernen Medizin» unter dem umsichtigen Vorsitz von Margot von Renesse existierte bereits ein parlamentarisch legitimiertes Gremium, das sich mit großem Sachverstand, Ernsthaftigkeit und Produktivität wichtiger Fragen der Gentechnologie annahm. Aus der Sicht des Bundeskanzlers und seiner Forschungsministerin hatte es aber offenkundig den Nachteil, mehrheitlich nicht «fortschrittlich» genug gesinnt zu sein. In diesem Fall ging unsere, zumindest meine persönliche Empörung über das in der Opposition sonst übliche Maß hinaus.

Aber – wie alle Politikerinnen und Politiker wissen – stimmen die tatsächlichen Folgen politischer Entscheidungen so manches Mal nicht mit den intendierten überein: Die Enquete-Kommission wurde allgemein als höher legitimiert wahrgenommen, und die prinzipielle Diskussion nahm einen ungeahnten Aufschwung, zu dem die Politisierung der Feuilletons ausgehend von der FAZ einen entscheidenden Beitrag leisteten. Diese Diskussion machte für mich insbesondere eines deutlich: Weitaus mehr Stimmen, als ich vermutet hatte, richteten sich gegen die Annahme, das menschliche Leben, seine Würde und seine Schützwürdigkeit beginne mit der Verschmelzung von Ei- und Samenzelle. Im Januar 2000 verblüffte Kulturstaatsminister Nida-Rümelin

2 *Sie waren vor der Verabschiedung des Gesetzes Mitte der 80er Jahre ausführlich in der Enquete-Kommission «Chancen und Risiken der Gentechnologie» unter dem Vorsitz von W.-M. Catenhusen diskutiert worden.*

3 *«Ohne Scheuklappen»: Interview mit der «Woche» vom 22. Dezember 2000; Idee eines Ethikrates: Rede von G. Schröder auf dem Jahresempfang der Evangelischen Akademie Tutzing am 17. Januar 2001; Kabinettsvorlage vom 25. April 2001.*

die Öffentlichkeit mit der Auffassung, die Menschenwürde sei an die Selbstachtung des Individuums gebunden, und er blieb nicht der einzige. Durchaus überraschend war auch die Lautstärke jener wenigen Mitglieder meiner Partei, die einer «Ethik des Heilens» das Wort redeten.

Etwa zur selben Zeit tat sich in den Mauern, deren Gründung mit einem Mal weniger fest als angenommen schien, eine Gesetzeslücke auf, jedenfalls konnte man das so sehen: Denn das Embryonenschutzgesetz verbot nicht den Import von ES-Zellen. Es konnte ihn explizit gar nicht verbieten, weil embryonale Stammzelllinien zum Zeitpunkt seiner Verabschiedung noch nicht existiert hatten. Margot von Renesse und Andrea Fischer machten früh auf die Notwendigkeit einer gesetzlichen Regelung aufmerksam.[4]

In einem vielbeachteten Paradigmenwechsel verband die Deutsche Forschungsgemeinschaft unter ihrem Präsidenten Ernst-Ludwig Winnacker die Tatsache eines fehlenden Importverbots mit der Zustimmung zur Forschung an ES-Zellen.[5] Vor diesem Hintergrund stellte der nordrhein-westfälische Ministerpräsident Wolfgang Clement Anfang Mai 2001 dem Bonner Stammzellforscher Oliver Brüstle den baldigen Import von ES-Zellen in Aussicht. Aber auch er hatte die Folgen seines Handelns nicht bis in Letzte bedacht. Das forsche Vorgehen ohne jede ethische Begründung verkannte, dass Politik und Öffentlichkeit bereits in hohem Maße für die grundsätzliche Frage des Lebensschutzes ab ovo sensibilisiert waren. Der Protest kam von allen Seiten, die prinzipielle Diskussion erreichte ihren Höhepunkt. Am 18. Mai sprach sich Bundespräsident Johannes Rau für den vollen Lebensschutz des Embryos, für alternative Forschungswege und gegen die Präimplantationsdiagnostik (PID) aus. Am 31. Mai debattierte der Deutsche Bundestag über «Recht und Ethik der modernen Medizin.» Margot von Renesse eröffnete die Aussprache. Sie ging von der Hoffnung des Menschen aus, sein eigenes Schicksal zu bestimmen, die Ohnmacht vor dem Zufall zu bekämpfen, aber auch von der Angst, das, was den Menschen ausmacht, zu verändern. Den Embryo, auch den in vitro gezeugten, bezeichnete sie als das «zukünftige Kind zukünftiger Eltern und sonst nichts», ein Wort, das seither vielfach aufgegriffen wurde. Ich sprach nach ihr und stellte ebenfalls Hoffnungen und Ängste an den Anfang. Bereits vor der Debatte hatte ich die DFG eindringlich gebeten, die Gesetzeslücke nicht auszunutzen. Trotz einiger Bedenken hatte Ernst-Ludwig Winnacker schließlich zugesagt. Nun erhielt ich für meine Aussage: «Die

4 *«Niemand hat das Recht, über den Lebenswert eines Menschen zu entscheiden. In der Biopolitik müssen ethische Erwägungen mehr sein als eine lästige Pflichtübung», in: FAZ, 3. März 2001.*

5 *Empfehlungen der DFG zur Forschung mit menschlichen Stammzellen vom 3. Mai 2001.*

Entscheidungsfindung gehört in den Deutschen Bundestag» Beifall von allen Fraktionen.[6] Damit bestand ein unaufschiebbarer Entscheidungsbedarf. Im Übrigen erinnere ich mich an nur wenige Bundestagsdebatten, über die so ausführlich und an so prominenter Stelle berichtet wurde. «Historische Grundsatzdebatte», «Stunde des Gewissens» und «Großkampftag für die Ethik» titelten die Zeitungen.[7]

## Wir kommen von verschiedenen Enden

Damals war ich mir noch nicht sicher, ob in bio-ethischen Fragen zwischen Margot von Renesse und mir die Unterschiede nicht die Gemeinsamkeiten überwogen. Wir sprachen beide von der Menschenwürde des Embryos, aber Margot von Renesse erklärte, die Menschenwürde lasse sich nicht wie eine «bionomische Formel in der Mathematik» benutzen, sie widerstehe jeder «Verdichtung zur Ideologie». Damit konnte ich mich grundsätzlich einverstanden erklären. Aber welche Türen konnten oder sollten damit geöffnet werden? Ich selbst sprach von der Menschenwürde als Kompass.[8] Für mich ist damit die Unverfügbarkeit menschlichen Lebens gemeint, die sich – christlich gesprochen – auf die Gottebenbildlichkeit des Menschen bezieht. Der Mensch ist Zweck an sich und darf nie zu anderen Zwecken missbraucht werden. Deshalb bin ich auch gegen jede verbrauchende Embryonenforschung.

Hinzu kamen Unterschiede in der Bewertung der PID, die neben der Forschung an ES-Zellen im Jahr 2001 in Deutschland am heftigsten diskutierte Frage aus dem Bereich der Bio- und Medizinethik. Im Deutschen Bundestag und in großen Zeitungsbeiträgen sprach sich Margot von Renesse dafür, ich dagegen aus.[9] Woher diese unterschiedlichen Positionen bei ähnlichen Ausgangspunkten? Uns verband und verbindet ja nicht nur, den Lebensschutz grundsätzlich zum frühestmöglichen Zeitpunkt anzusetzen, was bei der Fülle der auch im Deutschen Bundestag geäußerten Positionen keine Selbstverständlichkeit mehr ist. Uns verbinden darüber hinaus auch unsere christlichen Wurzeln. Es ließ aufhorchen, als sich die Sozialdemokratin von Renesse im Deutschen Bundestag auf die Bergpredigt bezog.[10]

6 *Deutscher Bundestag, 14. Wahlperiode, Stenographische Sitzungsprotokoll. 173. Sitzung, Do., 31. Mai 2001, M. von Renesse S. 16885, 16886, M. Böhmer S. 16887, 16888, im Folgenden abgekürzt: BT 173.*

7 *«Historische Grundsatzdebatte»: Die Welt 1. Juni 2001, S. 1; «Stunde des Gewissens»: Berliner Morgenpost, 1. Juni 2001, S. 6, «Großkampftag»: Der Tagesspiegel. 1. Juni 2001, S. 3.*

8 *BT 173, M. von Renesse S. 16885, M. Böhmer S. 16887.*

9 *M. von Renesse BT 173, S. 16886 und in: Die Woche, 11. Mai 2001: «Verbieten hilft nicht»; M. Böhmer BT 173, S. 16888 und in: FAZ, 15. Dezember 2001: «Auf dem Weg in die Selektionsmedizin».*

10 *BT 173, S. 16886 und BT 233 (25. April 2002), S. 23211.*

Wenn ich heute darüber nachdenke, was der Kern unserer unterschiedlichen Positionen war, denke ich, dass wir in unserem Rechtsempfinden von verschiedenen Enden kamen und wohl auch noch kommen: Nicht nur im Fall der PID, auch im Fall des Imports von ES-Zellen, ja, in ganz grundsätzlicher Weise geht Margot von Renesse – so sehe ich es – von der Frage aus: Was darf der Gesetzgeber in einer demokratischen, pluralistischen Gesellschaft verbieten? Meine Frage – auch wenn ich sie damals nicht so formuliert habe – lautet eher: Was darf der auf die Menschenwürde und den Lebensschutz verpflichtete Gesetzgeber in ethisch hochsensiblen Bereichen erlauben?

Margot von Renesse hat erklärt: «Es ist ein großer Unterschied zwischen dem, was ich in meinem eigenen Leben für richtig halte [...] und dem, was ich in Allgemeinverbindlichkeit für alle mit der Kraft des Gesetzes gebieten und verbieten kann. Die Ethik des Gesetzgebers verlangt von ihm Zurückhaltung in Wertfragen. Denn wir sind ein Staat der weltanschaulichen Neutralität.»[11] Ich hingegen würde stärker betonen, dass auch der auf die Gleichheit aller und die Bekenntnisfreiheit des Einzelnen verpflichtete Staat in sich selbst nicht wertneutral ist und sein kann. Bereits die Verpflichtung auf weltanschauliche Neutralität ist in sich nicht wertneutral. Der Schutz von Ehe und Familie, von Eigentum, der Schutz der Menschenwürde und der freien Entfaltung der Persönlichkeit: Das alles sind Wertentscheidungen. Deswegen ist freilich nicht immer schon und in allen Einzelheiten klar, was der Schutzbereich umfasst. Die demokratische, pluralistische Gesellschaft muss sich immer wieder darüber verständigen. Diese Verständigung aber mündet wiederum in eine Wertentscheidung.

Damals, im Mai 2001, erhielt Margot von Renesse Beifall für ihre Aussage: «Wissenschaft dient der Gesellschaft [...] auch dadurch, dass sie Tabus verletzt; sonst gäbe es keine Anatomie, keinen Darwin und keinen Freud.»[12] Um noch einmal deutlich zu machen, dass wir hier von verschiedenen Enden kommen: Fortschritt ist keine objektive Größe, darin stimmen wir sicherlich überein. Das heißt aber doch auch: Wir können uns zwar eine Welt ohne Darwin und Freud nicht mehr vorstellen; ob es aber um die Welt davor schlechter bestellt war, steht auf einem anderen Blatt. Auch ist offen, wie die Gesellschaft mit wichtigen Entdeckungen umgeht und umgehen will. Hier entstehen neue Möglichkeiten, und der Auftrag zu gestalten ist gegeben. Dem geht aber ein anderer Auftrag voran: Ich halte es für die Pflicht der Politik, der Wissenschaft Kredit auf ihre Kreativität und ihre Ergebnisoffenheit zu geben. Das gebietet die Wis-

11 *BT 173, S. 16885.*
12 *BT 173, S. 16886.*

senschaftsfreiheit, und nur so bleibt eine Gesellschaft innovativ. Es kann aber nicht Aufgabe der Politik sein, der Wissenschaft Kredit auf Tabu-Verletzungen zu geben. Denn dann gäbe es für die Politik gar keine (Forschungs-)Tabus mehr. Bis zu einem gewissen Grad halten Tabus eine Gesellschaft zusammen, auch wenn das in vermeintlich tabulosen Zeiten nicht unmittelbar einsichtig sein mag. Wo aber Tabus zu fallen drohen, muss darum gestritten werden, mehr noch: Am Ende des Streits kann auch eine Befestigung der Grenze, eine Stärkung der Mauer des Rechts stehen und ein Schlupfloch kann zu einem gut bewachten Stadttor werden. Damit sind wir aber von den Unterschieden zu den Gemeinsamkeiten gelangt.

## Wir kommen zusammen

Im Jahr 2001 stand ja nicht nur der unbeschränkte Import von embryonalen Stammzellen zur Debatte, sondern auch die verbrauchende Embryonenforschung, und hier wiederum die Möglichkeit, sogenannte «überzählige» Embryonen der Forschung zu überlassen, oder gar Embryonen zu Forschungszwecken herzustellen. Rhetorisch wurde mit harten Bandagen gekämpft. «Forschungsgegner» war eher noch ein milder Begriff für jene, die sich gegen eine Forschung an ES-Zellen aussprachen. Die Befürworter der Forschung an Embryonen bedienten sich dabei zum Teil des Biologismus-Vorwurfs: Wer dem frühen Embryo Menschenwürde zuspreche, reduziere den Menschen auf den Besitz eines Satzes menschlicher Gene. Aber dachten nicht viel mehr jene biologistisch, die die Menschenwürde an bestimmte biologische Entwicklungsmomente knüpfen wollten? Ist nicht die Entscheidung für den frühest-möglichen Schutz am ehesten frei von Willkür und überdies am besten vermittelbar? [13] Ernst Benda, früherer Verfassungsrichter und Mitglied des Beirates für Fragen der Bioethik und Gentechnologie der CDU/CSU-Fraktion, verwies in dieser Frage darauf, dass nicht nur der erste, sondern die beiden ersten Grundgesetzartikel als «umfassender Respekt vor dem Humanum schlechthin» zu verstehen seien. Deshalb könne es dahin gestellt bleiben, ob bereits dem frühen Embryo Würde zukomme. Ich hielt und halte das für ein starkes Argument, weil es uns die Verfassung als Werteordnung vor Augen stellt. [14] Aber ich konnte die

13 *Der Biologismus-Vorwurf bei H. Markl: Freiheit, Verantwortung, Menschenwürde. (Ansprache auf der 52. Ordentlichen Hauptversammlung der Max-Planck-Gesellschaft in Berlin), gekürzt in: C. Geyer (Hg.): Biopolitik. edition suhrkamp, Frankfurt am Main 2001., S. 177–193; auf die Diskussion zwischen Markl und W. Frühwald geht ein: C. Geyer in FAZ, 31. Juli 2001.*

14 *E. Benda vor der CDU/CSU-Fraktion am 28. Mai 2001, abgedruckt in: Politik des Lebens. Dokumentation der Diskussion um die Chancen und Risiken der Bio- und Gentechnologie, hg. von der CDU/CSU-Fraktion im Deutschen Bundestag 2001, S. 20, 21; ders.: «Das Grundgesetz ist als eine Wertordnung zu verstehen», in: Frankfurter Rundschau, 29. Januar 2002.*

Befürchtungen der Gegner eines Imports nicht teilen, die Deutschland im Fall jeglicher Forschung an ES-Zellen bereits auf einer schiefen Ebene in die ethische Bodenlosigkeit abgleiten sahen. Ich konnte sie nicht teilen, weil ES-Zellen im Unterschied zum Embryo kein menschliches Leben sind.[15]

In der hitzigen deutschen Debatte drohte die Qualität einer Entscheidung des amerikanischen Präsidenten Bush unterzugehen: Er erklärte, in den USA dürfe nur jene Forschung an ES-Zellen mit staatlichen Mitteln gefördert werden, bei der die verwendeten Stammzelllinien vor dem Tag seiner Entscheidung, dem 9. August 2001, hergestellt worden waren. Tatsächlich entbehrt kein Stichtag der Willkür, auch dieser nicht. Vielen deutschen Beobachtern erschien zudem die in den USA übliche Unterscheidung zwischen öffentlich geförderter und privater Forschung nicht ohne Grund schizophren, wenngleich diese Wahrnehmung die Bedeutung und Freiheit von privaten Kapitalgebern in den USA einerseits und die große Zahl der Befürworter des «Nachtwächterstaates» andererseits unterschätzt.[16] Aber zugleich lagen der Entscheidung wichtige Einsichten zu Grunde: Für die bestehenden Stammzelllinien sind Embryonen getötet worden. Diese Handlung kann und darf nicht gut geheißen, aber sie kann nicht ungeschehen gemacht werden. Die daraus gewonnenen Linien existieren. Stammzellen, die man ihnen entnimmt, können sich – so der damalige Wissensstand – nicht wieder zu Embryonen entwickeln.[17] Zugleich dringt der Mensch mit der Erforschung der Stammzellen – nicht nur der embryonalen – zu einem neuen Verständnis vor, wie Leben wird, aber auch, wie Krankheiten entstehen und möglicherweise, wie sie geheilt werden können. So lautete meine Interpretation der Bush'schen Entscheidung, und ähnlich wohl jene von Margot von Renesse und Andrea Fischer. Zugegeben, die Grenze zwischen dem Kredit auf die Ergebnisoffenheit der Forschung und einem gewollten oder hingenommenen Tabubruch war schmal, zumal der Begriff einer «Ethik des Heilens» nicht überzeugen konnte: Der Wille zu heilen kann allein kein Maßstab sein, brachte es Andrea Fischer auf den Punkt,[18] schon gar nicht, so lange Therapien noch in weiter Ferne liegen. Aber sollte man deshalb den Import von Zellen verbieten, die kein menschliches Leben sind? John Gearhart, einer der führenden Stammzellforscher in den USA, gab mir einen Satz mit, der mir bis

15 *Das «slippery slope»-Argument für die Frage des Imports z.B. bei W. Höfling: «Was bringt der Mittelweg dem Embryo», in: FAZ, 28. Februar 2002.*

16 *Siehe dazu auch meinen Beitrag «Verstehen, fördern, Maß halten», in: Die politische Meinung, November 2001, S. 5–12.*

17 *Zum heutigem Wissensstand siehe H. R. Schöler: Das Potential von Stammzellen. Eine Bestandsaufnahme, in: Bundesgesundheitsblatt – Gesundheitsforschung – Gesundheitsschutz 2004-47.*

18 *BT 173, S. 16889.*

heute nicht aus dem Kopf geht, zumal er sich seither mehrfach bewahrheitet hat: «Be patient», haben Sie Geduld. Er meinte damit nicht, die Politik solle abwarten, bis alle Tabus gebrochen und alle in einer schönen neuen Welt angekommen seien. Er meinte vielmehr, dass niemand wisse, was die Forschung erbringe: Manch' entscheidender Durchbruch könne die ethischen Fragen abschwächen, statt sie zu verschärfen, weil er neue Wege aufweise; dass bis auf weiteres aber an embryonalen Stammzellen geforscht werden müsse, stand für ihn außer Frage.

Im November 2001 sprach sich zunächst die Enquête-Kommission mit deutlicher Mehrheit gegen den Import von ES-Zellen aus, wenig später dann der Nationale Ethikrat mit deutlicher Mehrheit dafür, mehr noch: Eine stattliche Minderheit des Nationalen Ethikrats plädierte für den Embryonenverbrauch in Deutschland. Zu den interessantesten Punkten im «Teilbericht Stammzellen» der Enquête gehörte für mich der konstruktive Widerspruch zu der Behauptung, die Nützlichkeit der Forschung – und damit auch ein Teil ihrer ethischen Rechtfertigung – könne nicht beurteilt werden, da Forschungsergebnisse nicht antizipierbar seien. Die Enquête erklärte nämlich eine Bewertung von Mitteln und Zielen für machbar und notwendig, und zwar in der Antwort auf Fragen wie: Können die Ziele als in naher Zukunft realisierbar gelten und welche Dringlichkeit hat das Erreichen der Ziele? [19]

Margot von Renesses Plädoyer gegen ein Verbot der PID hatte im Untertitel gelautet: «In einem strikten Veto liegt auch ein Stück Anmaßung». [20] Ich hielt und halte diese Anmaßung im Falle der PID für gerechtfertigt, ja für notwendig. Wer an die Notwendigkeit von Tabus glaubt, glaubt in bestimmten Fällen auch an Verbote. Nichtsdestoweniger stimmte und stimme ich mit dem Befund überein. Harte Ja/Nein-Entscheidungen, gerade, wenn sie nach Gut und Böse unterscheiden und auf Strafe setzen – denn wir reden nicht nur von persönlicher Moral, sondern vom Strafrecht – sind wohl immer «ein Stück Anmaßung». Vielleicht trafen und treffen wir uns genau in diesem Punkt: Margot von Renesse von der Frage des «Was ist schon zu verbieten?» ausgehend, ich von der Frage des «Was ist noch zu erlauben?», beide vereint im Bewusstsein der möglichen Anmaßung. Daraus entsteht die Verpflichtung, nicht einfach nach Gut und Böse, sondern auch nach dem Grad dieser Anmaßung zu fragen, wobei die Antwort unterschiedlich ausfallen kann. So zu denken, Zweifel

19 *12. November Enquete 26:12 gegen Import, 29. November Ethikrat 14:8 für Import, später 15:8, von den 15 wiederum 9 für Embryonenverbrauch in Deutschland. Teilbericht Stammzellen: Bundestagsdrucksache 14/7546.*

20 *Die Woche, 11. Mai 2001.*

an der absoluten Entscheidung zu hegen, ist vielleicht bis zu einem gewissen Grade weiblich: Vielleicht ist es deshalb kein Zufall, dass drei Frauen für die Ausarbeitung eines Gesetzes verantwortlich waren, das sich weder anmaßt, alles zu verbieten, noch, alles zu erlauben, aber zugleich eine klare Grenzziehung vornimmt. Sie lautet: Für die deutsche Forschung darf kein Embryo sterben.

## Die Entscheidung

Im Deutschen Bundestag war schon früh von einer Gewissensentscheidung gesprochen worden. Die Abstimmung sollte frei gegeben werden, die parlamentarischen Mehrheiten waren unklar, die Fraktionen – mit Ausnahme der Liberalen – gespalten, anders gesagt: Parteiübergreifende Gemeinsamkeiten wurden mehr und mehr erkennbar. Andrea Fischer, Margot von Renesse, Wolf-Michael Catenhusen und ich trafen uns mit Kolleginnen und Kollegen seit Ende 2001 zu interfraktionellen Gesprächen. Als im Januar 2002 insgesamt sieben Anträge zur gesetzlichen Regelung der Forschung an ES-Zellen vorlagen, waren die Schnittmengen offenkundig. Zwischen meinem Antrag[21] und demjenigen von Andrea Fischer bestand weitgehende, zwischen unseren und dem von Margot von Renesse große Übereinstimmung. Anders als sie lehnte ich zum einen den Tag des In-Kraft-Tretens als Stichtag ab, weil ich darin einen Anreiz für Forscher im Ausland sah, bis dahin weitere Stammzelllinien zu schaffen. Außerdem war ich gegen eine mögliche Befristung des Import-Verbots, hinter der das ehrenwerte Anliegen einer späteren Überprüfung der Ergebnisse stand. Aber würde die Diskussion nach Ablauf der Frist nicht wieder von vorne anfangen oder gar nicht erst zur Ruhe kommen? Andrea Fischer und ich wollten größtmögliche Rechtssicherheit und eine Dauerdiskussion vermeiden. In einer Atmosphäre wachsenden Vertrauens kamen wir innerhalb weniger Tage mehrfach zusammen und legten dann für die Abstimmung im Deutschen Bundestag am 30. Januar 2002 einen gemeinsamen Antrag vor. Er bestärkte die Mauern des Embryonenschutzgesetzes und machte aus einem Schlupfloch ein gut bewachtes Stadttor. Der Import ist nicht generell erlaubt, sondern grundsätzlich verboten. Die Ausnahmen sind an den Stichtag (1.1.2002) und eine strenge Einzelfallprüfung gebunden.[22]

Für uns gab es im Bundestag zwei Grund-Positionen: Eine große Mehrheit wandte sich gegen jede Tötung von Embryonen zu Forschungszwecken in Deutschland, eine Minderheit war bereit, die Tür für verbrauchende Embryonenforschung zu öffnen. Gleichwohl kristallisierten sich drei Gruppen heraus,

21 *Gemeinsam mit H. Seehofer, T. Rachel und W. Lensing.*
22 *Bundestagdrucksache 14/8102.*

denn nicht nur wir drei, sondern auch die Gegner jeden Imports und die Befürworter eines weitgehenden Imports hatten sich zusammengetan. Uns aber motivierte zusätzlich zu unseren grundsätzlichen Bedenken die Überlegung, dass ein absolutes Nein möglicherweise keine Mehrheit im Deutschen Bundestag finden würde. Andrea Fischer erzählte später, sie habe vor der Entscheidung nächtelang nicht schlafen können und habe sich gewünscht, «noch einmal 150-prozentig zu sein.» Als der Deutsche Bundestag nach einer intensiven Debatte und einer spannenden Abstimmung unserem Antrag im zweiten Wahlgang zugestimmt hatte und wir daran gingen, das Gesetz zu formulieren, war ich es, die nicht schlafen konnte: War die Einlass- und Ausgangskontrolle an unserem Tor auch streng genug? Was war mit Forschern, die sich im Ausland an verbrauchender Embryonenforschung beteiligten? Margot von Renesse tat sich mit der Vorstellung der Strafbarkeit einer Auslandstat schwer, verstand aber meine inhaltlichen Bedenken und meine Sorge, keine Mehrheit für das Gesetz zu bekommen: An der Umsetzung des Antrags in ein Gesetz war zum Teil harsche und vielfach unbegründete Kritik geäußert worden. Wie sehr das Vertrauen zwischen uns gewachsen war, zeigte ihr Verständnis. Während die einen fürchteten, der Antrag würde aufgeweicht, zweifelten andere daran, dass ein Gesetz rasch zustande kommen werde. Dies nährte wiederum die Zweifel der ersten an einer sauberen Umsetzung. Beide Bedenken erwiesen sich als falsch. Kaum dürfte ein Gesetzgebungsprozess je so zügig und gewissenhaft zugleich abgeschlossen worden sein.[23] Ob das daran lag, dass er aus der Mitte des Parlaments kam? Am 25. April 2002 fand das Gesetz eine überzeugend große Mehrheit.

## Gesellschaftliche Verantwortung und der Primat der Politik.

Das Gesetz trat am 1. Juli 2002 in Kraft. Auch im Rückblick halte ich es für die beste mögliche Lösung.

Die Demokratie lebt davon, unterschiedliche Überzeugungen zu vermitteln. Unsere Demokratie lebt davon, Interessen auszugleichen, möglichst viele einzubeziehen und den Konflikt, wo möglich, vor, nicht nach einer Entscheidung auszutragen. Heute ist vorschnell von einer fehlenden Streitkultur die Rede, von möglichst klaren und einfachen Reformkonzepten, die nur umgesetzt werden müssten, dann würde alles besser. Dabei wird leicht vergessen, dass der Wohlstand der Bundesrepublik, die soziale Marktwirtschaft und der innere Friede nicht trotz, sondern wegen dieses Interessenausgleichs entstehen und bewahrt werden konnten.

23 *Gesetzentwurf Bundestagsdrucksache 14/8394; umfangreiche Anhörung am 11. März 2002.*

Max Weber hat zwischen Gesinnungs- und Verantwortungsethik unterschieden. Die erste schaut nicht nach links und rechts, weiß sich und nur sich im Recht und kümmert sich nicht um Verständigung und gesellschaftliche Friktionen. Die zweite weiß noch im härtesten Meinungsstreit um die gesamtgesellschaftliche Verantwortung. Der Wohlstand und die Stabilität der Bundesrepublik können als Erfolg eines dauernden verantwortungsethischen Ringens verstanden werden. Abgesehen davon haben ökonomische Studien erwiesen, dass an Konzepten, die in Reinform umgesetzt wurden, im Nachhinein am meisten geändert wurde.

Wäre mit einem absoluten Nein zum Import von ES-Zellen die Diskussion beendet gewesen? Die Befürworter einer Forschung an ES-Zellen hätten ständig auf vermeintliche oder tatsächliche Erfolge der Forschung im Ausland verweisen können, die Polemiker unter ihnen hätten weiter über einen deutschen Sonderweg zurück ins Mittelalter polemisiert, die «brain-drain»-Diskussion wäre wohl angeschwollen und möglicherweise hätte die Bundesregierung versucht, die PID durchzusetzen. Drei entscheidende Punkte wären womöglich überdeckt worden: Erstens, wie wenig wir wissen und wie fern Therapien sind; zweitens, dass die Ergebnisse der Forschung an ES-Zellen möglicherweise zu Fortschritten im ethisch unproblematischen Bereich der adulten Stammzellen führen; und drittens, dass die deutsche Wissenschaft nicht so sehr an «zu viel Ethik» als an den Strukturmängeln der Forschungslandschaft leidet, wie es Gerd Kempermann ausgedrückt hat, einer der führenden Forscher an adulten Stammzellen.[24]

«Letztlich wird ohnehin alles gemacht, was machbar ist», lautete eine überraschend weit verbreitete Ansicht im Jahr 2001 und darüber hinaus. Sie setzt die Regulierungskräfte demokratischer Entscheidungen auf Null und führt im defätistischen Glauben an einen rein technischen Fortschritt einen neuen Schicksalsbegriff ein. Wenn ich so dächte, wäre ich nicht Politikerin geworden und Margot von Renesse und Andrea Fischer auch nicht, vermute ich. Angesichts eines rechtlichen Schlupflochs forderte der Deutsche Bundestag 2001 den Primat der Politik ein. Wir haben ihn zunächst getrennt voneinander, dann gemeinsam als Gestaltungsauftrag in gesamtgesellschaftlicher Verantwortung begriffen.[25] Zweieinhalb Jahre danach können wir mit gelassenem Selbstbewusstsein davon ausgehen, dass unsere Lösung Bestand haben wird.

24 *«Der Traum neuer Zellen für neue Menschen», in: FAZ, 17. August 2001.*

25 *So sahen es auch einige Kommentatoren: M. Feldenkirchen: «Ein besonderer Weg – kein Sonderweg», in: Der Tagesspiegel, 31. Januar 2002, H. Wormer: «Das kleine Embryonen-Opfer», in: Süddeutsche Zeitung, 31. Januar 2002, C. Schwägerl: «Das biopolitische Quartett», in: FAZ, 25. April 2002.*

Ein Kenner der Parlamentsgeschichte meinte, er wisse von keinem Gesetz, das so wie dieses im Deutschen Bundestag initiiert und von Abgeordneten verschiedener Fraktionen geschrieben worden sei. Die große mediale Aufmerksamkeit war nicht nur den großen ethischen Fragen geschuldet, sondern auch dem Procedere jenseits der Routinen der Parteiendemokratie. Möglich war das, weil sich Parlament, Öffentlichkeit und Regierung frühzeitig darauf verständigt hatten, dass es sich um eine Gewissensentscheidung handele. Ich spreche bewusst auch hier von «Verständigung»: Denn was eine Gewissensentscheidung ist und was nicht, lässt sich nicht nach objektiven Kriterien entscheiden. Vielleicht könnten wir uns doch in wesentlichen Fragen öfter auf Gewissensentscheidungen verständigen. Der Demokratie kann das nicht schaden. Auf den Sturmwellen der Debatten sollten wir uns dabei auf eine Kraft besinnen, die Margot von Renesse zu Recht zugesprochen wurde: Der «Verführungskraft, die der Nüchternheit innewohnt.»[26]

26 *J. Ross: «Altmodisch fortschrittlich», in: Die ZEIT, 31. Mai 2001.*

Von Christof Tannert

# Handlungsfähig im Dilemma

## Zum Schutz der menschlichen Würde und des menschlichen Lebens angesichts der Herausforderungen der modernen Medizin

Der öffentliche deutsche Ethikdiskurs zur Biomedizin ist abgeflaut, man möchte fast sagen, zum Erliegen gekommen, seit Margot v. Renesse nicht mehr im Deutschen Bundestag ist und – eine der letzten ihrer Art – in freier Rede ihre Ansichten und Überzeugungen vorträgt und steile Sätze aufrichtet wie den, wonach ein humaner Embryo das zukünftige Kind einer zukünftigen Mutter ist «und sonst nichts!»

Ich habe Margot v. Renesse lebensgeschichtlich spät kennen gelernt, in meinen beginnenden und ihren endenden Fünfzigern – fast noch neuer Abgeordneter der SPD im Europaparlament ich, sie langgediente SPD-Bundestagsabgeordnete. Sich überschneidende politische und philosophisch-ethische Interessenfelder ergaben mitunter Dialoge, aufs Ganze gesehen viel zu wenige – aber wenn, dann waren sie intensiv! Sie haben Einfluss auf folgende Gedanken zum Schutz der menschlichen Würde und des menschlichen Lebens angesichts der Herausforderungen der Modernen Medizin gehabt, auch wenn ich mir dessen bewusst bin, dass ich Margot v. Renesse damit zum Streit herausfordere, zum Teil wenigstens. Aber so ist es ja die letzten zehn Jahre immer gewesen.

Lebensschutz: Da wird es nun zunehmend möglich sein, werdendes menschliches Leben auf Erbdefekte hin zu untersuchen. Der bereits existierenden Pränataldiagnostik, Untersuchung der Leibesfrucht im Schwangerenleib, wird die Präimplantationsdiagnostik (PID), Untersuchung früher Embryonen im Reagenzglas (In-Vitro-Fertilisation: IVF), unweigerlich folgen. Das deutsche Embryonenschutzgesetz (ESchG) von 1990 rekurriert auf den damaligen Ethik-Diskurs und scheint die PID zu verbieten, da sie ja letztlich der Selektion dient. Selektion von Embryonen nach Erbmerkmalen, von denen manche als krankmachend gelten und unerwünscht sind. Ja. Aber sie dient auch dazu, eine Schwangere, ein zukünftiges Elternpaar zu beruhigen, die Freude über das Kommende ungetrübt sein zu lassen, die dunklen Wolken einer ungünstigen Familienanamnese zu verscheuchen und manchmal auch dazu, eine Schwangerschaft überhaupt erst erfolgreich zu machen nach dem

– wer weiß wievielten – fehlgeschlagenen Versuch. Der alltägliche Pragmatismus und die internationale Diskussion sind über die rigide deutsche Position hinweggegangen. Da flächendeckend mangelnde Moral unterstellen zu wollen, steht uns nicht gut zu Gesicht. Vielmehr sollte es uns Anlass sein, die deutsche Position erneut dem öffentlichen Diskurs zuzuführen. Der mag dann zur Befestigung oder zur Revision der Position führen. Ich halte es mit dem mündigen Staatsbürger, dem Citoyen, Margot v. Renesse (siehe Bericht der Enquete-Kommission) auch. Hier wären wir uns dann auf jeden Fall wieder einig.

Vielleicht ist an dieser Stelle aber auch die neuere Theologie einzubeziehen, die Reflexion Moltmanns zum *dominium terreae* etwa als Auftrag zur Gestaltung *und Bewahrung*[1] der Erde und ihrer Lebewesen einschließlich des Menschen. Dieser Gestaltungs-Imperativ im ersten und zweiten Schöpfungsbericht der hebräischen Bibel (Gen 1,28ff.: «erfüllt die Erde und macht sie euch untertan» und Gen 2,15ff. «und setzte ihn in den Garten Eden, damit er ihn bebaue und bewache») qualifiziert den Menschen zum Mitvollender der Schöpfung auch im Bereich des Bios, des Lebens. Ganz in diesem Sinne beschreibt das christliche Evangelium denn auch das Heilshandeln des Jesus von Nazareth u.a. als *Heilungs*handeln.

Nun sollte eine wissenschaftlich assistierte Qualitätskontrolle an IVF-Embryonen, PID eben, sehr wohl auch als eine mögliche Erfüllung dieses biblischen Gestaltungsauftrages interpretiert werden dürfen, denn die gepflogene und nach deutschem EschG sogar auferlegte Praxis der «wahllosen» Implantation in vitro erzeugter Embryonen in die Gebärmutter ist eine erzwungene Nidation von im natürlichen Ausleseprozess womöglich negativ bewerteter Embryonen, zugespitzt gesprochen: eine (wider die Natur) erzwungene Schwangerschaft. Ich bin hier dicht am naturalistischen Fehlschluss, trotzdem stutze ich hier als Biologe *und* als Theologe.

Da wäre dann der Komplex des Klonierens, des Herstellens erbgleicher Nachkommen. Die Ächtung des Humanklonierens ist allgemein und weltweit akzeptiert. Es ist dennoch schwer, dieses Verbot ethik-logisch zu begründen. Die genetische Identität der Mehrlinge bewirkt nämlich keine individuelle Identität der Phänotypen, da das Genom den Phänotyp eben nicht mechanistisch determiniert, sondern nur einen Entwicklungs-Wahrscheinlichkeits-Rahmen setzt, wie wir spätestens seit der Entschlüsselung der Sequenz des Humangenoms und deren Verbindung mit der funktionellen Genomik (wieder)entdeckt haben. Andere Entwicklungsdeterminanten kommen aus den natürlichen und

1 *J. Moltmann: Gott in der Schöpfung. Ökologische Schöpfungslehre, Gütersloh 1993.*

sozialen Umwelten, die wesentlich erst mit der Nidation des Embryos zu wirken beginnen können.

Die Angewiesenheit der noch nicht nidierten Embryonen zum biologischen Überleben auf ein alimentierendes Milieu (Petrischale, Keimleiter, Uterus) ist aber ganz offensichtlich noch kein individuierender Prozess, sondern reine Erhaltungs-Physiologie für die (biogenetisch bereits vorhandene) Potenz zum Individuum. Notabene: der denkbare künstliche Uterus kann demnach schon deshalb nicht akzeptiert werden, weil er *die humanogene Umwelt* nicht herzustellen vermag, und zwar prinzipiell nicht, denn diese ist eine Mutter-Kind-Beziehung, die wiederum eingebettet ist in weitere natürliche und sozial-kulturelle Beziehungen der werdenden Mutter. Humanogene Umwelt – der Terminus könnte von Margot v. Renesse stammen – scheint mir essentiell für die Entwicklung als Mensch wie für die Entwicklung zum Menschen, sie nicht zu gewähren verbrecherisch.

Bleibt als Argument für das Klonierungsverbot das der Unerlaubtheit der *durch menschliche Willkür auferlegten* biogenetischen Gleichheit. Diese menschliche Willkür muss verboten bleiben, da sie *gegen das Menschenrecht auf durch Menschen uneingeschränkte Individuierungschancen* verstößt, das nach allgemeiner menschenrechtlicher Konvention nicht durch die Möglichkeit des humanen Eingriffs relativiert werden darf. *Natürliche eineiige Mehrlinge* sind kein Gegenargument, da diese biogenetisch weitgehende Gleichheit (nicht Identität übrigens; auch eineiige Zwillinge unterscheiden sich biogenetisch im Laufe der Ontogenese: somatische Mutationen) *nicht durch menschliche Willkür* auferlegt wird.

Das Verbot des reproduktiven Menschen-Klonens ist also nicht ohne weiteres aus dem Menschenwürdeartikel des deutschen Grundgesetzes ableitbar. Der ist zwar ewigkeitsgarantiert, aber er ist kasuistisch überhaupt nicht selbstauslegend. Noch schwieriger wird es, für das Verbot des sog. Forschungsklonens eine ethische oder gar eine rechtliche Begründung zu finden. Ethisch von Belang ist nämlich vor allem die Frage, ob es sich hierbei tatsächlich um Lebensformen mit einer realen Potentialität zum Menschen handelt und nicht nur um Quasi-Embryonen, die gar keine Chance auf eine Entwicklung zum Menschen, also auch nicht auf Individuation haben, weil sie von vornherein nicht nidiert werden sollen und nur nidiert werden können durch technische Maßnahmen, was einen speziellen Beschluss dazu voraussetzt. Sie sind durch Zwecksetzung von der Individuation von vornherein ausgeschlossen. Dass sie implantiert und dadurch zur Individualentwicklung gebracht werden *könnten*, scheint kein ausreichendes Argument für das totale Klonierungsverbot, insofern eben die Möglichkeit eines Rechtsverstoßes nicht dazu herhalten kann, eine mögliche Therapiemethode, die durchaus ohne diesen Rechtsverstoß entwickelt werden könnte, zu verbieten.

Ferner ist hier Folgendes von ethischem Interesse: Vor einiger Zeit wurde auf autoritativer Ebene spekuliert, dass es möglich werden könnte, embryonale Stammzellen auch ohne Embryonen- oder Blastozystenzerstörung zu gewinnen. Ernst Benda und Roman Herzog[2] äußerten im Rahmen der «Bitburger Gespräche» euphorisch zu dieser Idee, dass deren Verwirklichung alle einschlägigen ethischen Dilemmata lösen würde. Es scheint mir zum gegenwärtigen Zeitpunkt unangemessen, diese Diskussion zu führen, da es weder ausreichende experimentelle Erfahrungen zu dieser Denkmöglichkeit gibt, noch eine tiefergehende ethische Reflexion der Konsequenzen. Ich glaube mich aber, nun auch wieder mehr als im Vorangegangenen, mit Margot v. Renesse in der Auffassung einig, dass eine zeitgemäße Bio-Ethik ohnehin nicht nach technikinduzierten Problemumgehungen schielen darf, wenn es doch darum geht, in der Situation ethischer Dilemmata *handlungsfähig* im ärztlichen Alltag und im Alltag des medizinisch-ethisch verpflichteten Forschers zu sein, zu bleiben oder wieder zu werden. Für den Christen heißt das dann wohl, dass man mit dem Generaldilemma (oder aber in der generellen Freiheit eines Christenmenschen) leben muss: Gerechtgesprochener *und* Sündhafter zugleich – simul justus et peccator.

Der Zeitpunkt des Beginns menschlichen Lebens mit vollem Würde- und Rechtsschutz nach dem Grundgesetz muss also weiter diskutiert werden. Eine spezielle moralische Lebensschutz-Kompetenz der Deutschen – etwa noch mit Verweis auf eine besondere Auschwitz-Erfahrung – darf es keinesfalls geben. Auschwitz enthält keine Zuweisung einer solchen besonderen Kompetenz, sondern nur eine Zuweisung besonderer Demut. Das deutsche ESchG wie die Entscheidungen des Jerusalemer Oberrabinats, der Knesseth und der beiden Häuser des britischen Parlaments müssen für den kulturell offenen Diskurs gleichgewichtige Grundlagen sein. Der Vergleich kultureller Traditionen und der öffentliche Diskurs zu den ethischen Fragen der Biomedizin ist Inhalt eines von mir geleiteten Forschungsprojektes. Margot v. Renesse im Beirat zu diesem Projekt zu wissen, ist eine gute Versicherung für eine produktive Streitkultur. Ich wünsche mir, dass sie uns noch lange erhalten bleibt.

2 *Süddeutsche Zeitung vom 15. Januar 2002.*

Von Jens Kersten

# Ethische und rechtliche Herausforderungen des Biopatents

Der Deutsche Bundestag hat am 3. Dezember 2004 die Novelle des Patentgesetzes verabschiedet. Damit wird die Richtlinie 98/44/EG über den rechtlichen Schutz biotechnologischer Erfindungen (Biotechnologierichtlinie) vom 6. Juli 1998 mit über vierjähriger Verspätung in das deutsche Recht umgesetzt. Dem Gesetzgebungsverfahren sind intensive Debatten um den (stofflichen) Umfang und die ethischen Grenzen des Biopatents vorausgegangen.[1] *Margot v. Renesse* hat die Herausforderungen des Biopatents an die rechtsethische Reflexion wissenschaftlich beschrieben und rechtspolitisch begleitet.[2] Wird also die deutsche Umsetzung der Biotechnologierichtlinie den ethischen und rechtlichen Grundlagen und Grenzen des Patentrechts gerecht?

## I.

Ein Patent verleiht einem Erfinder das Recht, Dritten die gewerbliche und industrielle Verwendung seiner Erfindung zu untersagen. Der Patentschutz soll den Erfinder belohnen. Die Sicherung seines geistigen Eigentums soll ihn motivieren, seine Erfindung zum allgemeinen Wohl zu veröffentlichen. Demgegenüber berechtigt ein Patent nicht, die Erfindung auch zu verwerten oder gar anzuwenden. Dies richtet sich nach den «allgemeinen» Gesetzen. Das Patentrecht versteht sich insofern als «wertneutrales» Technik- und Wirtschaftsrecht.

Doch auch das Patentrecht ist Teil der verfassungsstaatlichen und europäischen Rechtsordnung und insofern nicht «wertneutral». Der patentrechtliche Schutz ist als Sicherung geistigen Eigentums selbst Ausdruck dieser Wertordnung. Traditionell erfolgt die Einbettung des Patentrechts in die nationale, europäische und zunehmend auch internationale Verfassungsordnung über die patenthindernden Generalklauseln (Art. 27 Abs. 2 TRIPS-Übereinkommen, Art. 53 lit. a) Hs. 1 EPÜ, Art. 6 Abs. 1 Hs. 1 Biotechnologierichtlinie, § 2 Ziff. 1

1 *Vgl. zum Diskussionsstand Nationaler Ethikrat, Zur Patentierung biotechnologischer Erfindungen unter Verwendung biologischen Materials menschlichen Ursprungs, Stellungnahme v. 6. Oktober 2004.*

2 *Vgl. M. v. Renesse/K. Tanner/D. v. Renesse, Mitt. 2001, 1 ff.*

S. 1 Hs. 1 PatG): Erfindungen, deren (Veröffentlichung und) Verwertung gegen die öffentliche Ordnung oder die guten Sitten verstoßen, sind von der Patentierung ausgeschlossen. Diese patenthindernden Generalklauseln sollen als «Einfallstor» für ethische Wertungen in das technikorientierte und deshalb wertneutrale Patentrecht «*relativ* eng zu bemessen»[3] sein.

Aber welche Relation wird hier eröffnet? Teilweise wird insofern auf Art. 27 Abs. 1 TRIPS-Übereinkommen verwiesen. Danach sollen Patente für Erfindungen auf allen Technologiefeldern möglich sein. Doch eine *a priori* restriktive Auslegung der patenthindernden Generalklauseln lässt sich aus Art. 27 Abs. 1 TRIPS-Übereinkommen nicht begründen, wenn man diese Regelung auf ihren grundrechtlichen Schutzzweck zurückführt: die Gewährleistung geistigen Eigentums. Der Eigentumsfreiheit sind jedoch auf nationaler wie europäischer Ebene rechtliche Grenzen gesetzt. Diese werden für das Patentrecht über die patenthindernden Generalklauseln konkretisiert, wenn eine Patenterteilung bei einem Verstoß gegen die öffentliche Ordnung oder die guten Sitten ausgeschlossen sein soll.

Dieser grundrechtliche Deutungsansatz hat aber zugleich Folgen für die Konkretisierung der öffentlichen Ordnung und der guten Sitten als Schranken der Freiheit geistigen Eigentums. In einem demokratischen Rechtsstaat müssen Grundrechtsschranken dem Bestimmtheitsgebot, dem Willkürverbot und dem Verhältnismäßigkeitsgrundsatz genügen. Insofern wirft die Konkretisierung der öffentlichen Ordnung als Patentschranke keine Probleme auf: Unter der öffentlichen Ordnung versteht man die tragenden Grundsätze der Rechtsordnung. Im Fall des humanen Biopatents sind dies vor allem die Unantastbarkeit der Menschenwürde sowie das Recht auf Leben und auf körperliche Unversehrtheit. Diese Rechte sind im bioethischen Fachrecht durch den Gesetzgeber konkretisiert worden. So setzen die zentralen Regelungen des Embryonenschutzgesetzes (ESchG) und des Stammzellgesetzes (StZG) dem Patentrecht Grenzen. Das Problem der Konkretisierung der öffentlichen Ordnung als Patenthindernis besteht damit nicht in den rechtsstaatlichen Anforderungen an eine Grundrechtschranke, sondern in der Aufhebung des distanzierten Selbstverständnisses des Patentrechts zu den «allgemeinen» Gesetzen – vorliegend dem ESchG und StZG.

In grundrechtlicher Hinsicht ungleich problematischer ist demgegenüber die Konkretisierung der guten Sitten als Patent- und damit als Grundrechtsschranke. Denn die guten Sitten rekurrieren auf außerrechtliche Wertvorstellungen. Nach dem Europäischen Patentamt erfasst der Sittenverstoß «nur

3 *Vgl. J. Straus, GRUR 1992, 252 (260) – Hervorhebung d. Verf.*

solche extremen Ausnahmefälle, die die Allgemeinheit als besonders verabscheuungswürdig ansieht.»[4] In dieser Formel wird das Bemühen deutlich, sozialethische Wertvorstellungen nur in extremen Fällen als Patenthindernis zu akzeptieren. Doch dieser Quantitäts- wie Qualitätsvorbehalt einer «wisdom of repugnance» *(Leon Kass)* genügt als Grundrechtsschranke geistigen Eigentums allein nicht. Gerade im Bereich der Biopatente können neue Erfindungen zunächst abstoßend wirken. Aufgrund der Rationalisierung – etwa des therapeutischen Nutzens einer Innovation – mag eine solche intuitive Abneigung aber schnell in Zustimmung umschlagen. So besteht die Gefahr, dass das Patentrecht über die guten Sitten zur Disposition von moralischen Ursurpationsansprüchen einzelner gesellschaftlicher Gruppen oder von empirisch nicht radizierten Geschmackstests der Patentämter bzw. der Gerichte gestellt wird. Diese genügen jedoch nicht, um der im Patentanspruch zum Ausdruck kommenden Garantie geistigen Eigentums verfassungsrechtlich legitimierte Grenzen zu setzen. Um hier der Willkür vorzubeugen, müssen die guten Sitten als gesellschaftliche Wertvorstellungen normativ in Anknüpfung an Verfassungswerte reformuliert werden. Nur dann sind sie im gesellschaftlichen Diskurs verallgemeinerbar – und deshalb verfassungsrechtlich als Schranke geistigen Eigentums akzeptierbar.

## II.

Die Konkretisierung der patenthindernden Generalklauseln als «Ethik-Filter» *(Udo Di Fabio)* des Patentanspruchs obliegt im europäischen Verfassungsverbund nicht allein den nationalen Gesetzgebern. Die Biotechnologierichtlinie will das europäische Patentrecht harmonisieren. Dies gilt nicht nur für die Patentvoraussetzungen, sondern auch für die Patenthindernisse. Doch wie weit reicht der europäische *ordre public* als Schranke des Patentrechts?

In seinen Schlussanträgen vom 14. Juni 2001 in Sachen Biotechnologierichtlinie hat Generalanwalt *Francis Jacobs* insofern auf die Plant Genetic Systems-Entscheidung des Europäischen Patentamts vom 21. Februar 1995 verwiesen, um die guten Sitten als Patenthindernis im Rekurs auf in gewisser Hinsicht harmonisierte Normen der Kultur der europäischen Gesellschaft zu bestimmen.[5] Doch dieser Rekurs auf die ethischen Normen eines «europäischen Kulturkreises» bleibt letztlich nebulös. Gerade der Streit um die bioethischen Grenzen des 6. Forschungsrahmenprogramms (2002–2006) der Europäischen

4 *EPA, GRUR Int. 1993, 865.*

5 *Vgl. hierzu und zum Folgenden J. Kersten, Das Klonen von Menschen, Eine verfassungs-, europa- und völkerrechtliche Kritik, 2004, 139 ff. m.w.N.*

Gemeinschaft hat gezeigt, wie wenig bioethische Harmonie in der Europäischen Union besteht. Schon deshalb überzeugt der nüchterne Standpunkt, den der EuGH in seiner Entscheidung vom 9. Oktober 2001 in Sachen Biotechnologierichtlinie eingenommen hat: Die Biotechnologierichtlinie räumt den Mitgliedstaaten bei der Konkretisierung der patenthindernden Generalklausel und deren beispielhafter Bebilderung einen großen Spielraum ein. Die Verwaltung, die Gesetzgebung und die Rechtsprechung der Mitgliedstaaten können die Schwierigkeiten, die eine Verwertung von bestimmten Patenten im sozialen und kulturellen Umfeld aufwerfen, besser erfassen als die Gemeinschaftsbehörden.

## III.

Der deutsche Gesetzgeber hat sich für eine Eins-zu-Eins-Umsetzung der Patentschranken des Art. 6 Biotechnologierichtlinie in das Patentgesetz (PatG) entschieden.[6] Dementsprechend rezipiert § 2 Abs. 1 PatG-neu die patenthindernde Generalklausel des Art. 6 Abs. 1 Biotechnologierichtlinie: Für Erfindungen, deren gewerbliche Verwertung gegen die öffentliche Ordnung oder die guten Sitten verstoßen würde, werden keine Patente erteilt; ein solcher Verstoß kann nicht allein aus der Tatsache hergeleitet werden, dass die Verwendung der Erfindung durch Gesetz oder Verwaltungsvorschrift verboten ist. Und dementsprechend rezipiert auch § 2 Abs. 2 S. 1 PatG-neu die Fallgruppen, die Art. 6 Abs. 2 Biotechnologierichtlinie beispielhaft für nicht patentierbare Erfindungen nennt; für die humane Biotechnologie sind dies: Verfahren zum Klonen von menschlichen Lebewesen (Ziff. 1), Verfahren zur Veränderung der genetischen Identität der Keimbahn des menschlichen Lebewesens (Ziff. 2) sowie die Verwendung von menschlichen Embryonen zu industriellen oder kommerziellen Zwecken (Ziff. 3). Über die schlichte Rezeption des Art. 6 Biotechnologierichtlinie hinausgehend sind sodann nach § 2 Abs. 2 S. 2 PatG-neu für die Anwendung der Beispiele des § 2 Abs. 2 S. 1 Ziff. 1 bis 3 PatG-neu die entsprechenden Vorschriften des ESchG «maßgeblich».

Der Verweisungsumfang des § 2 Abs. 2 S. 2 PatG-neu auf das ESchG lässt sich vergleichsweise einfach bestimmen. Er erstreckt sich zunächst auf die Regelungen des ESchG, die strukturell den Fallgruppen des § 2 Abs. 2 S. 1 PatG-neu entsprechen: Im Fall des Patentierungsverbots für Verfahren zum Klonen von menschlichen Lebewesen (Ziff. 1) ist dies das Klonverbot des § 6 ESchG, im Fall des Patentierungsverbots für Verfahren zur Veränderung der genetischen Identität der Keimbahn des menschlichen Lebewesens (Ziff. 2) das Verbot der

6 *Vgl. BT-Drs. 15/1709, 5; BT-Prot. 15/146, 3. Dezember 2004, 13688 f.*

künstlichen Veränderung menschlicher Keimbahnzellen in § 5 ESchG und im Fall des Patentierungsverbots für die Verwendung von Embryonen zu industriellen oder kommerziellen Zwecken (Ziff. 3) das Verbot der missbräuchlichen Verwendung menschlicher Embryonen in § 2 ESchG. Doch die Regelungen der § 2, § 5 und § 6 ESchG sind nur operationabel, wenn man sie in Verbindung mit den Begriffsbestimmungen des «Embryo» in § 8 Abs. 1 und 2 ESchG und der «Keimbahnzelle» in § 8 Abs. 3 ESchG liest. § 2 Abs. 2 S. 2 PatG-neu verweist deshalb auch auf sie.

Problematisch ist demgegenüber die Frage nach der Qualität der in § 2 Abs. 2 S. 2 PatG-neu ausgesprochenen Verpflichtung, das ESchG zur Konkretisierung der Fallgruppen des § 2 Abs. 2 S. 1 Ziff. 1 bis 3 PatG-neu «maßgeblich» zu berücksichtigen. Dies kann im Sinn einer strikten und abschließenden Bindung an das ESchG gemeint sein. § 2 Abs. 2 S. 2 PatG-neu kann aber auch als ein flexibel zu handhabender Verweis auf das ESchG verstanden werden: Die Patentämter und die Gerichte sollen bei der Konkretisierung der Fallgruppen des § 2 Abs. 2 S. 1 Ziff. 1 bis 3 PatG-neu das ESchG anwenden. Sie können jedoch bei einer entsprechenden Begründung auch von diesem abweichen, um den bioethischen *ordre public* in der Bundesrepublik zu konkretisieren. In der Diskussion der Patentgesetznovelle haben vor allem die Enquete-Kommission *Recht und Ethik der modernen Medizin* des Deutschen Bundestages sowie der Bundesrat diese begrifflichen Unsicherheiten im Gesetzentwurf der Bundesregierung kritisiert und eine strikte Bindung des Patentrechts an das ESchG angemahnt.

Doch zwei Gründe sprechen gegen die Annahme, dass § 2 Abs. 2 S. 2 PatG-neu eine strikte und abschließende Bindung hinsichtlich des ESchG beabsichtigt, und damit für ein flexibles Verständnis des Verweisungszusammenhangs: Erstens würde eine strikte und abschließende Bindung der Anwendung der Beispiele des § 2 Abs. 2 S. 1 Ziff. 1 bis 3 PatG-neu verkennen, dass diese Fallgruppen zunächst und soweit wie möglich anhand der europarechtlichen Vorgaben der Biotechnologierichtlinie zu bestimmen sind, bevor die europarechtlich nicht vorstrukturierten Tatbestandsmerkmale im Rekurs auf das ESchG konkretisiert werden können. Vor diesem systematischen Hintergrund würde eine strikte und abschließende Bindungswirkung des § 2 Abs. 2 S. 2 PatG-neu vor allem deshalb zu Brüchen führen, weil die Biotechnologierichtlinie und das ESchG hinsichtlich der Konkretisierung der Beispielsfälle des § 2 Abs. 2 S. 1 Ziff. 1 bis 3 PatG-neu voneinander abweichen. Dies lässt sich beispielhaft anhand des Patentierungsverbots für das Klonen von menschlichen Lebewesen in § 2 Abs. 2 S. 1 Ziff. 1 PatG-neu veranschaulichen: Die Biotechnologierichtlinie fordert in ihrem Erwägungsgrund 41 für die Verwirklichung des Klontatbestands die «im Zellkern gleiche Erbinformation». Demgegenüber setzt das Klonverbot des § 6 Abs. 1 ESchG voraus, dass ein menschlicher Embryo mit der gleichen Erbinformation wie ein anderer Embryo, ein Foetus, ein Mensch oder ein Verstorbener künstlich hergestellt wird. Im Unterschied zu Erwägungsgrund 41 der Biotechnologierichtlinie bezieht § 6 Abs. 1 ESchG die genetischen Anforderungen also auf das gesamte Genom einer Zelle und umfasst deshalb über das Kerngenom hinausgehend auch die mitochondriale DNA. Bei einer strikten und abschließenden Bindung an das ESchG wäre das Patentierungsverbot für Klonverfahren also weiter gefasst als es die europarechtlichen Vorgaben der Biotechnologierichtlinie gestatten. Um dem Gebot der effektiven Umsetzung von Richtlinien zu genügen, wäre man gezwungen, diese europarechtliche Konkretisierung über eine dem ESchG vorgehende Interpretation der Tatbestände des § 2 Abs. 2 S. 1 Ziff. 1 bis 3 PatG-neu zu berücksichtigen. Dies lässt sich vermeiden, wenn man von vornherein die Bindungswirkung des § 2 Abs. 2 S. 2 PatG-neu nicht strikt, sondern als flexiblen Auslegungsgrundsatz versteht.

Der zweite Grund, der für ein flexibles Verständnis der Bindungswirkung des § 2 Abs. 2 S. 2 PatG-neu spricht, liegt darin, dass im Fall einer strikten und abschließenden Verpflichtung des Patentrechts auf das ESchG die Beispiele für nicht patentierbare Erfindungen in § 2 Abs. 2 S. 1 Ziff. 1 bis 3 PatG-neu schon mit ihrer Verabschiedung veraltet wären und so Lücken in § 2 Abs. 2 S. 1 PatG-neu entstünden. Denn das ESchG vom 13. Dezember 1990 stammt aus einer Zeit «vor Dolly» und berücksichtigt deshalb den entwicklungsbiologischen Paradigmenwechsel des *Dolly*-Experiments nicht. Dieser besteht in der Möglichkeit, durch den Transfer des Kerns einer somatischen Zelle in eine zuvor entkernte unbefruchtete Eizelle eine totipotente Zelle zu erzeugen, die das Potential besitzt, sich als Individuum auszudifferenzieren. Die Übertragung dieses *Dolly*-Verfahrens auf den Menschen erfüllt – entgegen der (noch?) herrschenden Meinung – jedoch nicht die Definition des Embryos i.S. des § 8 Abs. 1 ESchG. Nach § 8 Abs. 1 ESchG gilt als Embryo «bereits die befruchtete, entwicklungsfähige menschliche Eizelle vom Zeitpunkt der Kernverschmelzung an, ferner jede einem Embryo entnommene totipotente Zelle, die sich bei Vorliegen der dafür erforderlichen weiteren Voraussetzungen zu teilen und zu einem Individuum zu entwickeln vermag.» Doch im Fall des Zellkerntransfers findet weder eine Kernverschmelzung statt (§ 8 Abs. 1 Alt. 1 ESchG), noch liegt ein Fall des Embryonen-Splitting vor (§ 8 Abs. 1 Alt. 2 ESchG).

Diese Regelungsdefizite des ESchG würden jedoch im Fall einer strikt und abschließend verstandenen Bindung des § 2 Abs. 2 S. 2 PatG-neu unmittelbar auf die Patentierungsverbote des § 2 Abs. 2 S. 1 Ziff. 1 bis 3 PatG-neu durchschlagen: Denn nicht nur das Patentierungsverbot der industriellen und kommerziellen Embryonenverwendung (Ziff. 3) setzt die Definition des Embryos voraus. Sondern auch das Patentierungsverbot für das Klonen (Ziff. 1) und die Keimbahnveränderung (Ziff. 2) beziehen sich auf menschliche Lebewesen und knüpfen damit an den Begriff des Embryos als frühester menschlicher Entwicklungsstufe an. Im Fall einer strikten, abschließenden Bindung des § 2 Abs. 2 S. 1 Ziff. 1 bis 3 PatG-neu an das insofern biotechnisch überholte ESchG liefen diese Patentierungsverbote im Fall des Zellkerntransfers schlicht leer. Insbesondere wäre es aufgrund einer strikten Bindung des Patentrechts an das ESchG nicht möglich, an die Definition des Embryos im StZG anzuknüpfen, die insofern den aktuellen wissenschaftlichen Entwicklungsstand reflektiert: Nach § 3 Ziff. 4 StZG ist ein Embryo «bereits jede menschliche totipotente Zelle, die sich bei Vorliegen der dafür erforderlichen weiteren Voraussetzungen zu teilen und zu einem Individuum zu entwickeln vermag.» Diese Definition des Embryos erfasst auch die durch Zellkerntransfer hergestellte totipotente Zelle. Bestimmt man die Bindungswirkung des § 2 Abs. 2 S. 2 PatG-neu an das ESchG nicht strikt und abschließend, sondern i.S. einer flexiblen Auslegungsdirektive, können die zentralen Leitbegriffe des menschlichen Lebewesens bzw. des Embryos in § 2 Abs. 2 S. 1 Ziff. 1 bis 3 PatG-neu anhand dieser Definition des § 3 Ziff. 4 StZG konkretisiert werden. Das heißt: Mit der entsprechenden Begründung können die Patentämter und Gerichte von den biotechnologisch überholten Regelungen des ESchG abweichen. Denn es ist die Aufgabe der patenthindernden Generalklausel, die verfassungsrechtlich reformulierten ethischen Schranken des geistigen Eigentums auf der Grundlage des aktuellen wissenschaftlichen Entwicklungsstands zu ziehen.

Von Heribert Prantl

# Falsche Gewissheiten*

## Das Recht und der Vaterschaftstest

Solange es den Vaterschaftstest nicht gab, mussten wundersame Erkennungszeichen oder das Schicksal helfen, das Geheimnis der Geburt zu klären. Von den Ab- und Umwegen, die dabei zurückzulegen waren, lebt die Weltliteratur. Lope de Vega lässt seinen Grafen Carlos, der, um den Thron zu retten, seine legitime Herkunft beweisen muss, erst in die Bretagne reisen, deren Markgrafen man ihm als seinen vermutlichen Vater bezeichnet hat. Der Markgraf streitet die Vaterschaft ab und verweist Carlos an den König von Leon, welcher ihn wiederum zum König von Navarra schickt. Der aber ist gerade gestorben – nach langen Streitereien haben die drei Thronanwärter sich geeinigt: Der erste Ritter, der ihnen begegnet, soll der neue Herrscher werden. Just in dieser Stunde trifft Graf Carlos ein und wird also König von Navarra; als solcher kann er dann sein angestammtes Reich zurückerobern.

Man muss zugeben, dass ein Vaterschaftstest die Sache wesentlich vereinfacht hätte. Andererseits ändert der Vaterschaftstest an den Grundproblemen nichts: Der Suche nach den Gewissheiten (schon König Artus will wissen, was los ist zwischen seiner Frau und Lanzelot) folgt der noch viel schwierigere Umgang mit dieser Gewissheit. Und weil eine Gewissheit oft noch viel schwerer auszuhalten ist als die Ungewissheit, sind die Tragödien in Wirklichkeit und Literatur viel häufiger als die Komödien. Eher selten gestalten sich die Dinge so heiter wie bei Balzac, wo ein impotenter Alter seine geliebte junge Frau vergebens von einem Wunsch nach einem Kind abzulenken versucht, schließlich aber die «verzeihliche Sünde» vergibt und den «Erben» lieb gewinnt. Ansonsten ist solche Großmut in Literatur und Wirklichkeit, in der Ehebruch jahrhundertelang nur den Männern nachgesehen wurde (weil die Ehefrau als deren Eigentum galt), ziemlich rar. Charakteristisch ist der zynische Satz, den bei William Faulkner ein Mann auf das Grab seiner freiwillig aus dem Leben geschiedenen Frau setzen lässt: «Die Tugend der Gattin ist die Krone des Mannes.»

* *Der Beitrag wurde in der Süddeutschen Zeitung v. 14. 1. 2005 veröffentlicht.*

**Reinheit der Gattenehre**

Das Kind spielt bei alledem selten eine Rolle, so wenig wie in der heutigen Diskussion um den Vaterschaftstest. Es ist eine Männer/Frauen-Diskussion: Die Frau pocht auf ihr Recht auf Selbstbestimmung, der Mann auf sein Recht auf Klarheit über seine Vaterschaft; früher nannte man das die «Verteidigung der Reinheit der Gattenehre». Wie auch immer: Das Kind ging und geht im Streit zwischen Mann und Frau unter. Das Märchen spiegelt, wie so oft, diese Wirklichkeit in besonderer Brutalität. Der «Schwank vom Schneekind» stammt aus dem 11. Jahrhundert: Ein Ehemann, von langer Reise heimkehrend, wird von seiner Frau mit einem Kind überrascht, dessen Entstehen sie einer in ihren Mund geflogenen Schneeflocke zuschreibt. Jahre später kehrt der Mann von einer Reise, die er zusammen mit dem Kind unternommen hat, allein zurück. Es sei, sagt er, in der Hitze des Südens geschmolzen. Das bittere Stück ist eine Chiffre dafür, was aus Enttäuschung, Eifersucht, Rache oder Furcht vor vermeintlicher Lächerlichkeit den Kindern angetan wird.

Wo bleiben die Rechte des Kindes? Die aktuelle Rechtsprechung des Bundesgerichtshofs versucht, diesen Nachdruck zu verleihen. Das Kindesinteresse soll den Streit um die Vaterschaftstests entscheiden; sein Interesse soll dem Interesse der Mutter und dem Interesse des Vaters vorgehen – das Kind ist am schwächsten, und bedarf also des größten Schutzes. Der Bundesgerichtshof geht, sehr zu Recht, davon aus, dass ein heimlicher Vaterschaftstest (zu dessen Zweck sich der zweifelnde Vater oder Scheinvater verstohlen den Schnuller oder ein Büschel Haare des Kindes grapscht) das Kindesrecht verletzt; das Gericht akzeptiert daher solche Tests nicht als Beweismittel.

Das war zu erwarten gewesen, anderenfalls wäre dem Missbrauch von Gentests Tür und Tor geöffnet. Aber das Urteil hilft noch nicht viel weiter. Durch ein Verbot der Verwendung heimlicher Tests vor Gericht sind die Zweifel an der Vaterschaft nicht aus der Welt zu schaffen. Diese Zweifel können nicht nur die Partnerschaft, sondern auch die Beziehung zum Kind vergiften. Andererseits kann der Gang zum Gericht die Dosis dieses Gifts noch potenzieren. Die Entscheidung, ob er mit dem Zweifel lebt oder womöglich an der Herstellung der Gewissheit verzweifelt oder gesundet, kann kein Gesetz dem Vater abnehmen. Der Gesetzgeber kann allerdings versuchen, ein Verfahren zur Klärung von Zweifeln zur Verfügung zu stellen, das juristisch und menschlich einigermaßen erträglich ist. Die derzeitige Situation ist es nicht. Sie stellt die Männer, die an ihrer Vaterschaft zweifeln, vor die beschämende Alternative, entweder eine Vaterschaftsanfechtungsklage zu erheben – oder zu schweigen. Eine Vaterschaftsanfechtungsklage ist aber die juristische Lossagung vom Kind: Der Mann muss behaupten, er sei der festen Überzeugung, nicht der Vater des Kindes zu sein! In den allermeisten Fällen hat er diese Überzeugung nicht, er zweifelt nur. Das Recht nötigt ihn also zu einem Schritt, der ein Schnitt ist. Die Klage zielt nolens volens auf den Wechsel der rechtlichen Vaterschaft.

## Ein neues Verfahren

Der Gesetzgeber wird also noch ein anderes, einfacheres Verfahren zur Verfügung stellen müssen: Im Zuge der Reform des Gesetzes der Freiwilligen Gerichtsbarkeit muss er ein Vaterschaftsklärungs-Verfahren einführen, bei dem der Vater mit dem Antrag auftreten kann: Ich will wissen, dass ich es bin! In diesem Zusammenhang sollten dann die Voraussetzungen auch für den Gentest festgelegt werden.

Weil Kinder noch nicht über sich selbst bestimmen können, sondern dies den Sorgeberechtigten anvertraut ist (also den rechtlichen Eltern des Kindes gemeinsam oder der Mutter des nichtehelichen Kindes) gibt es keine rechtlichen Probleme, wenn die Sorgeberechtigten mit dem Vaterschaftstest einverstanden sind. In diesem Fall braucht man gar kein Gericht, es genügt, dass ein Notar das Einverständnis kontrolliert und dem gentechnischen Institut beglaubigt. Liegt das Einverständnis der Mutter nicht vor, braucht man das Gericht, um ihre Zustimmung in einem – möglichst einfachen – Verfahren zu ersetzen. Das alles heißt: Bei Zweifeln soll sich der Vater künftig nicht gleich vom Kind lossagen müssen, sondern sich zunächst Gewissheit verschaffen können. Erst dann muss er überlegen, wie er mit der Gewissheit umgeht.

Und was soll geschehen, wenn das neue Verfahren umgangen und der heimliche Test gewählt wird? Die Bundesjustizministerin will dann den Vater und das gentechnische Institut mit Strafe bedrohen – und glaubt selbst nicht daran, dass das viel nutzt. Schon deswegen sollte man es lassen. Viel probater wäre eine zivilrechtliche Sanktion: Ein Mann, der heimlich einen DNS-Test machen lässt, der ihm bestätigt, nicht der Vater zu sein, sollte das Recht verlieren, sich vom biologischen Vater den Unterhalt zurückzahlen zu lassen.

Mutterschaft, Vaterschaft, Ehelichkeit: Das Gesetz muss, so gut es eben geht, für Rechtsfrieden und Rechtsklarheit sorgen. Die Beantwortung solcher Fragen gehört zu den ältesten des Rechts. Man darf also lateinisch reden, wenn man ihnen auf den Grund geht. Zweitausend Jahre lang galt, was die römischen Juristen so formuliert haben: Mater semper certa est – die Mutter ist immer sicher, ihre Person steht immer fest. Als neue Fortpflanzungstechniken, als Leihmutterschaften Zweifel daran geweckt haben, musste ein neuer Paragraf 1591 ins Bürgerliche Gesetzbuch geschrieben werden: «Mutter eines Kindes ist die Frau, die es geboren hat.» Das war früher eine Selbstverständlichkeit, ist aber heute, angesichts der Möglichkeit der Einpflanzung befruchteter Eizellen, eine normative Zuweisung.

Das alte lateinische Rechtssprichwort geht aber noch weiter: Pater semper incertus est – der Vater ist niemals gewiss. Weil das so war und ist, und weil das Recht für Klarheit sorgen soll, schoben die römischen Juristen eine Fiktion hinterher: Pater est, quem nuptias demonstrant – Vater ist der, den die Verheiratung als solchen ausweist. Diese Regel gilt, solange kein Gegenbeweis geführt wird. und sie gilt weiterhin. Die Gegenbeweise müssen allerdings den neuen genetischen Feststellungsmöglichkeiten angepasst werden. Zu Risiken und Nebenwirkungen darf man nicht den Gesetzgeber fragen. Die muss jeder selbst klären.

# IV.
# Pflicht und Gemeinschaft

Von Herta Däubler-Gmelin

# Von Politik und Werten

Es ist eine besondere Freude, Margot von Renesse zum Geburtstag zu gratulieren. Dies nicht allein deshalb, weil uns eine langjährige politische Freundschaft und gemeinsame Interessen als Rechtspolitikerinnen verbinden; hinzu kommt vielmehr, dass Margot als Richterin und Politikerin nie einen Hehl aus ihrer Wertebindung und ihrem Verantwortungsbewusstsein als protestantische Christin gemacht hat, die sich den Schwächeren verpflichtet fühlt. Die Lücke nach ihrem Ausscheiden aus der SPD-Bundestagsfraktion ist schmerzhaft spürbar. Dabei ist Margot nie nach der Devise verfahren, die manche heute gelegentlich für Demokratie ausgeben, nämlich, «mein Wille geschehe und das schnell». Aufgrund ihrer hervorragender Fach- und Sachkenntnis hat sie es vielmehr immer hervorragend verstanden, mit ganz unterschiedlich denkenden Kolleginnen und Kollegen ins Gespräch zu kommen, eine gemeinsame Grundlage und schließlich auch Kompromisse zu finden.

So wäre der Kompromiss über den Import embryonaler Stammzelllinien vom Januar 2002 ohne die lenkende Hand von Margot von Renesse als Vorsitzende der Enquete-Kommission des 14. Bundestages «Recht und Ethik der modernen Medizin» ebenso wenig zustande gekommen, wie das auf ihm aufbauende Gesetz, das der Bundestag am 24. April 2002 mehrheitlich beschlossen hat. Es ist bis heute in Kraft, auch wenn die Diskussionen und Forderungen längst weiter greifen: Da behaupten Forscher, die gesetzlichen Restriktionen beim Import durch dieses Gesetz, aber auch das durch das Embryonenschutzgesetz von 1990 beschlossene Forschungs- und Verwertungsverbot von menschlichen Embryonen seien wissenschaftsfeindlich. Da sehen Politiker zukünftige Wachstumsfelder in Gefahr und Unternehmen beschwören den Wirtschafts- und Forschungsstandort Deutschland im Bereich der Biomedizin bzw. Life-Sciences.

Manche Wissenschaftler und Politiker erklären denn auch ganz offen, es sei nur noch eine Frage der Zeit, bis die festgelegten gesetzlichen Schranken vollends fallen. Sie fühlen sich in dieser Forderung durch Reden und Stellungnahmen aus Politik und Rechtswissenschaft bestärkt, die allgemein zum Angriff auf die absolute Geltung und damit auf die für den Verfassungsgesetzgeber unüberwindliche Grenze der Menschenwürde als raison d'être und verbindliches Bezugssystem der Grundrechte blasen. Diese Meinungen, seien es nun solche von B. Zypries oder G. Schröder, aber auch von M. Herdegen, sprechen sich dafür aus, Menschenwürde als Grundrecht in die Abwägung mit anderen Grundrechten zu setzen, denn selbstverständlich gebe es eine absolut geltende Grenze gegen die Verankerung solcher Abwägungs-Regelungen durch den Gesetzgeber im Einzelfall nicht.

Das klingt freilich nur beim ersten Hören vermeintlich demokratisch und vernünftig, verschweigt es doch die schlichte Tatsache, dass genau die absolute Verbindlichkeit der Menschenwürde als «Grund für die Grundrechte» (Benda) gewollt war und den von ihr geschützten Kernbereich ebenso wie andere Ewigkeitsentscheidungen unserer Verfassung der abwägenden Relativierung durch den Gesetzgeber auch mit verfassungsändernder Mehrheit entzieht.

Wie nun soll man mit solchen Forderungen und Reden umgehen? Die eine Möglichkeit besteht darin, sich um diese Abkehr von der bisher geltenden absoluten Geltung der Menschenwürde oder ihrer «Relativierung», ihrer «gestuften Geltung» nicht zu kümmern, sie schlichtweg zu übersehen und als undurchdachte politische Eintagsfliege zur Seite zu legen.

Ich fürchte jedoch, das wäre zu kurz gegriffen. Sollte sich ein so gravierender Bruch mit der bisher weitestgehend unumstrittenen Einschätzung von Grundsatzfragen unserer Verfassung durchsetzen, so wären in der Tat nicht «nur» Initiativen zur Öffnung des Weges zur Zulässigkeit der verbrauchenden Forschung an menschlichen Embryonen zu erwarten. Vielmehr kommen dann im weiteren ganz andere Fragen auf uns zu, die heute ebenfalls in die Diskussion gestellt werden: Das zeigen die mehr als denkwürdigen Vorstöße in Deutschland, aber auch in anderen Ländern, die auf eine Lockerung oder Relativierung des heute mit guten Gründen absolut geltenden Folterverbots hinauslaufen. Auch die früher nur von krassen Außenseitern vertretene Auffassung, die rechtsstaatlichen Sicherungen unseres Rechtsstaates insgesamt gälten für Terroristen nicht oder dürften nicht für diese gelten, steht dann ernsthafter zur Debatte. In der Diskussion um das Verhalten des stellvertretenden Frankfurter Polizeipräsidenten und seiner Androhung von Folter fällt freilich nicht allein dessen Verhalten und seine Begründung auf; mehr als bedenklich sind auch die «verständnisvollen» Kommentierungen durch Regierungsvertreter und andere Politiker.

Zusätzlich hat sich auch die Reaktion der Medien verändert: Bis auf wenige Ausnahme-Persönlichkeiten in immer weniger werdenden Zeitungen und Magazinen beschäftigen sich Journalisten kaum mehr mit dem Inhalt und den Gründen für die absolute Grenze des Folterverbots, die von der Menschenwürde gezogen wird; vielen reicht der modische Ansatz, auf möglichst sensationelle Weise wieder ein Tabu in Frage zu stellen oder zu durchstoßen. Auch die

Tatsache, dass jahrhundertelang größtenteils sogar dokumentierte Folterprozesse gezeigt haben, dass Folter, neben der damit immer verbundenen Herabwürdigung und Misshandlung von Menschen, noch nicht einmal zwangsläufig der Wahrheitsfindung dient, dass vielmehr das Folterverbot insgesamt selbst ebenso Werte orientiertes wie vernünftiges Ergebnis eines lange andauernden Erkenntnis- und Abwägungsprozesses ist, scheint kaum mehr zu interessieren. Dabei lässt sich die Bestätigung genau dieser Tatsache in bestürzender Weise auch in der Berichterstattung über Prozesse nachlesen, die Foltervorwürfe durch US- Soldaten in Afghanistan und Irak klären und ahnden sollen.

Ob nun in der öffentlichen Auseinandersetzung über die Androhung von Folter in einem Ermittlungsverfahren oder um sympathisierende Äußerungen durch Regierungsmitglieder, Oppositionspolitiker oder den in der Zwischenzeit zurückgetretenen, dann freilich zum Justizstaatssekretär berufenen Vorsitzenden des Deutschen Richterbundes – überall zeigt sich ein ähnliches Bild: Die Äußerungen und Fakten werden berichtet, je abwegiger, desto freudiger; dann werden menschlich berührende Einzelschicksale dargestellt und in der Tat schwierigste Situationen beschrieben, wie sie bei Ermittlungen in schwersten Strafverfahren von unseren hoch professionell und verantwortlich handelnden Staatsanwälten und Polizeibeamten immer wieder bewältigt werden müssen.

Wer dann jedoch die Schilderung und Bewertung der Gründe für die absolute Geltung der Menschenwürde und deren Folgen oder Gründe für die Geltung und Berechtigung des absoluten Folterverbotes sucht, oder auch nur die Schilderung und Begründung der tragenden Grundsatzentscheidungen und Werte unserer Verfassung, der sieht sich betrogen. Die Forderung, absolute Grenzen zu durchstoßen und damit schnell und vermeintlich einfach «Patentrezepte» als Wege aus schwierigen Situationen zu benennen, ist zu verführerisch. Oder der Druck der so genormten öffentlichen Meinung wird schon als zu belastend empfunden, da entzieht man sich lieber. Hinzu kommt freilich, dass ein Ernst-Nehmen von Werten mühsam, langwierig und deshalb «out» ist, nicht allerdings deren Beschwörung; modisch und wenig anstrengend, deshalb auch «in» ist die Beliebigkeit des «anything goes» – und so wird eben auch mit tragenden Elementen unserer Verfassung verfahren, wenn damit Geld zu verdienen ist.

Diese öffentliche Stimmung macht es auch denjenigen Rechtspolitikern, denen es um die weitere Umsetzung der Wertentscheidungen unseres als «großes Angebot» (Gustav Heinemann) zu verstehenden Grundgesetzes in unser Alltagsleben geht, immer schwerer, mit ihrer Argumentation für die richtungsgebende Bedeutung dieser Werte und gültige Verfassungsentscheidungen in der Öffentlichkeit überhaupt gehört zu werden. Hier fehlt die Stimme von Margot von Renesse.

Auffällig ist auch, dass gerade aus dem Bereich der dem Denken der Aufklärung verpflichteten Fachwissenschaft in dieser Diskussion kaum ernsthafte Stimmen zu vernehmen sind. Gut ist, dass dies von einigen im Bereich der Strafrechtswissenschaft mittlerweile auch gerügt wird.

Zwar betont die höchstrichterliche Rechtsprechung etwa des Bundesgerichtshofs auch in Terroristenprozessen immer wieder mit klaren Worten die Geltung rechtsstaatlicher Grundsätze; auch das Urteil gegen den schon erwähnten stellvertretenden Frankfurter Polizeipräsidenten lässt an Deutlichkeit nichts zu wünschen übrig. Die kommentierenden oder streitenden Fachwissenschaftler jedoch halten sich immer noch viel zu sehr zurück – mangels Widerspruchs und streitiger Auseinandersetzung bekommen die bisher wenigen Außenseiter mit ihren Forderungen nach Relativierung rechtstaatlicher Garantien oder Ausgrenzung und Beliebigkeit immer mehr Gewicht – eine bedenkliche Entwicklung. Auch hier klafft eine Lücke, die dringend geschlossen werden muss.

## Selbstbestimmung gegen Menschenwürde?

Ein weiteres wichtiges Gebiet betrifft Fragen des Umgangs mit dem Leben am Beginn, aber auch an seinem Ende. Margot von Renesse hat sich gerade um diese Fragen immer besonders intensiv gekümmert – und auch in diesem Bereich, beim Umgang mit Krankheit und Sterben, ist vieles heute in die Diskussion geraten, was in früheren Jahren außer Streit stand. Geltung und Rang der Menschenwürde, Achtung vor dem Leben und der Selbstbestimmung der Betroffenen spielen auch hier eine erhebliche Rolle.

Ausgangspunkt ist die nachvollziehbare Wirkung der neuen Entwicklungen in Forschung und Medizin. Hier nehmen die Menschen nicht allein den großartigen Zugewinn an Behandlungs- und Hilfsmöglichkeiten zur Kenntnis und profitieren von ihm; vielmehr führt die mit der Forschung verbundene zunehmende Auflösung von überschaubaren Gewissheiten, etwa durch die Neu-Definition des Todes im Zusammenhang mit Hirnforschung und Möglichkeiten der Transplantationsmedizin oder durch die immer neuen Erkenntnissen über Bausteine menschlichen Lebens vor der Geburt eines Menschen, zu ständig neuer Unsicherheit.

«Apparatemedizin» so lautet ein, freilich auch durch Sensationsberichte kommerzieller Medien sorgsam gepflegtes Angstwort. «Ich will nicht einsam und hilflos Apparaten und Schläuchen in einem seelenlosen Krankenhaus ausgeliefert sein» hört man immer wieder, wobei allerdings besonders auffällt, wie wenig die ebenfalls außerordentlich angestiegenen, bisher jedoch nicht flächendeckend verbreiteten Möglichkeiten von Schmerztherapie, Palliativmedizin und Sterbebegleitung bekannt sind.

Die Zulässigkeit und Ausdehnung der aktiven Sterbehilfe in den Niederlanden oder Belgien, aber auch die rechtliche Zulässigkeit des «assistierten Selbstmordes» auch durch Ärzte in der Schweiz, beeinflussen ebenfalls die Diskussion in Deutschland. So fordern zunehmend aggressiv argumentierende Gruppen medienwirksam, solche «humanitären» Rechtsänderungen auch in Deutschland einzuführen und begründen das mit dem Selbstbestimmungsrecht des Einzelnen. In einer auf Konsum und schnelle Bedürfnisbefriedigung ausgerichteten Gesellschaft, die sich ungern mit Leiden und kaum mit Sterben beschäftigt, vom eigenen Leiden und Sterben ganz zu schweigen, werden solche Vorschläge gehört. Die Hospizbewegung widerspricht dem nachdrücklich und setzt sich für menschliche Zuwendung, für Sterbebegleitung in Verbindung mit den neuen Möglichkeiten der Schmerztherapie ein. In einer Gesellschaft freilich, die immer stärker unter dem Einfluss von Kostenbelastungen in einer älter werdenden Gesellschaft steht und Möglichkeiten und Methoden der Schmerztherapie, der Palliativmedizin und der Sterbebegleitung zu wenig kennt oder gerne als zeitraubend, anstrengend und teuer abwertet, verschieben Forderungen nach aktiver Sterbehilfe freilich die Gewichte weiter, schließlich versprechen sie ja die schnelle Beendigung von Leiden ohne die Notwendigkeit von anstrengender Zuwendung oder/und langwieriger Kosten; sie suggerieren darüber hinaus zusätzlich, der Sterbende habe bis zuletzt Kontrolle über seine Existenz.

Ein neuer Vorschlag aus der Bundesregierung sieht davon ab und schlägt vor, Patientenverfügungen als Ausprägung der Selbstbestimmung des Einzelnen stärker verbindlich zu machen als bisher, um damit die Durchsetzung des Willens eines Sterbenden oder Kranken gegen Ärzte, Pflegepersonal, Angehörige und Gerichte zu sichern. Der Vorschlag ist mit Interesse und Zustimmung, begreiflicherweise jedoch auch mit Fragezeichen und Skepsis zur Kenntnis genommen worden. Er passt mitten in unsere Frage, wie Politik mit Werten umgeht, ob Beliebigkeit oder Wertebewusstsein bei der Regelung neuer Bereiche vorherrschen.

Dabei steht außer Zweifel, dass Selbstbestimmung als hohes Gut auch durch unsere Verfassung anerkannt ist. Sie wird gerade auch im Bereich medizinischer Behandlungen gefordert und anerkannt: Als Beispiele dafür seien nicht allein die einschlägigen Urteile zum Medizinrecht des Bundesgerichtshofs angeführt, oder die 2002 durch eine Arbeitsgruppe des Bundesministeriums der Justiz unter Leitung des früheren BGH-Präsidenten Karlmann Geiss erarbeitete, von allen in Medizinbereich tätigen und interessierten Verbänden anerkannte «Charta der Patientenrechte».

Vielmehr wird als Voraussetzung für jeden rechtlich zulässigen eigennützigen Heil- oder fremdnützigen Forschungseingriff gerade auch die informierte

Einwilligung des Betroffenen selbst verlangt. Die Mehrheit des Bundestages hat der Biomedizinkonvention des Europarates und den bisher zusätzlich erarbeiteten Zusatzprotokollen die Zustimmung verweigert, weil ein unüberwindbarer Widerspruch der dort enthaltenen Regelungen zu unserem Grundgesetz gesehen wird: Die Biomedizinkonvention hält grundsätzlich die Vertretung der Zustimmung bei Einwilligungsunfähigen für zulässig – das aber widerspricht dem Erfordernis der Höchstpersönlichkeit der informierten Einwilligung als Teil des Prinzips der Selbstbestimmung.

Mittlerweile gibt es auch in Deutschland Gruppierungen, die fordern, diese Konvention dennoch zu unterzeichnen; häufig genug sind das Gruppierungen, die sich im übrigen für einen weniger restriktiven Umgang mit Bausteinen menschlichen Lebens oder auch für eine Lockerung der Grenzen zur aktiven Sterbehilfe einsetzen. Bisher allerdings konnten sich dafür Mehrheiten nicht organisieren.

Der neue Vorschlag aus der Bundesregierung will mehr Rechtsklarheit und Rechtssicherheit schaffen und damit Ärzte, Angehörige und Gerichte entlasten. Ausgehend von der Selbstbestimmung eines Patienten soll dieser mit einer Patientenverfügung für einen künftigen Zustand seiner eigenen Einwilligungsunfähigkeit rechtsverbindlich vorsorgen können. Er soll in ihr verbindlich alles regeln können, was er als informierter Patient bei klarem Bewusstsein bestimmen könnte, also alles, worin er einwilligen oder was er ablehnen oder verweigern könnte.

Das Prinzip klingt gut, der Gesetzes-Vorschlag allerdings wird nur für den Bereich der Verweigerung medizinischer Möglichkeiten praktisch. Deren Anordnung und Reichweite bleibt außen vor im Verantwortungsbereich von Ärzten und Krankenkassen. Nicht nur deshalb, aber auch deshalb sieht er sich, bei aller Anerkennung des Bemühens um Sicherheit, einer Menge Fragen ausgesetzt.

Das mag an noch nicht bis ins Letzte durchdachten Gesetzesformulierungen liegen, die den Patientenverfügungen eine starre Verbindlichkeit und eine Reichweite zuerkennen wollen, die in der täglichen Praxis zu erheblichen neuen Problemen führen müssen. Zieht man jedoch die erläuternden ministeriellen Äußerungen in mehreren Zeitungsinterviews in Betracht, so kann nicht ausgeschlossen werden, dass mit diesem Gesetz und seinen unbestimmten und weit reichenden Formulierungen erneut versucht werden soll, Breschen in bisher als unüberwindbar geltende Grenzziehungen zu schlagen.

So muss dieser, aber auch jeder andere Gesetzentwurf über Patientenverfügungen die Frage eindeutig beantworten können, wie bei Patientenverfügungen, die eine rechtsverbindliche Willenserklärung ersetzen sollen, die Voraussetzung einer informierten Einwilligung gewährleistet werden soll. Diese

Gewährleistung, wie schon erwähnt eine essentielle Voraussetzung von Selbstbestimmung, verlangt den Nachweis von Information, von Beratung und von Willen vor einer rechtsverbindlichen Erklärung, wobei alles auf die konkrete, längst nach dem Eintreten der eigenen Einwilligungsunfähigkeit vorliegende Lage bezogen sein muss. Dies vorzusehen und zu sichern, mag noch möglich sein, wenn ein wenig komplexer Sachverhalt in Rede steht, wenn zum Beispiel festgelegt werden soll, dass irreversibel eingetretenes Sterben nicht mit medizinischen Hilfsmitteln verlängert werden soll. Weil das so ist, empfiehlt die Mehrheit der am 20. Februar 2003 vom 15. Deutschen Bundestag neu eingesetzte Enquete-Kommission «Ethik und Recht der modernen Medizin», hier die Grenze für zulässige Patientenverfügungen zu ziehen.

Diesem Vorschlag will der Gesetzentwurf der Bundesministerin der Justiz ausdrücklich nicht folgen, weil er zu eng sei. Er wählt vielmehr sehr viel weiter reichende Formulierungen und muss deshalb die Frage beantworten, wie denn mit Koma-Patienten verfahren werden soll, die in einer Patientenverfügung schlicht und einfach, mündlich oder schriftlich festgelegt haben, sie wollten «im Falle eines Komas» oder «im Fall eines nicht mehr zu behebenden Komas» nicht medizinisch behandelt werden; oder mit Patientenverfügungen, die eine Weiterbehandlung nach einer bestimmten Zeit, etwa einer Woche oder einem oder mehreren Monaten ausschließen wollen. Sollen auch diese Patientenverfügungen in jedem Fall rechtsverbindlich sein? Mit der Folge, dass ein behandelnder Neurologe seine besseren Kenntnisse für eine im Einzelfall mögliche Heilung schlichtweg vergessen müsste, weil er an die Patientenverfügung gebunden wäre und sich im Fall der Zuwiderhandlung strafbar machen müsste? Wie wäre zu verfahren, wenn der Arzt die Angehörigen informiert, dass Behandlungs-, Heilungs- und Linderungsmöglichkeiten existierten und einer der Angehörigen meint, das hätte der Kranke nicht gewusst und deshalb nicht berücksichtigen können? Oder wenn die Angehörigen gerade zu dieser Frage unterschiedliche Meinungen vertreten? Sind dann neue gerichtliche Prozesse nicht geradezu vorprogrammiert?

Oder erweitern wir die Frage: Es gibt Menschen, die verständlicherweise große Angst davor haben, im Alter von Alzheimer befallen zu werden. Was ist nun, wenn sie eine Patientenverfügung verfassen, sogar in schriftlicher Form, in der sie in voller Kenntnis dieses Krankheitszustands verfügen, «Wenn ich Alzheimer bekomme, will ich medizinisch nicht mehr behandelt werden»? Die jetzige Formulierung des Gesetzes würde eine solche Patientenverfügung als rechtsverbindlich anerkennen und damit ebenfalls wieder eine Menge neuer schwieriger Fragen aufwerfen: Was hätte zu gelten, wenn dieser Kranke, der im übrigen nicht an körperlichen Gebrechen leidet, eine Lungenentzündung bekäme, die mit ganz einfachen Medikamenten behandelt werden könnte (und bisher wird?), was, wenn dieser Kranke stürzte und sich einen Fuß bräche? Würde in diesem Fall diese Patientenverfügung wirklich die Angehörigen und Ärzte, die Schwestern und alle sonstigen möglichen Helfer rechtlich binden und auf diese Weise davon abhalten, Hilfe zu leisten, den Gestürzten zu versorgen, ihm Schmerzen zu nehmen und die vorhandenen und wirksamen Medikamente zu verweigern, kurz, ihn einfach liegen und sterben zu lassen? Das klingt absurd, weil kein vernünftiger Mensch im Zustand der Selbstbestimmungsfähigkeit hier medizinische Hilfe ausschlagen würde, obwohl er es rechtlich dürfte. Aber soll das im Zuge der vorsorgenden Patientenverfügung einfach so möglich sein? Und, wenn das gewollt ist, würde das nicht zu völlig unangemessenen Zumutungen für Angehörige, Ärzte und Hilfspersonen führen? Und den Wert von menschlichem Leben in unerträglicher Weise einschränken? Und zudem mit großer Sicherheit in der Öffentlichkeit Ärger erregen? Dass solche Regelungen mit ihren ganz praktischen Zumutungen geradezu zwangsläufig in die Grauzone der aktiven Sterbehilfe durch Unterlassen führen, kommt erschwerend hinzu. Gerade hier zeigt sich, welche Fußangeln jedes Gesetz über Patientenverfügungen beachten und vermeiden muss.

Bisher galt der Grundsatz, dass der feststellbare Wille des Patienten verbindlich ist. Freilich muss dieser sich im rechtlich zulässigen Rahmen bewegen und in jeder konkreten Situation neu festgestellt werden. Weil dies im Hinblick auf in der Zukunft liegende Krankheiten, zudem solchen mit komplexen und unvorhersehbaren Verläufen und ganz unterschiedlichen Befindlichkeiten, außerordentlich schwer ist, haben Richter und praktizierende Ärzte Patientenverfügungen als sehr ernst zu nehmende, aber durch unser Recht begrenzte und durch die seit Abfassung eingetretenen Umstände der Interpretation bedürftige Dokumente eingestuft.

Der Gesetzgeber hat diese Einschätzung im Rahmen des Betreuungsrechts durch die ausdrückliche Einführung einer Vorsorgevollmacht unterstützt: Auch dieser besonders Bevollmächtigte ist ja, bei aller Bindung an den Willen des betroffenen Patienten, der sich selbst nicht mehr äußern kann, Dialogpartner des behandelnden Arztes und damit in jeder neu auftretenden Lage entscheidungsfähig.

Zurück zu den Werten in der Politik und zu Margot von Renesse: Ich habe mich sehr gefreut, dass Margot von Renesse sich aktuell auch mit diesen Fragen auseinandersetzt. Ihre Beiträge fehlen im Deutschen Bundestag und in der SPD. Es bleibt zu hoffen, dass sie dennoch – etwa durch Veröffentlichung – Wirksamkeit entfalten.

Von Richard Schröder

# Was uns eint

## Ein Rückblick auf die deutsche Vereinigung bei Gelegenheit der europäischen Erweiterung

Die deutsche Vereinigung und die europäische Erweiterung, das sind zwei Seiten einer Medaille. Beide sind direkte Folgen des bisher letzten großen Ereignisses in der europäischen Freiheitsgeschichte, des Falls der Mauer. Sie hatte ja nicht nur Berlin und Deutschland, sondern ganz Europa geteilt.[1] Sie war kein «antifaschistischer Schutzwall» gegen äußere Feinde, sondern eine Gefängnismauer, die das Weglaufen verhindern, und ein eiserner Vorhang, der dem Osten den Blick nach Westen versperren sollte. Offenkundig hat er aber auch vielen im Westen den Blick nach Osten versperrt. Dieser Riss durch Europa hatte voneinander getrennt, was zusammengehört. Kaum war das Hindernis beseitigt, wollte zusammenkommen, was zusammengehört. Genauer gesagt: die gewaltsam Getrennten wollten wieder dazugehören. Deshalb wurde am 3. Oktober 1990 wie jetzt am 1. Mai jeweils im Osten weitaus intensiver gefeiert als im Westen. Denn die im Osten hatten beide Mal viel mehr als die im Westen das Schicksal der willkürlichen Trennung zu ertragen.

### Teilen und Vereinen

Deutschland war 1945 willkürlich geteilt worden. Denn die beachtlichen Unterschiede, die es in Deutschland zumal seit der Reformation gibt, sind Nord-Süd-Unterschiede, nicht Ost-West-Unterschiede. Schon immer verstehen sich die Mecklenburger mit den Schleswig-Holsteinern besser als mit den Sachsen, schon des Dialekts wegen, und das war auch in der DDR so. Deshalb hat sich die DDR-Bevölkerung nie als eine Nation verstanden. Das hat sowohl die sowjetische wie die SED-Führung auch gewusst. Einer der SED-Funktionäre, Reinhold, hatte noch 1989 erklärt, ohne den Systemgegensatz zwischen Kapitalismus und Sozialismus hätte die DDR keine Existenzberechtigung. Das sollte eine Warnung sein an diejenigen, die die Existenz der DDR aufs Spiel setzten, indem sie das Feindbild Kapitalismus nicht mehr ernst nahmen. Aber

1 *Der Beitrag beruht auf einem Vortrag, den der Verfasser auf dem Deutschen Sparkassentag 2004 am 6. Mai 2004 in Frankfurt am Main gehalten hat.*

in einem anderen Sinne war es geradezu ein prophetisches Wort. Mit der Öffnung der Mauer hatte die DDR für ihre Bürger ihre erzwungene Existenzberechtigung tatsächlich endgültig verloren. Und sie sagten nun auch laut und vernehmbar und für viele Westdeutsche peinlich überraschend, was sie sein wollten: «Wir sind ein Volk.» Wenn wir nicht mehr DDR-Bürger sein mussten, dann waren wir wieder schlicht Deutsche. Nicht wenige im Westen waren damals über das Meer schwarz-rot-goldener Fahnen im Osten schockiert. Sie befürchteten Nationalismus. Sie hatten aber nicht genau genug hingesehen. Denn diese Fahnen hatten zumeist in der Mitte ein Loch. Man hatte das DDR-Emblem herausgeschnitten.

Der Gedanke des deutsch-deutschen Zusammengehörens war unter Honecker systematisch unterdrückt worden und hat eben deshalb subversive Kraft entwickelt. In den siebziger Jahren verlor die DDR-Nationalhymne ihren Text, weil es dort hieß: «Deutschland einig Vaterland». Nur noch Noten standen im Schulbuch. Unter Honecker wurde die Verfassung von 1968, unsere zweite, revidiert. Aus dem «sozialistischen Staat deutscher Nation» wurde der «sozialistische Staat der Arbeiter und Bauern.» Das Kennzeichen D musste von den Autos abgeschraubt werden, da kannte unsere Polizei kein Pardon. Von polnischen, tschechoslowakischen, ungarischen Kommunisten hörten wir, sie seien erstens Polen, Tschechoslowaken, Ungarn und zweitens Kommunisten. In der DDR dagegen musste das Wort «sozialistisch» das Wort «deutsch» übertönen. Die SED-Führung war bei den anderen kommunistischen Regierungen als sozialistischer Besserwisser unbeliebt.

Am 22. November 1989 skandierten die Leipziger Montagsdemonstranten aus der DDR-Nationalhymne «Deutschland einig Vaterland». Das war noch schlitzohrig mit Rückversicherung: Die DDR-Nationalhymne wird man doch noch zitieren dürfen, ohne als Klassenfeind zu gelten.

Als die DDR ihre Legitimation verlor, konnten nicht länger zwei deutsche Staaten und eine innerdeutsche Grenze gerechtfertigt werden, auch keine innerdeutsche Währungsgrenze, die ja ohne Grenzkontrollen nicht funktioniert hätte. Das hatte Oskar Lafontaine seinerzeit übersehen. Und deshalb ging die deutsche Einigung so schnell, musste so schnell gehen, auch weil 1990 niemand wissen konnte, wie lange Gorbatschow in der Sowjetunion das Sagen hat.

Auch unsere östlichen Nachbarn, die jetzt zur Europäischen Union hinzugekommen sind, sind 1945 willkürlich vom übrigen Europa getrennt worden. Sie waren ins «sozialistische Lager» gezwungen worden, die baltischen Staaten, sogar in die Sowjetunion selbst. Hitler hatte sie Stalin ausgeliefert, als er ihn zum Bundesgenossen für den Überfall auf Polen gewann. Trotzdem hat Stalin diese Kriegsbeute 1945 behalten. Und Stalin hat diejenigen Länder, die die Rote Armee von den deutschen Truppen befreit hat, zu sogenannten Volksdemokratien gemacht, d.h. er hat ihnen das sozialistische System aufgezwungen – mit konspirativen Methoden, Gewalt und vielen Opfern. Dagegen haben sich diese Länder aufgelehnt, zuerst 1953 die DDR, dann 1956 Ungarn, 1968 die ČSSR und die Polen regelmäßig, bis ihnen das Wunder gelang, dass eine kommunistische Regierung eine nichtkommunistische Gewerkschaft anerkennen musste.

All diese Länder beanspruchen, schon immer zu Europa gehört zu haben, und das zu Recht. Polen, Tschechen und Ungarn haben sich vor tausend Jahren für den lateinischen und nicht für den byzantinischen Kulturkreis entschieden. Die baltischen Küstenstädte sind im Hochmittelalter durch die Hanse geprägt. In Riga wird der historische Stadtkern, der durch den Krieg zerstört und durch sozialistische Bauten verunstaltet ist, wiedererrichtet. Und wer sich für Jugendstil interessiert, kommt in Riga auf seine Kosten. Der böhmische König war einer der Kurfürsten des Heiligen Römischen Reiches. Die Goldene Bulle, das Reichsgrundgesetz, ist vom böhmischen König und deutschen Kaiser Karl IV. veranlasst. Böhmen ist eine der ältesten Industrielandschaften Europas. Die ältesten Universitäten diesseits der Alpen sind nach Paris, Oxford und Cambridge nicht etwa Tübingen oder Heidelberg, sondern Prag und Krakau. Dort übrigens hat Kopernikus studiert. In Prag lehrte Jan Hus, den Luther als seinen Vorläufer verstand. Das polnisch-litauische Königreich hat religiöse Toleranz geübt, als in Deutschland noch galt: cuius regio, eius religio. Der polnische König Johann Sobierski hat Wien vor den Türken gerettet, was Europa den Polen schlecht gedankt hat. Exilpolen waren sowohl an der amerikanischen wie an der französischen Revolution beteiligt. Rousseau, den die Franzosen als Vater ihrer Revolution verehren, hat die Verfassung Polens mit Bewunderung beschrieben. Das Magdeburger und das Lübecker Stadtrecht waren im Mittelalter begehrte Exportartikel. Sie haben diesen Ländern im Unterschied zu Russland ein Bürgertum ermöglicht.

## Deutschland – eine Stimme im europäischen Konzert

In der tausendjährigen Geschichte Europas ist die aufgezwungene Trennung dieser Länder vom übrigen Europa eine Episode von bloß 40 Jahren. Nach Wegfall dieses Zwangs wollen sie bloß sein, was sie schon immer waren, eine Stimme im europäischen Konzert. Was denn sonst? Es gibt für sie gar keine Alternative, die auch nur einen Gedanken wert wäre. Und ebenso ging es uns Ostdeutschen 1990. Wir wollten wieder Deutsche sein.

Bis 1990 war die Bundesrepublik Deutschland nicht das ganze Deutschland. Da fehlten noch wir, die Ostdeutschen. Insofern war der Name ein Versprechen, das nun eingelöst ist. Und die Europäische Union ist nicht das ganze Europa. Wenn der Name keine Anmaßung sein soll, ist auch er ein Versprechen. Von denen, die bisher fehlten, kommen nun zehn hinzu.

Was im Westen leicht übersehen wird, ist dies: Es geht denen, die dazugekommen sind, um Identitätsfragen. Einer aus den Beitrittsländern hat es so gesagt: die Zugehörigkeit zur Europäischen Union ist für uns nicht zuerst eine wirtschaftliche, sondern eine moralische Frage. Gemeint ist eine Frage des Selbstverständnisses und der Selbstachtung und deshalb eine Frage der Anerkennung. Sie wollen als zugehörig anerkannt werden, wie 1989 die Ostdeutschen auch. Auf die Frage: Wer sind Sie? nennen wir unseren Namen und wenn wir ausführlicher werden, erzählen wir aus unserer Biographie. Nicht viel anders ist es bei den Völkern. Deren Biographie ist ihre Geschichte, ihre nationale Geschichte.

Zweierlei können wir von unseren östlichen Nachbarn lernen. Erstens: sie verstehen sich als Nation, aber so, dass das die europäische Dimension ganz selbstverständlich einschließt. Sonst würden sie ja nicht dazukommen wollen. Und zweitens: sie bringen die lebendige Erinnerung an die andere Katastrophe der europäischen Geschichte des 20. Jahrhunderts mit, den Stalinismus.

1. In den neunziger Jahren bin ich öfters zu westlichen Veranstaltungen geladen worden unter dem Titel «Denk ich an Deutschland in der Nacht» Noch öfter habe ich Veranstaltungen unter diesem Namen angezeigt gesehen. Jeder kennt die Fortsetzung des Zitats. Es soll offenbar beweisen, dass Heinrich Heine schon wusste, dass auf Deutschland ein Fluch lastet. Sieht man aber bei Heine nach, so liest man zum Erstaunen: «Nach Deutschland lechzt' ich nicht so sehr, wenn nicht die Mutter dorten wär. Das Vaterland wird nie verderben, jedoch die alte Frau könnt' sterben.» Kein metaphysisches mysterium Germaniae, sondern die Liebe zur Mutter brachte Heine um den Schlaf. Und die da Heine mit besorgter Mine zitieren, haben sicherlich keine Schlafstörungen Deutschlands wegen. Sie behaupten bloß, dass man sie haben müsse. Sie leben nicht schlecht und essen gut, aber zwischendurch heben sie ab und müssen böse Geister bannen. So etwas Ähnliches ist unserem Heine schon 1844 aufgefallen: «Franzosen und Russen gehört das Land, das Meer gehört den Briten, wir aber besitzen im Luftraum des Traums die Herrschaft unbestritten.»

In diesem Luftraum des Traums schweben auch diejenigen, die erklären: Wir verstehen uns nicht als Deutsche, sondern als Europäer. Wir sind postnational. Ich halte das für eine Strategie der Flucht aus der deutschen Geschichte. Denn so jedenfalls wird das schwarze Kapitel in der deutschen Geschichte des 20. Jahrhunderts, die Nazizeit, gerade nicht ernst genommen. Diese Flucht verbindet sich zudem mit einer neuen Überheblichkeit, die sich über so etwas

Beschränktes wie die nationale Identität als postnationale Europäer erhaben wähnt. Das ist bloß ein Trick, wieder ganz was Besonderes zu sein und auf die Beschränktheit der anderen, die gern oder auch stolz Franzosen, Polen, Dänen sind, hinabzuschauen. Europa ist keine Nation, sondern der Kontinent der Nationen, die nun zusammenrücken. Zur Ersatznation taugt es nicht. Für eine Nation «Europa» ist in Europa derzeit nur noch auf dem Wasser Platz, das Land ist bereits vergeben – oder eben «im Luftraum des Traums.» Dort schweben diejenigen, die bloß Europäer sein wollen. Die ordinäre Zugehörigkeit zu einer der europäischen Nationen ist ihnen «ein Erdenrest, zu tragen peinlich».

Mitte der neunziger Jahre bin ich nach Washington eingeladen worden zu einer kleinen Gesprächsrunde von Deutschen mit Amerikanern, die an amerikanischen Hochschulen den Holocaust lehren. Eine von ihnen trug folgendes vor: Auch unter den amerikanischen Juden wirke sich die Säkularisation aus. Viele verstehen sich nicht mehr von Gottes Erwählung her, sondern sehen ihre Identität im Holocaust begründet: die Juden, das Volk der unsäglichen Opfer. Diese Identität sei aber, einer Waage gleich, nur stabil, wenn die Deutschen den Holocaust in ihre Identität aufnehmen und sich als das Volk der Täter verstehen. Ich habe geantwortet, das sei unmöglich. Das würde ja heißen, dass wir uns als das verworfene Volk definieren. Jedes Volk sei frei in der Definition seiner Identität. Mit der Selbstdefinition über andere aber hätten wir Deutschen sehr schlechte Erfahrungen gemacht, wir haben uns nämlich viel zu lange über den Erbfeind Frankreich definiert. Eisiges Schweigen. Da muss ich wohl etwas Unpassendes gesagt haben. Auch etwas Verkehrtes? Nein. Wir sind aber jetzt an einem Punkt, an dem sich kleine Missverständnisse verheerend auswirken und Beifall von der falschen Seite alles ins Zwielicht rücken kann. Die Verbrechen der Nazizeit sind unaufhebbar Teil der deutschen Geschichte. Sie liegen wie eine Hypothek auf einem ererbten Grundstück, machen uns Nachgeborene aber nicht zu Vorbestraften.

Die alten Griechen haben sich den Mythos von den Gorgonen erzählt. Das sind die Göttinnen des Schreckens. Wer die Gorgonen, das Schreckliche also, anblickt, versteinert. Perseus besiegt die Schreckensgöttin Medusa, indem er sie durch den Spiegel seines Schildes, indirekt also, betrachtet. In diesem Mythos steckt Weisheit. Der unmittelbare Anblick des Schrecklichen versteinert. Auch beim Schrecklichen gibt es, wie beim Intimen, das schamlose Begaffen. Wer hier den Blick abwendet, beweist nicht unbedingt Gleichgültigkeit gegenüber den Opfern, viel eher ein Wissen von der lähmenden, versteinernden, traumatisierenden Macht des Schrecklichen. Vor dem KZ Stutthof in Polen steht ein Schild, das Kindern unter vierzehn Jahren den Zutritt verwehrt.

Wir können das Schreckliche nur gespiegelt verkraften. Solche Spiegel, durch die wir uns die Schrecken der Nazizeit vergegenwärtigen können ohne zu versteinern, sind Geschichten, Biographien, wie das Tagebuch der Anne Frank oder das von Viktor Klemperer. Sich mit solchen Schicksalen identifizieren, das ist etwas anderes als sich mit den Verbrechen der Nazizeit zu identifizieren oder eben: sie in unsere nationale Identität aufzunehmen.

Was an Deutschland als Politikverdrossenheit und Reformunwilligkeit zu Recht kritisiert wird, scheint mir in Wahrheit Zukunftsverdrossenheit zu sein, in Ost wie in West. Ich vermute, dass die auch etwas mit Geschichtsverdrossenheit zu tun hat. Die ist verständlich, was die Last der Nazizeit betrifft. Sie ist mir unverständlich, was die 1000 Jahre deutscher Geschichte vor 1933 betrifft und ganz unverständlich ist mir, warum wir uns in Ost und West so wenig der unerhörten Begebenheit von 1989 und 1990 freuen können. Wir müssen uns schon deshalb als eine Nation verstehen, weil wir unsere gemeinsamen Angelegenheiten in Ordnung bringen müssen, wir, die Deutschen. Das erwarten unsere Nachbarn von uns. Das kriegen wir aber nicht hin, wenn wir uns bloß als verzagtes Wir, als jammernde Nation gerieren. Da sind uns unsere östlichen Nachbarn einiges voraus. Die sagen: wir schaffen das, wir halten einiges durch und nehmen jetzt einiges auf uns jetzt, damit es uns einmal besser geht als jetzt – und damit wir wieder zu Europa gehören.

2. Unsere östlichen Nachbarn bringen die Erinnerung an den Stalinismus mit. Von den etwa 1 Million Esten sind unter Stalin mehr als 30.000 in die Lager verbracht worden und über 60.000 ums Leben gekommen. Von anderen Völkern lassen sich ähnliche Zahlen nennen. An das ungeheure Ausmaß von Stalins Terror zu erinnern, gilt vielen in Deutschland immer noch als unangenehm. Die einen halten noch immer Antikommunismus für eine reaktionäre Verblendung. In Wahrheit zeugt Widerstand gegen Tatsachen von Verblendung. Die anderen haben sich ein neues Erstes Gebot zurecht gelegt: du sollst keinen anderen Teufel kennen neben Hitler. Aber wenn wir diese traumatischen Erfahrungen unserer östlichen Nachbarn nicht anerkennen, nehmen wir sie auch nicht ernst. Die Opfer Stalins in der Sowjetischen Besatzungszone und der DDR bis zu Stalins Tod werden unter uns auch kaum wahrgenommen. Zwischen 1945 und 1955 haben die sowjetischen Militärtribunale dort 25.000 Zivilisten verurteilt, davon 1000 zu 10 Jahren und mehr, was Sibirien hieß, und 500 zum Tode. Es stimmt nicht, dass das in relevanter Anzahl Nazi-Verbrecher waren. In Workuta gibt es Gedenktafeln der betroffenen Länder für ihre Opfer, aber keine für die deutschen Häftlinge.

Die Teilung Deutschlands war zweifellos eine Folge des Zweiten Weltkriegs, den Hitlerdeutschland vom Zaune gebrochen hat. Dieser historisch richtigen

Feststellung haben manche die moralische Deutung gegeben, die Teilung sei die Strafe. Diese moralische Deutung ist in Wahrheit höchst unmoralisch. Denn zweifellos haben wir, die Ostdeutschen, die Folgen dieser Teilung in weit höherem Maße zu tragen gehabt als die Westdeutschen. Das ist eine ganz besonders absurde Anwendung der Kollektivschuldthese, bei der ein Teil für das Ganze die Schuld tragen soll. Ganz und gar absurd wird es aber, wenn dieselbe Logik auf unsere östlichen Nachbarn angewandt wird. Die Polen und die Tschechen waren erst Opfer der braunen Diktatur und dann der roten. Die Weltgeschichte ist nicht das Weltgericht. Die Erweiterung Europas wird auch unsere Wahrnehmung des 20. Jahrhunderts in Europa erweitern müssen. Sonst können wir die nicht verstehen, die jetzt zu uns kommen.

Für viele hat der Vergleich der Hitler-Diktatur und der Stalin-Diktatur noch immer etwas Anrüchiges, als solle das auf eine Relativierung der Naziverbrechen hinauslaufen. Vergleichen kann man immer nur Unterschiedenes, nicht Identisches. Es gibt die markanten Unterschiede. Einer ist der, dass in der Nazizeit alles immer schlimmer wurde, während wir Älteren in der DDR sagen konnten: Es war schon einmal schlimmer, nämlich in der Stalin- und Ulbrichtzeit. Ein anderer ist der, dass der Naziterror vor allem den Juden galt, während Stalins Terror fortwährend neue Opfergruppen kreierte, zuletzt übrigens auch Zionisten.

Vergleichen wir aber einmal das Jahr 1937 mit dem Jahr 1974. Keine Arbeitslosen, ein herrliches Urlaubsprogramm für die arbeitende Bevölkerung, Kraft durch Freude dort, FDGB-Feriendienst hier genannt, die Aussicht auf ein eigenes Auto, Volkswagen dort, Trabant hier, und das Gefühl: es geht bergauf. Ja, es gab Bevölkerungsgruppen, die diskriminiert wurden, die Rassenfeinde dort, die Klassenfeinde hier, aber das war doch eine Minderheit, die Mehrzahl der Bevölkerung war doch einigermaßen zufrieden. 1937 hatte der Zweite Weltkrieg bekanntlich noch nicht begonnen. Die Olympiade hatte gerade stattgefunden. Die Vernichtungslager waren noch nicht erfunden. Aber die Weichen waren bereits gestellt. Denn die Grundrechte waren längst kassiert durch das Ermächtigungsgesetz, die Einparteienherrschaft war installiert, die öffentliche Meinung durch Propaganda manipuliert – wie in der DDR 1970. Die Dramatisierung der Nazizeit, die die Jahre vor 1939 auslässt, ist zugleich ihre Verharmlosung. Diktatoren unterdrücken die Freiheit und ihre Feinde und Gegner, aber die Masse der Bevölkerung möchten sie natürlich auf ihrer Seite haben und dafür denken sie sich mancherlei Wohltaten aus. Weder dürfen die Naziverbrechen die Stalinverbrechen relativieren noch umgekehrt. Wer unschuldig unter einer Diktatur zu leiden hatte, ins Lager kam oder gar sein Leben verlor, verdient unseren Respekt. Es gibt nicht Ermordete erster und zweiter Klasse.

Die Frage, wie wir uns vor der Wiederkehr der Diktatur schützen können, findet beide Mal dieselbe Antwort: Durch Rechtsstaatlichkeit, namentlich die Unabhängigkeit der Justiz und der Presse, Gewaltenteilung und Machtkontrolle, kurz, durch die Institutionen der Freiheit. Und die stehen im Zentrum der «europäischen Identität». Sie sind auch für die Hinzugekommenen Richtschnur und Verpflichtung.

## Auferstanden aus Ruinen

Ein makabres Beispiel für den Mangel an geschichtlichem Bewusstsein und nationaler Identität hat die jüngste Diskussion um den Aufbau Ost geliefert. Dass er kritisch unter die Lupe genommen wird, ist ganz in Ordnung. Es muss überprüft werden, wie es weitergehen kann und soll. Was schlecht gelaufen ist, muss aufgelistet und geändert werden. Da darf es keine Tabus geben. Aber der Ton macht die Musik.

Wer erklärt, der Aufbau Ost sei gescheitert, betrachtet ihn wie ein Geschäft, das man lieber hätte lassen sollen, oder als eine Fehlinvestition. Er wünscht sich also, die Teilung Deutschlands und Europas hätte fortbestehen sollen. Er wünscht uns ins Gefängnis zurück. Er vergisst geflissentlich, dass der Kalte Krieg ständig von der Angst vor einem atomaren Weltkrieg begleitet war. Wenn ihr den Fall der Mauer nicht würdigen könnt, müsst ihr euch trotzdem damit abfinden, dass sie gefallen ist. Die Transferleistungen von West nach Ost sind erheblich, aber bei den Zahlen wird auch tüchtig gemogelt. Es fließen ja auch erhebliche Gelder von Süd (West) nach Nord (West). Niemand kommt auf die Idee, das aufzulisten, dann noch die Bundesgelder Richtung Nord zuzuschlagen und einen Autobahnausbau im Norden als Sonderwohltat zu deklarieren. So wird nur Richtung West-Ost gerechnet.

Es stimmt auch gar nicht, dass alle bisherige Anstrengung vergebens war. Fehler sind gemacht worden, ich bezweifle aber, dass es je einen Königsweg gegeben, auf dem wir heute die gleichen Lebensverhältnisse in Ost und West hätten erreichen können. Erinnern wir uns nochmals an die Ausgangssituation. Der Aufbau Ost begann in einer Situation, in der ein Anlageberater nur sagen konnte: Hände weg, Risiko unkalkulierbar. Mit der Währungsunion und dem Zerfall der Sowjetunion brachen für die DDR-Wirtschaft sowohl die Ostmärkte wie die Westmärkte weg, weil, was bisher 1:4 produziert und geliefert wurde, 1:1 nicht mehr absetzbar war bei 30 Prozent der Westproduktivität. Und im Osten selbst sank das Interesse an Ostwaren einschließlich Milch und Gemüse gegen Null. Als die Trabant-Arbeiter wegen der Schließung ihres Werkes streikten, hat Kurt Biedenkopf ihnen nur eine Frage gestellt: Wer von Ihnen möchte als nächstes Auto einen Trabant kaufen? Und als sich niemand gemeldet hat, hat er gefragt: Wem wollt ihr denn dann Trabants verkaufen? Die westliche Industrie war damals in einer Flaute und wie uns versichert wurde, hätte sie spielend den gesamten Warenbedarf des Ostens decken können. Und sie hat ja auch dank der Einigung beachtliche Umsatzsteigerungen verbuchen können. Man kann das auch so ausdrücken: Die gestiegene Nachfrage aus dem Osten hat auf Zeit den längst entstandenen westlichen Reformbedarf verschleiert. Und jetzt dient der Osten als Sündenbock für dauernd verschobene Reformen. Das etwa war die Ausgangssituation. Da ist es schon ein Erfolg, dass sich die Arbeitsproduktivität mindestens verdoppelt hat und dass Arbeitsplätze entstanden sind, die erfolgreich für den Weltmarkt produzieren können, zu wenige zwar, aber krisenfeste.

Die verfallenen Städte und Dörfer sind tatsächlich «auferstanden aus Ruinen». 1990 herrschte in der DDR Wohnungsnot. Erst nach 1990 habe ich Telefonanschluss, Kanalisation, Erdgasanschluss bekommen. Ich weiß, dass das alles noch keinen selbsttragenden Aufschwung bringen konnte. Aber sollen wir uns deshalb als unbefugte Nutznießer von Fehlinvestitionen verstehen? Die rein ökonomische Betrachtung ist geschichtsblind. Da kommt das unvermeidlich Vergebliche und das Tragische nicht vor. Als wir 1989 die SED-Diktatur abgeschüttelt haben, haben wir tatsächlich versäumt, vorher beim Bundeswirtschaftsministerium anzufragen, ob denn der Zeitpunkt konjunkturell genehm ist.

Manches, was heute unter Fehlinvestition verbucht wird, war unvermeidlich. Drei Beispiele. 1990 hat die Sowjetunion verlangt, dass die Lieferverträge mit der DDR weitergelten und fortgeschrieben werden. So wollte sie 1000 Bahnwaggons jährlich abnehmen. Der Waggonbau Ost wurde mit staatlichen Subventionen modernisiert. Einige Jahre später war Russland zahlungsunfähig, aus der Traum. Nun wird Ammendorf geschlossen. Allerdings sind damit 250 Millionen Euro verloren. Aber zu welchem Zeitpunkt war das vermeidbar? Die sichersten Diagnosen stellt der Pathologe, nämlich hinterher. Sie sind bloß leider nutzlos für den Patienten. Zweitens: Die Sowjetunion hat ihr Atomprogramm mit dem Uran aus der DDR bestritten und eine kontaminierte Landschaft hinterlassen. Die Folgekosten hat sie der Bundesrepublik aufgehalst. Bisher sind dafür 4 Mrd. Euro aufgewendet worden. Verschwendetes Geld? Zählen wir sie lieber zu den Kosten des Abzugs von 400.000 sowjetischen Soldaten aus Deutschland, der keinen Tropfen Blut gekostet hat. Drittens; Die Arbeitsbeschaffungsmaßnahmen haben weithin nicht zu regulären Arbeitsplätzen geführt. Also verschwendetes Geld? Die Grenzen der Belastbarkeit der Ostdeutschen durfte nicht durch noch höhere Arbeitslosigkeit überschritten werden. So gesehen hat sich auch diese Ausgabe gelohnt.

Im Spiegel las man: «Die rund vier Millionen Rentner erhalten durchschnittlich eine höhere Rente als die Westpensionäre.» Unsinn. Die Renten sind im Osten niedriger, aber mehr Frauen haben einen eigenen Rentenanspruch. Nochmals der Spiegel: In «ökonomischer Hinsicht wurde der Westen im Zuge der Wiedervereinigung zur Kolonie des Ostens. Der zwangsweise erhobene Solidaritätszuschlag» entspricht «der von den deutschen Kolonialherren 1912 in Deutsch-Ostafrika eingeführten ‹Eingeborenen-Kopfsteuer›». Der Solibeitrag wurde nach dem ersten Golfkrieg eingeführt, um Deutschlands Beitrag zu finanzieren. Auch die Ostdeutschen zahlen diese «Eingeborenen-Kopfsteuer». Aber nur Westbeamte im Osten bekamen zu ihrem Westgehalt das «Buschgeld».

Dass wir im Osten weithin beachtlich weniger verdienen als unsere Westkollegen, auch wenn wir, wie ich an der Humboldt-Universität, Tür an Tür dieselbe Arbeit verrichten, hat Gründe, die so schnell nicht verschwinden werden. Man könnte das als unseren zusätzlichen ostdeutschen Solidarbeitrag würdigen. Gegen die Tonart: «Denen da drüben geht's zu gut», sind wir verständlicherweise empfindlich. Und jedenfalls ging es uns vierzig Jahre lang nicht besonders gut.

Wer den Aufbau Ost beurteilen will, darf den Osten nicht zuerst am Westen messen, der vierzig andere, bessere Jahre hinter sich hat, sondern zuerst an den DDR-Verhältnissen von 1990 und an den anderen ehemals sozialistischen Länder mit derselben Erblast. Das Ausmaß der sozialistischen Verwüstung ist weit unterschätzt worden. Nirgends konnte man lernen, wie man «Aufbau Ost» macht. Wir sollten die Einigungskosten als verspätete Kriegsfolgelasten betrachten, die Mittel effektiv einsetzen und uns zwischendurch immer wieder einmal der geschenkten Freiheit freuen.

## Das Projekt Europa

Diese große Erweiterung der Europäischen Union bringt auch Gefahren mit sich. Es ist noch nicht entschieden, ob und wie sich die Intensivierung der Kooperation mit dieser Extensivierung ihrer Ausdehnung verbinden lässt. Pessimisten können sogar mit einem Scheitern des Projekts Europa rechnen, wenn Großbritannien ausscheiden sollte, weil die Volksabstimmung über die Europäische Verfassung mit einem Nein ausgeht. Andererseits haben nicht einmal Optimisten 1980 erwartet, dass in neun Jahren der Eiserne Vorhang fällt. Noch weniger haben sie erwartet, dass in zwanzig Jahren mit einer gemeinsamen europäischen Währung der Anfang gemacht wird. Es ist nicht ganz unvernünftig, weiterhin mit ein paar kleineren Wundern zu rechnen. Wir sollten uns alle klarmachen, dass es beim Scheitern des Projekts Europa nur Verlierer gibt und, dass es sich um eine weltgeschichtliche Premiere handelt. Großreiche sind bisher immer durch Eroberungen entstanden, mit Siegern und Besiegten. Vereinigungen in Freiheit wie die Urschweiz blieben klein und lange unbedeutend. Europa hatte in seiner an Blutvergießen reichen Geschichte doch das Glück, nie als Ganzes von einer Großmacht unterworfen, nie zur Einheit gezwungen worden zu sein. Deshalb haben wir die Chance, in Freiheit und Schritt für Schritt zusammenzurücken. Das ist, weil ohne Vorbild, riskant und kann misslingen, aber doch eigentlich nur, wenn wir uns nicht hinreichend klarmachen, worum es geht: Es geht um Einigkeit und Recht und Freiheit für Europa, für das Europa der zusammenrückenden Nationen.

Von Axel Schäfer

# Margot von Renesse – die Sozialdemokratin

Meine erste Begegnung mit Margot von Renesse liegt jetzt fast 31 Jahre zurück. Es war der 12. Mai 1974: die Querenburger SPD diskutierte mit dem Sozialdezernenten der Stadt, Helmut Blösinger, über Jugendpolitik. Mittendrin, schneller strickend als gleichzeitig redend, die Familienrichterin Margot von Renesse. Es ist die Hochzeit des sozialdemokratischen Jahrhunderts, die Ära von Willy Brandt und Helmut Schmidt, in der mehr Demokratie gewagt, ein Stück weit auch Phantasie an die Macht gelangen sollte. Margot gehört zu den Hunderttausenden, die zwischen 1969 und 1976 zur SPD stoßen, dort aktiv werden und einen Veränderungsprozess innerparteilich wie innergesellschaftlich von zuvor nicht gekanntem Ausmaß einleiten. Trotzdem haben es viele «Bürgerliche» in dieser Partei über Jahre hinweg nicht leicht. Berufstätige Frauen mit vier Kindern sind in der SPD bis heute bunte Schmetterlinge. Margot machte es vielen auch nicht leicht: nicht nur wegen ihres brillanten, niemals aber anmaßenden Intellekts, sondern auch wegen ihrer Abneigung gegen schnelles Duzen. Ich konnte über Jahre hinweg – zeitweise fast täglich – den Sozialdemokratisierungsprozess der Margot von Renesse und zugleich die wachsende Akzeptanz ihrer Person und ihrer Meinung in der SPD – auf Bundesebene meist früher, in Bochum oft später – erleben, und denke, ihr längster politischer Weggefährte in der SPD zu sein.

Uns beide trennen zwölf Jahre. Uns verbindet die Prägung durch die Evangelische Kirche, der Eintritt in die SPD 1969, die Lust zur Diskussion und das Verständnis von Parteiarbeit, wo gemeinsames Tun im Mittelpunkt steht. Für uns beide war Ulrich von Huttens «Ich hab's gewagt» immer das Grundmotiv unserer politischen Arbeit.

Menschen zu charakterisieren und ihrer gesamten Persönlichkeit gerecht zu werden, ist – im Rahmen einer Festschrift – ein schier unmögliches Unterfangen. Exemplarisch sollen deshalb einigen Stationen ihres politischen Lebens verdeutlichen, wer Margot von Renesse ist.

*Die Basisaktivistin:* Margot ist keine Quereinsteigerin in der SPD. Sie hat Kärrner- und Kernerarbeit geleistet und die klassische Ochsentour absolviert: Zeitungen verteilen, Beisitzerin im Ortsvereinsvorstand, Stadtbezirks- und Unterbezirksdelegierte, Mitglied der Bezirksvertretung. Manchmal wurde sie parteiintern als «die Gräfin» bezeichnet. Sicher nicht nett gemeint, beschreibt es auch, dass es a) Frauen, b) Juristinnen, c) mit dem falschen Namen, in der SPD schwer hatten. Erst nach 21 Jahren Basisarbeit und zwei vergeblichen Anläufen wurde sie schließlich Mitglied des Deutschen Bundestages – im Alter von 50 Jahren.

*Die Familienfrau:* Politik und Familie, Familienpolitik, zuweilen auch Politik *oder* Familie haben Margot über 40 Jahren lang geprägt: als Kind einer intellektuellen, eindrucksvollen und letztlich alleinerziehenden Mutter, ihre Verantwortung für den eigenen Nachwuchs. Für Außenstehende manchmal anstrengende Familienberichte sind davon die eine Seite; die andere: die Vereinbarkeit von Beruf, Politik und Familie und ihre Schwierigkeiten waren bei ihr immer exemplarisch nachzuvollziehen. In den 70er Jahren hatte sie Anfragen aus Kreisen der Parteispitze – wovon nur wenige wissen – für bestimmte Funktionen bzw. Mandate zu kandidieren, mit der Begründung zurückgewiesen, dass ihre Kinder sie in den nächsten Jahren mehr bräuchten, als sie die Politik brauchen könne.

*Die Hausbesetzerin:* Richtig. Margot war Hausbesetzerin oder genauer: Kindergartenbesetzerin. Im Rahmen einer Elterninitiative hielt sie mit Gleichgesinnten und Gleichbetroffenen tage- und nächtelang einen AWO-Pavillon besetzt, um Verbesserungen gegenüber dem Träger durchzusetzen. Die Gründung des Kindergartens für 60 Kinder war ein Modellprojekt für die damalige Zeit. Es umfasste einen gewählten Elternrat und einen Mütterdienst, der in die Arbeit eingezogen wurde. Margots Annäherung an sozialdemokratische Strukturen war nicht nur an dieser Stelle durch Konflikte mit Organisationen im sozialdemokratischen Umfeld wie Sozialverbänden und Gewerkschaften beeinflusst. Jugendsünden, würde man heute sagen, im Alter von 33 Jahren allerdings eine etwas verspätete Jugend.

*Die Bodenständige:* Nicht nur der protestantische Arbeitsethos, sondern auch die eigene Biographie haben Margots Verständnis von praktischem, auch beruflichem Tun geprägt. Wegweisend war sicher die Tätigkeit in einem Stahlwerk in Schwerte während ihres Studiums. Ebenso wie die anderen «Villigster», z.B. Henning Scherf, Albrecht Müller und Friedel Besch, hatte sie einen Teil des harten Mallocher-Alltags mitbekommen, während andere Jurastudenten es sich in den weichen Sesseln von Papas Bonner Anwaltskanzlei bequem machten. Als es mir nach vielen Jahren guten Zuredens gelang, Margot in die Gewerkschaft aufzunehmen, bedeutete das für sie ein Stück Überwindung – für die Richterschaft damals wie heute ein Ausnahmefall.

*Die Rechtspolitikerin:* Mit ganzem Herzen Juristin – mit dieser Kennzeichnung trete ich Margot sicher nicht zu nahe. Ihr richterliches Amt mit dem Schwerpunkt im Familienrecht hat sie mehr als ausgefüllt, und das im doppelten Sinn des Wortes. Nicht verschwiegen werden sollte, dass es lange dauerte, ihr die Skepsis von Nicht-Juristen gegenüber ihrem Berufsstand zu vermitteln. Bekanntlich hatte die Aufarbeitung der Verantwortung «furchtbarer» Juristen im Dritten Reich lange, viel zu lange auf sich warten lassen. Margots Tätigkeit ist nicht nur in klug und lebensnah formulierten Urteilen sowie Fachartikeln nachzulesen, ihr Wirken wurde auch in besonderer Weise ausgezeichnet: Während des Streits um die Benennung von Herta Däubler-Gmelin als Verfassungsrichterin hatte das höchste Gericht einen «Dreier-Vorschlag» gemacht, der den Namen Margot von Renesse enthielt. Das war für sie nach eigenem Bekunden ein Ritterschlag.

*Die Rednerin:* Nur wenigen Menschen gelingt es, andere mit Worten so in den Bann zu ziehen wie Margot: immer optimistisch, im Bloch'schen Sinne «Ins Gelingen verliebt»: druckreif, brillant, bewusst überspitzt oder bewusst verbindend. Ich kenne keinen, der nicht spätestens nach der zweiten Begegnung mit Margot von ihren Reden im Sinne des Wortes «eingenommen» war. Hiervon blieb auch der politische Gegner nicht unbeeindruckt: Der ehemalige Bundeskanzler schrieb ihr zu ihrer Rede am 31. Mai 2001 zur Vorlage des Abschlußberichts der Enquete-Kommission im Deutschen Bundestag in einem Brief: «[...] in meiner 40-jährigen parlamentarischen Tätigkeit habe ich viele Parlamentsdebatten erlebt, erlitten und auch mitgestaltet. Ihre heutige Rede wird in meiner Erinnerung bleiben als eine der großen parlamentarischen Erfahrungen meines politischen Lebens.»

*Ihre Marotten:* Begegnet man Margot in der Straßenbahn oder beim Einkaufen, kann es sein, dass sie Menschen übersieht, die sie eigentlich kennt. Ihr Personengedächtnis ist nicht das beste, aber mehr noch – meist ist Margot so in Gedanken versunken, dass sie alles vergisst. Insofern überrascht es nicht, wenn ihr nicht auffällt, dass sie mit unterschiedlichen Schuhen durchs Leben geht – solange sie sich auf dem richtigen Weg befindet...

*Das Original:* Margot passt in keine Schublade, so groß sie auch sein mag. Links in der SPD, aber wertkonservativ, eine Bildungsbürgerin, die ins Ruhrgebiet verliebt ist, Euphorie immer gepaart mit Realismus. Hier fällt mir der Bundesparteitag 1988 ein: Die SPD will die Stärkung der Betriebsorganisationen beschließen. Margot ist eine leidenschaftliche Fürsprecherin. Johannes Rau am Vorstandstisch bekommt große Augen. Die SPD will die Frauenquote beschließen. Ich halte ein flammendes Plädoyer. Johannes Rau schüttelt den Kopf. Nach der Diskussion fällt mir Margot um den Hals und Johannes Rau die Pfeife aus dem Mund.

*Die Parlamentarierin:* Wenn die Juristerei Margots Leidenschaft ist, so war die parlamentarische Arbeit die Erfüllung ihres politischen Lebens. Es spannt sich über zwölf Jahre Bonner wie Berliner Tätigkeit ein breiter Bogen der Mitgestaltung im Gesetzgebungsverfahren. Hervorzuheben sind ihre Vorschläge im Renten- und Kindschaftsrecht, das Lebenspartnerschaftsgesetz (Margot als Schutzpatronin der Homosexuellen) bis hin zur Leitung der Enquete-Kommission Recht und Ethik der modernen Medizin. Ihr Auftritt bei Sabine Christiansen zu diesem Thema ist den meisten Zuschauern bleibend in Erinnerung. Als eine von sieben nordrhein-westfälischen SPD-Abgeordneten hat sie für Berlin in der Hauptstadtfrage votiert: das war mutig und hat sich als richtig erwiesen.

*Eine Betroffene:* Bekanntlich ist Margot seit einigen Jahren an Parkinson erkrankt. Kranke neigen gewöhnlich zum Jammern – das gehört zur Bewältigung ihrer Krankheit. Nicht Margot. Zumeist geht sie mit ihrer Krankheit mit heiterer Gelassenheit um, auch wenn sie sich nicht immer im medizinischen Sinne richtig verhält. Obwohl sie schon 1998 durchaus die körperlichen Beeinträchtigungen durch Parkinson verspürte, hatte sie nochmals für den Bundestag kandidiert. In der bioethischen Debatte konnte sie, immer in dem Wissen, dass für die konkrete Behandlung ihrer Krankheit die veränderten medizinischen Möglichkeiten sicher zu spät kommen werden, ihre eigene Betroffenheit in überaus verantwortlicher Weise einbringen.

Von 1976 bis 2004 war ich mit Margot von Renesse im Ortsverein Querenburg gemeinsam aktiv – sie als Stellvertreterin, ich als Vorsitzender. Ein etwas ungewöhnliches «Paar» an der Spitze einer Parteigliederung und für eine außergewöhnlich lange Zeit von 28 Jahren. Während ihres Abgeordnetenmandats im Bundestag gehörte ich fünf Jahre lang dem Europäischen Parlament an. 2002 folgte ich ihr nach Berlin als Bundestagsabgeordneter. Aus der Zusammenarbeit wurde Vertrautheit, aus einer Genossin eine Freundin. Als der SPD-Vorstand im Westlichen-Westfalen am 18. Mai 1990 den Reservelistenvorschlag für den Bundestag beschloss, saßen Margot und ich wie immer nebeneinander. Es gab eine Kampfabstimmung. Frau gegen Frau. Margot wollte sich nicht selbst wählen. Letztlich habe ich für sie das Kreuz auf ihrem Stimmzettel mit den Worten «Denk an Konrad Adenauer!» gemacht. Sie wurde nicht mit einer, sondern mit zwei Stimmen Mehrheit gewählt. Mit ihrer Gegenkandidatin, die ebenfalls den Sprung ins Parlament schaffte, teilte sich Margot übrigens jahrelang das Büro in Bonn und Berlin.

Die SPD ist nach eigenem Verständnis «aus einer Partei der Arbeiterklasse zu einer Partei des Volkes geworden», so die Worte des Godesberger Grundsatzprogramms von 1959. Tatsächlich haben von Beginn an, also seit Bestehen der Organisation in Deutschland 1863, viele Juristen die Arbeiterbewegung im Allgemeinen und die Sozialdemokratie im Besonderen entscheidend mitgeprägt, darunter Ferdinand Lasalle, Gustav Heinemann, Hans-Jochen Vogel. Zu den bedeutenden Juristinnen in der Nachkriegsgeschichte gehören Elisabeth Selbert, Jutta Limbach, Herta Däubler-Gmelin und Margot von Renesse.

Von Siegfried Willutzki

# Recht, Gerechtigkeit und ihre Bedeutung für die deutsche Familienpolitik

Recht und Gerechtigkeit sind die Schlüsselbegriffe, in denen sich das Streben einer jeden Gesellschaft nach Vollkommenheit dokumentiert, ihre Umsetzung im staatlichen Gemeinwesen ist Gradmesser und Maßstab für den Stand der gesellschaftlichen Entwicklung. So nimmt es nicht Wunder, dass sich die größten Geister seit Aristoteles und Platon um Verständnis und Definition dieser Begriffe von Recht und Gerechtigkeit bemüht haben. Mit ihnen in Wettstreit treten zu wollen, wäre ein von vornherein zum Scheitern verurteiltes Unterfangen. Doch tröstet es, dass auch das Bemühen der größten Rechtsphilosophen stets nur Stückwerk geblieben ist, dass es keinem gelungen ist, eine allseits zufriedenstellende Definition dieser Begriffe zu finden. Es kann auch nicht darum gehen, Recht und Gerechtigkeit in all ihren rechtsphilosophischen und rechtssoziologischen Facetten widerzuspiegeln, sondern es kommt hier nur auf einen Ausschnitt an, der den Zusammenhang zwischen Recht und Gerechtigkeit und der Familienpolitik herstellt.

Gerechtigkeit ist ein Ausdruck menschlicher Sehnsucht seit Anbeginn der Zeiten, seit der Mensch das Stadium der Konzentration auf das nackte Überleben überwunden hat. Unter allen angestrebten gesellschaftlichen Zielen und Wertvorstellungen nimmt Gerechtigkeit einen hohen Rang ein. Das Leitmotiv für die Entwicklung der Menschheit ist, eine Welt zu schaffen, in der Gerechtigkeit herrscht, ein Leitmotiv, das vor allem vor dem Hintergrund der vielfältigen Erfahrung vitaler Ungerechtigkeit seine Bedeutung erfährt. Es ist bekannt, dass das viel zitierte Rechtsgefühl weithin ein Gefühl für Ungerechtigkeit ist, die man immer wieder erlebt. So ist es verständlich, dass Gerechtigkeit als der Wunsch verstanden wird, dass jeder Mensch gleich behandelt werde, dass Einschränkungen der Freiheit wechselseitig sind und nach allgemeinen Prinzipien der Gleichheit gestaltet werden. Dieses Prinzip der gleichen Freiheit für Jedermann nimmt eine Prämisse der Gerechtigkeit auf, die strenge Unparteilichkeit, die ohne Ansehen der Person urteilt. Diese sinnbildliche Darstellung dieses Aspektes der Gerechtigkeitsidee findet sich wieder in der Darstellung der Justitia mit den verbundenen Augen, die das Urteil ohne Ansehen der Person symbolisiert.

In ihrer subjektiv-personalen Dimension ist Gerechtigkeit die beständige, willentliche und zugleich vernunftbestimmte Haltung, jedem das Seine (« suum cuique »), im besonderen sein Recht zu geben. In ihrer objektiven Dimension wiederum ist Gerechtigkeit ein fundamentales Sinnprinzip des Rechts. Einer der großen deutschen Rechtsphilosophen, Gustav Radbruch, hat diesen Aspekt so formuliert: « Recht ist die Wirklichkeit, die den Sinn hat, der Gerechtigkeit zu dienen. » Das bedeutet, dass das Recht seine grundlegende Legitimation aus seiner zweck- und zielgerichteten Ausrichtung auf die Gerechtigkeit hin erhält.

In seiner Funktion zielt Gerechtigkeit auf die Zuteilung und Gewährleistung dessen ab, was, unter interpersonalen, gesellschaftlich-sozialen und politischen Beziehungen betrachtet, einem jeden als das Seinige zukommt, worauf er Anspruch erheben kann, was ihm von der Gesellschaft mithin verbindlich geschuldet wird. In dieser Perspektive lässt sich das allgemeinste Prinzip der Gerechtigkeit auf die bereits erwähnte Kurzformel « suum cuique » bringen, was durchaus als Gegensatz zu verstehen ist zu der Vorstellung, dass einem jeden dasselbe gebühre (« cuique idem »). Im Zusammenhang mit der Familienpolitik sei an dieser Stelle darauf hingewiesen, dass der Anspruch auf Gerechtigkeit in diesem Sinne nicht nur dem Einzelnen zusteht, sondern dass dieses Prinzip der Gerechtigkeit auch für Gruppen und Gemeinschaften gilt. Das wird deutlich an einer weiteren Funktion der Gerechtigkeit, der Verteilungsgerechtigkeit (« iustitia distributiva »), die die Beziehungen zwischen der Gesamtheit und dem Einzelnen oder Gruppen regelt, die Lasten und Güter nach Maßgabe bestimmter Kriterien, wie etwa Bedürfnis und Leistungskraft zuteilt; daraus erhellt, dass Gerechtigkeit stets notwendig mit der Realisierung von Gleichheit verknüpft ist. Gerechtigkeit ist beherrscht von der Maxime: « Gleiches ist gleich, ungleiches ist ungleich zu behandeln ». Diese Maxime gilt auch für den Begriff der Steuergerechtigkeit, der bei der Umsetzung von Recht und Gerechtigkeit in reale Familienpolitik eine große Rolle spielt.

All das macht deutlich, wie eng der Begriff der Gerechtigkeit mit dem Begriff des Rechtes verknüpft ist. Recht ist im wesentlichen darauf angelegt, den geordneten Bestand einer Gesellschaft zu ermöglichen. Recht dient der Vermeidung oder Beilegung von individuellen Konflikten in einer Gesellschaft, ebenso aber auch der Regelung von Gruppenkonflikten. Die Bindung des Rechts an die Gerechtigkeit, die von Anfang an bestand, hat bis heute nichts an Aktualität verloren. Gleiches gilt aber auch für die Definition, die Immanuel Kant für den Begriff des Rechts gefunden hat. Recht ist als « Inbegriff der Bedingungen zu verstehen, unter denen die Willkür des einen mit der Willkür des anderen nach einem allgemeinen Gesetz der Freiheit zusammen vereinigt werden kann». Um Missverständnissen vorzubeugen, sei allerdings darauf verwiesen, dass für Kant Willkür natürlich nicht im Sinne des heutigen Sprachgebrauch zu verstehen ist, sondern dass für ihn Willkür das freie Wollen des Einzelnen oder der Gruppe bedeutet. Mit der Orientierung an Freiheit, die beschränkt wird durch die Freiheit des anderen, bekennt sich Kant zu einem bedeutungsvollen Element rechtlicher Ordnung.

Übersetzt man Kant aus der Sprache seiner Zeit in die Moderne, so wird schnell deutlich, wie unwahrscheinlich es ist, dass es selbst in fernster Zukunft möglich sein sollte, gesellschaftliches Zusammenleben von Menschen ohne Recht zu organisieren. Im Gegenteil: Wir stellen zunehmend fest, dass auch und gerade in den marktwirtschaftlich orientierten Industrienationen die Verrechtlichung des Lebens in geradezu beängstigendem Ausmaß fortschreitet. Vor diesem Hintergrund können und müssen wir davon ausgehen, dass das Recht die Menschheit auf ihrem Weg durch die Geschichte bis zu deren Ende begleiten wird.

## Leitvorstellungen für die Familienpolitik

In welchem Zusammenhang mit diesen hehren Menschheitszielen von Recht und Gerechtigkeit steht nun die Familienpolitik? Sinn und Ziel der Familienpolitik sind vorrangig und grundsätzlich in der Schaffung und dauernden Sicherung der Voraussetzungen für eine optimale Funktionstüchtigkeit der Familie zu sehen. Zu den Leitvorstellungen der Familienpolitik in der Bundesrepublik Deutschland gehören die allseitige personale Entfaltung des Einzelnen im Verband der Familie, in der Funktion von Mann und Frau, von Eltern und Kindern, ferner eine nicht nur formalrechtlich ausgestaltete, sondern tatsächlich ermöglichte Gleichberechtigung der Geschlechter, dazu Chancengleichheit für Kinder und grundsätzlich eine angestrebte Gleichheit der tatsächlichen Lebensbedingungen als Ausdruck größtmöglicher sozialer Gerechtigkeit, nicht zuletzt auch in der Einkommensverteilung.

Aus diesen Leitvorstellungen folgt, dass Familienpolitik als ein bewusstes und nach bestimmten Ordnungsvorstellungen zielgerichtetes öffentliches Einwirken auf die Struktur und die Funktionen der Familie zu verstehen ist. Es geht in erster Linie um die Ausgestaltung der wirtschaftlichen und sozialen Lebensbedingungen von Familie im Staat. Geht man ferner davon aus, dass Familienpolitik zunehmend auch einen generationensolidarischen Aspekt zu berücksichtigen hat, dann wird klar, dass ein wesentliches Ziel auch die Förderung der Motivation zur Elternschaft sein muss. Vor allem in den westlichen Industrienationen erleben wir doch das überall zu beobachtende Phänomen, dass die Kinderzahl in all diesen Gesellschaften dramatisch abgesunken ist.

Die Reproduktionsfähigkeit der Gesellschaft ist in keinem westlichen Industriestaat mehr gewährleistet. Um die Generationensolidarität insbesondere auch unter dem Gesichtspunkt der Alterssicherung aufrecht erhalten zu können, muss es deshalb auch Ziel der Familienpolitik sein, Motivation zur Elternschaft wieder zu beleben, was in der Bundesrepublik Deutschland nicht leicht fallen dürfte, da, wie die Statistik uns vermeldet, bereits mehr als 50 Prozent der Ehepaare in der Bundesrepublik kinderlos sind. Gewarnt werden muss aber vor einem häufig auftretenden Missverständnis: Familienpolitik darf nicht mit Bevölkerungspolitik verwechselt werden. Wer Familienpolitik vorrangig unter dem bevölkerungspolitischen Aspekt der Steigerung des Anteils der deutschen Bevölkerung an der Gesamtbevölkerung sieht, setzt auf den falschen Weg. Das kann nicht Ziel einer echten Familienpolitik sein. Es mag dem Staat unbenommen bleiben, steuernd in die Bevölkerungspolitik einzugreifen, doch sollte er es nicht unter dem Deckmantel der Familienpolitik tun und originär familienpolitische Ziele zugunsten bevölkerungspolitischer Zielsetzung hintanstellen. Hiervor kann nicht eindringlich genug gewarnt werden.

## Reformen

Ruft man sich noch einmal die Leitvorstellungen der Familienpolitik in die Erinnerung zurück, als da sind Entfaltungsmöglichkeit für die Einzelnen im Familienverband, Gleichberechtigung der Geschlechter, Chancengleichheit für Kinder und Orientierung der tatsächlichen Lebensbedingungen der Familie an sozialer Gerechtigkeit, so wird rasch deutlich, dass sich für die Umsetzung dieser Leitvorstellungen der Familienpolitik die verschiedensten Bereiche anbieten. Da ist zum einen die Rechtsordnung mit ihren verfassungsrechtlichen Vorgaben und Rahmenbedingungen für die familienrechtliche Ausgestaltung. Hier haben wir im Laufe des letzten Vierteljahrhunderts zwei große Reformen des Familienrechts erlebt, zum einen das 1977 in Kraft getretene 1. Eherechtsformgesetz, das nicht nur eine völlige Neuordnung des Rechtes der Ehescheidung und der Scheidungsfolgen unter Verzicht auf eine Schuldanknüpfung für die Zerrüttung der Ehe mit sich gebracht hat, sondern auch den Verzicht des Staates auf ein gesetzlich vorgegebenes Leitbild der Ehe, das mit der pluralistischen Gestaltung unseres Staatswesens nicht in Einklang zu bringen gewesen wäre. Die Ausgestaltung der ehelichen Lebensgemeinschaft wird der Autonomie der Partner überlassen. Sie ist frei auszuhandeln, das Demokratieprinzip setzt sich auch in der Keimzelle jeder staatlichen Gemeinschaft, der Familie, durch.

Das zweite große Reformwerk, die Kindschaftsrechtsreform von 1998, hat sich bemüht, dem Kind als Träger von Grundrechten im Rahmen der Familie sein eigenes Entfaltungsrecht einzuräumen. Die rechtlichen Regelungen orientieren sich vorrangig an der Perspektive des Kindes, unnötige staatliche Bevormundung ist zurückgedrängt worden, auch im Fall von Trennung und Scheidung soll die Autonomie der Eltern in ihrer Verantwortung für das Kind so lange erhalten bleiben, wie es ohne Gefährdung des Kindeswohls möglich ist.

Die Verdienste von Margot von Renesse um das Gelingen dieser Reform sind nicht hoch genug einzuschätzen. Ohne ihr Engagement und ihre Überzeugungskraft wäre es kaum möglich gewesen, parteiübergreifende Zustimmung für das Reformwerk zu gewinnen. Ziel einer sinnvollen Familienpolitik muss aber auch die Sicherung familiengerechter Wohnbedingungen sein. Zur Umsetzung dieses Ziels dient einmal die Eigenheimförderung mit einer stark familienorientierten Komponente, aber auch die Gewährung von Wohngeld, um den ständig steigenden Anteil der Miete am Gesamteinkommen auf ein für die Familie erträgliches Maß zu senken und sicherzustellen, dass der Wohnraum für die Familie nicht aus finanziellen Gründen so knapp bemessen werden muss, dass daraus eine unerträgliche Situation für alle Familienangehörigen entsteht.

## Weitere familienpolitische Ziele

Der Familienpolitik muss es aber auch darum gehen, soziale Dienste und Familienbildungshilfen zu entwickeln, die durch ihre Hilfestellung präventiv die Entstehung von Familienkrisen vermeiden und den Familien, die in eine Krise geraten sind, Unterstützung zu deren Bewältigung anbieten können. Das Spektrum der Möglichkeiten hierzu ist riesig. Das Kinder- und Jugendhilferecht der Bundesrepublik Deutschland eröffnet zahlreiche Möglichkeiten dazu. Doch muss realistisch festgestellt werden, dass die Umsetzung dieser Dienste den Gemeinden obliegt, deren Finanzkraft sehr häufig nicht ausreicht, um die auf Bundesebene verabschiedeten Leistungsgesetze in diesem Bereich auch sachgerecht umsetzen zu können. Der Verteilungskampf um das Steueraufkommen zwischen Kommunen, Ländern und dem Bund ist hart und gewährt nicht immer den Kommunen den Spielraum, dessen sie zur Erfüllung ihrer vielfältigen Aufgaben auf diesem Gebiet bedürften. Die Diskussionen um die (bisher?) gescheiterte Föderalismusreform haben das jüngst noch verdeutlicht.

Ausgespart ist bisher das elementare Gebiet des Familienlastenausgleichs oder, wie er jetzt moderner genannt wird, des Familienleistungsausgleichs, der die Wirtschaftskraft von Familien im Vergleich zu Kinderlosen stärken soll. Bevor jedoch auf diesen elementaren Bereich der Familienpolitik ausführlich eingegangen werden soll, ist deutlich zu machen, dass es der Familienpolitik vor allem und ganz allgemein gesprochen darum gehen muss, das Klima für Familie in unserer Gesellschaft deutlich zu verbessern. Nicht ohne Grund wird von Familienpolitikern, die diesen Namen auch wirklich verdienen, in der Diskussion stets der Begriff der «strukturellen Rücksichtslosigkeit gegenüber der Familie» gebraucht. Dennoch dürfte das Bild von der kinderfeindlichen Gesellschaft in der Bundesrepublik überzeichnet sein, auch wenn die immer wieder zu beobachtenden Schilder auf den Rasenflächen vor einer Wohnanlage «Spielen auf dem Rasen verboten» eher für die Berechtigung dieses Vorwurfs sprechen. Auch lässt sich nicht leugnen, dass wohl eher der Tierschutz (als die Rechte von Kindern) eine Chance haben wird, in die Verfassung aufgenommen zu werden. Bekanntlich soll ein Antidiskriminierungsgesetz bestimmten Bevölkerungsgruppen Schutz vor Diskriminierung gewähren und ein Recht auf Schadensersatz geben, wenn dieses Verbot verletzt wird. Ich befürchte, wir werden darüber nachdenken müssen, ob in den Kreis derjenigen, die vor Diskriminierung genereller Art zu schützen sind, nicht auch die kinderreichen Familien einbezogen werden müssen. Der frustrierende Kampf dieser Gruppe, eine geeignete Wohnung zu finden, spricht eine beredte Sprache.

Nach einer aktuellen Studie von Allensbach gaben 75 Prozent der befragten Kinderlosen an, sie verzichteten wegen des kinderfeindlichen Klimas unserer Gesellschaft auf eigene Kinder. Die Aufgabe der Familienpolitik, zur Verbesserung der Rahmenbedingungen für die Familie vor allem für eine Änderung des gesellschaftlichen Bewusstseins zu sorgen, ist demnach bisher nur absolut unzureichend erfüllt.

## Fette Rezepte, magere Kost

Wenn man sich mit dieser letzten Forderung etwas näher befasst, stößt man auf ein interessantes Phänomen. Man stellt rasch fest, dass sich eine riesige Kluft auftut zwischen familienpolitischer Rhetorik und familienpolitisch verantwortungsbewusstem Handeln. Es ist schon beachtlich, wie oft und wie sprachgewaltig unsere Politiker in ihren sogenannten Sonntagsreden den hohen Rang der Familienpolitik bei der Umsetzung der Staatsziele betonen. Doch war selbst das nicht immer so. In den Anfangszeiten unserer Republik wird dem damaligen Bundeskanzler Konrad Adenauer, der verklärten Lichtgestalt konservativer Politik, der Satz zugeschrieben: «Kinder bekommen die Leute schon von alleine!», was bedeutet: Einer Motivation zur Elternschaft durch die Familienpolitik bedarf es also nicht. Zu dieser Einstellung passt es durchaus, dass als einzige familienpolitische Großtat seines ersten Familienministers der nach dessen Namen benannte sogenannte «Würmeling-Pass» überliefert ist, der kinderreichen Familien ein preisgünstigeres Reisen mit der Deutschen Bundesbahn ermöglichte. Anders, wenn auch mit unterschiedlichem Realitätsgehalt, klang es da schon in den achtziger Jahren des vergangenen Jahrhunderts. In seiner Regierungserklärung vom 19. März 1987 spricht Bundeskanzler Helmut Kohl davon: «Die Familie bleibt das Fundament unseres Staates. Sie ist der erste und wichtigste Ort individueller Geborgenheit und Sinnvermittlung zwischen Mann und Frau. Liebe zu Kindern, Solidarität zwischen den Generationen – das alles kann unsere Gesellschaft nur prägen, wenn es sich in der Familie bewährt.» Realistischer erscheint da schon die Situationsbeschreibung in einer Rede des damaligen Bundesfinanzministers vom 13. September 1986: «Wir müssen feststellen, dass die Einkommensunterschiede zwischen unverheirateten oder kinderlosen Paaren und Eltern mit Kindern gewaltig sind.»

Mahnend hatte das Bundesverfassungsgericht in seinem Urteil vom 3. November 1982[1] bereits festgestellt: «Die wirtschaftliche Belastung durch Unterhaltsverpflichtungen gegenüber Kindern ist ein besonderer, die Leistungsfähigkeit der Eltern beeinträchtigender Umstand. Die unabweisbare Sonderbelastung darf der Gesetzgeber ohne Verstoß gegen die Steuergerechtigkeit nicht außer Acht lassen.»

Es würde den Rahmen dieses Beitrages sicherlich weit sprengen, wollte man all die Lobpreisungen der Familie anführen, die unsere Politiker in ihrer familienpolitischen Rhetorik zum Ausdruck gebracht haben. Immer wieder ist die Rede von der Familie als der Keimzelle jeder staatlichen Ordnung, als dem Ort der Sozialisation des Menschen von Geburt an, und was der schönen Sprüche mehr sind. Doch geholfen hat diese Rhetorik der Familie recht wenig. Die Diskrepanz zwischen den Postulaten der Zitate und den Aussagen zur ökonomischen Situation der Familien ist offensichtlich. Auf den Punkt gebracht hatte es der damalige Vorsitzende der Deutschen Liga für das Kind, Otto Fichtner, mit dem Titel seines Referates zum zehnjährigen Jubiläum dieser Institution: «Fette Rezepte – magere Kost – die Malaise deutscher Familienpolitik.»

Ich selbst hatte zur Eröffnung des 7. Deutschen Familiengerichtstages im Oktober 1987 einen dringenden Appell an die Politik gerichtet: «Ich wünschte mir für den Deutschen Familiengerichtstag, dass die politisch Verantwortlichen in unserem Lande endlich aufhörten, die hohe, auch in meinen Augen allzu hohe Zahl der Scheidungen und den angeblich dadurch indizierten Verfall der Institutionen von Ehe und Familie zu beklagen, sondern endlich einmal daran gingen, sich mit den ökonomischen Ursachen der Krankheit des Patienten Familie zu befassen und die notwendigen Therapieschritte zu ergreifen. Lassen Sie es mich mit Marques sagen: «Es ist leichter, große Ehekatastrophen durchzustehen als die winzigen tagtäglichen Miseren.»

1 *FamRZ 1982, 1185ff. und FamRZ 1983, 129ff.*

Was ist denn zermürbender für eine Familie als die tagtägliche Misere des Streites um das fehlende Geld in der Familie? Und das in einer Gesellschaftsordnung, die den Begriff der Leistungsgesellschaft weitgehend in der Weise deformiert hat, dass der Wert eines Menschen in der Gesellschaft sich danach bestimmt, was er an materiellen Gütern zu erbringen imstande ist. Die ökonomische Situation der Familie ist absolut unzureichend. Sie ist nicht allein, aber doch in starkem Maße verantwortlich für das Scheitern einer Vielzahl unserer Ehen.

## Familienpolitisches Handeln

Zum Glück ist Familienpolitik in Deutschland nicht auf die Rhetorik beschränkt geblieben. Es hat auch familienpolitisches Handeln gegeben, das die ökonomische Situation der Familie zu verändern begonnen hat, und doch kommt man bei realistischer Sicht der Entwicklung an der Feststellung nicht vorbei, dass die handelnden Personen, die für diese Entwicklung verantwortlich sind, nicht unbedingt im politischen Raum zu suchen sind. Der Motor für die Bewegung, die in das familienpolitische Geschehen in Deutschland gekommen ist, die dem verfassungsrechtlichen Gebot gerecht zu werden versucht, dass Familien nicht zu benachteiligen, sondern im Gegenteil zu fördern sind, ist der Hüter unserer Verfassung, ist die zur Wahrung der Grundrechte berufene Institution, das Bundesverfassungsgericht. Sein Ansatzpunkt, auf die verfassungsrechtliche Benachteiligung der Familien aufmerksam zu machen und den Gesetzgeber zu aktivem familienpolitischen Handeln zu zwingen, war das Steuerrecht.

Dieser Ansatzpunkt kam nicht von ungefähr, gehört doch auch das Steuerrecht zu den wichtigsten gesellschaftspolitischen Steuerungselementen staatlichen Handelns. Die aus der Gerechtigkeitsidee resultierende Konsequenz, dass Gleiches gleich, Ungleiches aber notwendigerweise auch ungleich zu behandeln sei, fand hier ihren Niederschlag. Der bereits zitierte Hinweis des Verfassungsgerichts in seinem Urteil vom 3. November 1982, dass die unabweisbare Sonderbelastung der Familie durch Unterhaltsverpflichtungen gegenüber den Kindern vom Gesetzgeber ohne Verstoß gegen die Steuergerechtigkeit nicht außer Acht gelassen werden dürfe, ließ den Gesetzgeber zunächst zwar noch weitgehend in seiner Untätigkeit verharren. Zu dieser Zurückhaltung des Gesetzgebers gegenüber dem Monitum des Bundesverfassungsgerichts mag beigetragen haben, dass das Bundesverfassungsgericht in seiner früheren Rechtsprechung dem Gesetzgeber noch sehr viel mehr Freiraum gewährt hatte. 1976 war der Familienlastenausgleich in seiner verfassungsrechtlichen Problematik erstmalig an das Bundesverfassungsgericht herangetragen worden. Anlass war die Ersetzung der Kinderfreibeträge durch ein gestaffeltes Kindergeld, das nur ein Drittel des existenznotwendigen Mindestbedarfs deckte. Verfassungsrechtlich wurde gerügt, dass dadurch Steuerpflichtige mit Kindern gegenüber kinderlosen Steuerpflichtigen gleicher Einkommensstufe benachteiligt würden. Denn das Einkommenssteuerrecht berücksichtige nicht, dass die Leistungsfähigkeit von Eltern wegen ihrer Unterhalts- und Betreuungsleistungen im Vergleich zu kinderlosen Steuerpflichtigen reduziert sei. In dem Urteil von 1976[2] erkannte das Bundesverfassungsgericht diese Minderung der Leistungsfähigkeit zwar an, gestand dem Gesetzgeber aber von Verfassung wegen eine Gestaltungsfreiheit zu, die dazu führe, dass er nicht verpflichtet sei, das Prinzip der Besteuerung nach der Leistungsfähigkeit in vollem Umfange zu verwirklichen.

Klarer Wendepunkt in der Rechtsprechung des Bundesverfassungsgerichts sind die Entscheidungen vom 29. Mai und 12. Juni 1990.[3] Anlass war eine Änderung der Kindergeldregelung, mit der der Gesetzgeber – um die Aufwendungen für das Kindergeld zu reduzieren – für die Bezieher höherer Einkommen eine Kürzung des Kindergeldes vorsah. In offener Abkehr von dem Urteil aus 1976 entschied das Bundesverfassungsgericht, dass bei der Einkommensbesteuerung ein Betrag in Höhe des Existenzminimums sämtlicher Familienmitglieder, also auch der Kinder, steuerfrei bleiben müsse. Das Gericht erklärte die Kürzung des Kindergeldes bei höher Verdienenden für verfassungswidrig. Es betonte, dass Steuerpflichtige mit Kindern nicht gegenüber kinderlosen Steuerpflichtigen gleicher Einkommensstufe benachteiligt werden durften. Damit verwarf das Bundesverfassungsgericht ausdrücklich eine lange in Steuerfachkreisen vertretene Auffassung, dass die steuerliche Berücksichtigung von Kindern eine systemwidrige Subvention sei.

Die Ansicht geht davon aus, dass sich die Besteuerung nach dem objektiven Nettoprinzip richte, wonach Erträge und Einnahmen, das so genannte Roheinkommen, nur durch beruflich veranlasste Ausgaben, Betriebsausgaben oder Werbungskosten gemindert werden durften. Demnach sollten nur marktwirtschaftlich bedingte Tatbestände erfasst werden. Die Vertreter des objektiven Nettoprinzips waren deshalb der Auffassung, dass Betreuung und Erziehung von Kindern kein ökonomischer Sachverhalt sei. Das hätte zur Folge, dass die Eltern die Folgekosten ihrer höchst subjektiven Entscheidung für Kinder selbst zu tragen hätten. Besondere Belastungen müsse der Staat eben durch soziale Transferleistungen im Bereich des Sozialrechtes ausgleichen. Dem hat sich das Bundesverfassungsgericht eindeutig entgegengestellt.

2 *FamRZ 1977, 120ff.*
3 *FamRZ 1990, 955ff., FamRZ 1990, 965ff.*

Das als Verfassungsgrundsatz anerkannte Prinzip der Besteuerung nach der Leistungsfähigkeit sei so zu interpretieren, dass bei der Einkommensbesteuerung ein Betrag in Höhe des Existenzminimums der Familie steuerfrei bleiben müsse und nur das darüber hinausgehende Einkommen der Besteuerung unterworfen werden dürfe. Zwar hat das Bundesverfassungsgericht dem Gesetzgeber zugestanden, diese Freistellung des Existenzminimums aller Familienmitglieder entweder durch steuerliche Freibeträge oder aber durch Kindergeld vorzunehmen, wobei dann allerdings sichergestellt sein müsse, dass das gewährte Kindergeld so bemessen sei, dass die daraus entstehende Entlastung für die Familie das Ausmaß der steuerrechtlich gebotenen Freistellung erreicht. Bei der Bemessung des Existenzminimums für jedes Familienmitglied, das der Gesetzgeber von der Besteuerung freizustellen habe, hat sich das Bundesverfassungsgericht an der Summe der Sozialhilfeleistungen orientiert, zugleich aber auch deutlich gemacht, dass das Existenzminimum die verfassungsrechtlich gebotene Untergrenze für die Freistellungsnotwendigkeit sei, es dem Gesetzgeber aber unbenommen bliebe, im Rahmen seiner Leistungsfähigkeit diese Freistellung auch zu erhöhen.

Das verfassungsrechtlich zwingende Verbot der Benachteiligung der Familie, aus Art. 6 GG abgeleitet, hat das Bundesverfassungsgericht dann in seinen Familienbeschlüssen vom 10. November 1998[4] weiter ausgebaut. Dabei hat es zum einen ausgeführt, dass zum freizustellenden Existenzminimum eines Kindes auch ein sogenannter Betreuungsbedarf gehöre, und zwar unabhängig davon, ob die Betreuung durch einen Dritten (Tagesmutter, Kindergarten, Kinderladen, Kindermädchen) erfolge und damit wirtschaftliche Kosten verursache oder ob die Betreuung durch einen nicht oder nur teilweise erwerbstätigen Elternteil selbst vorgenommen werde. Denn der Verzicht – ganz oder teilweise – auf eigene Erwerbstätigkeit sei ebenfalls wirtschaftlich zu bemessen. Bei der Ausgestaltung des Steuerrechts im Hinblick auf die Anerkennungsfähigkeit der Freistellung des Betreuungsbedarfs sei der Gesetzgeber verfassungsrechtlich verpflichtet, das Grundrecht der Eltern aus Art. 6 Abs. 2 GG auf Autonomie in der Ausgestaltung der Erziehung ihrer Kinder zu beachten. In die Freiheit der Erziehung der Eltern greife der Staat aber ein, wenn er durch die Ausgestaltung des Steuerrechts nur eine bestimmte Form der Deckung des Betreuungsbedarfs privilegiere.

In der gleichen Entscheidung hat das Bundesverfassungsgericht dem Gesetzgeber weiter aufgegeben, neben dem Betreuungsbedarf auch einen sogenannten Erziehungsbedarf von der Besteuerung freizustellen und in das Exis-

4 *FamRZ 1999, 285ff.; FamRZ 1999, 291ff.; 1999, 295ff.*

tenzminimum mit einzubeziehen, um auf diese Weise die Aufwendungen der Eltern für das Kind zu berücksichtigen, mit denen dem Kind die persönliche Entfaltung, seine Entwicklung zur Eigenständigkeit und Eigenverantwortlichkeit ermöglicht wird. Nach der Auffassung des Bundesverfassungsgerichts gehören zum Erziehungsbedarf in diesem Sinne die Kosten für die Mitgliedschaft in Vereinen sowie sonstige Formen der Begegnung mit anderen Kindern oder Jugendlichen außerhalb des häuslichen Bereichs, das Erlernen und Erproben moderner Kommunikationstechniken, der Zugang zu Kultur und Sprachfertigkeit, die verantwortliche Nutzung der Freizeit und die Gestaltung der Ferien. Das Bundesverfassungsgericht hat es für möglich angesehen, die gesamte kindbedingte Minderung der steuerlichen Leistungsfähigkeit in einem Grundtatbestand zu erfassen, der alle kinderbezogenen Entlastungen umfasst und dessen Voraussetzungen allein durch die Angabe familienbezogener Daten dargelegt werden können.

Durch die bisherigen Erfahrungen mit der (mangelnden oder sehr zögerlichen) Umsetzungsbereitschaft des Gesetzgebers klüger geworden, hatte das Bundesverfassungsgericht dem Gesetzgeber in der Entscheidung vom 10. November 1998 Fristen zur Beseitigung des verfassungswidrigen Zustandes gesetzt: für die Berücksichtigung des Betreuungsbedarfs bis zum 1. Januar 2000, für die Berücksichtigung des Erziehungsbedarf bis zum 1. Januar 2002. Der Gesetzgeber hat – wenn auch mehr oder weniger zähneknirschend – diese Vorgaben erfüllt. Das erste Gesetz zur Familienförderung ist seit dem 1. Januar 2000 in Kraft. Das zweite Gesetz zur Familienförderung ist zum 1. Januar 2002 wirksam geworden. Allerdings muss festgestellt werden, dass das zweite Familienförderungsgesetz einen familienpolitischen Schönheitsfleck enthält, da die neuen Leistungen zur Abdeckung des Erziehungsbedarfs aus Gründen der Finanzierbarkeit erkauft worden sind mit Streichungen bisheriger familienpolitischer Leistungen, vor allem für Alleinerziehende. Bei der Umsetzung der Forderung des Bundesverfassungsgerichts hat der Gesetzgeber von seinem Spielraum Gebrauch gemacht und an dem dualen System zur Freistellung des Kinderexistenzminimums durch steuerliche Freibeträge und Kindergeld festgehalten, was zu einer Erhöhung des Kindergeldes für das erste und zweite Kind geführt hat.

Zu weiteren familienpolitischen Auswirkungen auf dem Sektor der Verbesserung der ökonomischen Lage von Familien hat auch die letzte Entscheidung des Bundesverfassungsgerichts zu diesem Komplex vom 3. April 2001[5] geführt. Dort hatte das Bundesverfassungsgericht entschieden, dass es mit dem

5 *FamRZ 2001, 605ff.*

Gleichheitsgrundsatz des Art. 3 Abs. 1 in Verbindung mit Art. 6 Abs. 1 GG nicht zu vereinbaren sei, dass Mitglieder der sozialen Pflegeversicherung, die Kinder betreuen und erziehen und damit neben dem Geldbeitrag einen generativen Beitrag zur Funktionsfähigkeit eines umlagefinanzierten Sozialversicherungssystems leisten, mit einem gleich hohen Pflegeversicherungsbeitrag wie Mitglieder ohne Kinder belastet werden. In dieser Entscheidung hat das Bundesverfassungsgericht ausdrücklich den besonderen Beitrag der kindererziehenden Familien zu den sozialen Sicherungssystemen der Bundesrepublik hervorgehoben und es deshalb als einen Verstoß gegen den Gleichheitsgrundsatz erachtet, dass der Beitrag in der Pflegeversicherung für Versicherte mit Kindern gleich hoch bemessen wird wie für Kinderlose. Die Tatsache, dass die Familie beitragsfrei in der Pflegeversicherung mitversichert sei, biete demgegenüber keinen hinreichenden Ausgleich, so dass der Gesetzgeber verpflichtet sei, den daraus entstehenden verfassungswidrigen Zustand spätestens bis zum 1. Januar 2005 zu beseitigen. Das Bundesverfassungsgericht hat betont, dass der notwendige Ausgleich durch Regelungen erfolgen müsse, die die Elterngeneration bereits während der Zeit der Betreuung und Erziehung entlasten. Ferner müsse sichergestellt werden, dass der Unterhaltsverpflichtete bereits ab dem ersten Kind relativ entlastet würde.

Zwar hat der Gesetzgeber die ihm durch das Bundesverfassungsgericht gesetzte Frist eingehalten. Das Ergebnis ist allerdings anders ausgefallen, als es engagierte Familienpolitiker erwartet und sich gewünscht hatten, und hat deshalb zu erheblicher Kritik geführt. Der finanzielle Beitrag der kindererziehenden Mitglieder in der Pflegeversicherung ist keineswegs gesenkt worden, die Lösung ist vielmehr in einer nicht gerade überwältigend hohen Mehrbelastung der kinderlosen Mitgliedern bei der Beitragshöhe gefunden worden. Es bleibt abzuwarten, ob das Bundesverfassungsgericht bei einer zu erwartenden erneuten verfassungsrechtlichen Überprüfung nicht wiederum feststellen muss, dass das jedenfalls nicht ausreicht, um den generativen Beitrag der Familien mit Kindern auszugleichen.

Eine besondere Sprengkraft familienpolitischer Natur für die Sozialversicherungssysteme der Bundesrepublik entfaltet die Entscheidung aber auch deshalb, weil das Bundesverfassungsgericht deutlich gemacht hat, dass es bei der Bemessung der relativ langen Frist berücksichtigt habe, dass die Bedeutung des vorliegenden Urteils auch für andere Zweige der Sozialversicherung durch den Gesetzgeber zu prüfen sein werde. Hier hat das Bundesverfassungsgericht dem Gesetzgeber den mahnenden Zeigefinger gezeigt; es bleibt abzuwarten, wie dessen Reaktion darauf ausfallen wird.

**Zum Ehegattensplitting**

Im Spannungsfeld zwischen an dem Gerechtigkeitsgedanken orientierter familienbezogener Rechtslage und politischer Umsetzung gibt es nun in der familienpolitischen Diskussion schon seit langem einen Dauerbrenner, und das ist das steuerrechtliche Ehegattensplitting. Genau betrachtet, handelt es sich bei dem Ehegattensplitting um eine ehebedingte Steuersubvention. Mit dem Ehegattensplitting durchbricht der Steuergesetzgeber das für das Einkommensteuerrecht maßgebliche Prinzip der Individualbesteuerung, nach dem jede natürliche Person mit ihrem tatsächlichen Einkommen zur Steuer herangezogen wird. Das Ehegattensplitting besteuert aber so, als hätte jeder der Eheleute die Hälfte des Familieneinkommens erzielt. Wenn das deutsche Steuersystem einen reinen Proportionaltarif hätte, wäre das Ehegattensplitting ohne Bedeutung, weil die Eheleute unabhängig vom Berechnungsmodus Steuern in gleicher Höhe zu bezahlen hätten. Das deutsche Steuersystem wendet aber einen progressiven Tarif an mit der Wirkung, dass der Steuersatz umso höher wird, je höher die Einkünfte sind. Daraus wird sofort deutlich, dass das Ehegattensplitting sich immer dann auswirkt, wenn zwischen den Einkommen der Eheleute ein Gefälle besteht, wobei die Differenz sich am stärksten in der Alleinverdienerehe auswirkt. Umgekehrt bringt das Ehegattensplitting um so weniger, je näher die Einkommen beider Eheleute beieinander liegen. Der Steuervorteil reduziert sich auf Null, wenn die Eheleute über gleich hohes Einkommen verfügen. Die finanzielle Auswirkung des Ehegattensplittings ist bedeutend; der Staat verzichtet jährlich auf rund 20 bis 25 Milliarden Euro an Steuern.

Seit Jahren gibt es einen heftigen Meinungsstreit in der Bundesrepublik, ob dieses Ehegattensplitting verfassungsrechtlich geboten und/oder rechtspolitisch sinnvoll ist. Die Befürworter des Ehegattensplittings verweisen darauf, dass nicht nur die Familie, sondern ebenso die Ehe in Art. 6 GG verfassungsrechtlich unter den besonderen Schutz des Staates gestellt worden ist. Sinnvoll sei die steuerliche Begünstigung gerade deshalb, weil sie einen Anreiz zur Eheschließung böte und damit ein familienpolitisch gewünschtes Ergebnis fördere. Seine Beseitigung könne zu einer deutlichen Reduzierung der Heiratsbereitschaft führen.

Demgegenüber verweisen die Kritiker dieser Regelung darauf, dass der steuerrechtspolitische Sinn fragwürdig und die verfassungsrechtliche Notwendigkeit zweifelhaft sei. Zwar sei es richtig, dass Ehe und Familie im Grundgesetz gleichermaßen unter besonderen Schutz gestellt seien, doch sei es, wenn die finanziellen Ressourcen des Staates nicht ausreichten, um beide Institutionen gleichermaßen zu fördern, absolut sinnvoll, der Familie mit Kindern die Priorität in der Förderung einzuräumen, um durch diese Institution die

Reproduktion des Staates sicherzustellen, und zwar unabhängig davon, ob Eltern miteinander verheiratet seien oder nicht. Zudem sei es zweifelhaft, ob die Ehe durch das Ehegattensplitting generell gefördert werde, da der steuerliche Vorteil keineswegs allen Ehen zugute käme, sondern sich nur bei deutlichem Einkommensgefälle der Eheleute auswirke. In Wirklichkeit liefe diese steuerliche Regelung darauf hinaus, die Hausfrauenehe zu begünstigen gegenüber der Doppelverdienerehe. Damit griffe der Staat aber in verfassungsrechtlich äußerst bedenklicher Form in die Autonomie der Ehegestaltung ein, so dass bei kritischer Betrachtungsweise im Ehegattensplitting durchaus ein Verfassungsverstoß gesehen werden könne. Anders ausgedrückt, mit der massiven Begünstigung der Hausfrauenehe habe der Staat weniger ein familienpolitisches, sondern vielmehr ein Instrument zur Steuerung des Arbeitsmarktes geschaffen.

Ich will nicht verhehlen, dass ich ebenfalls zu den Kritikern des Ehegattensplittings gehöre. Die immer wieder von den Befürwortern des Splittings geäußerte Ansicht, die Ehe sei als Vorstufe zur Familie besonders zu begünstigen, erscheint mir ein wenig absurd. Aus der familiensoziologischen Statistik ergibt sich, dass inzwischen mehr als 50 Prozent der Ehen in der Bundesrepublik kinderlos sind. So erscheint es doch widersinnig, die Institution steuerlich besonders zu fördern, die allenfalls eine 50-prozentige Expektanz für das Entstehen einer künftigen Familie bietet, während die in die Realität umgesetzte Familie demgegenüber steuerlich schlechter gestellt ist.

Mein Plädoyer lautet deshalb: Abschaffung des Ehegattensplittings, modifiziert durch angemessene Übergangsregelungen, und Ersetzung durch ein reines Familiensplitting, das zugleich den Vorteil böte, dass es zu einer Vereinfachung des in Deutschland überaus komplizierten Steuerrechts dienen könnte. Hierin sehe ich eine echte Chance, die verfassungsrechtliche ebenso wie die steuerrechtliche Rechtslage mit einer sinnvollen Familienpolitik in Einklang zu bringen.

## Fazit

Es bleibt noch viel zu tun, um in Deutschland eine Familienpolitik umzusetzen, die mit den Prinzipien von Recht und Gerechtigkeit in Einklang steht. Bei den Bemühungen darum wird im Deutschen Bundestag die mahnende, aber auch stets argumentativ überzeugende Stimme von Margot von Renesse vermisst werden.

## Literatur:

M. Wingen, Familienpolitische Denkanstöße, Connex, Bd. 1; S. Willutzki, Brühler Schriften zum Familienrecht, Bd. 5, 1ff., Gieseking-Verlag, Bielefeld 1988

Von Lore Maria Peschel-Gutzeit

# Das große Familiengericht*

In vielen Teilen der Welt bestehen seit langem Familiengerichte. Im amerikanischen Rechtskreis wird in der Gründung des Jugendgerichts in Chicago im Jahre 1899 der Ursprung der Familiengerichtsidee gesehen.[1] Die Lage in den USA in den 50er Jahren beschreibt Johnstone.[2] Auch Japan hat seit 1946 eigenständige Familiengerichte, deren Anfänge schon auf die Zeit seit 1922 zurückgehen.[3] Viele andere Länder bildeten durch Zusammenfassung von Scheidungsverfahren und der Verfahren über alle oder über einzelne Scheidungsfolgen Familiengerichte. Für die Schweiz, und zwar das Kanton Basel Stadt, werden Überlegungen zur Einrichtung eines Familiengerichts bis in das Jahr 1865 nachgewiesen.[4] Insgesamt lässt sich sagen, dass Forderungen nach Familiengerichten vor allem nach dem zweiten Weltkrieg, also seit Mitte des 20. Jahrhunderts, weltweit Anklang fanden. Aber man muss auch sehen, dass bis auf den Namen die Familiengerichte verschiedener Länder häufig nicht sehr viel miteinander zu tun haben, was einerseits mit dem sehr unterschiedlichen materiellen Recht, andererseits aber auch mit dem kulturellen Verständnis zu tun hat. Dennoch ist es nicht übertrieben, von einer nicht nachlassenden Familiengerichtsbewegung im nationalen wie internationalen Rahmen zu sprechen.[5] Diese Bewegung sagt freilich noch nichts über ihre Motive aus:

Während einerseits erwartet wurde, das Familiengericht könne eine Aussöhnung der Parteien, zum Teil unter Beteiligung von Helfern aus nicht juris-

* *Der Beitrag beruht auf einem Vortrag, den die Verfasserin anlässlich der Schweizer Familienrechtstage 2004 gehalten hat. Er erscheint hier als gekürzte Fassung des Aufsatzes «Zur Notwendigkeit von Familiengerichten – 25 Jahre Erfahrungen aus Deutschland», der in der schweizerischen Zeitschrift, Die Praxis des Familienrechts, 4, 2004, S. 743–763 im Stämpli Verlag Bern.*

1 *Müller-Freienfels, Ehe und Recht 1962.*

2 *Johnstone, AcP 154 (1954, 34).*

3 *Röhl, NJW 1957, 12; Mikazuki, FamRZ 1958, 53; Suzuki, RabelsZ 1954, 104, 115; Tappe zum neuen japanischen Familienrecht, FamRZ 1956, 15.*

4 *Müller-Freienfels, a.a.O.; Nakamura, Generalbericht über die Entwicklung der Familiengerichte in 22 Ländern in «Die Familiengerichtsbarkeit», abgedruckt in Habscheid (Hrsg.), Effektiver Rechtsschutz und verfassungsmäßige Ordnung, Bielefeld 1963.*

5 *Salgo, FamRZ 1984, 221, 224 m.w.N.*

tischen Disziplinen, erreichen[6], tendieren neuere in- und ausländische Forderungen eher dahin, eine qualitativ bessere Konfliktbewältigung, insbesondere der Folgen einer Trennung zu ermöglichen und nicht mehr in erster Linie eine Versöhnung der Parteien zu versuchen.[7]

## Historische Entwicklung

Auch im deutschen Rechtskreis hat die Diskussion um die Einführung von Familiengerichten eine lange Tradition. Das Ende des ersten Weltkrieges 1918 brachte nicht nur das Ende der Monarchie und die Einführung der (Weimarer) Republik, sondern führte auch zu einer umfassenden Diskussion über die Reform des Ehescheidungsrechts. In diesem Zusammenhang tauchte erstmals die Idee eines Familiengerichts auf.[8] Diese Diskussion der 20er Jahre führte schließlich dazu, dass der Reichsjustizminister Eugen Schiffer und der Deutsche Juristentag 1928 ein besonderes Gericht für Scheidungs- und scheidungsbezogene Verfahren forderten.[9]

Anders als auf vielen Rechtsgebieten wurde diese Entwicklung durch das nationalsozialistische Regime nicht unterbrochen bzw. beendet: Vielmehr wurde im Rahmen der Reform des materiellen Ehescheidungsrechts der Gedanke an die Schaffung eines Familiengerichts wieder aufgenommen, das nach der Idee der Reform alle Entscheidungen treffen sollte, die bei der Regelung familienrechtlicher Verhältnisse erforderlich waren, also nicht nur die Ehescheidung und die mit ihr zusammenhängenden Fragen, sondern auch Streitigkeiten aus dem Unterhalts- und Güterrecht und schließlich auch alle anderen vormundschaftsgerichtlichen Angelegenheiten, die Status- und die Personenstandssachen und sogar alle Jugendgerichtssachen[10].

6 *Müller-Freienfels, a.a.O. S. 306 meint, das Familiengericht solle die entscheidenden Gründe der Familienkrise ermitteln und sich um eine endgültige Beseitigung der Krise bemühen*

7 *vgl. die Summary of Papers der 4th World Conference Society of Family Law Cambridge, Massachussets USA 1982 und Lørdrup (Hrsg.), Entwicklungen in den skandinavischen Ländern*

8 *May, Ehescheidungspsychologie und Ehekunde, Preußische Jahrbücher 173 (1918), 319, 1918 Scheidungsgerichtshöfe mit einem rechtsgelehrten Richter und zwei Laienbeisitzern vor; Traumann, Das Ehescheidungsrecht der Zukunft, Berlin 1920, 41, beschreibt das Familiengericht als einen aus fünf Richtern bestehenden Spruchkörper, nämlich einem das Ehescheidungsregister führenden Richter, einem Vormundschaftsrichter und als Vorsitz einen Landgerichtsdirektor sowie zwei Laienrichtern; Buzengeiger. sieht das Familiengericht als Ehegericht beim Amtsgericht mit zwei Laienbeisitzern, die zugleich als Vormundschaftsrichter tätig werden, Juristische Wochenschrift (JW) 1922, 431.*

9 *Klink, JW 1928, 3033 ff.*

10 *Boschan, DRiZ 1935, 133; Rothenberger, Staatssekretär im Reichsjustizministerium, will noch 1942, wenige Jahre vor Ende des zweiten Weltkrieges, einen Familienrichter schaffen, der «den Volksgenossen von der Wiege bis zum Grabe betreut, der insbesondere alle mit einer Scheidungsklage zusammenhängenden Streitigkeiten regelt». Eine ähnliche Regelung vertrat Bosch im Jahre 1944, Der deutsche Richter, Hamburg 1942, 145; ders. in AcP 149 (1944), 32, 77.*

Nach Kriegsende und Gründung der Bundesrepublik Deutschland nahmen der ehemalige Reichsjustizminister Schiffer[11] und Habscheid[12] sowie Erdsiek[13] und Müller-Freienfels[14] den Gedanken wieder auf und forderten erneut die Schaffung von eigenen Familiengerichten. Im Zusammenhang mit der Reform des Nichtehelichenrechts empfiehlt Bosch[15] Anfang der 60er Jahre erneut die Einführung von Familiengerichten. Der Deutsche Juristentag folgt der Forderung von Bosch und fordert den Gesetzgeber 1962 auf, Familiengerichte als Sonderabteilungen der ordentlichen Gerichte mit einer umfassenden Zuständigkeit in Familiensachen einzurichten.[16]

Aber die Reform des Nichtehelichenrechts war nicht die einzige Triebfeder, die die Schaffung von Familiengerichten in Deutschland vorantrieb. Vielmehr führte das Ehescheidungsrecht, das im Jahre 1961[17] geändert worden war, zu erheblicher Unruhe und Unzufriedenheit innerhalb der Bevölkerung.

Der Deutsche Bundestag hatte im Jahre 1961 eine bis dahin bestehende Regelung abgeschafft, nach welcher eine Ehe nach dreijähriger Trennung auch gegen den Widerspruch des scheidungsunwilligen Eheteils geschieden werden konnte. Diese sog. Heimtrennungsklage hatte große rechtspolitische Bedeutung: Mit ihr konnten vor allem solche Ehen geschieden werden, die durch den Krieg und die Nachkriegsereignisse obsolet geworden waren. Häufig kamen die Ehemänner aus dem Krieg erst viele Jahre nach Kriegsende zurück und hatten sich innerlich von der Familie gelöst; dasselbe galt für die von Flucht und Vertreibung betroffenen Familien innerhalb Deutschlands, die sich ihrerseits anders orientiert hatten.

In vielen Fällen gab es auf diese Weise illegitime Familien, sei es, dass der Ehemann eine neue Lebensgefährtin gefunden und mit ihr Kinder gezeugt hatte, sei es, dass die Ehefrau ihrerseits eine neue Partnerschaft, häufig mit weiteren Kindern, eingegangen war. Diese Ehen konnten aufgrund des Ehegesetzes von 1938, neu in Kraft gesetzt 1946, entweder wegen Verschuldens geschieden werden oder eben wegen mehr als dreijähriger Trennung und davon machten viele Eheleute Gebrauch. Aber es gab eine große Zahl vor allem von Ehefrauen, die auf diese Weise nicht geschieden werden wollten, die vielmehr ihrerseits an der Ehe festhalten wollten. Im Ergebnis führte dies dazu, dass es

11 *Die deutsche Justiz, 2. Aufl. 1949, 135.*
12 *FamRZ 1955, 153.*
13 *NJW 1961, 1006.*
14 *Ehe und Recht, Tübingen 1962, 305.*
15 *FamRZ 1961, 457 ff.; Gutachten zum 44. Deutschen Juristentag 1962, 115.*
16 *FamRZ 1962, 401.*
17 *Familienrechtsänderungsgesetz vom 11.8.1961, BGBl I. 1221.*

in Deutschland in der Zeit nach 1949, also vor allem in den 50er Jahren, eine große Zahl derartiger formell noch bestehender Ehen gab, die als solche längst nicht mehr gelebt wurden, auf der anderen Seite gab es dagegen eine ebenso große Zahl illegitimer neuer Familien.

Um die scheidungsunwilligen Frauen zu schützen, wurde die sogenannte Heimtrennungsklage nach § 48 Abs. 2 EheG Anfang der 60er Jahre abgeschafft. Dies hatte zur Folge, dass eine große Zahl von Ehen, die trotz unheilbarer Zerrüttung wegen Widerspruchs eines Ehegatten praktisch unscheidbar war, mit der weiteren Folge, dass insbesondere nachgeborene weitere Kinder eines Ehegatten in einer neuen Partnerschaft unehelich bleiben mussten. So kam es 1967 dazu, dass im Deutschen Bundestag der Antrag gestellt wurde, den alten § 48 EheG wieder herzustellen.[18] Aber diese bloße Wiederherstellung einer alten Vorschrift aus dem Eherecht wurde insgesamt politisch für nicht ausreichend erachtet. Deshalb beschloss der Deutsche Bundestag noch im Jahre 1967[19] einstimmig, die Bundesregierung um Einberufung einer Kommission zur Vorbereitung einer Reform des Ehe- und Scheidungsrechts zu ersuchen. Bereits ein Jahr später trat diese Kommission unter Vorsitz des seinerzeitigen Ministerialdirektors im Justizministerium des Landes Baden Württemberg und späteren Generalbundesanwalts Dr. Kurt Rebmann zusammen.

Vertreter aller im Bundestag vertretenen Parteien waren Mitglieder dieser Kommission ebenso wie Vertreter der beiden großen christlichen Kirchen. Außerdem gehörten der Kommission Juristen und Hochschullehrer der Soziologie und Medizin an. In drei Teilberichten veröffentlichte die Kommission in den Jahren 1970, 1971 und 1972 ihre Vorschläge, diese bildeten die Grundlage für die sich anschließende Gesetzgebungsarbeit. Im Jahre 1970 veröffentlichte das Bundesministerium der Justiz seinen sogenannten Diskussionsentwurf, mit welcher er eine öffentliche Diskussion über die Reform des Ehescheidungsrechts einleiten wollte. Dies gelang auch. Eine große Zahl von Institutionen und Verbände meldete sich zu Wort, sie gaben zum Teil sehr kenntnisreiche Stellungnahmen ab. Der sich anschließende Regierungsentwurf zum materiellen Scheidungsrecht erschien am 20. September 1971.[20]

Im Mai 1972 veröffentlichte die Bundesregierung einen Entwurf zur Neuordnung des Familienverfahrensrechts,[21] um sodann im Juni 1973 einen vereinten Regierungsentwurf unter dem Titel «Erstes Gesetz zur Reform des

18 *Antrag der FDP, BT-Drs. V/1444.*
19 *auf Antrag der SPD Bundestagsfraktion*
20 *BT-Drs. VI/2577*
21 *BT-Drs. VI/3453*

Ehe- und Familienrechts» zu veröffentlichen und in den Deutschen Bundestag einzubringen.[22]

Drei Jahre intensivster, teilweise sehr kontroverser Beratungen schlossen sich an, bis im April 1976 Bundestag und Bundesrat schließlich das Erste Gesetz zur Reform des Ehe- und Familienrechts billigten und verabschiedeten. Das Gesetz trat am 1. Juli 1977 in Kraft. Es enthielt, neben weitreichenden materiellen Neuregelungen, auch die Einführung des Familiengerichts. Daneben traten gravierende Neuregelungen zum Verfahrensrecht. Es wurde z.B. das sogenannte Verbundverfahren eingeführt. Das Gesetz nannte erstmals den Begriff von Familiensachen und definierte ihn in § 23b Abs. 1 GVG und § 621 Abs. 1 ZPO. Aufgabe der neu gebildeten Familiengerichte war es, die künftigen, neu zu behandelnden und zu entscheidenden Familiensachen so sachgerecht zu behandeln, wie es der besondere Charakter dieser Verfahren erforderte. Eine der Besonderheiten des neuen Scheidungsrechts war die Entscheidungskonzentration, der sogenannte Verbund: Er sollte Ausgleich sein für die nach den materiellen Voraussetzungen erheblich erleichterte Scheidung. Über Jahre war darum gestritten und gerungen worden, wie der scheidungsunwillige, meist der sozial schwächere Partner einer Ehe gegen sozialen Abstieg, aber auch gegen eine sogenannte Verstoßung geschützt werden könne. Zwar konnte aufgrund des neuen materiellen Scheidungsrechts, das grundsätzlich jede Ehe für scheidbar erklärte, ein solcher Ehegatte die Scheidung auf Dauer nicht mehr verhindern. Aber die Scheidungsfolgen sollten und mussten deswegen umfassend und gleichzeitig mit der Scheidung geregelt werden, damit ein solcher Ehegatte nicht ohne ausreichende materielle Versorgung geschieden wurde.

## Das deutsche Familiengericht

Seit fast 27 Jahren gibt es nunmehr in Deutschland Familiengerichte, zunächst nur in der sogenannten alten Bundesrepublik, also in den westlichen Bundesländern, und seit Vereinigung Deutschlands mit der ehemaligen DDR im Jahre 1990 auch in den neuen Bundesländern.

Der Einführung von Familiengerichten lag die Erwägung zugrunde, dass Streitigkeiten aus dem familiären Bereich besonders strukturiert sind und deshalb auch gerichtlich besonders behandelt werden müssen. Das war im normalen Gerichtsbetrieb nicht ohne weiteres gewährleistet. Vor allem aber mussten seit dem 1. Juli 1977 Scheidung und Scheidungsfolgen gleichzeitig erledigt werden und dies führte dazu, dass diese Angelegenheiten einem besonderen Gericht zugewiesen wurden. Mit der Schaffung der Familiengerichte wurde die

22 *BT-Drs.* 7/650

Erwartung verbunden, dass diese im Hinblick auf ihre ausschließliche Zuständigkeit für Familiensachen alsbald über eine besondere Sachkunde und Erfahrung verfügen würden. Ein Familienrichter oder eine Familienrichterin, der oder die alle mit einer Ehesache zusammenhängenden Verfahren abzuwickeln hatten, sollten, so die Erwartung des Gesetzgebers, nicht nur allgemein in Familiensachen Erfahrungen sammeln, sondern vor allem die konkret betroffene Familie kennenlernen und diese mit allen ihren familienrechtlichen Problemen begleiten. Vor Inkrafttreten des Ersten Eherechtsreformgesetzes gab es gespaltene Zuständigkeiten: Unterhaltsangelegenheiten gehörten vor das Amtsgericht, güterrechtliche Streitigkeiten und Scheidungen vor das Landgericht, Streitigkeiten aus dem Versorgungsausgleich gab es noch nicht, weil dieser erst mit dem ersten Eherechtsreformgesetz eingeführt war.

Um eine Entscheidungskonzentration zu erreichen, hätte es möglicherweise ausgereicht, diese zersplitterten Zuständigkeiten bei einem der bis dahin zuständigen Gerichte zu konzentrieren. Aber das erste Eherechtsreformgesetz ist einen anderen, progressiven Weg gegangen: Unter Beibehaltung der einheitlichen Zuständigkeit für alle Ehesachen (§ 606 Abs. 1 ZPO) hat es die mit der Ehesache zusammenhängenden Verfahren zusammengefasst und ist darüber hinausgegangen: Es hat auch solche Verfahren erfasst, die keinen unmittelbaren Bezug zur Ehesache haben, wohl aber zu der betroffenen Familie: Deshalb wurde das Familiengericht auch zuständig für Unterhaltsansprüche bei getrennt lebenden Ehegatten, ohne dass zwischen ihnen eine Ehesache anhängig war oder ist. Alle diese Familiensachen weist das erste Eherechtsreformgesetz einem besonderen Spruchkörper, nämlich dem Familiengericht, in ausschließlicher Zuständigkeit zu. Mit dieser Regelung war die fast 60jährige Diskussion über die Einführung eines Familiengerichts in Deutschland abgeschlossen, seither gibt es das Familiengericht und einen besonders bezeichneten Richter, nämlich den Familienrichter bzw. die Familienrichterin.[23] Dass die Einrichtung von Familiengerichten keineswegs auf generelle Zustimmung, sondern auch auf großen Widerstand stieß, braucht nicht näher ausgeführt zu werden, schon die lange Dauer der Diskussion macht dies deutlich. Ebenso war streitig, bei welchem Gericht das Familiengericht eingerichtet werden sollte, aber auch welche Qualifikation Familienrichter mitbringen sollten[24]. Auch die staatliche Eherechtskommission hatte die Einführung von Familiengerichten empfohlen, war aber von der Bildung einer Drei-Richter-Kammer beim Landgericht ausgegangen.[25]

23 *§ 23b Abs. 3 GVG: Die Abteilungen für Familiensachen werden mit Familienrichtern besetzt.*
24 *Nachweise bei Leonardy, DRiZ 1977, 354 ff.*
25 *Kommissionsbericht II, Thesen 7 u. 8, FamRZ 1970, 430*

Viele Gremien und Verbände forderten die besoldungsmäßige Besserstellung von Familienrichtern. Dies scheiterte endlich an finanziellen Erwägungen. So wurde das Familiengericht schließlich beim Amtsgericht eingerichtet als Abteilung des Amtsgerichts, die mit einem Richter besetzt ist. Seinerzeit, 1976, galt die ausdrücklich Regelung, dass nur ein Richter auf Lebenszeit Familienrichter werden dürfe, kein Richter auf Probe.[26]

Grund für diese Regelung war, dass man auf jeden Fall einen erfahrenen Richter oder eine erfahrene Richterin mit dieser Aufgabe betrauen wollte. Jedoch stieß auch diese Regelung vor und nach Verabschiedung auf anhaltende Kritik.[27]

Die neu geschaffenen Familienrichter hatten über Familiensachen im Sinne von §§ 23b Abs. 1 GVG, 621 Abs. 1 ZPO zu entscheiden. Diese umfassten Angelegenheiten der Ehegatten (Unterhalt, Güterrecht, Hausrat, Versorgungsausgleich) und der ehelichen Kinder (Sorgerecht, Umgang, Herausgabe). Die nichtehelichen Kinder blieben dagegen in der Zuständigkeit der allgemeinen Abteilungen des Amtsgerichts.

Aber auch für eheliche Kinder war die Regelung weder eindeutig noch durchgängig, vielmehr gab es ab 1. Juli 1977 eine verwirrende Zuständigkeitsgemengelage. Denn für Verfahren der elterlichen Sorge, des Umgangs und der Herausgabe eines Kindes, die ja den Familiengerichten als Familiensachen zugewiesen waren, blieben auch die Vormundschaftsgerichte zuständig, wenn und soweit es z.B. um Sorgerechtsmissbrauch, § 1666 BGB, ging. Dies führte zu einer Spaltung und in den Folgejahren zu unheilvollen Doppelzuständigkeiten mit zum Teil unauflösbaren Verwirrungen, bezogen auf Rechtsmittelzug und Rechtsmittelzuständigkeit. So konstatierte Bosch schon 1979[28] auf dem zweiten Deutschen Familiengerichtstag, das Nebeneinander von Familiengericht, Vormundschaftsgericht und allgemeinem Prozessgericht zur Entscheidung von Angelegenheiten desselben Lebenskreises sei «in sich ungut» und bedürfe «schleunigst der korrigierenden Neuordnung.»

Das erste Eherechtsreformgesetz schuf aber nicht nur die Familiengerichte ganz neu, nämlich als amtsgerichtliche Abteilungen für Familiensachen, sondern führte auch einen einheitlichen Rechtsmittelzug ein, und zwar, systemabweichend, direkt vom Amtsgericht zum Oberlandesgericht und darüber zum Bundesgerichtshof. Damit wurde zum ersten Mal in der deutschen Rechtsgeschichte für einen Großteil der Familiensachen der Zugang zur

26 *§ 23b Abs. 3 GVG a.F.*
27 *vgl. z.B. Weil, DRiZ 1976, 206; Leonardy, a.a.O.*
28 *FamRZ 1980, 1, 9*

dritten Instanz geschaffen. Nur nebensächlichere Verfahren wie Hausratssachen und güterrechtliche Nebenverfahren wurden von diesem dreizügigen Instanzenzug ausgenommen. Ziel dieser ganz erheblichen Veränderung war eine Vereinheitlichung der Rechtsprechung, die um so nötiger war, als die neu geschaffenen Familiengerichte mit neuem materiellen Recht wie auch mit neuem Verfahrensrecht umzugehen hatten. Und auch inhaltlich musste eine vereinheitlichte Rechtsprechung angestrebt werden, um für die rechtsuchenden Bürgerinnen und Bürger eine gewisse Vorhersehbarkeit von Entscheidungen zu schaffen, die es bis zum 30. Juni 1977 nicht gab: Denn bis zum 30. Juni 1977 endeten z.B. alle Unterhaltssachen, die vom Amtsgericht kamen, in der zweiten Instanz beim Landgericht mit der Folge, dass es seinerzeit, also bis zum 30. Juni 1977, 99 letzte Instanzen gab: Das waren die 99 seinerzeit existierenden Landgerichte. Ab dem 1. Juli 1977 wurden hieraus 19 Berufungs- und Beschwerdeinstanzen, nämlich die damals existierenden 19 Oberlandesgerichte und darüber hinaus eine Revisionsinstanz, nämlich der Bundesgerichtshof.

Die erhoffte Vereinheitlichung der Rechtsprechung, die mit dieser Konzentration bezweckt war, trat auch tatsächlich ein. Zwar taten sich verständlicherweise die Oberlandesgerichte zunächst schwer, sich untereinander auszutauschen und so eine Vereinheitlichung der Rechtsprechung herbeizuführen. Aber der Bundesgerichtshof wurde alsbald aktiv und fasste in den sich anschließenden folgenden etwa 10 Jahren eine große Zahl grundlegender Entscheidungen. Eine schier unübersehbare Zahl von Entscheidungen aus jener Zeit legt davon beredtes Zeugnis ab:

So stieg der Umfang der führenden Zeitschrift auf dem Gebiet des Familienrechts, der Zeitschrift für das gesamte Familienrecht (FamRZ), die im April 1954 als «Ehe- und Familie im privaten und öffentlichen Recht» gegründet war und im ersten Jahrgang der Zeitschrift 260 Seiten umfasste, von 700 Seiten Umfang im Jahre 1977 auf fast 1200 Seiten im Jahre 1982 und das Jahr 2003 endete mit einem Umfang von 1800 Seiten!

Bedenkt man, dass inzwischen eine Reihe weiterer guter Familienrechtszeitschriften dazugekommen ist, zu denken ist an die Zeitschrift «Familie und Recht» seit 1990, «Familie Partnerschaft Recht» seit 1995, das Forum «Familien- und Erbrecht» und die Zeitschrift «Kind-Prax», um nur einige zu nennen, wird deutlich, welchen immensen Umfang, aber auch welche große Bedeutung das Familienrecht in den letzten 27 Jahren in Deutschland gewonnen hat.

Die neu eingeführten Familiengerichte verlangten nach dem neuen Typus eines Familienrichters und/ oder einer Familienrichterin. Dies gelang auf überraschende Weise: Überall fanden sich engagierte Richter und Richterinnen, die diese neue, sehr reizvolle Aufgabe mit großem Engagement übernahmen und die in wirklichem Sinne Pionierarbeit leisteten. Bei den Oberlandesgerichten verlief diese Entwicklung weniger dynamisch. Denn anders als bei den Amtsgerichten hatte das Reformgesetz von 1976 für die Oberlandesgerichte, ebenso wie für den Bundesgerichtshof, keine ausdrücklichen Familiensenate geschaffen. Die Folge war, dass über Jahre darüber gestritten wurde, ob es denn beim Oberlandesgericht Familiensenate gebe oder nur für Familiensachen zuständige allgemeine Senate. Konnte man sich schon über den Namen der Senate nicht einigen, ist leicht vorstellbar, wie schwierig auch deren Besetzung war. Das hing einerseits mit der nicht abzuschätzenden Arbeitslast zusammen, andererseits aber auch mit dem juristischen Renommee von Familiensachen, auf das ich später noch zurückkommen werde.

So wurde z.B. am Hanseatischen Oberlandesgericht in Hamburg, dem ich seinerzeit angehörte, erstmals zum 1. April 1978, also neun Monate nach Einrichtung der Familiengerichte, ein eigener, nur für Familiensachen zuständiger Familiensenat gegründet, in den auch ich berufen wurde und der erwartungsgemäß alsbald in Rechtsmitteln «ertrank», so dass im Laufe der nächsten Jahre weitere 4 Familiensenate gebildet werden mussten. Die anderen Bundesländer machten ähnliche Erfahrungen, genauso der Bundesgerichtshof.

In der Tat war es auch sehr schwierig, die Situation richtig einzuschätzen. Das lag an mehreren Faktoren: Einerseits gab es im Jahre 1977, genau bis zum 30. Juni 1977, in Erwartung des neuen, unbekannten und von vielen gefürchteten Scheidungsrechts einen wahren «Scheidungsboom». Dieser musste nach dem 1. Juli 1977 abgearbeitet werden, was die Scheidungsfolgen anging, also etwa die Unterhaltssachen, aber auch die Verteilung der elterlichen Sorge usw. Diese Scheidungsfolgen richteten sich aber nach altem Recht. So galt etwa das alte Unterhaltsrecht, das sich entsprechend dem Ehegesetz von 1946 vor allem nach dem Schuldausspruch einer Scheidung richtete. Die neu gebildeten Familiengerichte und auch die Rechtsmittelgerichte mussten mithin, und das über viele Jahre, mit zwei gänzlich unterschiedlichen Rechtsordnungen umgehen: Dem alten Eherecht und dem alten Recht der elterlichen Sorge, die damals noch elterliche Gewalt hieß, und dem neuen, quasi stromlinienförmigen Scheidungs- und Scheidungsfolgenrecht aus dem ersten Eherechtsreformgesetz. Es ist verständlich, dass dies zu mannigfaltigen Verwerfungen und Verzögerungen führte. Darüber hinaus hatte das erste Eherechtsreformgesetz, wie erwähnt, nicht nur eine neue Familiengerichtsbarkeit geschaffen, sondern auch ein ganz eigenes Verfahrensrecht, das einerseits Teile der Zivilprozessordnung enthielt, anderseits Teile des Gesetzes über die freiwillige Gerichtsbarkeit, schließlich aber auch gänzlich neue eigene Verfahrensregeln. So gab es erstmals die neu eingeführte sogenannte befristete Beschwerde, auch Berufungsbeschwerde genannt, die im wesentlichen den Regeln der Berufung folgte, § 621e ZPO.[29]

Diese gravierenden Änderungen, auch im Rechtsmittelsystem[30], mussten von den Richterinnen und Richtern, aber auch von den Rechtsanwälten und Rechtsanwältinnen erlernt und umgesetzt werden, was durch viele Unklarheiten im Gesetz nicht gerade erleichtert wurde.

## Dualismus Familiengericht – Vormundschaftsgericht

Die eben beschriebenen Schwierigkeiten ergaben sich einerseits aus dem neuen materiellen, andererseits aus dem differenziert geregelten neuen Verfahrensrecht. Hinzukamen Abgrenzungsprobleme zwischen Familien- und Nichtfamiliensachen.[31] Wer, wie ich, seit 1978, an diese Rechtsprechung mitwirkte, erinnert sich an diese Zeit nur mit Schaudern: Die Abgrenzung zwischen Familien- und Nichtfamiliensachen brachte über das große Maß täglicher Arbeit hinaus zusätzliche und darüber hinaus im Grunde fruchtlose Mühe, die niemandem nützte.[32] Wie erwähnt, blieben z.B. Probleme aus dem Bereich der elterlichen Sorge zum Teil beim Vormundschaftsgericht, zum Teil waren sie dem Familiengericht übertragen. Bestand etwa der Verdacht, dass Eltern ihre elterliche Sorge missbrauchten, musste das Vormundschaftsgericht tätig werden. Reichte nun einer der Eltern Scheidungsantrag ein, wurde automatisch das Familiengericht zuständig, das seinerseits die Frage der elterlichen Sorge im sogenannten Zwangsverbund mitzuregeln hatte. Hatte nun das Vormundschaftsgericht z.B. den Eltern die elterliche Sorge entzogen und auf einen Pfleger übertragen und befand sich dieser Rechtsstreit in der Rechtsmittelinstanz beim Landgericht, so konnte das Familiengericht an diese Akte gar nicht ohne weiteres gelangen, musste also häufig eigene Ermittlungen anstellen und damit den gesamten Fall quasi neu aufrollen. Abgesehen von Doppelarbeit entstand so vor allem die Gefahr divergierender Entscheidungen verschiedener Gerichte.

Das am 1. Januar 1980 nach fast 20jähriger Beratung in Kraft getretene Gesetz zur Reform des Rechts der elterlichen Sorge[33] vertiefte und verbreiterte

29 *vgl. im einzelnen: Peschel-Gutzeit, Verfahren und Rechtsmittel in Familiensachen, Beck-Verlag 1988; dies., FPR 1997, 169 ff.*

30 *Vogel, FamRZ 1976, 481, 489*

31 *vgl. Brüggemann, FamRZ 1977, 14; Diederichsen, ZZP 91 (1978), 397 ff.; ders., NJW 1977, 601, 649, 655*

32 *vgl. Peschel-Gutzeit, die schon 1977 dieses Problem als mit Sicherheit vermeidbare Schwierigkeiten und Doppelbelastungen dieser Gerichte in der ersten und auch in den weiteren Instanzen mit der Folge oft unbilliger gerichtlicher Regelungen geißelte, Neues elterliches Sorgerecht 1977 (Hrsg.) Coester-Waltjen u.a., 89, 115*

33 *Sorgerechtsänderungsgesetz (SorgeRG), BGBl 1979 I, 1061*

das «eigentümliche Nebeneinander»[34] von Familien- und Vormundschaftsgericht. So entschied z.B. der Bundesgerichtshof am 16. September 1983[35] wie schon zuvor am 24. September 1981[36], dass die Umgangsregelung des nicht sorgeberechtigten Elternteils, dem ebenso wie dem anderen Elternteil die elterliche Sorge nach § 1666 BGB vom Vormundschaftsgericht entzogen und einem Pfleger übertragen war, dennoch Familiensache sei; und das hatte zur Folge, dass der Rechtszug über das Familiengericht zum Oberlandesgericht und schließlich zum Bundesgerichtshof führte und nicht, wie in dem entschiedenen Fall geschehen, vom Vormundschaftsgericht zum Landgericht als letzter Instanz. In dem konkreten Fall war es zu dem Kompetenzwirrwarr gekommen, weil das Vormundschaftsgericht und über ihm das Landgericht bei der Umgangsregelung allein tätig geworden war, § 1666 BGB, und das mit einer weiteren Beschwerde angerufene Kammergericht in Berlin nicht erkannt hatte, dass es sich um eine Familiensache handelte. Der Bundesgerichtshof stellt lapidar fest, die Konkurrenz von Familiengericht und Vormundschaftsgericht in Sorgerechtssachen sei problematisch und führe in der Praxis nicht selten zu Kompetenzschwierigkeiten. Dies aber habe, so meinte der Bundesgerichtshof, der Gesetzgeber bewusst in Kauf genommen und zitierte hierfür den Bericht des Rechtsausschusses des Deutschen Bundestages, der in seiner Beratung des Gesetzentwurfes zur Regelung des Rechts der elterlichen Sorge ausgeführt hatte, die unterschiedliche Zuständigkeit für die Entscheidung sei keine Ideallösung, lasse sich aber nicht vermeiden. Bevor dem Familiengericht über § 621 Abs. 1 ZPO hinaus weitere Zuständigkeiten übertragen werden könnten, müssten die Erfahrungen einer mehrjährigen Praxis abgewartet werden[37]. Der Bundesgerichtshof fügte dieser rigiden Auffassung des Deutschen Bundestages hinzu, Richter dürften sich nicht schon dann über eine gesetzliche Regelung hinwegsetzen, wenn sie ihnen reformbedürftig erscheine.

Es gab auch andere Unzuträglichkeiten: Bei im Grunde gleicher Interessenlage war die Zuständigkeit für die Regelung von Rechtsverhältnissen nichtehelicher Kinder bei den Amtsgerichten, also den allgemeinen Abteilungen verblieben. Der weiterführende Rechtszug führte zum Landgericht mit der Folge, dass z.B. Unterhaltssachen minderjähriger Kinder durchaus unterschiedlich behandelt und bewertet wurden, je nachdem, ob ihre Eltern miteinander verheiratet waren oder nicht.

34 *Salgo, FamRZ 1984, 221*
35 *FamRZ 1983, 1102 ff.*
36 *FamRZ 1981, 659*
37 *BT-Drs. 8/2788, 52*

Derart von dem Gesetzgeber und der höchstrichterlichen Rechtsprechung alleingelassen, wurde der Ruf nach einer umfassenden Ergänzung der bisherigen Regeln immer lauter und mündete in der Forderung nach dem grossen Familiengericht.

## Das große Familiengericht

Entgegen der Skepsis, mit der viele Rechtslehrer und Rechtsanwender die Schaffung von Familiengerichten begleitet hatten, fanden die Familiengerichte nach ihrer Gründung sehr rasch allgemeine Akzeptanz. Die Vorschläge zum Ausbau des zu kleinen Familiengerichts in ein großes Familiengericht verhallten dennoch über viele Jahre.[38]

Der fünfte Familiengerichtstag 1983 schlug vor, der Gesetzgeber möge die Zuständigkeit des Familiengerichts schrittweise erweitern, und zwar kurzfristig für die Unterhaltsbestimmungsverfahren nach § 1612 BGB und für die Auskunftsverfahren nach § 1634 Abs. 3 BGB a.F., mittelfristig für die Kindschaftssachen und sämtliche Unterhaltssachen und langfristig für alle Vormundschaftssachen gegenüber Volljährigen; gleichzeitig empfahl der Deutsche Familiengerichtstag dem Gesetzgeber, eine Vereinheitlichung des Rechtsmittelzuges einzuführen.[39]

Nur sehr zögernd kam der deutsche Gesetzgeber diesen Forderungen nach: Erste Änderungen vollzog das Gesetz zur Änderung unterhaltsrechtlicher, verfahrensrechtlicher und anderer Vorschriften aus dem Jahre 1986[40]. Für die Rechtsmittelzuständigkeit brachte es eine nötige Klärung: Nämlich den Übergang von der materiellen Anknüpfung (Ist es eine Familiensache?) zur formellen Anknüpfung (Hat ein Familiengericht entschieden?) durch entsprechende Änderung des § 119 GVG[41]. In kleinen Schritten setzte sich die Reform fort, freilich keineswegs stets mit dem Ziel einer größeren Sachkonzentration oder Sachnähe, sondern häufig aus anderen Gründen. So kann seit Inkrafttreten des Gesetzes zur Entlastung der Rechtspflege am 1. März 1993[42] auch ein Richter auf Probe, der seit seiner Ernennung mindestens ein Jahr als Richter tätig gewesen ist, Familienrichter werden.[43] Diese Regelung war im Zusammenhang

38 *Vgl. Bosch in seinem Referat «Familiengerichtsbarkeit» auf dem 2. Deutschen Familiengerichtstag 1979, FamRZ 1980, 1 ff. Zur Diskussion in der Literatur aller für alle: Schlüter/König, FamRZ 1982, 1159, 1169.*

39 *FamRZ 1983, 1199, 1203; Beres, DaVorm 1983, 895, 902.*

40 *UÄndG v. 20.02.1986, BGBl I 301.*

41 *Jaeger, FamRZ 1985, 865, 867 ff.; Sedemund-Treiber, FamRZ 1986, 209, 215; krit. Bosch, FamRZ 1986, 819, 821 und in Bezug auf das Verhältnis Familiengericht – Prozeßgericht Jauernig, FamRZ 1989, 1.*

42 *Gesetz vom 27.11.1992, BGBl 1993 I, 50.*

43 *krit. Schnitzler, FamRZ 1992, 507; Kleinz, FamRZ 1992, 1390; Hansens, NJW 1993, 493, 494*

mit der deutschen Einheit für die neuen Bundesländer bereits eingeführt,[44] allerdings zeitlich befristet.

Einen wirklich großen Fortschritt brachte die gesetzliche Gleichstellung ehelicher und nichtehelicher Kinder aus dem Jahre 1997, nämlich das Kindschaftsrechtsreformgesetz (KindRG) vom 16. Dezember 1997[45] und das Gesetz zur Vereinheitlichung des Unterhaltsrechts minderjähriger Kinder (KindUG) vom 6. April 1998[46], beide in Kraft seit dem 1. Juli 1998. Seit 1998 gibt es in Deutschland nicht mehr die Unterscheidung zwischen ehelichen und nichtehelichen Kindern, das Gesetz spricht nur noch von Kinder, deren Eltern miteinander verheiratet sind oder waren und solchen Kindern, deren Eltern nicht miteinander verheiratet sind oder waren. Folgerichtig musste auch die bis dahin divergierende gerichtliche Zuständigkeit verändert und angepasst werden.

Das KindRG hat die Zuständigkeit der Familiengerichte erheblich erweitert, den Instanzenzug weitgehend vereinheitlicht und bedeutsame Veränderungen im sorge- und umgangsrechtlichen Verfahren gebracht. Auch das Verbundverfahren ist gravierend verändert worden.[47] Um diese Veränderungen zu ermöglichen, musste der Begriff der Familiensachen erweitert und verändert werden. Das geschah: Nach § 23b Abs. 1 Ziff. 2–4 GVG, § 621 Abs. 1 Ziff. 1–3 ZPO n. F. sind seit dem 1. Juli 1998 Familiensachen auch solche Sorge-, Umgangs- und Herausgabeverfahren, die Kinder betreffen, deren Eltern nicht miteinander verheiratet sind oder waren. Und soweit es um die Gefährdung des Kindeswohls geht, §§ 1666 ff. BGB, ist an die Stelle des Vormundschaftsgerichts das Familiengericht getreten. Auch die Genehmigung der Unterbringung aller minderjähriger Kinder, § 1631b BGB, fällt seither unter die Zuständigkeit der Familiengerichte, ebenso die Genehmigung bestimmter Rechtsgeschäfte der Eltern, § 1643 Abs. 1 BGB, in den Fällen der §§ 1644, 1645 BGB ist das Familiengericht seither ebenso zuständig wie bei der Namensbestimmung nach §§ 1617 Abs. 1, 1618 BGB. Und für das Verhältnis vom Familiengericht zum Jugendamt bestimmt der Katalog des § 49a FGG, bei welchen Verfahren das nunmehr insgesamt zuständige Familiengericht das Jugendamt anhört. Das Familiengericht ist seither auch zuständig für Entscheidungen nach §§ 42 und 43 KJHG (SGV VIII), also für die richterliche Überprüfung von Sofortmaßnahmen des Jugendamtes.

44 *§ 4 Nr. 1 Rechtspflegeanpassungsgesetz, BGBl 1990 I, 1147*

45 *BGBl I, 2942*

46 *BGBl I, 666*

47 *Schwab/Wagenitz, FamRZ 1997, 1377 ff.; Büttner, FamRZ 1998, 585; Künkel, FamRZ 1998, 877; Kieper, FuR 1998, 1; Rehberg, FuR 1998, 65; Zenz, FPR 1998, 17, 19; Salzgeber, FPR 1998, 80, 82; Willutzki, FPR 1998, 94 ff.; Kobusch, FPR 1998, 129, 131*

Darüber hinaus sind seither sämtliche Streitigkeiten, die die auf Ehe und Verwandtschaft beruhenden gesetzlichen Unterhaltspflichten betreffen, als Familiensachen bezeichnet und damit per 1. Juli 1998 dem Familiengericht zugewiesen (§§ 23b Abs. 1 Ziff. 5 und 6 GVG, 621 Abs. 1 Ziff. 4 und 5 ZPO). Diese Regelung gilt auch für die Ansprüche der nicht miteinander verheiratet oder verheiratet gewesenen Eltern (§§ 1615l n BGB, §§ 23b Abs. 1 Ziff. 13 GVG, 621 Abs. 1 Ziff. 11 ZPO). Alle Kindschaftssachen gehören seit dem 1. Juli 1998 vor die Familiengerichte (§§ 23b Abs. 1 Ziff. 12 GVG, 621 Abs. 1 Ziff. 10 ZPO). Seit dem 1. Juli 1998 hat sich also die Vision eines großen Familiengerichts in Deutschland der Realität ein großes Stück angenähert.

## Die Entwicklung seit 1998

Das Gesetz zur Beendigung der Diskriminierung gleichgeschlechtlicher Gemeinschaften (Lebenspartnerschaftsgesetz) vom 16. Februar 2001[48] hat mit Wirkung per 1. August 2001 die Familiensachen erweitert und damit den Familiengerichten eine wichtige Ergänzung in Bezug auf ihre Zuständigkeit gebracht: Seither sind alle Lebenspartnerschaftssachen, also Verfahren betreffend eine gleichgeschlechtliche eingetragene Lebenspartnerschaft, Familiensachen (§ 23b Abs. 1 Ziff. 15 GVG). Gemeint sind Streitigkeiten in Bezug auf die Aufhebung der Partnerschaft, sowie in Bezug auf Unterhalts- und Güterrechtsstreitigkeiten (§§ 23a Ziff. 6 GVG, 661 ZPO).[49]

Das Gesetz zur Verbesserung des zivilgerichtlichen Schutzes bei Gewalttaten und Nachstellungen sowie zur Erleichterung der Überlassung der Ehewohnung bei Trennung vom 11. Dezember 2001 (*Gewaltschutzgesetz*)[50] hat § 23b Abs. 1 GVG um die Nummer 8a erweitert: Seit dem 1. Januar 2002 ist das Familiengericht auch für Verfahren nach dem Gewaltschutzgesetz zuständig,[51] wenn die Beteiligten einen auf Dauer angelegten gemeinsamen Haushalt führen oder innerhalb von 6 Monaten vor der Antragstellung geführt haben, § 23a Ziff. 7 GVG. Erstmals hat damit der Gesetzgeber eine Zuständigkeit des Familiengerichts für Streitigkeiten zwischen solchen Parteien geschaffen, die keinerlei familiäre oder partnerschaftsgesetzliche Beziehung verbindet.

Das *Vormundschaftsgericht ist* weiter für die Vormundschaft über Minderjährige und darüber hinaus für die Betreuung Volljähriger und für die Adoption zuständig. Und wenn die Eltern über die religiöse Erziehung des Kindes uneinig sind und wenn das Kind in einem anderen Bekenntnis als bisher erzogen

48 *BGBl I*, 266
49 *Finger, FPR* 2001, 460
50 *BGBl I*, 3513
51 *Peschel-Gutzeit, FPR* 2001, 243; *Finger, FPR* 2001, 460

oder vom Religionsunterricht abgemeldet werden soll, § 2 Abs. 2, Abs. 3 des Gesetzes über religiöse Kindererziehung, ist weiterhin das Vormundschaftsgericht das zuständige Gericht. Diese verbliebene Rumpfzuständigkeit bezeichnet Büttner[52] mit Recht als Kuriosität.

Wenn beide Eltern berechtigt sind, Kindergeld zu beziehen, ohne dass die Eltern zusammenleben, müssen sie untereinander bestimmen, wer das Kindergeld erhalten soll. Schaffen sie eine solche Einigung nicht, so bestimmt auf Antrag eines Berechtigten das Vormundschaftsgericht, wer kindergeldberechtigt sein soll.[53] Und nebeneinander zuständig geblieben oder geworden sind Familiengericht und Vormundschaftsgericht bei Anordnung und Auswahl von Vormund oder Pfleger (§ 1697 BGB) und für die gerichtliche Abänderung von Entscheidungen, je nachdem, welches Gericht die Erstentscheidung getroffen hat (§§ 1696 BGB, 18 FGG.

So kann es nicht verwundern, dass noch immer der Ruf nach einem nun wirklich großen Familiengericht ertönt: Sowohl der 14. Familiengerichtstag im Jahre 2001 als auch der 15. Familiengerichtstag im Jahre 2003 haben gefordert, die sachliche Zuständigkeit des Familiengerichts gemäß § 23b Abs. 1 S. 2 GVG auf sonstige vermögensrechtliche Auseinandersetzungen zwischen Ehegatten nach gescheiterter Ehe zu erweitern.[54] Bei Einführung eines solchen großen Familiengerichts sollen sämtliche mit Ehewohnung und Hausrat zusammenhängenden Ansprüche (beispielsweise Besitzschutz, Herausgabe und Schadensersatz) dem Familiengericht zugewiesen werden.

Die Bundesministerin der Justiz, Brigitte Zypries, hat auf derselben Tagung im September 2003 ausgeführt, ganz oben auf der Agenda der vom Bundesministerium der Justiz derzeit erarbeiteten Reformentwürfe stehe die Einführung des großen Familiengerichts. Tatsächlich zusammenhängende Streitigkeiten müssten auch zusammen entschieden werden können. Zur Maxime müsse der Satz werden: «Ein Fall, ein Verfahren». Zu diesem Zweck müsse die Zuständigkeit des Familiengerichts weiter ausgeweitet werden. So müsse die sachliche Zuständigkeit des Familiengerichts um bisher zivilprozessual zu lösende Familienvermögenssachen erweitert werden, andererseits aber auch um Familienvormundschaftssachen. Entscheidungskriterium sei dabei allein die Sachnähe des Familiengerichts zum Verfahrensgegenstand. Im Interesse aller Beteiligten solle es dem Familiengericht ermöglicht werden, alle durch den sozialen Verband von Ehe und Familie sachlich verbundenen Rechtsstreitigkeiten zu

52 *FamRZ 1998, 585, 587*
53 *§ 64 Abs. 2 EStG*
54 *FamRZ 2002, 296, 298; FamRZ 2003, 9606*

entscheiden. Nur so könnten ineffektive und zudem alle Beteiligten belastende Verfahrensverzögerungen, Aussetzungen und Mehrfachbefassungen von Gerichten vermieden werden.

Um dies zu erreichen, müssten auch alle vermögensrechtlichen Rechtsstreitigkeiten, deren Ergebnis für den Unterhalts- oder Güterrechtsprozess von Bedeutung sein könnten, in die Zuständigkeit des Familiengerichts fallen. Zu nennen seien hier Streitigkeiten auf Gesamtschuldnerausgleich unter Ehegatten und Lebenspartnern oder Verwandten und Streitigkeiten um die Rückgewähr ehebedingter Zuwendungen. Darüber hinaus werde die Erweiterung der Zuständigkeit des Familiengerichts um die Restbestände der Zuständigkeit des Vormundschaftsgerichts geprüft. Auch hier müsse im Interesse der Betroffenen das Kriterium des Sachzusammenhangs entscheiden. Und dieser liege nun einmal beim Familiengericht.

Denn seit dem Inkrafttreten des Betreuungsgesetzes im Jahre 1990 betreffe die Vormundschaft nur noch Minderjährige. Sie sei Ersatz für die elterliche Sorge und gehöre deshalb sachlich in die Zuständigkeit des Familiengerichts und nicht mehr in die des Vormundschaftsgerichts. Einzelheiten, so schloss die Bundesministerin der Justiz, würden derzeit in einer Expertengruppe zur Reform des Familienverfahrensrechts erörtert, die Überlegungen seien in vollem Gange. Mit Brudermüller und der Bundesjustizministerin lässt sich also sagen: «Es führt kein Weg am großen Familiengericht in Deutschland vorbei».

## Resümee und Ausblick

Die Bilanz der deutschen Familiengerichte ist heute, 27 Jahre nach ihrer Einführung, insgesamt positiv. Vieles ist in Deutschland erreicht, Generationen von Familienrichtern sind seither herangewachsen und viele junge Richterinnen und Richter wissen heute kaum noch, dass es in Deutschland eine Zeit ohne Familiengerichte gab. Das große Engagement, das 1977 viele Richterinnen und Richter erfasste, gilt auch für die Anwaltschaft: Ständig nimmt die Zahl der Fachanwälte und Fachanwältinnen für Familienrecht zu, die im Deutschen Anwaltverein gegründete Arbeitsgemeinschaft für Familien- und Erbrecht umfasst inzwischen mehr als 5000 Mitglieder!

Wer, wie ich, von den Anfängen des Familiengerichts an in dieser neuen Materie tätig war, kann Willutzki, dem langjährigen Vorsitzenden des Deutschen Familiengerichtstages,[55] nur zustimmen, der anlässlich des 20. Jahrestages des Inkrafttretens der Eherechtsreform resümierte, eines der positivsten Ergebnisse des Ersten Eherechtsreformgesetzes sei die Einführung der Fami-

55 *FamRZ* 1997, 777, 779

liengerichtsbarkeit in Deutschland gewesen. Wenn Willutzki 1997 noch den allzu eng angelegten Zuständigkeitskatalog der Familiengerichte beklagte, so hat sich seither vieles und, man kann sagen, Entscheidendes in Richtung auf das große Familiengericht verändert.

Aber noch immer ist das wirkliche große Familiengericht nicht Wirklichkeit geworden. Nach wie vor fallen vermögensrechtliche Streitigkeiten von getrennt lebenden oder geschiedenen Ehegatten, die nicht im Güterrecht, dem Recht der Hausratsverteilung oder der Wohnungszuweisung ihre Grundlage haben, ganz überwiegend in die Zuständigkeit der Zivilprozessgerichte[56]. Bedenkt man, dass schon der Regierungsentwurf zum ersten Eherechtsreformgesetz von 1973 eine Zuständigkeit der Familiengerichte auch für «sonstige vermögensrechtliche Streitigkeiten» der Ehegatten vorsah, gibt es heute, 30 Jahre später, keinen Grund mehr, diese überfällige Zuständigkeitserweiterung nicht endlich vorzunehmen.

Wenn eingewendet wird, Streitigkeiten von nicht miteinander verheirateten Paaren gehörten nach wie vor vor die Zivilgerichte und so führe es zu einem Kompetenzwirrwarr, wenn verheiratete Partner mit allen Streitigkeiten nur noch vor das Familiengericht gelangten, so ist auch dieser Einwand heute nicht mehr begründet. Denn inzwischen sind die Familiengerichte für Streitigkeiten von eingetragenen Lebenspartnern zuständig geworden, wenn hierzu auch nicht die allgemeine Vermögensauseinandersetzung gehört. Aber es ist nur noch eine Frage der Zeit, wann auch insoweit weitere Übertragungen auf das Familiengericht stattfinden.

Bei diesem insgesamt so positivem Resümee bleibt eine Merkwürdigkeit anzumerken: Gemeint ist das juristische Ansehen der in Familiensachen tätigen Richter und Richterinnen. Ein sehr profilierter Familienrichter am Oberlandesgericht Hamm, Luthin[57], hat zu Recht beklagt, dass das Ansehen dieser Kollegen und Kolleginnen ganz zu Unrecht geringer sei als das der mit ordentlichen Zivilsachen beschäftigten Richterinnen und Richter. Das gelte im Kollegenkreis, aber auch in den zuständigen Ministerien. Diese Merkwürdigkeit hat eine traurige Tradition: Denn schon das Ansehen der Vormundschaftsrichter und der Scheidungsrichter vor Einführung der großen Eherechtsreform im Jahre 1977 war aus unerfindlichen Gründen deutlich geringer als das anderer Zivilrichter. Und dieses Vorurteil hat sich in den vergangenen 27 Jahren eisern gehalten. Dies kommt auch in der Pensenbewertung zum Ausdruck. Viele Juristen meinen zu wissen, Familiensachen seien juristisch weniger an-

56 *Wever, FamRZ 2001, 268 m.w.N.*
57 *FamRZ 1999, 16*

spruchsvoll als andere Zivilsachen. Dies meinen vor allem solche Kollegen, die selbst niemals im Familienrecht tätig waren. Eine solche Haltung ist sachlich unrichtig, sie lässt sich auch nicht begründen.

Das formelle und materielle Familienrecht der letzten Jahrzehnte in Deutschland war durch größte Komplexität und Kompliziertheit gekennzeichnet, man denke nur an den neu eingeführten Versorgungsausgleich, an die außerordentlich verwickelte Rechtsprechung zum Unterhaltsrecht und an die vielen Rätsel im Verfahrensrecht. Eine nicht enden wollende Kette von Reformen haben in Deutschland die letzten 27 Jahre auf dem Gebiet des Familienrechts gekennzeichnet. Wer will da noch behaupten, eine Streitigkeit aus dem Kauf- oder Werkvertragsrecht, aus dem Miet- oder Handelsrecht sei reeller und juristisch schwieriger als eine Familiensache? Im Gegenteil: Wer sich intensiv mit dem Familienrecht beschäftigt, hat nicht nur schwierigste juristische Probleme zu lösen, sondern muss daneben mit viel menschlichem Leid, aber auch mit häufiger Unanständigkeit umgehen. Dennoch bietet die Tätigkeit an einem Familiengericht kreativen Menschen viele Möglichkeiten und ist deshalb nach Meinung eigentlich aller dort tätigen Kollegen und Kolleginnen ein wirklicher Dienst an den Menschen und für den Menschen.

So gefragt kann ich als eine Juristin, die 13 Jahre als Familienrichterin tätig war, nur aus Überzeugung empfehlen, dort, wo es sie noch nicht gibt, Familiengerichte einzuführen. Zwar sind die dort zu erledigenden Arbeiten wahrhaftig nicht einfach, aber die Arbeit führt in ihrer Konzentration und durch die Kompetenz, die sich durch die Spezialisierung einstellt, zu großer Befriedigung. Und das wichtigste: Die Rechtsuchenden finden vor den Familiengerichten deutlich kompetentere und professionellere, oft auch raschere Hilfe als in Zeiten, in denen für einen Familienkonflikt drei bis vier unterschiedliche Gerichte zuständig waren, die sich jeweils nur mit einem kleinen Ausschnitt des Gesamtproblems beschäftigten. Und noch eines: Den Kindern widerfährt mehr Gerechtigkeit, seit Familienrichterinnen und Familienrichter sie grundsätzlich anhören, wenn und soweit es das Wohl der Kinder angeht.

# V.
# Recht und Geltung

Von Christian Pfeiffer

# Kriminalpolitik in einer Zeit wachsender Strafbedürfnisse

Margot von Renesse hat sich als Bundestagsabgeordnete immer wieder dafür eingesetzt, eine rationale Kriminalpolitik zu betreiben. Sie hat engagiert dafür plädiert, die Gestaltung des Strafrechts und des Strafprozessrechts nicht an populistischen Strömungen zu orientieren, sondern daran, was unter Wahrung rechtsstaatlicher Prinzipien und auf der Basis von langfristigen Praxiserfahrungen und wissenschaftlich fundierten Erkenntnissen als vernünftig erscheint. Ein Beispiel dafür bietet die Bundestagsdebatte vom 19. Oktober 2001. Unter Berufung auf grundlegende verfassungsrechtliche Argumente und auf empirische Erkenntnisse zur bewährten Praxis der Gerichte und zu Verlaufsformen von kriminellen Karrieren hat sich Margot von Renesse auf überzeugende Weise gegen den Vorschlag der Opposition ausgesprochen, eine nachträgliche Sicherungsverwahrung auf der Basis zweifelhafter Gefährlichkeitsprognosen zu ermöglichen. Dabei war ihr sicherlich bewusst, dass die öffentliche Meinung zu dieser Frage auf Seiten der Opposition stand. Aber das konnte sie nicht davon abhalten, sich für das einzusetzen, was ihrer Überzeugung nach richtig ist.

Mit dieser Grundhaltung gerät man heute freilich in der Politik zunehmend in Bedrängnis. Das kriminalpolitische Klima hat sich seit Anfang der neunziger Jahre nachhaltig gewandelt. Dies zeigt eine Repräsentativbefragung der deutschen Bevölkerung, die das Kriminologische Forschungsinstitut Niedersachsen (KFN) Anfang 2004 durchgeführt hat (Pfeiffer/Windzio/Kleimann, 2005). Verglichen mit einer entsprechenden Datenerhebung des KFN aus dem Jahr 1992 sind die allgemeinen Strafbedürfnisse deutlich nach oben gegangen. Entsprechende Befunde hat im Übrigen eine von Streng seit 1989 mehrfach durchgeführte Befragung von Erstsemestern des Jurastudiums erbracht. Auch er konstatiert eine deutliche Zunahme der Strafbedürfnisse und eine sinkende Akzeptanz des Resozialisierungsgedankens als Strafziel (Streng, 2000).

Aber was ist die Ursache dieser wachsenden Akzeptanz von Law-and-order-Strategien? Das KFN hat zur Klärung dieser Frage von den Bürgerinnen und Bürgern Anfang 2004 zunächst eine Einschätzung dazu erbeten, wie sich aus ihrer Sicht die Kriminalität im Verlauf der letzten 10 Jahre entwickelt hat. Als Anhaltspunkt haben wir ihnen Eckdaten der polizeilichen Kriminalstatistik aus dem Jahr 1993 gegeben und dann die jeweiligen Schätzwerte für das Jahr 2003 erbeten. Ergänzend dazu wollten wir wissen, auf welche Weise sich die Befragten über das Zeitgeschehen informieren. Ferner haben wir Angaben zur Kriminalitätsfurcht und zu kriminalpolitischen Einstellungen erfragt.

Die Ergebnisse der Repräsentativbefragung haben uns gleichermaßen fasziniert und erschreckt. Mehr als vier Fünftel der Bürgerinnen und Bürger unterstellen einen deutlichen, teilweise sogar dramatischen Anstieg der Zahlen. Gemessen an dem, was sich zwischen 1993 und 2003 tatsächlich ergeben hat, liegen sie damit gravierend neben der Wirklichkeit. Nur etwa 10 Prozent haben die Entwicklung in etwa richtig eingeschätzt. Hier einige Beispiele: Die Bürger unterstellen im Durchschnitt der Antworten eine Zunahme aller Straftaten um 37 Prozent. Tatsächlich hatten wir in den zehn Jahren einen leichten Rückgang um 2,6 Prozent. Beim Wohnungseinbruch wird ein Anstieg um das 2 ½ -fache vermutet. Laut der polizeilichen Kriminalstatistik sind die Zahlen jedoch um 46 Prozent zurückgegangen. Die Daten der Versicherungsgesellschaften bestätigen das. Auch beim Bankraub oder dem Autodiebstahl unterstellen die Bürger eine starke Zunahme. Die Polizei hat aber seit 1993 eine Abnahme um fast die Hälfte bzw. 70 Prozent registriert. Die extremste Fehleinschätzung ergibt sich jedoch zum vollendeten Sexualmord. Die Bürger unterstellen hier einen Anstieg um fast das Vierfache. Die Polizei dokumentiert jedoch seit 1993 eine deutliche Abnahme um fast 40 Prozent.

Die Diskrepanz der von der Bevölkerung gefühlten Kriminalitätsentwicklung und der tatsächlich von der Polizei registrierten wirft mehrere Fragen auf. Warum haben insbesondere viele der schweren Delikte so deutlich abgenommen? Woher kommt es, dass die große Mehrheit der Menschen sich hier so gravierend verschätzt und welche Konsequenzen hat das für Kriminalpolitik und Strafverfolgung?

Auf die erste Frage gibt es eine Reihe von Antworten, über deren Gewicht man streiten kann. Aber über zwei Punkte sind sich die Fachleute einig. Erstens: Die Vergreisung der Republik fördert die innere Sicherheit. Die gefährlichste Bevölkerungsgruppe bilden nun einmal die jungen Männer im Alter von 18 bis 30, die im Jahr 1993 fast jeden zweiten polizeilich registrierten Gewalttäter stellten – und dies bei einem Bevölkerungsanteil von nur 9,4 Prozent. Inzwischen ist jedoch ihre Gesamtzahl um knapp ein Viertel gesunken. Auf der anderen Seite hat mit den Senioren ab dem Alter von 60 eine starke Bevölkerungsgruppe um 22 Prozent zugenommen, die besonders wenige Straftaten begeht.

Als zweiter wichtiger Einflussfaktor hat sich während der neunziger Jahre das Auf und Ab der Zuwanderung erwiesen. Der Anfang der neunziger Jahre sehr starke Import von Armut in Gestalt von Asylbewerbern, Flüchtlingen und Aussiedlern hat zunächst bis 1993 zu einem erheblichen Anstieg der Kriminalität beigetragen. Dann jedoch sorgten der Asylkompromiss, das Ende des Bürgerkriegs im früheren Jugoslawien und die schrittweise Reduzierung der Einwanderung von Russlanddeutschen für eine zunehmende Stabilisierung. Im Hinblick auf die Ausländer dokumentiert dies die Tatsache, dass ihr Anteil an den polizeilich ermittelten Tatverdächtigen zwischen 1993 und 2002 von 26,7 Prozent auf 19,2 Prozent zurückgegangen ist. Die Bürger täuschten sich im Übrigen auch hier: sie glauben, es habe eine Zunahme des Anteils der Ausländer auf 36,8 Prozent gegeben und überschätzen diesen damit um fast das Doppelte.

Was sind nun die Hintergründe der vielfältigen Fehlbeurteilungen? Auffallend ist, dass sich die Bürger am stärksten bei den besonders schweren Delikten verschätzen – weit weniger dagegen bei der Gesamtzahl aller Straftaten. Die zentrale Erklärung dafür liegt auf der Hand. Über spektakuläre Mordtaten und die polizeiliche Verbrecherjagd auf Bankräuber oder Einbrecherbanden berichten die Massenmedien und hier insbesondere das Fernsehen weit intensiver und zunehmend emotionaler als über Alltagskriminalität oder gar normale gesellschaftliche Vorgänge.

Dieser Trend zur Dramatisierung des Kriminalitätsgeschehens ist besonders ausgeprägt, seit die öffentlichen und privaten Fernsehanbieter um die Gunst der Zuschauer rivalisieren. Zwischen 1985 und 2004 hat sich der Anteil der kriminalitätshaltigen Sendungen am ausgewiesenen Gesamtprogramm von 3,5 Prozent auf 11,6 Prozent erhöht. Spitzenreiter sind dabei inzwischen RTL und SAT1 mit einem Sendeanteil Kriminalität von 18,0 bzw. 20,1 Prozent. Wenn man weiter berücksichtigt, dass diese Entwicklung vor allem die spektakulären Straftaten wie etwa Sexualmorde betrifft, können zwei weitere Ereignisse der einleitend dargestellten Repräsentativbefragung nicht überraschen. Erstens: Je mehr Zeit die Bürger nach eigenen Angaben täglich vor dem Fernseher verbringen und je stärker sie dabei Privatsender bevorzugen, umso gravierender fallen ihre Fehleinschätzungen zum Kriminalitätsgeschehen aus. Und zweitens: Je mehr aber die Menschen unterstellen, dass die Kriminalität und hier insbesondere die schweren Straftaten stark zugenommen haben, umso deutlicher plädieren sie für härtere Strafen (vgl. Pfeiffer/Windzio/Kleimann, 2005).

Die Folgen dieser Entwicklung sind unübersehbar. Seit 1992 hat es in Deutschland in fünf Strafrechtsreformgesetzen von kleinen Korrekturen abgesehen nur noch Strafverschärfungen gegeben. Insgesamt hat der Gesetzgeber im Verlauf der letzten 12 Jahre zu 40 Straftatbeständen die Strafandrohungen deutlich angehoben (Schott et al. 2004). Vergleicht man das Zustandekommen dieser fünf Strafgesetze mit dem der Strafrechtsreformen aus den drei vorangegangenen Jahrzehnten, dann fällt ein Unterschied auf: Wie Maelicke (1999) und Albrecht (2004) hervorheben, wird die Wissenschaft heute weniger zurate gezogen als früher. Albrecht (2004: 491 ff.) betont in seiner differenzierten Analyse zum Zusammenhang von Kriminalpolitik und öffentlicher Meinung zurecht, dass dies mit einer neuen Grundorientierung der Kriminalpolitik zusammenhängt. «Sie reagiert heute stärker als früher auf Unsicherheitsgefühle und wird zum Instrument der Herstellung von Sicherheitsgefühlen» (Albrecht 2004: 496, vgl. ferner Sack, 2003, 3 ff.). Früher stand für die Politik noch das Bemühen um kommunikative Rationalität im Vordergrund. Man musste nachprüfbare Argumente liefern und seine Vorschläge empirisch unter Hinweis auf gesicherte langjährige Praxiserfahrung und klare Forschungsbefunde begründen. Dieser Bedarf an wissenschaftlich gesicherten Aussagen zu Kriminalität und Straftätern sowie zu den Wirkungen von Strafverfolgungsstrategien ist jedoch schwächer geworden. An die Stelle des Sachverständigengutachtens tritt heute zunehmend der Auftrag an Meinungsforscher, zu ermitteln, woher der Wind weht und was beim Volk ankommt. Und die Politiker profilieren sich mit populistischen Forderungen als Kämpfer gegen das Böse. Zu einer entsprechenden Einschätzung gelangt im Übrigen auch David Garland in seiner grundlegenden Untersuchung zur Entwicklung der Kriminalpolitik in den USA und England (2001).

Angesichts der stark angewachsenen Strafbedürfnisse der deutschen Bevölkerung und des beschriebenen Wandels der Kriminalpolitik kann es nicht überraschen, dass auch die Gerichte ihre Sanktionspraxis verschärft haben. So hat sich beispielsweise zur gefährlichen/schweren Körperverletzung zwischen 1990 und 2002 die Quote der Angeklagten, die zu einer unbedingten Freiheitsstrafe/Jugendstrafe verurteilt wurden, von 5,7 Prozent auf 6,9 Prozent erhöht. Die durchschnittliche Dauer dieser Freiheitsstrafen ist ferner um fast ein Drittel angestiegen – von 1,10 Jahre auf 1,45 Jahre. Beides zusammen bewirkt, dass die Summe der Haftjahre, die die Gerichte pro 100 Angeklagte dieser Tätergruppe verhängt haben, zwischen 1990 und 2002 von 6,2 auf 10 Jahre, das heißt um etwa drei Fünftel zugenommen hat.

Dieser Wandel der Strafzumessung wäre nachvollziehbar, wenn sich in diesem Zeitraum die durchschnittliche Tatschwere solcher Fälle stark erhöht hätte. Aber das Gegenteil scheint der Fall zu sein. Dies zeigen zumindest zwei am Kriminologischen Forschungsinstitut Niedersachsen zu Strafzumessung nach Jugendstrafrecht bzw. Allgemeinen Strafrecht durchgeführte Aktenanalysen (Delzer 2004; Schott et al. 2004). Im Vergleich der Jahre 1990 und 1996 bzw. 1991 und 1997 wurde anhand der Urteilspraxis einzelner Landgerichtsbezirke bzw. zweier Bundesländer deutlich, dass der Anteil solcher Gewalttaten gesunken ist, die einen Krankenhausaufenthalt erfordern. Auf der anderen Seite ist die Quote der Fälle angestiegen, bei denen die Opfer keinen Arzt eingeschaltet hatten. Zumindest hier hat die durchschnittliche Tatschwere also eher abgenommen.

Auch zur Gesamtheit der Straftaten haben wir ermittelt, wie sich die Zahl der Haftjahre pro 100 Angeklagte verändert hat. Danach ergibt sich ein Anstieg um etwa 40 Prozent – von 5,2 Haftjahren im Jahr 1990 auf 7,3 im Jahr 2002. Nicht überraschend hat parallel dazu in den alten Bundesländern die Gesamtzahl der Strafgefangenen im Vergleich der Jahre 1991 zu 2003 um 38,5 Prozent zugenommen – und dies, obwohl im Vergleich der jeweiligen Vorjahre die Zahl der Angeklagten nur geringfügig um 1,7 Prozent angewachsen war. Legt man den Tagessatz von 80 Euro zugrunde, mussten die westdeutschen Länder allein im Jahr 2003 für den Unterhalt des Strafvollzuges ca. 421 Millionen Euro mehr aufbringen als noch zwölf Jahre zuvor. Zu beachten ist ferner, dass seit dem Jahr 2000 bundesweit ein Neubauprogramm für 12.000 neue Haftzellen umgesetzt wird, das nach den Recherchen von Suhling und Schott (2001: 27) ca. 1,4 Milliarden Euro kostet.

Auch wenn wir mit den uns zur Verfügung stehenden Daten noch nicht in der Lage sind, den genauen Nachweis zu führen, in welchem Ausmaß diese Mehrkosten auf die vom Gesetzgeber beschlossenen Strafverschärfungen zurückzuführen sind, wird eines doch klar: In den letzten zwölf Jahren ist in der Kriminalpolitik unter dem Einfluss einer die Kriminalität dramatisierenden Medienwelt die Notwendigkeit einer Kosten-Nutzen-Analyse in den Hintergrund getreten. Die Politik hat primär die wachsenden Strafbedürfnisse bedient und so versucht, aufgeregte Gemüter zu beruhigen, statt nüchtern zu fragen, welcher Nutzen für die Allgemeinheit den extrem steigenden Kosten gegenüber steht.

Dabei ist bisher ein Aspekt noch gar nicht angesprochen worden, den wir hier nur kurz anreißen können. In einer für den Zuwanderungsrat der Bundesregierung erarbeiteten Untersuchung sind wir der Frage nachgegangen, zu wessen Lasten diese Entwicklung der Kriminalpolitik und Strafverfolgung primär gegangen ist. Anlass dazu bieten folgende Ausgangsdaten: Im Vergleich der Jahre 1993 und 2002 hat in den alten Bundesländern die Zahl der ausländischen Angeklagten um 20,6 Prozent abgenommen. In krassem Widerspruch dazu steht die Tatsache, dass im Vergleich der Stichtagserhebungen vom März 1993 und 2004 die Zahl der ausländischen Strafgefangenen von 7.526 auf 12.865 angewachsen ist (+70,9 Prozent). Zwar wäre theoretisch denkbar, dass diese gegenläufige Entwicklung zumindest teilweise durch eine starke Zunahme der Tatschwere der von Ausländern begangenen Delikte erklärt werden kann. Hierfür hat sich jedoch weder bei einer am KFN durchgeführten Längsschnittanalyse von Strafverfahrensakten aus den neunziger Jahren (Schott et al. 2004) noch bei einer systematischen Überprüfung der Strafzumessungspraxis anhand der Einzeldatensätze der Strafverfolgungsstatistik (Pfeiffer et al. 2004) ein Hinweis ergeben. Stattdessen haben beide Untersuchungen Belege für die Annahme erbracht, dass nichtdeutsche Angeklagte im Vergleich zu deutschen zunehmend härter bestraft werden. Entsprechende Befunde haben sich ferner bei anderen Untersuchungen gezeigt (Ludwig-Mayerhofer/Niemann 1997; Delzer 2004). Die bisherigen Erkenntnisse geben Anlass zu der Vermutung, dass die Justiz von der falschen Annahme geleitet ist, sie müsse sich mit generalpräventiver Härte einer steigenden Welle von Ausländerkriminalität entgegen stemmen. Angesichts dieser alarmierenden Zwischenbefunde unserer laufenden Untersuchung dürfte eines klar sein. Wir haben allen Anlass, die Ursachen der beschriebenen Entwicklung sorgfältig zu untersuchen und der Forschung als einer Grundlage der Kriminalpolitik wieder einen höheren Stellenwert einzuräumen. Wenn wir den Anstieg der Strafhärte stoppen wollen, müssen wir zunächst die Praxis der Strafverfolgung gründlich analysieren. Wir sollten ferner erforschen, in welchem Ausmaß die Überfüllung unserer Gefängnisse auch damit zusammenhängt, dass die Richter immer häufiger die früher üblichen, vorzeitigen Entlassungen verweigern und wir sollten die Ursachen für die beträchtlichen regionalen Unterschiede der Strafzumessung untersuchen sowie ihre Auswirkungen auf das Kriminalitätsgeschehen. Erst solche Erkenntnisse versetzen uns in die Lage, nach Wegen zu suchen, wie wir die Verhängungen der Freiheitsstrafe wieder auf das früher übliche Maß zurückführen können, ohne die innere Sicherheit zu gefährden.

### Literatur:

Albrecht, H.-J. (2004): Öffentliche Meinung, Kriminalpolitik und Kriminaljustiz, in: M. Walter, H. Kania & H.-J. Albrecht, Alltagsvorstellungen von Kriminalität. Individuelle und gesellschaftliche Bedeutung von Kriminalitätsbildern für die Lebensgestaltung. Münster: LIT.

Delzer, I. (2004, in Vorber.) Jugendgewalt vor Gericht. Eine Analyse der staatsanwaltschaftlichen und gerichtlichen Erledigungspraxis gegenüber jugendlichen und heranwachsenden Beschuldigten von Raub- und qualifizierten Körperverletzungsdelikten in Hannover, Hamburg, Leipzig und Stuttgart. Unveröffentlichter Endbericht, KFN, Hannover.

Garland, D. (2001): The Culture of Control. Crime and Social Order in Contemporary Society. Oxford: University Press.

Ludwig-Mayerhofer, W. & Niemann, H. (1997): Gleiches (Straf-)Recht für alle? Neue Ergebnisse zur Ungleichbehandlung ausländischer Jugendlicher im Strafrecht der Bundesrepublik, in: Zeitschrift für Soziologie, S. 35–52.

Maelicke, B. (1999): Der Strafvollzug und die Neue Wirklichkeit. In: Zeitschrift für Strafvollzug und Straffälligenhilfe 48, S. 73–77.

Pfeiffer, Chr., Kleimann, M., Petersen, S. & Schott, T. (2004): Probleme der Kriminalität bei Migranten und integrationspolitische Konsequenzen. Expertise für den Sachverständigenrat für Zuwanderung und Integration der Bundesregierung.

Pfeiffer, Chr., Windzio, M., Kleimann, M. (2005): Die Medien, das Böse, und wir – Zu den Auswirkungen der Mediennutzung auf Kriminalitätswahrnehmung, Strafbedürfnisse und Kriminalpolitik, erscheint in Heft Nr. 1/2005 der Monatsschrift für Kriminologie.

Sack, F. (2003): Governing through crime? Vortrag auf dem Symposium des Arbeitskreises Junger Kriminologen (AJK) vom 11.–13. September 2003.

Schott, T., Loebmann, R., Goergen, Th., Suhling, S. Pfeiffer, Chr. (2004): Der Anstieg der Gefangenenzahlen in Niedersachsen und Schleswig Holstein – Folge der Kriminalitätsentwicklung oder unterschiedlicher Strafhärte? Unveröffentlichter Endbericht, KFN, Hannover.

Suhling, S., Schott, T. (2001): Ansatzpunkte zur Erklärung der gestiegenen Gefangenenzahlen in Deutschland, in: Bereswill, M./Greve, W.: Forschungsthema Strafvollzug, Baden-Baden, S. 25–83.

Streng, F. (2000): Die heranwachsende Juristengeneration und die Aufgabe des Strafrechts, in: Bewährungshilfe 4/2000, S. 422–435.

Von Dagmar Oberlies

# Die Wirkung des Rechts

Ich möchte mich in diesem Beitrag mit Haltungen beschäftigen – und ihrem Spiegelbild in der Gesellschaft: den Wirkungen des Rechts, noch genauer: seinen einfachen Botschaften. Meine Frage ist, welche verstehbaren Botschaften Gesetzesreformen den Menschen eigentlich vermitteln (sollen). Aber auch, ob Haltungen wirklich durchgehalten oder ob auf halbem Wege halt gemacht wurde. Ich habe – rückblickend – Reformen gewählt, an deren Zustandekommen Margot v. Renesse großen Anteil hatte und zukunftsweisend das Beispiel des Antidiskriminierungsgesetzentwurfs – ebenfalls seit vielen Jahren eines ihrer zentralen Anliegen.

## Der § 218 Strafgesetzbuch

Die wichtigste Botschaft der Abtreibungsgesetzgebung hat das Bundesfassungsgericht 1974 selbst formuliert: den betonten Gegensatz zu den Anschauungen des Nationalsozialismus.[1] Doch gerade die Indikationenregelung unter ärztlicher Aufsicht[2] hatte eine unübersehbare Nähe zur nationalsozialistischen Gesetzgebung, die «die Entscheidung über [die Gebärpolitik] in die Hände von Staatsbeauftragten [...] [legte].»[3] Indikationen für den Schwangerschaftsabbruch und die Genehmigung durch eine ärztliche Gutachterstelle wurden erstmals im Erbgesundheitsgesetz gesetzlich geregelt.[4] Auch die vom Bundesverfassungsgericht postulierte Rechtspflicht der Frau zur Austragung des Kindes markiert gerade keinen Gegensatz zum nationalsozialistischen Staat. Mit der staatlichen Aufsicht über das Gebärverhalten von Frauen waren immer auch Botschaften über Frauen verbunden.[5] Die Rechtspflicht zur Aus-

1 *Die Abtreibungsentscheidungen des Bundesverfassungsgerichts sind abgedruckt in: BVerfGE 39, 1 ff. [1974] und BVerfGE 88, 203 ff. (1993).*

2 *Das Konzept ging auf einen Regierungsentwurf der SPD-FDP-Koalition aus dem Jahr 1972 zurück (BR-Drs. 58/72), der wegen der vorzeitigen Auflösung des Deutschen Bundestages nicht mehr beraten wurde. Dieser Gesetzentwurf bildete erkennbar die Grundlage der Entscheidung des Bundesverfassungsgerichts von 1974.*

3 *G. Bock: Zwangssterilisationen im Nationalsozialismus. Studien zur Rassenpolitik und Frauenpolitik. Opladen 1986, S. 12*

4 *Allerdings hatte schon 1920 G. Radbruch einen entsprechenden Antrag im Reichstag eingebracht.*

5 *Siehe dazu z.B. meine Auseinandersetzung mit einer Interviewäußerung von R. Süssmuth:*

tragung der Schwangerschaft ließ Frauen «als bloßen Nährboden der Schwangerschaft»[6] erscheinen; staatliche Genehmigungsvorbehalte signalisierten, dass Frauen eine verantwortliche Entscheidung nicht zugetraut und nicht zugestanden wurde; Frauen erschienen als selbstsüchtige und verantwortungslose Wesen – die wahren Feindinnen ihrer ungeborenen Kinder. Erst die Fristenregelung nahm eine veränderte Haltung ein: Schwangeren Frauen wurde – auf informierter Grundlage – erstmals eine Letztentscheidung zugebilligt. Abtreibungen erschienen nicht mehr als leichtfertige Entscheidung – zwischen Kinderkriegen und Skiurlaub (Heiner Geißler) –, sondern als Entscheidung für eine lebenswerte Zukunft der geborenen Kinder.

Die – gemessen am Ziel einer Abkehr von nationalsozialistischem Gedankengut – problematischste Botschaft war sicher die ‹embryopathische› (bis 1992 ‹eugenische›) Indikation. Ein Schwangerschaftsabbruch sollte danach als gerechtfertigt gelten, wenn nach medizinischer Erkenntnis dringende Gründe für die Annahme sprachen, dass das Kind an einer nicht behebbaren Schädigung seines Gesundheitszustandes leiden würde. Damit war faktisch akzeptiert, dass das Wissen um die Behinderung eines Kindes dessen Abtreibung rechtfertigte. Ohne Frage stellt das Wissen um die Behinderung eines Kindes die Eltern – und besonders die Frau – vor schwierige Entscheidungen. Gleichwohl macht es einen Unterschied, das Konfliktpotential in jeder Abtreibungsentscheidung zu akzeptieren oder quasi – staatlicherseits – eine Erlaubnis auszusprechen. Im Zuge der Neuregelung des Jahres 1995 wurde die embryopathische Indikation schließlich gestrichen und durch eine allgemeine medizinisch-soziale Indikation ersetzt. Manche bemängelten zwar, man habe dadurch die embryopathische Indikation nur hinter der medizinischen versteckt,[7] dies heißt aber, den symbolischen Gehalt des Rechts – und seine legitimierende Wirkung – zu unterschätzen. Tatsächlich ist in den vergangenen Jahren zwar die Zahl der Pränataldiagnosen gestiegen, aber sowohl die Zahl medizinisch indizierter Schwangerschaftsabbrüche als auch die Zahl der Spätabbrüche ist rückläufig.[8] Dies weist darauf hin, dass Frauen – seit der Streichung der embryopathischen Indikation – keine auf die mögliche Behinderung

*«Die Selbstbestimmung einer Frau kann nicht so weit gehen, daß sie allein entscheidet» – Über Mitwirkungsbefugnisse und Beweislastverteilung beim Schwangerschaftsabbruch. STREIT 1987, S. 125–138.*

6 *M. v. Renesse: §§ 218f. StGB – eine unvollkommene Antwort auf ein unlösbares Problem, ZRP 1991, S. 324 ff.*

7 *Schwangerschaftsabbruch nach Pränataldiagnostik, herausgegeben von der Deutschen Gesellschaft für Gynäkologie und Geburtshilfe (DGGG), http://www.dggg.de/pdf/218-fachbroschuere.pdf, S. 9.*

8 *Antwort der Bundesregierung auf die Kleine Anfrage der Abgeordneten M. Eichhorn, M.-L. Dött, H. Hüppe, weiterer Abgeordneter und der Fraktion der CDU/CSU (BT-Drs. 15/3155), Tab. 2, S. 6.*

ihres Kindes fokussierte Entscheidung mehr treffen, sondern alle Belastungsgesichtspunkte in ihre – informierte – Entscheidung einbeziehen. Allerdings scheint die Haltung zur embryopathischen Indikation keineswegs gesichert wie die Diskussion um Abtreibungen nach Pränataldiagnostik[9] und die derzeitig in Österreich geführte Debatte zeigen.[10] Noch wichtiger aber scheint mir, dass die Haltung zur embryopathischen Indikation, die Anerkennung eines Rechts auf ein Leben mit Behinderungen, eine Art ‹Wegweiser› für den Umgang mit der Bioethik bildete.[11]

## Das Prostitutionsgesetz

Auch hinter der Verabschiedung des Prostitutionsgesetzes stand eine Haltung zu Menschen, in diesem Fall zu Prostituierten. Das Prostitutionsgesetz beseitigte den unwürdigen Zustand, Frauen, die einen offensichtlichen Bedarf befriedigen, rechtlos zu stellen und ihre zahlungsunwilligen Kunden zu schützen. Erreicht wurde dies, indem Verträgen über sexuelle Dienstleistungen zivilrechtliche Gültigkeit verschafft wurde.[12] Gleichzeitig hat dies dazu beigetragen, der Prostitution insgesamt den Ruch des Verbotenen zu nehmen. Das hatte seine guten und seine schlechten Seiten.

Zwar scheint ein Ziel der Reform, nämlich Prostituierten den Zugang zu den Sozialversicherungssystemen zu ermöglichen (BT-Drs. 14/5958, S.2), schon deshalb nicht mehr zu erreichen, weil Prostituierte auch vorher schon Mittel und Wege gefunden hatten, sich diesen Zugang zu verschaffen. Nach Auskunft von Frau Prof. Kavemann, die die Begleitforschung verantwortet, hat bislang keine Prostituierte von der Möglichkeit Gebrauch gemacht, der gesetzlichen Rentenversicherung beizutreten – jedenfalls nicht, was nach der Neuregelung möglich wurde, unter dieser Berufsbezeichnung. Auch eine Krankenversicherung hatten die meisten Prostituierten – mit legalem Aufenthalt – augenscheinlich bereits, nicht selten über ihre Ehemänner. Arbeitsver-

9 *Erklärung des Wissenschaftlichen Beirats der Bundesärztekammer zum Schwangerschaftsabbruch nach Pränataldiagnostik v. 20.11.1998 [http://www.bundesaerztekammer.de/30/Richtlinien/Empfidx/Schwanger.html] und die Position der Bundesvereinigung Lebenshilfe für Menschen mit geistiger Behinderung e.V. zur Spätabtreibung nach Pränataldiagnostik v. 8.12.1999: http://www.lebenshilfe.de/recht/Ethik/sp ProzentC3 ProzentA4tabtr.htm.*

10 *Offener Brief des Vereins österreichischer Juristinnen [http://diestandard.at/?url=/?id=1634808] und Presseübersicht bei ‹akin – aktuelle informationen› [http://akin.mediaweb.at/2004/08/08eugen.htm].*

11 *Siehe dazu den Schlussbericht der von M. v. Renesse geleiteten Enquete-Kommission ‹Recht und Ethik der modernen Medizin› des Deutschen Bundestages.*

12 *Wenngleich die – in der Sache verständliche, juristisch und politisch aber halbherzige – Konstruktion eines ‹einseitig verpflichtenden Vertrages› gewählt wurde: Die Geldforderung setzt die erbrachte sexuelle Handlung voraus (§ 1 Prostitutionsgesetz); die sexuelle Handlung selbst kann nicht eingefordert werden (s. Begründung B. zu Artikel 1, BT-Drs. 14/5958).*

träge schließlich werden, wenn überhaupt, über Beschäftigungen als Bardame, Tabledancerin oder Masseurin abgeschlossen.

Das weitere Ziel aber, durch Änderungen im Strafgesetzbuch ein angemessenes Arbeitsumfeld zu ermöglichen, scheint – wenigstens vordergründig – erreicht. An den bis 2001 geltenden Strafvorschriften war vor allem kritisiert worden, dass durch sie die Schaffung günstiger Arbeitsbedingungen kriminalisiert werden konnte.[13] Bereits im Jahr 2001, dem Jahr der Gesetzesberatungen, sind die Ermittlungsverfahren wegen Förderung der Prostitution (§ 180a a.F. StGB) – ausweislich der Polizeilichen Kriminalstatistik[14] – um 31,9 Prozent und die Ermittlungen wegen Zuhälterei (§§ 181 Abs. 1 Ziff. 1, 181a a.F. StGB) um 8,5 Prozent zurückgegangen. Dieser Trend setzte sich in den Folgejahren fort: Während für 2001 insgesamt 926 Verfahren nach § 180a a.F. StGB (Förderung der Prostitution) registriert sind, waren es 2003 nur noch 326 Verfahren nach § 180a n.F. StGB (Ausbeutung von Prostituierten). Auch die Ermittlungen wegen Zuhälterei haben sich – entgegen den in der Bundestagsanhörung von Rechtsanwältin von Galen geäußerten Befürchtungen – seit 2001 fast halbiert.

Allerdings stimmt doch nachdenklich, dass auch die Verfahren wegen Menschenhandels 2001 – nach einem Anstieg um 49,9 Prozent im Jahr 2000 – um 26,6 Prozent zurückgegangen sind; danach war vor allem ein Anstieg der schweren Fälle zu verzeichnen: Von 330 Verfahren 2001 über 427 Verfahren 2002 zu 491 Verfahren 2003.[15] Als ein wichtiger Grund für zu- bzw. abnehmende Verfahrenszahlen wird im ‹Lagebild Menschenhandel› ausdrücklich die Erhöhung des Kontrolldrucks (2000 z.B. wegen der EXPO) und die Ermittlungstätigkeit durch Spezialdienste genannt. In aller Vorsicht (denn im Bereich des Menschenhandels kann ein Großverfahren die Zahlen entscheidend verändern) könnte ein möglicher Grund für die schwindende Verfahrenszahl die gesellschaftliche Toleranz gegenüber Prostitution und der in der Folge nachlassende Ermittlungsdruck sein. Ebenso könnte die steigende Zahl schwerer Fälle, also solcher, in denen Gewalt eingesetzt wurde, um die Frau zu sexuellen Handlungen zu zwingen, ein Indiz dafür sein, dass sich die Arbeitsbedingungen in einem toleranten Umfeld – zumindest für ausländische Prostituierte – nicht verbessert haben. Könnten sich Zuhälter nach der Reform sicherer fühlen als vorher, wäre dies eine Botschaft, die zu überdenken wäre.

13 *Dazu meine Stellungnahme und die Stellungnahme von Rechtsanwältin von Galen, Protokoll der 69. Sitz. des Ausschusses für Frauen, Jugend, Familie und Senioren am 20. 6. 2001, m.w.Nachw.*

14 *Zitierte Kriminalstatistiken unter: http://www.bmi.bund.de.*

15 *Das ‹Lagebild Menschenhandel› weist insofern einen noch deutlicheren Anstieg der Tatverdächtigen aus, nämlich um 20,6 Prozent gegenüber dem Anstieg der Fallzahlen um 11,5 Prozent: http://www.bka.de/lageberichte/mh/2003/mh2003.pdf.*

## Das Gewaltschutzgesetz

Die wohl eingängigste Botschaft hatte das Gewaltschutzgesetz: ‹Wer schlägt, der geht!›. Mindestens genauso entscheidend waren die zeitgleich vorgenommenen Änderungen der Polizeigesetze, die die Wegweisungsbefugnisse der Polizei eindeutiger regelten und damit eine zeitnahe Reaktion auf Gewalttaten erlaubten.[16] Mit diesen Maßnahmen wurden Verantwortlichkeiten neu verteilt: staatliche Organe erhielten einen eindeutigen Interventionsauftrag, Gewalttaten hatten für die Täter spürbare Folgen, Geschädigte wurden in die Lage versetzt zu handeln. Nach Schätzungen des Bundesjustizministeriums wurden seit In-Kraft-Treten des Gesetzes von der Polizei etwa 50.000 Wohnungsverweise ausgesprochen und von Gewaltbetroffenen 3.659 Anträge auf gerichtliche Entscheidung gestellt (Brigitte 8/04).

Mit dem Gewaltschutzgesetz ist ein entscheidender Paradigmenwechsel gelungen. Zivilrechtliche Interventionsstrategien[17] geben misshandelten Frauen den Status eines handelnden Subjekts zurück. Was ich meine, zeigt ein Beispiel von Ellen Pence, Mitbegründerin des ersten Interventionsprojektes in Doluth: Sie beschreibt eine Frau, die bei einem Meeting von ihrem Mann geschlagen wird, und trotzdem für die Gruppe eine ‹Macherin› bei einer Demonstration gegen Sozialhilfekürzungen blieb, während sie heutzutage, wie Pence schreibt, augenblicklich von einer Aktivistin zu einer geschlagenen Frau würde.[18] Anders als das Strafverfahren wird ein Zivilverfahren von der antragstellenden Person eingeleitet, betrieben und, wenn gewünscht, auch beendet.

Allerdings vermittelt ein auf den häuslichen Bereich beschränktes Gewaltschutzgesetz auch eine problematische Botschaft: Gewalt wird in der öffentlichen Wahrnehmung leicht mit häuslicher Gewalt gleichgesetzt und diese mit Frauen als Opfern. Frau-Sein wird quasi zum Synonym für Opfer-Sein. Männer sind nicht nur keine Opfer (mehr), sondern auf einer staatlichen Meta-Ebene wieder zu den Beschützern der Frauen geworden. Symptomatisch scheint mir eine Situation, die ich bei einem Kongress in Bangkok[19] erlebt habe: In der Diskussion zitierte ich den ‹World report on violence and health› der Weltgesundheitsorganisation (WHO), wonach Männer weltweit dreimal so häufig

16 *Bislang gibt es wenig valide Studien über die Effektivität von Interventionsstrategien, es scheint jedoch einiges darauf hinzudeuten, dass die Unmittelbarkeit der Reaktion und die Einnahme einer klaren Haltung zu Gewalt entscheidende Kriterien sein könnten (einen guten Überblick gibt: Worldreport on violence and health der World Health Organization, Genf 2002, S. 103 ff.).*

17 *Ausführlich B. Schweikert: Gewalt ist kein Schicksal, Baden-Baden, 2000.*

18 *E. Pence: Advocacy and the conceptual Practices of Power in: WE-Kriminalpolitikforschung (Hrsg.): Zur Reform des Sexualstrafrechts, Materialien zur Kriminalpolitik Band 5, Bremen 1994, S. 127 f.*

19 *Konferenzbericht unter http://www.unifem-eseasia.org/projects/evaw/dvconference.htm.*

Opfer von Tötungsdelikten werden wie Frauen.[20] Dies wurde zunächst mit Ungläubigkeit quittiert, danach wurde das Dunkelfeld bemüht und schließlich mit Erleichterung auf die größeren weiblichen Opferzahlen im familiären Bereich verwiesen. Ich habe daraus den Schluss gezogen, dass es den Opferstatus von Frauen zu verteidigen gilt: Frauen wollen ihn nicht mit Männern teilen – und Männer (mit Ausnahme von Prof. Bock bei der Anhörung zum Gewaltschutzgesetz) sehen ihn bei den Frauen ganz gut aufgehoben. Die Falle scheint mir, dass mit dem weiblichen Opferstatus gesellschaftliche Anerkennung und finanzielle Mittel verbunden sind, zumal im internationalen Kontext. Damit geht die problematische – und von Aktivistinnen mit erzeugte – Botschaft von Frauen als schützenswürdige Geschöpfe einher. Dies schwächt Frauen, während Männer Opfererfahrungen weiterhin individualisieren und dadurch als Geschlecht stark bleiben können.

## Das Lebenspartnerschaftsgesetz

Das Lebenspartnerschaftsgesetz und seine 2004 beschlossene Überarbeitung sind ohne Zweifel kleine Schritte auf dem Weg zum Abbau von Diskriminierungen. Sie werden, wie die Erfahrungen anderer Ländern zeigen, weitere nach sich ziehen.[21] Gerade hat der kanadische Supreme Court in diesem Kontext einige schlichte Wahrheiten ausgesprochen,[22] deren Akzeptanz ich mir auch in der juristischen Debatte in Deutschland gewünscht hätte:

– Die erste Feststellung ist: «Marriage from the perspective of the state is a civil institution», heißt: der Staat kann regeln, was eine Ehe ist. Dies unterscheidet sich wohltuend nüchtern von Auslegungen, die – unter Rückgriff auf christlich-abendländische Traditionen – die gesetzlich nicht definierte Zivilehe ausschließlich der Verbindung zwischen Mann und Frau vorbehalten sehen (BVerfGE 105, 313).[23]

20 *Auch bei den Selbstmorden sind Männer stärker vertreten (Worldreport, Fn. 19, S. 10). Erst wenn man stärker differenziert, zeigen sich deutliche Unterschiede im Hinblick auf den Tatkontext [s. zu Tötungsdelikten in Partnerschaften D. Oberlies: Tötungsdelikte zwischen Männern und Frauen, Eine Untersuchung geschlechtsspezifischer Unterschiede aus dem Blickwinkel gerichtlicher Rekonstruktionen. Pfaffenweiler 1995]. Auch bei Gewaltdelikten ist das Opferrisiko von Männern statistisch höher – mit Ausnahme der sexuellen Gewaltdelikte (s. für Deutschland PKS 2003, S. 9f., Fn. 14). Es ist zu vermuten, dass eine Unterscheidung zwischen ‹öffentlichem› und ‹privatem› Bereich auch hier Unterschiede zeigen würde; allerdings liegen hierzu bislang keine repräsentativen Untersuchungen vor (s. zum Gesamtkomplex die neuesten Studien des BMFSFJ zur ‹Lebenssituation, Gesundheit und Sicherheit von Frauen in Deutschland› und ‹Gewalt gegen Männer›, unter: http://www.bmfsfj.de.*

21 *Einen neueren Überblick über die Rechtslage in Europa gibt: http://www.arte-tv.com/de/geschichte-gesellschaft/kinder/734584.html.*

22 *Entscheidungsgründe: http://www.lexum.umontreal.ca/csc-scc/en/rec/html/2004scc079.wpd.html.*

23 *Auch M. v. Renesse hielt es für «untunlich», «den Begriff der Ehe für eine Sache zu verwenden,*

– Die zweite Botschaft lautete: «The mere recognition of the equality rights of one group cannot, in itself, constitute a violation of the rights of another». Mit anderen Worten: Die Öffnung der Ehe für homosexuelle Paare kann nicht die Rechte von heterosexuellen Paaren verletzen. Das ist, verglichen mit dem in Deutschland propagierten ‹Eheabstandsgebot›, wonach gleichgeschlechtlichen Partnerschaften nicht die gleichen Bedingungen gewährt werden können wie der (heterosexuellen) Ehe, erfrischend nicht-diskriminierend.
In Deutschland wurde stattdessen ein besonderes familienrechtliches Rechtsinstitut geschaffen, das mir persönlich eine nachhaltige Diskriminierungserfahrung eingebracht hat: in Gestalt des ‹Entwurfs zur Beseitigung der Diskriminierung gleichgeschlechtlicher Gemeinschaften›[24] und seiner 264 Einzelregelungen, die doch alle nur eines sagten: dass ich eine Ausnahme von einer Regel war, die eben diese bestätigte. Glücklicherweise hat nicht jede potentiell betroffene Person den Gesetzentwurf in Händen gehalten und durfte sich deshalb an der schlichten Botschaft erfreuen, die da hieß: Schwule und Lesben dürfen zukünftig ‹heiraten›!

An diese frohe Botschaft schlossen sich für die ‹registrierten› Paare (Wer hat sich eigentlich etwas so Unromantisches einfallen lassen?) unzählige kleine Nadelstiche an: Angefangen damit, dass ihnen der Zugang zum Standesamt verwehrt werden sollte, über – gerichtlich sanktionierte[25] – Ungleichbehandlungen bei Steuern, Rente und Ortszuschlägen, bis hin zu Fragen des Eltern-Kind-Verhältnisses in Regenbogenfamilien.[26]

Trotzdem bin ich stolz auf mein Land – um diesen viel strapazierten Satz (es ist gerade CDU-Parteitag) einmal für einen guten Zweck zu verwenden. Nicht nur hat die deutsche Bevölkerung die Gesetzesänderungen unaufgeregt hingenommen; auch schon vor In-Kraft-Treten des Gesetzes waren 2/3 der Menschen der Meinung, dass gleichgeschlechtliche Lebensgemeinschaften ernst zu nehmende Verbindungen auf Dauer – ähnlich der Ehe – seien.[27] Zum

*die wir in einer ganz gewissen Form geprägt vorfinden», und hat deshalb immer für ein besonderes, von der Ehe unterschiedenes familienrechtliches Institut, plädiert (BT-Prot. 13/131 v. 17.10.1996, S. 11894).*

24 *Im Bundestag eingebracht als Lebenspartnerschaftsgesetz unter Bundestagsdrucksache 14/3751, später noch aufgespalten in ein Gesetz zur Ergänzung des Lebenspartnerschaftsgesetzes (14/4545), das zunächst der Diskontinuität erlag, in der 15. Legislaturperiode – deutlich abgespeckt – als Gesetzentwurf zu Überarbeitung des Lebenspartnerschaftsgesetzes (15/3445) wieder auflebte.*

25 *Ausführliche Dokumentation der Rechtsprechung zu einzelnen Folgeaspekten des Lebenspartnerschaftsgesetzes: http://www.lsvd.de/recht/index.html.*

26 *Durch das Gesetz zur Überarbeitung des Lebenspartnerschaftsgesetzes wurde die Stiefkindadoption zugelassen.*

27 *Bei einer repräsentativen Bevölkerungsumfrage in Nordrhein-Westfalen, die vor In-Kraft-Treten des Gesetzes durchgeführt wurde, waren 67 Prozent der Befragten der Meinung, dass gleichgeschlechtliche*

Vergleich: In den USA wurde gerade – zusammen mit der Wahl von George W. Bush – in elf Bundesstaaten die Homo-Ehe abgelehnt.[28] Auch wenn die Nachfrage nach Registrierungen sich noch in Grenzen hält – geschätzt werden 6.000 Registrierungen seit In-Kraft-Treten des Gesetzes[29] –, könnte sich das Gesetz doch durchaus positiv auf das ‹gesamtgesellschaftliche Klima› ausgewirkt haben: So geht das Statistische Bundesamt im Mikrozensus 2003 ‹vorsichtig› davon aus, dass seit 1996 ein Anstieg der Anzahl der gleichgeschlechtlichen Lebensgemeinschaften zu beobachten sei – geschätzt werden bis zu 159.000 Haushalte, in etwa jedem 7. leben Kinder (S. 21/22). Das ist die gute Seite.

Die nach wie vor problematische Seite zeigt sich in einer ‹Kundenbefragung› des Wuppertaler Rathauses. Dort erklärten 3/4 der Befragten, Schwulen und Lesben neutral gegenüber zu stehen. Allerdings reagierten auch 10 Prozent kategorisch ablehnend: Ausländer eher als Deutsche, ältere Menschen eher als Junge, Männer geringfügig mehr als Frauen, und alle umso weniger, je besser ihre Schulbildung ist. Nur Drogenabhängige kamen schlechter weg. Interessant ist sicher, dass die Ablehnung – anders als bei anderen Minderheiten vermutet – nicht mit größeren Nähe steigt: Homosexuelle werden am Arbeitsplatz eher toleriert als in der Öffentlichkeit.[30] Im besten Fall bedeutet das, dass ‹Schwule› gar nicht so anders sind, wenn man erst einmal einen persönlich kennt. Das lässt – mit Blick auf die steigende Zahl von gelebten gleichgeschlechtlichen Partnerschaften und die zunehmende Offenheit der ‹Betroffenen› – hoffen. Irgendwann wird vielleicht jede und jeder einen oder eine kennen.

## Der Entwurf eines Antidiskriminierungsgesetzes

Dies bringt mich zu meinem letzten Thema: dem Entwurf eines Antidiskriminierungsgesetzes, genau genommen seinem zivilrechtlichen Teil.[31] Bereits

*Lebensgemeinschaften ernst zu nehmende Verbindungen auf Dauer – ähnlich der Ehe – seien (Gleichgeschlechtliche Lebensweisen in NRW, herausgegeben vom Ministerium für Frauen, Jugend, Familie und Gesundheit des Landes Nordrhein-Westfalen, Düsseldorf 1999, S. 18).*

28 *http://www.transgender.at/presse/shownews.cgi?id=1099586532.*
*Allerdings wurden dort auch erst vor kurzem die Sodomie-Gesetze verschiedener Bundesstaaten, die u.a. Oralsex (teilweise auch in heterosexuellen Beziehungen) unter Strafe stellten, für verfassungswidrig erklärt. Die entsprechende Entscheidung des Supreme Court v. 26. 6. 2003 unter: http://www.supremecourtus.gov/opinions/02pdf/02-102.pdf.*

29 *Einen Überblick über ‹Gleichgeschlechtliche Lebensgemeinschaften in Zahlen› gibt der Lesben- und Schwulenverband in Deutschland (LSVD) unter: http://www.lsvd.de/lpartg/index.html.*

30 *Stadtentwicklungsplanung Wuppertal – Umfrage zur Stadtentwicklung 2002 http://www.wuppertal.de/rathaus_behoerden/pdf_archiv/kundenbefragung2002.*

31 *Ausführlich zum arbeitsrechtlichen Teil D. Schieck: Gleichbehandlungsrichtlinie der EU – Umsetzung*

1998 hat die SPD-Fraktion den ‹Entwurf eines Gesetzes zur Durchsetzung des Gleichbehandlungsgebotes des Art. 3 GG› vorgelegt.[32] Wie traurig, aber wahr, hört sich dagegen der Titel des jetzigen Entwurfs an: ‹Entwurf eines Gesetzes zur Umsetzung europäischer Antidiskriminierungsrichtlinien›.[33]

An den Entwurf aus der 13. Wahlperiode sei deshalb hier nochmals kurz und wehmütig erinnert. Damals, noch in der Opposition, hatte sich die Fraktion vorgenommen, «Gleichstellung und Gleichbehandlung [...] zum tragenden Bauprinzip des gesellschaftlichen Miteinanders» werden zu lassen. Es ging ihr «ebenso um den Schutz vor Benachteiligungen – aus welchem Grunde auch immer sie erfolgen –, wie um die Durchdringung der gesamten Gesellschaft mit der Erkenntnis, dass die Menschen bei aller Verschiedenheit fundamental gleich sind» – oder wie Margot v. Renesse in einer Bundestagsdebatte zu einem Unionsabgeordneten sagte: «Es sind Menschen, die vielleicht nicht wie Sie sind. Aber [...] es sind Menschen wie ich.»[34] Tatsächlich geht es um nicht Weniger! Die klare Botschaft jedes Antidiskriminierungsgesetzes muss die fundamentale Gleichheit aller Menschen sein. Eben diese Botschaft wird, wie ich in der Folge zeigen möchte, durch die vielen Differenzierungsmöglichkeiten, die der jetzige Entwurf vorsieht, konterkariert. Ein ‹diskriminierendes› Antidiskriminierungsgesetz ist am Ende aber keines.

Der Entwurf rechtfertigt sich damit, dass er im Wesentlichen nur das umsetzt, was die EU-Richtlinien vorschreiben.[35] Er zielt vornehmlich auf eine Vollzugsmeldung an die europäischen Institutionen.[36] Der Entwurf fragt nicht nach den realen Lebensbedingungen diskriminierter Gruppen oder empiri-

*im deutschen Arbeitsrecht, NZA 2004, S. 873 ff.*

32 *Gesetzentwurf der Abgeordneten M. v. Renesse und der Fraktion der SPD ‹Entwurf eines Gesetzes zur Durchsetzung des Gleichbehandlungsgebotes des Artikel 3 Grundgesetz (Gleichbehandlungsgesetz)› v. 9.3.1998 (BT-Drs. 13/10081) und Gesetzentwurf des Abgeordneten V. Beck und der Fraktion Bündnis 90/Die Grünen ‹Entwurf eines Gesetzes zum Schutz vor Diskriminierung und zur Stärkung von Minderheitenrechte (Antidiskriminierungs- und Minderheitenrechtsgesetz)› v. 20.1.1998 (BT-Drs. 13/9706).*

33 *Der Entwurf steht zum Download zur Verfügung: http://www.spdfraktion.de/rs_datei/0,,4395,00.pdf*

34 *BT-Prot. 13/131 v. 17.10.1998, S. 11895.*

35 *Einbezogen sind die EU-Richtlinien des Rates 2000/43/EG v. 29.6.2000 zur Anwendung des Gleichbehandlungsgrundsatzes ohne Unterschied der Rasse oder der ethischen Herkunft und 2000/78/EG v. 27. November 2000 zur Festlegung eines allgemeinen Rahmens für die Verwirklichung der Gleichberechtigung in Beschäftigung und Beruf sowie die Richtlinie 2002/73/EG des EU-Parlamentes und des Rates v. 23. September 2002. Berücksichtigt wurde darüber hinaus die in der Beratung befindliche Richtlinie des Rates zur Verwirklichung des Grundsatzes der Gleichberechtigung von Frauen und Männern beim Zugang zu und bei der Versorgung mit Gütern und Dienstleistungen [http://europa.eu.int/comm/employment_social/fundamental_rights/legis/legln_de.htm]*

36 *Wegen nicht fristgerechter Umsetzung der Richtlinien hat die EU-Kommission im Juli 2004 Klage vor dem Europäischen Gerichtshof gegen Deutschland angekündigt.*

schen Diskriminierungserfahrungen, wie dies die UN-Konventionen gegen Rassen- und Frauendiskriminierung oder der Entwurf einer Konvention für die Rechte von Menschen mit Behinderung[37] eigentlich nahe legen würden.[38] Er wählt vielmehr einen ‹Rechtslagen›- und eben keinen ‹Lebenslagenansatz›, indem lediglich Regelungen für Beschäftigungs- und Vertragsverhältnisse vorgelegt werden.

Eine so wichtige Klarstellung wie die, dass «öffentlich Bedienstete bei der Wahrnehmung ihrer Aufgaben niemand wegen der genannten persönlichen Merkmale benachteiligen (dürfen)» (§ 2 des Gleichbehandlungsgesetzentwurfs), enthält der heutige Entwurf deshalb gar nicht mehr. Dass sich der Staat keine entsprechende Selbstverpflichtung auferlegt, ist eine ambivalente Botschaft an diejenigen, die er durch das Gesetz zu nicht-diskriminierendem Handeln verpflichten will; es macht das Anliegen unglaubwürdig. Darüber hinaus ist es aber auch in der Sache verschleiernd: Menschen nicht-deutscher Staatsangehörigkeit erfahren – wie die Ausländerbeauftragte in ihrem Bericht vom August 2002 schreibt – «Diskriminierung schwerpunktmäßig in Behörden, auch Sicherheitsbehörden [...]», und gerade das habe eine «stark desintegrierende Wirkung».[39]

Der Entwurf verzichtet auch darauf – anders als frühere Vorlagen[40] –, eine strafrechtliche ‹Demarkationslinie› gegen Diskriminierungen zu ziehen. Viele andere europäische Länder haben solche Vorschriften erlassen,[41] und auch Deutschland hat sich international dazu verpflichtet, «durch geeignete gesetzgeberische und sonstige Maßnahmen, gegebenenfalls auch Sanktionen, jede Diskriminierung der Frau zu verbieten» (Art. 2 b CEDAW).[42]

Welche Botschaft vom zivilrechtlichen Teil des Gesetzes ausgehen soll, ist nur schwer nachvollziehbar. Zunächst wird zwar der Anwendungsbereich des

37 *Ausführliche Informationen unter http://www.un.org/esa/socedv/enable/index.html.*

38 *Allgemein zu Differenz- und Gleichheitskonzepten: M. Minow: Making All the Differences. Cornell University Press 1991; R. Colker: Bi, Race, sexual orientation, Gender, and Disability, Ohio State Law Journal 56/1995, S. 1ff; C. MaKinnon: Sex Equality, Foundation Press 2001; P. S. Rothenberg (Hg): Race, Class, and Gender in the United States, Worth Publishers 2004. Speziell im Zusammenhang mit Antidiskriminierungsgesetzen: R. Nickel: Gleichheit und Differenz in der vielfältigen Republik, Nomos Verlag 1998 und N. Bramforth: Conceptions of Antidiscrimination Law, Oxford Journal of Legal Studies, Vol. 24/4 (2004), S. 693–716.*

39 *5. Bericht der Beauftragten der Bundesregierung für Ausländerfragen zur Lage der Ausländer in Deutschland, August 2002, S. 266, http://www.integrationsbeauftragte.de/download/lage5.pdf.*

40 *Der Grünen-Gesetzentwurf (BT-Drs. 13/9706) enthielt eine entsprechende Ergänzung des § 130 StGB (Volksverhetzung), während der SPD-Entwurf (BT-Drs. 13/10081) versuchte, durch eine Klarstellung der Nebenklagebefugnisse darauf hinzuweisen, dass die §§ 185ff. StGB (Beleidigung) auch heute schon eine Strafbarkeit bei ehrverletzenden Herabsetzungen zulassen.*

41 *Siehe die Zusammenstellung der Homosexuellen Initiative (HOSI) Wien (http://www.hosiwien.at)*

42 *Eine ähnliche Regelung findet sich auch in Art.2 des Übereinkommens gegen Rassendiskriminierung.*

Gesetzes auf «den Zugang zu und die Versorgung mit Gütern und Dienstleistungen, die der Öffentlichkeit zur Verfügung stehen, einschließlich von Wohnraum» (§ 2 Abs. 1 Ziff. 8 ADG-E) erstreckt, um dann aber nur solche Schuldverhältnisse einzubeziehen, die «typischerweise ohne Ansehung der Person zu vergleichbaren Bedingungen in einer Vielzahl von Fällen zustande kommen (Massengeschäfte)» (§ 20 Abs. 1 Ziff. 1; 1. Hs ADG-E). Allein diese Beschränkung verkennt den Charakter von Diskriminierungen, die – wie das Gesetz selbst definiert – vorliegen, «wenn eine Person wegen eines in § 1 genannten Grundes eine weniger günstige Behandlung [...] erfährt» (§ 3 ADG-E); mit anderen Worten in Ansehung ihrer Person benachteiligt wird.

Die Beschränkung auf Massengeschäfte, die typischerweise ohne Ansehung der Person stattfinden, führt zu weiteren befremdlichen Differenzierungen. Während der Absatz von Gebrauchtwagen für den gewerblichen Kfz-Händler ein solches Geschäft ist, fällt der Verkauf eines gebrauchten Wagens durch eine Privatperson nicht in den Schutzbereich des Gesetzes. Was aber, wenn der Gebrauchtwagenkauf durch den Händler finanziert wird? In diesem Fall handelt es sich um ein Geschäft mit Risikoanteilen, also gerade *nicht* um ein Massengeschäft, das ohne Ansehung der Person getätigt wird. Finanzierungsverträge würden deshalb – anders als die gerade deshalb eigens erwähnten Privatversicherungen – nicht vom zivilrechtlichen Diskriminierungsverbot erfasst. Anders gesagt: Menschen könnten bei der Finanzierung eines Massengeschäfts – mit Billigung des Antidiskriminierungsgesetzes! – «aus Gründen des Geschlechts, der Religion oder Weltanschauung, einer Behinderung, des Alters oder der sexuellen Identität» (§ 1 ADG-E) benachteiligt werden. Man mag sich das gar nicht vorstellen, zukünftig könnte es dann vielleicht heißen: «Keine Kleinkredite an allein stehende Frauen mit Kindern!»

Anders wäre es nur, wenn die Diskriminierung auf Grund der Rasse oder der ethnischen Herkunft erfolgen würde, denn diese ist weder auf Massengeschäfte beschränkt (§ 20 Abs. 2 ADG-E), noch überhaupt je sachlich zu rechtfertigen (§ 21 ADG-E). Auch dies führt zu eher irritierenden Ergebnissen. Nehmen wir z.B. die Abweisung eines deutschen Juden bei der Wohnungssuche durch einen privaten Vermieter. Mietgeschäfte sind nur dann Massengeschäfte, «wenn ein großer Wohnungsanbieter eine Vielzahl von Wohnungen anbietet». Gegen die Diskriminierung wäre ein deutscher Jude also nur dann umfassend rechtlich geschützt, wenn er sich auf seine ‹Rassezugehörigkeit› berufen und damit das Erfordernis des Massengeschäftes umgehen könnte. Kann das mit dem Antidiskriminierungsgesetz wirklich gewollt sein?

Unklar ist, warum der Gesetzentwurf die Beschränkung auf Massengeschäfte überhaupt vorschlägt. In der Begründung heißt es dazu, dass sich «der mit dem Benachteiligungsverbot zwangsläufig verbundene Eingriff in die Vertragsfreiheit bei Unternehmen eher rechtfertigen (lässt), *weil sie sich mit ihrem Leistungsangebot in die öffentliche Sphäre begeben [Verf'in]* und es damit grundsätzlich an die Allgemeinheit richten». Dieses Konzept scheint eher eine bestimmte Grundrechtsdogmatik (von der eingeschränkten Drittwirkung der Grundrechte) zu stützen als diskriminierte Personen zu schützen. Zu Tage tritt nicht nur ein – in Anbetracht der internationalen Entwicklung – antiquiertes, sondern zudem ein verfehltes Verständnis von Diskriminierungsschutz: Moderne Verfassungen wie die Südafrikas lassen – historisch verständlich – keinen Zweifel daran, dass die Beseitigung von Diskriminierungen voraussetzt, dass niemand, weder der Staat noch Privatpersonen, andere diskriminieren.[43] Auch die U.S. Commission on Civil Rights sieht «the most common understanding of discrimination [...] at the level of prejudiced individual attitudes and behaviour».[44] International hat sich Deutschland wiederholt zum rechtlichen Vorgehen gegen diskriminierende Privatpersonen verpflichtet,[45] was in Vergessenheit geraten zu sein scheint.[46] Aber auch jenseits bereits eingegangener internationaler Verpflichtungen hätte Deutschland allen Grund, sich an Südafrika ein Beispiel zu nehmen: denn das ‹Kauft nicht bei Juden!› war ja auch nur eine Anhäufung ‹privater› Kaufentscheidungen.

Aus meiner Sicht muss jedes in Deutschland in Kraft tretende Antidiskriminierungsgesetz die Frage eindeutig beantworten können, welche Leh-

43 *Artikel 9 der Südafrikanischen Verfassung (Equality) lautet: (1) Everyone is equal before the law and has the right to equal protection and benefit of the law. (2) Equality includes the full and equal enjoyment of all rights and freedoms. To promote the achievement of equality, legislative and other measures designed to protect or advance persons, or categories of persons, disadvantaged by unfair discrimination may be taken. (3) The state may not unfairly discriminate directly or indirectly against anyone on one or more grounds, including race, gender, sex, pregnancy, marital status, ethnic or social origin, colour, sexual orientation, age, disability, religion, conscience, belief, culture, language and birth. (4)No person may unfairly discriminate directly or indirectly against anyone on one or more grounds in terms of subsection (3). National legislation must be enacted to prevent or prohibit unfair discrimination. (5) Discrimination on one or more of the grounds listed in subsection (3) is unfair unless it is established that the discrimination is fair. Ergänzend ist in 2000 der ‹Promotion of equality and prevention of unfair discrimination act› vorgelegt worden, der in Section 28 (3a) vorschreibt: «all persons have a duty and responsibility, in particular to eliminate discrimination [...]; promote equality [...].»*

44 *U.S. Commission on Civil Rights: The problem: discrimination in: Paula S. Rosenberg, Fn. 44, S. 213–223.*

45 *So heißt es in Art. 2 Abs.1 d) des Internationalen Übereinkommens zur Beseitigung jeder Form der Rassendiskriminierung, dass jeder Vertragsstaat «jede durch Personen, Gruppen oder Organisationen ausgeübte Rassendiskriminierung [...] verbietet und beendigt». Ähnlich auch Art.2 e) des Übereinkommens zur Beseitigung der Diskriminierung der Frau.*

46 *Anders der SPD-Entwurf eines Gleichbehandlungsgesetzes aus der 13. Legislaturperiode, der aus der Unterzeichnung des Rassendiskriminierungsabkommens noch eine Verpflichtung Deutschlands zu einer «umfassenden Antidiskriminierungspolitik» ableitete.*

ren es aus der Geschichte zieht, heißt letztlich: ob es versucht, diskriminierungsfreie Lebensbedingungen für alle Menschen zu schaffen. Selektionen – egal welcher Art – dürfen durch ein Antidiskriminierungsgesetz noch nicht einmal im Ansatz als gerechtfertigt erscheinen. Welchen Charakter ein ‹Geschäft› hat, ist deshalb unerheblich gegenüber der Frage, welchen Charakter eine Benachteiligung annimmt.

Letztlich fehlt dem Gesetzentwurf, was er als Botschaft am nötigsten bräuchte: eine nicht-diskriminierende Grundhaltung. Zwar geht der Entwurf über die gemeinschaftsrechtlichen Vorgaben hinaus und bezieht – neben Rasse, ethnischer Herkunft und Geschlecht – auch die Merkmale Religion, Weltanschauung, Alter, Behinderung und sexuelle Identität mit ein (S. 57). Ob dies jedoch eine hervorzuhebende Leistung ist oder nicht vielmehr eine rechtlich zwingende Folge des insofern einheitlichen Grundrechtsschutzes in Art. 3 GG,[47] soll hier nicht vertieft werden. Denn selbst die Einbeziehung gelingt, wie am Beispiel von Rasse und Religion bereits deutlich gemacht wurde, nicht diskriminierungsfrei: Den Benachteiligungsverboten (§ 7 und § 20 ADG-E) folgen jeweils deutlich umfangreichere Vorschriften, die eine unterschiedliche Behandlung im Einzelfall doch für zulässig erklären (§§ 8, 9, 10 und 21 ADG-E).

Rein optisch wird die Botschaft dadurch in ihr Gegenteil verkehrt. Die Aufzählung erweckt den Eindruck, dass man Ungleichbehandlungen nicht unterlassen, sondern nur gut begründen muss.[48] Die gemeinschaftsrechtlichen

47 *Von einem einheitlichen Schutzkonzept ist augenscheinlich auch der frühere SPD-Entwurf ausgegangen, der schlicht konstatierte, dass «jede Person Anspruch auf Gleichbehandlung im Rechtsverkehr (hat).» Deshalb dürfe «niemand insbesondere wegen seines Geschlechts, seiner Abstammung, seiner Rasse, seiner Sprache, seiner Heimat und Herkunft, seines Glaubens, seiner religiösen oder politischen Anschauungen, seiner Behinderung oder seiner sexuellen Identität benachteiligt werden» (§ 1 Gleichbehandlungsgesetzentwurf). Begründet wurde dies mit der Ausdehnung des Benachteiligungsverbotes des Artikels 3 auch auf den privaten Rechtsverkehr. Zweifelnd hinsichtlich einer ‹Hierarchie der Diskriminierungsgründe› auch D. Schieck: Umsetzung in nationales Recht und politische Entwicklung in: aktuelle informationen des Deutschen Juristinnenbundes 3/2004, S. 8, 10.*

48 *Ausnahmen sind – in Anlehnung an die bisherigen gesetzlichen Regelungen bzw. die Rechtsprechung – zum Beispiel dann zugelassen, wenn das Geschlecht ein unverzichtbare Voraussetzung für eine bestimmte Tätigkeit ist (§ 8 Abs. 1 Nr. 1 ADG-E); wenn ein anderes Merkmal eine wesentliche und entscheidende berufliche Anforderung darstellt (§ 8 Abs. 1 Nr. 2 ADG-E); auf Grund der Religion oder Weltanschauung bei Beschäftigungen durch Religionsgemeinschaften (§ 9 ADG-E) und in Ausübung der Religions- bzw. Weltanschauungsfreiheit im Rechtsverkehr (§ 21 Nr. 4 ADG-E), als ‹legitime› Altersdifferenzierung im Erwerbsleben (§ 10 ADG-E), außerhalb von Massengeschäften (§ 20 ADG-E), wenn für die Diskriminierung im Rechtsverkehr ein sachlicher Grund vorliegt wie Gefahrenvermeidung, Schutz der Intimsphäre, Gewährung von Vorteilen (§ 21 ADG-E), schließlich bei Privatversicherungen, wenn dies auf einer entsprechenden versicherungsmathematischen Risikobewertung beruht (§ 21 Nr.5 ADG-E). Diese letztgenannte Ausnahme ist auch deshalb besonders ärgerlich, weil die Datenerhebung, die wiederum die Rechtfertigung für die Differenzierungen darstellt, selbst diskriminierend – aber unangreifbar – ist: Würde man Daten anders erheben, würde man zu anderen Diffe-*

Vorgaben können zur Rechtfertigung dieser Unterscheidungen schon deshalb nicht ausreichen, weil Maßstab für das gesetzgeberische Handeln die Gleichheit vor dem Gesetz (Art. 3 GG) bleibt.[49] Das Bundesverfassungsgericht hat den Differenzierungsspielraum des Gesetzgebers so umschrieben: «Da der Grundsatz, dass alle Menschen vor dem Gesetz gleich sind, in erster Linie eine ungerechtfertigte Verschiedenbehandlung von Personen verhindern soll, unterliegt der Gesetzgeber bei einer Ungleichbehandlung von Personengruppen regelmäßig einer strengen Bindung. Diese Bindung ist umso enger, je mehr sich die personenbezogenen Merkmale den in Art. 3 Abs. 3 GG genannten annähern und je größer daher die Gefahr ist, dass eine an sie anknüpfende Ungleichbehandlung zur Diskriminierung einer Minderheit führt.» (BVerfG 88, 87, 96)

Eben das sieht das Antidiskriminierungsgesetz vor: Differenzierungen (ausschließlich) nach den in Art. 3 Abs. 3 GG genannten personenbezogenen Merkmalen. Wäre es nicht eine besondere Ironie, würde ausgerechnet das Antidiskriminierungsgesetz den Gleichheitssatz verletzen?

Dagmar Schieck versucht eine andere Rechtfertigung der Differenzierungen, nämlich die zwischen nicht frei gewählten Merkmalen wie ethnische Herkunft, Geschlecht und Behinderung und solchen, die ihrerseits eine Wahrnehmung von Freiheitsrechten darstellen, wie Religion, Weltanschauung und auch sexuelle Orientierung.[50] Aber wird damit nicht auch gesagt, dass man sich *gegen* die ‹frei wählbaren› Attribute entscheiden kann? Und ist diese Unterscheidungslinie nicht die zwischen sichtbaren und unsichtbaren Merkmalen? Läge darin dann nicht auch die Botschaft, dass man die nicht für jeden sichtbaren Merkmale wie Religion, Weltanschauung und sexuelle Orientierung im Zweifel auch für sich behalten kann?

Vorzugswürdig in seiner klaren Botschaft war auch hier der von Margot v. Renesse vorgelegte Gesetzentwurf, der eine Benachteiligung dann nicht als gegeben ansah, «wenn eine Berücksichtigung der [...] persönlichen Merkmale der Sache nach geboten ist» (§ 1 Abs. 2 Gleichbehandlungsgesetzentwurf). Selbst die Ausnahmeregelung behandelte alle Personengruppen ‹fundamental› gleich, nämlich entsprechend ihrer Eigenart im Hinblick auf die Erfordernisse

*renzierungen gelangen. Dies sei an einem Beispiel verdeutlicht: Versicherungsmathematisch werden die Ausgaben nach dem Prinzip der unmittelbaren Kostenverursachung erhoben – und zwar zweigeteilt nach dem Geschlecht. Eine künstliche Befruchtung, die aufgrund zu weniger oder zu langsamer Spermien des Mannes erforderlich wird, führt zu Kosten bei der Frau (an der der Eingriff vorgenommen wird) – und führt zu einem höheren ‹Risiko› aller Frauen.*

49 *So richtig der SPD-Entwurf aus der 13. Wahlperiode.*

50 *D. Schiek aaO.*

in der Sache ungleich. Differenzierungen nach Geschäftsfeldern oder Personengruppen fanden nicht statt. Eine Botschaft, die von den Menschen verstanden werden könnte; der jetzige Entwurf wird dagegen – hoffentlich – auf einiges Unverständnis stoßen.

Von Alfred Hartenbach

# Strukturreform des Betreuungsrechts

Mit dem Betreuungsgesetz[1] trat 1992 eine der wichtigsten Reformen seit Schaffung des Bürgerlichen Gesetzbuchs in Kraft. Das Betreuungsgesetz ist eng mit dem Engagement von Margot von Renesse verbunden. Damals noch als Amtsrichterin in Bochum tätig, wurde sie in den Beratungen des Rechtsausschusses als Sachverständige angehört. Während ihrer Zeit als Abgeordnete des Deutschen Bundestages, dem sie von 1990 bis 2002 angehörte, und als Berichterstatterin im Rechtsausschuss hat sie das Betreuungswesen maßgeblich beeinflusst. Wie kaum ein anderes Rechtsgebiet lebt das Betreuungsrecht von dem Engagement und der Sachkunde von Persönlichkeiten, die sich unablässig und mit viel Arbeitskraft für das Wohl der betroffenen Menschen einsetzen. Auch Margot von Renesse gebührt dafür Dank und Anerkennung.

Das Betreuungsgesetz schaffte die Entmündigung ab und ersetzte Vormundschaft und Pflegschaft über Volljährige (hier insbesondere die als «kleine Entmündigung» genutzte Gebrechlichkeitspflegschaft) durch die Betreuung. Zentrales Anliegen des Gesetzgebers war es, das Selbstbestimmungsrecht hilfebedürftiger Menschen umfassend zu schützen und zu stärken. Die Betreuung wird persönlich geführt und nicht anonym verwaltet. Die Wünsche der Betreuten sind Maßstab für das Handeln der Betreuer, soweit dies dem Wohl der Betreuten nicht zuwiderläuft und dem Betreuer zuzumuten ist, § 1901 Abs. 3 BGB.

Bei der Bestellung eines Betreuers haben die Vormundschaftsgerichte den Erforderlichkeitsgrundsatz zu beachten: Ein Betreuer darf nur für die Aufgabenkreise bestellt werden, in denen die Betreuung erforderlich ist, § 1896 Abs. 2 S. 1 BGB. Denn mit der Betreuung ist letztlich ein Eingriff in das Selbstbestimmungsrecht der Betroffenen verbunden. Daran ändert nichts der Umstand, dass die Betreuung grundsätzlich keinen Einfluss auf die Geschäftsfähigkeit hat, die Betroffenen also rechtlich handlungsfähig bleiben. Ein Betreuer kann als gesetzlicher Vertreter rechtsverbindliche Entscheidungen für den Betreuten treffen, § 1902 BGB, sodass der Betreute doch auch fremdbestimmt wird. Es ist

1 *Gesetz zur Reform des Rechts der Vormundschaft und Pflegschaft für Volljährige (Betreuungsgesetz – BtG) vom 12. September 1990, BGBl. I S. 2002.*

deshalb ein für das Selbstbestimmungsrecht der Betroffenen gefährlicher Irrtum, wenn die (rechtliche) Betreuung als eingriffsneutrale Teilhabe an sozialer Hilfe missverstanden wird.

Es muss vorrangiges Ziel aller im Betreuungswesen Tätigen sein, wo möglich rechtliche Betreuungen zu vermeiden. Das bedeutet nicht, dass die Betroffenen alleine gelassen werden. Ihnen steht die erforderliche soziale Hilfestellung zu. Betreuungsvermeidung ist dabei nicht nur ein einfachgesetzliches Gebot für die betreuungsrechtliche Praxis, sondern letztlich Ausfluss des verfassungsrechtlich geschützten Selbstbestimmungsrechts und damit auch Richtschnur für den Gesetzgeber. Es muss deshalb immer wieder hinterfragt werden, ob die vorhandenen Strukturen ausreichend auf das Ziel der Betreuungsvermeidung ausgerichtet sind. Daran werden seit langem Zweifel laut. Insbesondere wird dem Betreuungsrecht eine zu starke Justizlastigkeit vorgeworfen. Richtig ist, dass das Betreuungsgesetz strukturell – was die gerichtlichen Zuständigkeiten angeht – nicht viel gegenüber dem früheren Vormundschaftsrecht für Erwachsene geändert hat. Seit jeher hatte das Vormundschaftsgericht eine zentrale Stellung. Und auch heute obliegen ihm die maßgeblichen Entscheidungen: Die Richterin oder der Richter entscheidet darüber, ob eine Betreuerin oder ein Betreuer bestellt wird und wer die Betreuung mit welchen Aufgabenbereichen übernimmt. Die Aufsicht über die Betreuer wird anschließend durch die Rechtspflegerinnen und Rechtspfleger ausgeübt.

Das (Erste) Betreuungsrechtsänderungsgesetz vom 25. Juni 1998[2] hat hieran nichts geändert und auch das Zweite Betreuungsrechtsänderungsgesetz[3], das im Laufe des Jahres 2005 in Kraft treten soll, zielt auf Nachjustierungen im bestehenden System des Betreuungsrechts. Nicht zuletzt durch Margot von Renesse ist die starke Stellung des Vormundschaftsgerichts immer wieder in Frage gestellt worden. Mit dem durch das Betreuungsgesetz Erreichten war sie nicht zufrieden. Sie hatte die Schwachstellen erkannt, und schon 1998 brachte die SPD-Bundestagfraktion einen von ihr ganz maßgeblich geprägten Entschließungsantrag mit dem programmatischen Titel «Reform des Betreuungsrechts: Von der justizförmigen zur sozialen Betreuung» ein.[4] Hier bereits machte Margot von Renesse deutlich, dass der durch das Betreuungsgesetz neu geschaffenen Betreuungsbehörde eine starke Stellung zuzuweisen und vor allen Dingen der Betreuungsvermeidung oberste Prio-

2 *BGBl. I S. 1580.*
3 *BT-Drs. 15/2494.*
4 *BT-Drs. 13/10301.*

rität einzuräumen ist. Das war ein Ansatz, der einige Zeit später auch von der Bund-Länder-Arbeitsgruppe «Reform des Betreuungsrechts»[5] aufgegriffen werden sollte. Bei der Plenardebatte des Deutschen Bundestages zu dem Entschließungsantrag und dem Entwurf eines (Ersten) Betreuungsrechtsänderungsgesetzes legte Margot von Renesse den Finger in die Wunde: «Sie haben die grundsätzlichen Probleme des Betreuungsrechts [...] bei aller Richtigkeit seiner Zielsetzung, die wir damals auch geteilt haben, nie in den Blick genommen. Sie bleiben von den Menschen weit entfernt und verziehen sich in den juristischen Elfenbeinturm».[6]

In der Tat geht es in der täglichen betreuungsrechtlichen Praxis nicht vorrangig um die Lösung komplexer juristischer Probleme. Ob ein Mensch betreuungsbedürftig ist, hängt vielmehr zunächst von einer medizinischen Beurteilung ab. Daneben kommt es auf die umfassende Aufklärung der näheren Lebensumstände des Betroffenen und der genauen Kenntnis der örtlichen Hilfsangebote an. Zur Sachverhaltsaufklärung stehen den Gerichten die örtlichen Betreuungsbehörden zur Verfügung, § 8 BtBG. Die Betreuungsbehörden haben sich zwischenzeitlich vor allem dort, wo sie mit ausreichend Personal- und Sachmitteln ausgestattet wurden, zu einer tragenden Säule des Betreuungswesens entwickelt. Es liegt deshalb nahe, sie noch stärker in das Betreuungsverfahren einzubeziehen. Nach einer rechtstatsächlichen Untersuchung, die im Auftrag des Bundesministeriums der Justiz durchgeführt wurde, hatte in ca. 25 Prozent der untersuchten Fälle die Sachverhaltsaufklärung durch die Betreuungsbehörde einen betreuungsvermeidenden Effekt.[7] Dieses Ergebnis verwundert nicht, verfügen die Betreuungsbehörden doch über das den Vormundschaftsgerichten hierfür fehlende erforderliche Fachwissen. Durch ihre Einbindung in die kommunale Behördenstruktur haben sie auch weitergehende Kenntnisse über betreuungsvermeidende soziale Alternativen. Gleichwohl könnte ihre Beteiligung im Betreuungsverfahren noch verbessert werden. Als ein wesentliches Ergebnis der rechtstatsächlichen Untersuchung lässt sich festhalten, dass nicht das Betreuungsrecht als solches, sondern das Betreuungswesen noch Optimierungsmöglichkeiten aufweist – vor allem auf der Ebene der Organisation und des Zusammenwirkens der an der Betreuung beteiligten Akteure Vormundschaftsgericht, Betreuungsbehörde, Betreuungsverein und Betreuer.[8]

5 *Der Abschlussbericht ist vollständig abgedruckt in: Betrifft: Betreuung, Band 6, herausgegeben vom Vormundschaftsgerichtstag e.V., siehe S. 168ff.*

6 *Plenarprotokoll 13/228 vom 3. April 1998, Seite 20959.*

7 *Sellin/Engels, Qualität, Aufgabenverteilung und Verfahrensaufwand bei rechtlicher Betreuung, S. 74*

8 *Sellin/Engels, a.a.O., S. 192f.*

Verbesserungen sind zunächst ohne Gesetzesänderungen machbar. Organisationsfragen könnten von den Ländern in Ausführungsgesetzen geregelt werden. Eine bessere Zusammenarbeit kann durch Institutionalisierung örtlicher Arbeitsgemeinschaften unter ausdrücklicher Einbeziehung der Vormundschaftsgerichte erreicht werden. Dort, wo es solche Arbeitsgemeinschaften bereits heute gibt, sind die Betreuungszahlen entgegen dem Trend zurückgegangen. In den Arbeitsgemeinschaften können z.B. betreuungsvermeidende Alternativen entwickelt oder die Mitarbeiterinnen und Mitarbeiter aller Institutionen als Multiplikatoren für Vorsorgevollmachten gewonnen werden. Denkbar ist auch eine stärkere Einbindung der Betreuungsvereine bei der Erstellung von Sozialberichten der Betreuungsbehörden. Eine Inanspruchnahme der Betreuungsvereine durch die Betreuungsbehörden auf vertraglicher Grundlage ist bereits heute möglich und wird teilweise auch praktiziert.

Seit längerer Zeit werden aber auch echte Aufgabenverlagerungen von den Vormundschaftsgerichten auf die Betreuungsbehörden diskutiert. Diesen Weg weist Margot von Renesse in der Plenardebatte des Deutschen Bundestages zum (Ersten) Betreuungsrechtsänderungsgesetz: «Dies ist eben nicht das Gesetz, mit dem Frieden einkehrt [...] Wir werden gemeinsam – hoffentlich unter einer neuen Regierung – nach neuen Wegen suchen müssen; denn in der Tat: Das geltende Recht ist ungeheuer reformbedürftig.»[9]

Unmittelbar nach der Konstituierung des 14. Deutschen Bundestages drängte Margot von Renesse auf Reformen im Betreuungsrecht. Der Verfasser – damals rechtspolitischer Sprecher der SPD-Bundestagsfraktion – schlug die Einrichtung eines Unterausschusses Betreuungsrecht des Rechtsausschusses vor. Dieses Vorhaben ließ sich nicht verwirklichen. Unter der Leitung von Margot von Renesse bildete sich jedoch – in großem Einvernehmen auch mit der Opposition – eine interfraktionelle Arbeitsgruppe «Reform des Betreuungsrechts, die an dem Ziel arbeitete «von der justizförmigen zur sozialen Betreuung» zu gelangen. Nachdem Margot von Renesse den Vorsitz der Enquetekommission des Deutschen Bundestages «Recht und Ethik in der modernen Medizin» übernommen hatte, fand sich niemand, der die Leitung der Arbeitsgruppe fortsetzte.

Eine Vielzahl der Gedanken und Ideen jener Arbeitsgruppe wurde indes in der von der 72. Konferenz der Justizministerinnen und Justizminister im Juni 2001 eingesetzten Bund-Länder-Arbeitsgruppe «Reform des Betreuungsrechts» aufgegriffen und beraten. In Grundzügen ausformulierte Modelle hat diese Ar-

9 *Plenarprotokoll 13/228 vom 3. April 1998, S. 20959.*

beitsgruppe in ihrem im Juni 2003 vorgelegten Abschlußbericht vorgestellt.[10] Zum einen geht es um die Vollübertragung der jetzt gerichtlichen Aufgaben auf die Betreuungsbehörden. Hier sollen lediglich die Entscheidungen bei den Vormundschaftsgerichten verbleiben, die von Verfassung wegen der Richterin oder dem Richter obliegen. Wesentlicher Vorteil dieses Modells dürfte sein, dass ein heute zu beobachtendes Ressortdenken aufgebrochen würde. Gerade Berufsbetreuer berichten immer wieder, dass Kommunen soziale Hilfeleistungen kürzten und gleichzeitig versucht werde, die entsprechenden Aufgaben den (bei Mittellosigkeit des Betreuten aus dem Justizhaushalt bezahlten) Betreuern aufzubürden. Die gesetzlichen Aufgaben der Betreuer bestehen allein in der rechtlichen Besorgung der Angelegenheiten der Betreuten, § 1901 Abs. 1 BGB, nicht in sozialer Betreuung. Läge die Verantwortung für die Betreuerbestellung und -aufsicht in den Händen der Betreuungsbehörden und damit letztlich der Kommunen, müsste die Finanzierung auch von den staatlichen Trägern geleistet werden, die heute die Vorteile von Betreuertätigkeiten in Anspruch nehmen, ohne dafür zur Kasse gebeten zu werden. Die Bereitschaft, soziale Hilfsangebote aufrecht zu erhalten oder neu zu schaffen und damit Betreuung zu vermeiden, dürfte bei einer Aufgabenübertragung zunehmen.

Das andere Modell weist der Betreuungsbehörde die Aufgaben einer Eingangsinstanz im Betreuungsrecht zu. Sie hätte danach das so genannte «Antragsmonopol», das heißt zum Vormundschaftsgericht kämen nur bereits von der Betreuungsbehörde umfassend aufgeklärte Verfahren bzw. solche Verfahren, in denen die Betreuungsbehörde die Antragstellung mangels Erforderlichkeit einer Betreuerbestellung abgelehnt hat und sich ein Beteiligter hiergegen beschwert. Vorteil dieses Vorschlags ist, dass der bei den Betreuungsbehörden regelmäßig vorhandene sozialpädagogische Sachverstand in einem möglichst frühen Stadium eines Betreuungsverfahrens nutzbar gemacht wird und so insbesondere betreuungsvermeidende Maßnahmen getroffen werden können. In diese Richtung gehen auch Forderungen von Margot von Renesse, die sich immer wieder für eine obligatorische Beteiligung der Betreuungsbehörden bei der Sachverhaltsaufklärung ausgesprochen hat, nicht zuletzt im Rahmen einer Anhörung zum Abschlussbericht der Bund-Länder-Arbeitsgruppe «Betreuungsrecht», wo sie die Evangelische Aktionsgemeinschaft für Familienfragen vertreten hat.

Das Für und Wider beider Modelle kann an dieser Stelle nicht abschließend erörtert werden. Beide Modelle stünden zunächst unter einem Finanzierungsvorbehalt, an dem aber nicht schon eine Diskussion über weitere Reformen

10 *A.a.O, Fn. 5.*

scheitern darf. Es gilt bei allen Reformüberlegungen, die Qualität von rechtlicher Betreuung im gesellschaftlichen Wandel zu kontrollieren und zu wahren. Maßstab sind und bleiben dabei die Grundprinzipien des Betreuungsgesetzes von 1990: Das Wohl der Betreuten und die Erhaltung größtmöglicher Selbstbestimmung. Es wäre gut, wenn Margot von Renesse der Rechtspolitik für diese Fragen weiter als Beraterin und Mahnerin zur Seite steht.

Von Jan-Robert v. Renesse

# Menschenwürde als (Kosten-)Maßstab?

Die Menschenwürde an den Grenzlinien des Lebens im politischen und rechtlichen Konflikt glaubwürdig nachgezeichnet und – wo notwendig – verteidigt zu haben (sowie weiter zu verteidigen), ist anerkannter Verdienst der Jubilarin in der ethischen Debatte. Möglichen Übersteigerungen wie auch unverantwortlichen Unterlassungen strafender oder regulierender Gesetzgebung ging und geht sie dabei nicht anhand abstrakter (Weltverbesserungs-)Theorien, sondern stets anhand konkreter Beispiele nach. Grenzen und Leitgedanken gesetzgeberischen Handelns sind für sie in den menschlichen Grenzerfahrungen und den dafür ethisch gewonnenen Maßstäben zu suchen. Eine solche für die aktuellen Fragen mit dem werdenden wie auch dem vergehenden Leben (im eigentlichen Sinne des Wortes) Grund-legende Grenzerfahrung ist der Umgang des Einzelnen wie auch der Gesellschaft mit dem Tod. Für jedermann anschaulich offenbart sich in der Art und Weise, wie ein Verstorbener betrauert und wie sein Leichnam bestattet wird, welche Maßstäbe eine Kultur im Umgang mit dem Ende des Lebens als unerlässlich anerkennt. Mit dem Tod hört der Mensch zwar auf, eine eigene Rechtspersönlichkeit zu sein. Seine Hülle ist aber – gerade weil sie dem Willen der Lebenden wehrlos ausgeliefert ist – kein bloßer Gegenstand. Die ihm von allen geschuldete Achtung ist wesentlicher Teil der Zivilisation (so die Jubilarin im Rahmen einer kritischen Auseinandersetzung mit der Ausstellung «Körperwelten» des Anatomen von Hagens).[1]

Auch rechtlich stehen nachwirkende Persönlichkeitsrechte einer würdelosen Behandlung des Leichnams entgegen, sei es, dass sie zivilrechtlich festlegen, wer zur «standesgemäßen» Bestattung berechtigt und verpflichtet ist,[2] sei es, dass sie öffentlich-rechtlich vorgeben, welche Anforderungen Sarg bzw. Urne und Begräbnisstelle erfüllen müssen,[3] sei es, dass sie strafrechtlich die Totenruhe schützen,[4] um nur einige Beispiele zu nennen. Die hier näher zu

1 *M. v. Renesse, Unser Körper – unser Tod, in Die Welt vom 4. 9. 2001*

2 *Vgl §§ 1968 Bürgerliches Gesetzbuch (BGB).*

3 *Vgl z.B. §§ 7ff Bestattungsgesetz NRW; ausführlich Geadke, Handbuch des Friedhofs- und Bestattungsrechts, 8. Aufl. 2000.*

4 *Vgl § 168 Strafgesetzbuch.*

untersuchende sozialrechtliche Begegnung mit der Bestattung findet sich im Sozialhilferecht: Nach § 74 Sozialgesetzbuch Zwölftes Buch (SGB XII) werden «die erforderlichen Kosten einer Bestattung übernommen, soweit den hierzu Verpflichteten nicht zugemutet werden kann, die Kosten zu tragen». Wie in einem Brennglas spiegeln auch die zu dieser unscheinbaren Vorschrift ergangenen Urteile und das entsprechende rechtswissenschaftliche Schrifttum exemplarisch wieder, in wie weit es zum Umgang mit dem Tod einen anerkannten Kanon von Mindeststandards gibt und in wie weit ein solcher Kanon gegebenenfalls gesellschaftlichen Wandlungen unterliegt.

## Geltende Fassung des § 74 SGB XII

Die geltende Fassung der Vorschrift überträgt inhaltsgleich den bisherigen § 15 Bundessozialhilfegesetz (BSHG), der im Zuge der Hartz IV-Reformen in das neue SGB XII überführt worden ist. Die Bestattungskosten sind danach (ebenso wie nach altem Recht) nicht Teil der Hilfe zum Lebensunterhalt für den Verstorbenen, sondern ausschließlich für den lebenden, zur Beerdigung verpflichteten Hilfeempfänger. Darauf, ob der Verstorbene zu Lebzeiten Empfänger von Leistungen nach dem SGB XII war, kommt es daher nicht an[5]. Abzustellen ist vielmehr auf die Leistungsfähigkeit der/des zur Bestattung verpflichteten Erben bzw. der nach öffentlichem Recht zur Totensorge verpflichteten natürlichen Person. Bei Vorliegen der Anspruchsvoraussetzungen sind – insoweit anders als bei § 1968 BGB – nicht die Kosten einer «standesgemäßen» Bestattung, sondern lediglich die «erforderlichen» Bestattungskosten erstattungsfähig, sofern die eigenständige Leistungsvoraussetzung der Unzumutbarkeit vorliegt.[6]

## Zumutbarkeit

Ob und wieweit dem Verpflichteten die Tragung der Bestattungskosten finanziell zuzumuten ist, richtet sich ausschließlich nach seinen individuellen Verhältnissen. Je enger der Verwandtschaftsgrad, desto höher die Verpflichtung zum Einsatz des Einkommens. Jedenfalls bei nahen Verwandten im Sinne des § 56 Abs. 1 Nr. 1 bis Nr. 3 Sozialgesetzbuch Erstes Buch (SGB I) wird regelmäßig der Einsatz des gesamten Einkommens und Vermögens nach Maßgabe des § 85 SGB XII zu verlangen sein.[7] Unabhängig davon, das heißt auch bei Unter-

5 *Bundesverwaltungsgericht – BVerwG – Urteil v. 18. 10. 1979 – V C 63.77 – und v.* 22. 2. 2001 – 5 *C* 8/00.

6 *BVerwG Urteil vom* 5. 6. 1997 – 5 *C* 13/96.

7 *Hessischer Verwaltungsgerichtshof – Hess VGH – Zeitschrift für die Sozialhilfe und Sozialgesetzbuch (ZfSH/SGB)* 2004, 290.

schreiten der Grenze des § 85 SGB XII, ist es dem Erben zuzumuten, vorrangig alle Mittel einzusetzen, die ihm durch den Tod des Verstorbenen zugeflossen sind, einschließlich des Schonvermögens.[8] Einzusetzen sind daher alle aus Anlass des Todes entstandene Sozialleistungs- und Beihilfe- sowie sonstigen Versicherungsansprüche, Schadensersatzforderungen nach § 844 BGB und auch ein Ausgleichsanspruch gegen einen anderen Miterben nach § 426 BGB. Eine Ausnahme gilt nach Sinn und Zweck lediglich für Erbstücke im Sinne des § 90 Abs. 2 Nr. 6 SGB XII, die anlässlich des Erbfalls in das Eigentum des Leistungsberechtigten übergegangen sind und deren Veräußerung jedoch eine besondere Härte darstellen würde.[9] Lässt sich nicht feststellen, ob ein anderer Miterbe nach seinen Einkommens- und Vermögensverhältnissen zur Tragung von Bestattungskosten in der Lage war, geht dies zu Lasten des Miterben, der die Übernahme der Bestattungskosten nach § 74 SGB XII beansprucht.[10] In Fällen, in denen die Erbmasse die Bestattungskosten einschließlich aller testamentarischen Anordnungen für die Beerdigung per Saldo deckt, ist ein Anspruch nach § 74 SGB XII im Ergebnis daher ausgeschlossen. Werden sie teilweise gedeckt, fasst § 74 SGB XII von vorneherein die Möglichkeit eines bloßen Kostenzuschusses ins Auge.[11]

## Anspruchsberechtigte

Möglicher Anspruchsberechtigte nach § 74 SGB XII ist diejenige natürliche Person mit Wohnsitz oder gewöhnlichem Aufenthalt im Bundesgebiet, die zivil- oder öffentlich-rechtlich verpflichtet (nicht: berechtigt) ist, die Kosten der Bestattung eines inländischen Verstorbenen zu tragen, also vorrangig der Erbe.[12] Für den Anspruch nach § 74 SGB XII ist nicht erforderlich, dass vor der Bestattung ein Antrag gestellt wurde.[13] Es genügt auch, wenn der Anspruch nach der Beerdigung geltend gemacht wird. Verpflichteter im Sinne des § 74 SGB XII ist aber nicht, wer nur Veranlasser bzw. Auftraggeber der Beisetzung ist, auch wenn er damit regelmäßig gegenüber dem Bestattungsunternehmen eine Zahlungsverpflichtung eingeht.[14]

8 *BVerwG FEVS 51, 5; OVG Berlin Zeitschrift für Sozialhilfe (ZfSH/SGB) 1998, 732.*

9 *A.A. aber nunmehr der unionsgeführte Bundesrat, der auch diese Nachlassanteile uneingeschränkt der Verwertung unterwerfen will, vgl. BR-Drs 712/04 S. 48.*

10 *Oberverwaltungsgericht NRW – OVG NW – Fürsorgerechtliche Entscheidungen der Verwaltungs- und Sozialgerichte (FEVS) 48, 446.*

11 *Hierzu Kunz in Oestricher/Schelter/Kunz BSHG Stand Juni 2003 § 15 Rn. 1.*

12 *BVerwG, Urteil v. 5.6.1997 – 5 C 13/96; Oberverwaltungsgericht Schleswig-Holstein – SchlH OVG – FEVS 51, 231.*

13 *BVerwG, FEVS 48, 1.*

14 *BVerwG FEVS 48, 1; OVG SchlH v. 18.3.1999 – 1 L 37/98 – Juris.*

## Anspruchsinhalt

Die Entscheidung über die Art der Bestattung fällt in den Schutzbereich von Art 1 Abs. 1 iVm Art 2 Abs. 1 GG.[15] Was aber eine die Menschenwürde nicht antastende Bestattungsform im einzelnen in Form «erforderlicher Kosten» im Mindestmaß verlangt, ist damit noch nicht festgelegt. Schlicht auf den wirtschaftlichen Durchschnitt im Bundesgebiet abzustellen, dürfte schon deswegen verfehlt sein, weil auch zu Lebzeiten eine soziale Schichtung zwischen mehr oder weniger Wohlhabenden nicht gegen die vom Grundgesetz garantierte Wertordnung verstößt. Verfassungs- und sozialhilferechtlich feststellen lässt sich lediglich, dass stigmatisierende oder gänzlich anonyme Begräbnisformen ausscheiden.[16] Aus dem gleichen Grund kann der Träger der Sozialhilfe die Übernahme der Bestattungskosten nach § 74 SGB XII nicht mit der Begründung ablehnen, dass bei einer Spende des Leichnams an anatomische Institute oder Universitäten keine Kosten entstehen[17].

Rechtlich feststellbar ist auch, dass nur eine Bestattung in Betracht kommt, bei der das religiöse Bekenntnis des Verstorbenen (soweit bekannt) nicht erkennbar verletzt wird (so dass Friedhöfe mit Zwang zu christlichen Symbolen für bekennende Angehörige der jüdischen Religion oder des Islam bzw. für Atheisten nicht zuzumuten sind und umgekehrt). Religiöse Gebote, denen nach dem sozialhilferechtlich maßgeblichen Ortsrecht der Bundesrepublik zwingende Bestimmungen des Bestattungswesens entgegenstehen (etwa bzgl. des Gebots der offenen Verbrennung nach hinduistischem Ritus oder der mehrmonatigen Aufbahrung nach parsischem Kult), sind wegen des auch für § 74 SGB XII geltenden ordre-public-Vorbehalts allerdings insoweit unbeachtlich.

Zum Kostenvergleich sind im übrigen alle für den Totensorgeverpflichteten im oben genannten Sinne zumutbaren Begräbnisplätze und -arten in Betracht zu ziehen. Hierbei gewinnt der Wandel der Begräbnisformen im Ergebnis mittelbar rechtliche Bedeutung, denn ohne Feststellungen zu den Anschauungen der Bevölkerungsmehrheit im Geltungsbereich des SGB XII kann die Frage nach einer eventuellen (sozialhilferechtlich zu vermeidenden) Stigmatisierung des Verstorbenen bzw. seiner Angehörigen nicht beurteilt werden. Was für die Bevölkerungsmehrheit mittlerweile sozial üblich ist, wirkt im Zweifel nämlich auch nicht stigmatisierend, unabhängig davon, ob individuelle Wünsche über das Durchschnittsmaß hinausgehen. Es ist daher zu berücksichtigen, dass

15 *BVerwGE 45, 224; BVerfGE 50.*
16 *Verwaltungsgericht – VG – Hannover, info also 1998, 88.*
17 *Eichhorn/Fergen, Praxis der Sozialhilfe, 3. Auflage 1998 S. 341.*

mittlerweile sowohl die Erd- wie die Feuerbestattung Anerkennung gefunden haben (45 % aller Bestattungen in Deutschland sind Feuerbestattungen).[18] Darüber hinaus ist namentlich in den Großstädten eine Entwicklung zu bescheideneren Bestattungsformen einschließlich des Verzichts auf Grabsteine und Blumenschmuck zu verzeichnen.[19] Das hängt auch damit zusammen, dass sich die Einstellung zum Sterben in der Gesellschaft geändert hat und ein öffentliches Trauern in weiten Kreisen als anstößig empfunden wird.[20] Die Trauerfeier findet «im engsten Familienkreis» statt. Es wird darum ersucht, «von Beileidsbekundungen am Grab Abstand zu nehmen» und an Stelle von (erkennbarem) Blumenschmuck «wird um eine Spende an eine gemeinnützige Einrichtung gebeten». Dieser fortschreitenden Entwicklung ist auch sozialhilferechtlich im Rahmen der Auslegung der unbestimmten Rechtsbegriffe des § 74 SGB XII Rechnung zu tragen. Gegebenfalls sind aktuelle Anfragen bei den relevanten Bundesverbänden der Bestatter, den Religions- und Weltanschauungsgemeinschaften sowie bei den kommunalen Spitzenverbänden durchzuführen.[21]

Zur näheren Bestimmung der «erforderlichen Kosten» greifen Teile der Rechtssprechung und der Literatur demgegenüber auf das Kriterium der Ortsüblichkeit am Bestattungsort zurück. Was ortsüblich ist, soll sich dann nach der jeweiligen Friedhofssatzung bestimmen.[22]

Das ist dogmatisch zweifelhaft.[23] Denn wenn berücksichtigt wird, dass es sich um einen Anspruch des lebenden Leistungsempfängers und nicht des Verstorbenen handelt, ist zunächst zu prüfen, welcher Ort der sozialhilferechtlich maßgebliche Bestattungsort ist bzw. ob insoweit ein freies Wunsch- und Wahlrecht besteht. Letzteres ist aufgrund des ausdrücklichen Angemessenheitsvorbehalts des § 9 Abs. 2 Satz 1 SGB XII und des Mehrkostenvorbehalts in § 9 Abs. 2 Satz 3 SGB XII, die beide keine Ausnahme für den § 74 SGB XII vorsehen, sondern vielmehr durch dessen Wortlaut («erforderliche Kosten») verstärkt werden, zu verneinen.

Anderes ergibt sich auch nicht aus einer etwaigen zivilrechtlichen Bindung

18 *Quelle: Bundesverband Deutscher Bestatter, zitiert nach Tyburski in: Der Spiegel, 2003 Nr. 52 S. 52.*

19 *Tyburski a.a.O. und Wensierski in: Der Spiegel 2004 Nr. 25 S. 54; zur zunehmenden Unüblichkeit von Todesanzeigen vgl. Hessischer Verwaltungsgerichtshof – Hess VGH – ZfSH/SGB 2004, 290.*

20 *Einleitung der Bestattungsagende der Union Evangelischer Kirchen – Fassung vom 14/15.5.2004 S. 36; vgl. auch Ariès. Geschichte des Todes, 1996, S. 716.*

21 *Problematisch daher die nicht näher substantiierte tatsächliche Annahme zur Üblichkeit von Grabsteinen bei OVG Lüneburg FEVS 51, 382.*

22 *Hess VGH NVwZ 1992, 83; zustimmend Spranger ZfSH/ SGB 1998, 334; Birk in LPK-BSHG 6. Aufl. 2003, § 15 Rn. 6.*

23 *Wie hier Kunz a.a.O. § 15 Rn. 7; VG Hannover ZfF 1983, 206.*

des Totensorgeverpflichteten kraft eventueller testamentarischer Verfügungen oder an den sonst bekannten letzten Willen des Verstorbenen, denn insoweit kann der (gesetzliche oder gewillkürte) Erbe nach dem Subsidiaritätsgrundsatz des § 2 SGB XII nicht zu Lasten des Trägers der Sozialhilfe auf sein Recht zur Ausschlagung des Erbes (§ 1944 BGB) verzichten. Der Totensorgeverpflichtete muss sich in einem solchen Fall (in dem der Erblasser nicht selbst finanzielle Vorsorge zur Erfüllung seiner Bestattungswünsche getragen hat) daher behandeln lassen, als habe er vom Recht zur Erbausschlagung Gebrauch gemacht und als träfe ihn ausschließlich die oben näher dargestellte öffentlich-rechtliche Bestattungsverpflichtung, die eine Bindung an finanziell ungedeckte zivilrechtliche Verfügungen des Verstorbenen nicht kennt.

Daraus wiederum folgt, dass der Träger der Sozialhilfe nicht unmittelbar an die Ortsüblichkeit der Verhältnisse am tatsächlich gewählten Bestattungsort gebunden ist, sondern nur dann, wenn die Wahl dieses Ortes bzw. Friedhofs angemessen ist und keine unverhältnismäßigen Mehrkosten verursacht. Räumlich ist (sofern keine besonderen gesundheitlichen Einschränkungen nachgewiesen sind – etwa durch vom zuständigen Versorgungsamt festgestelltes Merkzeichen «außergewöhnlich Gehbehindert»), nämlich nach heutiger Verkehrsanschauung davon auszugehen, dass ein Leistungsberechtigter etwaige Grabbesuche an Wochenenden zu den dann geltenden Sondertarifen des öffentlichen Personenverkehrs mit einer Fahrzeit von bis zu drei Stunden (zeitliche Geringfügigkeitsgrenze des § 43 Abs. 2 Nr. 3 SGB Sozialgesetzbuch Sechstes Buch – SGB VI -) und einem Fahrpreis bis zum Barbetrag des § 35 SGB XII zumutbar durchführen kann, so dass innerhalb dieses Radius die preisgünstigste nicht-stigmatisierende Beerdigung den erforderlichen Kostenrahmen im Sinne des § 74 SGB XII bestimmt. Dabei sind – nicht zuletzt aus Rücksicht auf das europäische Wettbewerbsrecht – auch Angebote grenznaher Anbieter und Friedhöfe in EU-Staaten mit in den Preisvergleich mit einzubeziehen.[24] Mithin ergibt sich für das Kriterium der Ortsüblichkeit, dass weder unmittelbar auf die örtlichen Verhältnisse am Wohnort des Totensorgeverpflichteten noch auf diejenigen am Sterbeort bzw. am tatsächlichen Bestattungsort abzustellen ist, sondern auf diejenigen (Mindest-) Anforderungen, die am (u.U. hiervon abweichenden) Ort einer sozialhilferechtlich erforderlichen und zumutbaren Bestattung gelten. Danach werden im Regelfall die Kosten eines einfachen Sarges bzw. einer schlichten Urne (Ausnahme: Bestattung nach

24 *Vgl. zu parallelen europarechtlichen Vorgaben im Leistungsrecht des SGB XI vgl. v. Renesse Vierteljahresschrift für Sozialrecht 2001, 359; zur gegenwärtigen Nutzung niederländischer Bestattungsangebote auch durch deutsche Träger der Sozialhilfe Tyburski, Wensierski a.a.O.*

islamischen Ritus in Leichentuch, wo dies möglich ist), der Erstbelegung einer Reihen-Grabstelle, der Leichenschau- und Beförderung sowie der Beisetzung erstattungsfähig sein.

Sonstigen Wünschen des Totensorgeverpflichteten ist nach § 9 Abs. 2 § 74 SGB XII nur insoweit Rechnung zu tragen, wie sie kostenneutral bleiben. Das gilt nach dem oben Gesagten insbesondere im Verhältnis zwischen Erd- und Feuerbestattung, so dass hier grundsätzlich lediglich die preisgünstigere Form erstattungsfähig ist, sofern der Verstorbene einer Einäscherung zu Lebzeiten nicht ausdrücklich widersprochen hat.[25]

Nicht erforderlich sind in jedem Fall alle Kosten, die nicht gegenwärtig sind oder die die ortsüblichen Kosten am Bestattungsort überschreiten. so z.B. Todesanzeigen[26] und künftige Grabpflegekosten[27]. Auch die Ausstattung der Trauerhalle und des Grabes mit Blumen muss bescheiden sein.[28] Gleiches gilt für Bewirtungskosten der engsten Angehörigen. Diese sind nur – und auch nur in geringer Höhe – unter der Bedingung zu übernehmen, dass auch diese Angehörigen sozialhilfeberechtigt sind.[29] Gleiches gilt für die Kosten der Anreise zur Beerdigung.[30] Ein Sonderbedarf wegen Trauerbekleidung scheidet aus, da angemessene Alltagskleidung in gedeckten Farben nach heutigem Verständnis ausreicht, um der Trauer um einen Toten Ausdruck zu verleihen und dieser Kleidungsbedarf bereits in den Regelsätzen abgedeckt ist.[31]

Bezüglich der Kosten ritueller Handlungen wie z.B. den Gebühren für einen Geistlichen, rituellen Waschungen und dergleichen kommt eine sozialhilferechtliche Übernahme aus Gründen der Gleichbehandlung und der religiösen Neutralität im säkularen Staat nicht in Betracht.[32] Das gilt für christliche im gleichen Maße wie für nicht-christliche Bekenntnisse, aber auch für Kosten, die sich aus a-religiöser oder atheistischer Haltung ergeben können (Kosten eines sogenannten Trauerredners). Die Praxis bayerischer Träger der Sozialhil-

25 *VG Oldenburg, Zeitschrift für das Fürsorgewesen 2003, 274; weiter gehend Wenzel a.a.O. § 15 Rn. 6 und Spranger a.a.O. die insoweit ein Wahlrecht annehmen und lediglich die Kosten einer Seebestattung ausschließen a.a.O. § 15, Rn. 12.*

26 *Hess VGH ZfSH/SGB 2004, 290; VG Düsseldorf ZfSH/ SGB 1987, 325;a.A. VG Göttingen info also 2002, 38.*

27 *BVerwG Nachrichten des Deutschen Vereins 1961, 179; OLG Oldenburg ZfF 1994, 228; a.A. Spranger a.a.O. der von der Bindung an die Friedhofssatzung ausgeht und nicht berücksichtigt, dass die Grabpflege auch nach Zivilrecht nicht Teil der Beerdigung ist – so schon Reichsgericht in Zivilsachen 160, 255; bestätigt durch Bundesgerichtshof in Zivilsachen 61, 238.*

28 *OVG Lüneburg, FEVS 33, 251.*

29 *VG Berlin ZfF 1987, 229, VG Düsseldorf ZfSH/SGB 1987, 325.*

30 *OVG Lüneburg, FEVS 33, 251.*

31 *OVG Hamburg NWwZ 1992, 83; a.A. noch Hess. VGH, FEVS 41, 33.*

32 *BVerwG NDV 1961, S. 179, a.A. Spranger a.a.O.; Wenzel a.a.O. Rn. 5; differenzierend Britz, JZ 2000, 1127.*

fe, die sogenannten Stolgebühren der katholischen Kirche für Bestattungen zu übernehmen, ist daher rechtswidrig. Auch die Überführungskosten eines islamischen Gläubigen ins Ausland sind nicht erstattungsfähig, weil (mittlerweile) innerhalb des Geltungsbereichs des SGB XII bzw. im grenznahen EU-Ausland eine Beerdigung nach islamischem Ritus möglich und üblich ist.[33]

## Fazit und Ausblick

Das sozialhilferechtliche Beispiel der Bestattungskosten zeigt, dass die Bestimmung dessen, was menschenwürdig ist, keine Größe ist, die ohne Feststellungen zu den gesellschaftlichen Verhältnissen möglich ist und dabei auch einem sozialen Wandel unterliegt.[34] Unzulässig ist demnach eine – in der Diskussion gleichwohl nicht selten anzutreffende[35] – unmittelbare Verwendung des Menschenwürdebegriffs, als folge aus ihm in abstrakter Subsumption die Höhe einer erstrebten Sozialleistung. Inwieweit die nunmehr für das Sozialhilferecht und damit auch für die verbindliche Bestimmung von Leistungen nach §74 SGB XII zuständige[36] Sozialgerichtsbarkeit in der ihr eigenen Betonung reziproker Solidarität, d.h. der Verpflichtung auch der Leistungsempfänger zur Risikominderung und –vermeidung,[37] bei der Auslegung der sozialhilferechtlichen Normen des früheren BSHG neue Akzente setzen wird, bleibt abzuwarten. Fest steht dabei, dass sich auch die Sozialgerichte der oben skizzierten Entwicklung zu weniger aufwändigen Bestattungsformen nicht entziehen können. Auch sie werden daher keinen früher uU üblichen Grabschmuck, Todesanzeigen und Trauerkleidung zusprechen. Doch schon ist absehbar, dass der gesellschaftliche Wandel nicht bei solchem Beiwerk Halt macht. Vielmehr bieten Discounter mittlerweile unter Kostengesichtspunkten die anonyme «All-inclusive»-Auslandsbestattung zum Pauschalpreis von 888 Euro an und erreichen damit (insbesondere seit Abschaffung des Sterbegeldes in der gesetzlichen Krankenversicherung) jährliche Umsatzsteigerungen von 25 %.[38] Werden die Gerichte auch diese Entwicklung billigen und zur sozialhilferechtlichen Norm erheben? Es bleibt zu wünschen, dass sie an dieser Stelle den Kern der Menschenwürde gegen ökonomisch motivierte Relativierungen verteidigen und eine nicht

33 *OVG NW FEVS 42, 27; anders noch OVG Hamburg NJW 1992, 3118.*

34 *Vgl zur Relativität zwischen sozialhilferechtlicher Intervention zum Schutz der Menschenwürde und herrschenden Lebensverhältnissen BVerwGE 36, 256; 87, 212; 97, 376; 106, 99.*

35 *Vgl etwa Spranger a.a.O.*

36 *Hierzu v. Renesse, Neue Zeitschrift für Sozialrecht 2004, 449.*

37 *Hierzu Bieback, Begriff und verfassungsrechtliche Interpretation von «Sozialversicherung» VSSR 2003, 1.*

38 *Kerbusk, Tietz, Tumka, in Der Spiegel, 2004, Nr. 51, S. 91.*

zu überschreitende Grenzlinie aufzeigen, jenseits derer ein toter Mensch nur noch nach Kostengesichtspunkten «entsorgt», entpersonalisiert und damit als (vergangenes) Individuum negiert würde.

Zum Maßstab für eine solche Rechtsprechung, die der sozialen Entwicklung einerseits Rechnung trägt, ihr aber andererseits auch klare Grenzen setzt, kann dienen, wie sich die Jubilarin mit den Tabubrüchen der modernen Medizin auseinandergesetzt hat: In profunder Kenntnis und mit Respekt vor dem gesellschaftlichen Wandel und gleichzeitig in leidenschaftlichem Eintreten für den Wert des Einzelnen als in seiner Würde unantastbarer Person.[39]

39 *Vgl. M. v. Renesse, Vorwort zum Abschlussbericht der Enquete-Kommission «Recht und Ethik der modernen Medizin», BT-Drs. 14/9020 S. 2.*

Von Anne-José Paulsen

# Justizgewährung durch Justizverwaltung*

«Auch wenn Richter eine schwarze Robe anhaben und damit Distanz markieren, sind sie deswegen in ihrer Person keine charismatischen Führer des Volkes. Sie sind vielmehr Diener des Rechts.» (M. v. Renesse, BT-Prot. 14/57, S. 5108). Richter sind Diener des Rechts und Diener der Menschen. Mit Blick auf eine effiziente Justiz kommt heute eine weitere Herausforderung hinzu: die Technik. Die mit dem Einsatz moderner Informationstechnik (IT) verbundenen Gefahren der Distanzierung nicht verschweigend, will der folgende Beitrag, einerseits – an Hand der mir am besten bekannten nordrhein-westfälischen Justiz – zeigen, welche Entlastungen mit der fortschreitenden Technisierung verbunden sind, die die Bürgernähe und den Servicecharakter der Justiz stärken, als auch andererseits, welche besonderen Methoden der Personalführung und des Controllings angewandt werden und auszubauen sind, um unabhängige und sozial kompetente Richterpersönlichkeiten zu erhalten und zu fördern.

## I.

Justizgewährung ist Verfassungspflicht. Das in Art. 20 Abs. 3 GG verbürgte Rechtsstaatsprinzip gibt dem Staat auf, Vorkehrungen zu treffen, damit sich auch im Konfliktfalle Recht und Gesetz durchsetzen. Der Rechtsstaat muss Rechtsschutz gewähren. Dazu bedarf er unabhängiger Gerichte, die von jedermann angerufen werden können. Die Pflicht zur Justizgewährung ist gleichsam die Kehrseite der Rechtsschutzgarantie. Die Rechtsschutzgarantie geht über die institutionelle Garantie der dritten Gewalt, wie sie sich aus Art. 20, 92 ff. GG ergibt, weit hinaus. Denn sie erstreckt sich auch auf die Art und Weise der Rechtsgewährung. Der Bürger hat – und zwar nicht nur, wenn er sich von der öffentlichen Gewalt in seinen Rechten beeinträchtigt sieht[1], sondern auch bei Streitigkeiten zwischen Privaten[2] – Anspruch auf effektiven Rechtsschutz.

* *Meinen Mitarbeitern Ulf-Thomas Bender, Dr. Annette Lehmberg, Dr. Hans-Joseph Scholten und Alwine Strohmenger-Pickmann danke ich herzlich für Ihre Unterstützung bei der Vorbereitung dieses Beitrags.*

1 *Insoweit enthält Art. 19 Abs. 4 S. 1 GG eine Sonderregel.*

2 *BVerfGE 88, 118, 123; VerfGH NW, NJW 1999, 1243, 1246.*

Dazu gehört, dass er sein Recht in angemessener Zeit und auf der Grundlage eines rechtsförmigen und fairen Verfahrens erhält. Die verfassungsrechtliche Pflicht zur Justizgewährung stellt also erhebliche qualitative Anforderungen an die Justiz.

## II.

Diese qualitativen Anforderungen sind von den Richtern allein nicht zu erfüllen. Ein wirksamer Rechtsschutz durch die Gerichte erfordert vielmehr auch eine funktionierende Justizverwaltung. Diese hat die personellen und materiellen Voraussetzungen zu schaffen und aufrecht zu erhalten, die einen effektiven Rechtsschutz innerhalb angemessener Zeit erst ermöglichen.[3] Von der Öffentlichkeit kaum wahrgenommen, stellt die Justizverwaltung ein wesentliches Element der Gerichtsbarkeiten dar. Sie ist für die gesamte Rechtspflege nicht allein Unterstützungs-, sondern auch Steuerungsinstrument.

Der Justizverwaltung fällt eine Vielzahl von Aufgaben zu. Sie ist für die Ausbildung, Einstellung und Beförderung des richterlichen und nichtrichterlichen Personals zuständig. Ihr obliegt die zentrale Planung und Verwaltung der Liegenschaften und damit die Verantwortung für Einrichtung und Unterhalt der Dienstgebäude. Sie hat überdies die Sachmittel zu beschaffen, deren die Gerichte zur Wahrnehmung ihrer Aufgaben bedürfen. Schließlich hat sie unter Berücksichtigung der gesetzlichen Vorgaben die innergerichtlichen Arbeitsabläufe festzulegen, die derzeit vor allem in Verbindung mit der Einführung moderner Kommunikationstechniken ständiger Überprüfung und Verbesserung bedürfen.

Diese Aufgaben sind auf unterschiedliche Instanzen verteilt. Während das Landesjustizministerium als Kopf der Justizverwaltung die strategischen Grundsatzentscheidungen zu treffen hat, zu denen auch die personelle Besetzung der Schlüsselpositionen gehört, ist das operative Geschäft von den Gerichtsverwaltungen zu erledigen. Dem Oberlandesgericht obliegt zudem als Mittelbehörde eine eigenständige Koordinierungs- und Steuerungsfunktion gegenüber den nachgeordneten Gerichten. Es hat für seinen Bezirk die Bedürfnisse eines effizienten Geschäftsbetriebes zu ermitteln und die personellen und sachlichen Mittel sachgerecht zu verteilen. Das Oberlandesgericht Düsseldorf nimmt diese Aufgaben gegenüber sechs Landgerichten und 29 Amtsgerichten wahr. Einschließlich des Oberlandesgerichts selbst ist seine Verwaltung damit für ca. 5.700 Mitarbeiter zuständig.

3 *VerfG NW, NJW* 1999, 1243, 1246; *Papier, NJW* 2002, 2585, 2593.

Die Bedeutung der Justizverwaltung für den Anspruch auf Justizgewährung ist mit der Modernisierungsdebatte erneut in den Vordergrund gerückt. Die Frage, was geschehen muss, damit die Justiz auch in Zukunft funktionsfähig bleibt, hat durch das Diktat der leeren Kassen und einen wachsenden Geschäftsanfall in einzelnen Bereichen der Rechtsprechung gewiss an Aktualität gewonnen. Vor dem Hintergrund des Verfassungsrechts markiert diese Frage in Wahrheit ein Dauerthema. In der Tat befindet sich die Justiz seit Jahren in einem Reformprozess, der auch von der Verwaltung immer neue Anstrengungen erfordert und dessen Ende nicht abzusehen ist.

## IT-Austattung, IT-Fachverfahren und zentrale Serviceeinrichtungen

Neben der Optimierung der baulichen Voraussetzungen ist es die verbesserte sächliche Ausstattung, die das Bild der Justiz verändert hat und sie auch in Zukunft in die Lage versetzen wird, ihren Aufgaben gerecht zu werden. Nur Wenigen wird zu Beginn des Prozesses bewusst gewesen sein, was die Einführung der modernen Informationstechnik für die dritte Gewalt bedeutet und wie sehr sie nicht nur den Arbeitsablauf innerhalb der Gerichte, sondern auch den Umgang mit dem Bürger verändert hat und noch verändern wird.

Im Oberlandesgericht Düsseldorf hat die Ausstattung der Gerichte mit IT bereits in den neunziger Jahren begonnen. Die Erstausstattung ist im Jahre 2002 abgeschlossen worden. Insgesamt 35 Millionen Euro wurden dafür in die Gerichte des hiesigen Bezirks – einschließlich der Vernetzung der Behörden, der notwendigen Software sowie der Schulungskosten – investiert. Parallel dazu wurden eine Reihe von Fachverfahren eingeführt, die ihrerseits weitreichende organisatorische Änderungen nach sich ziehen. So ist die Einführung eines IT-gestützten *Mahnverfahrens* mit der Schaffung zentraler Mahngerichte bei den Amtsgerichten in Hagen und Euskirchen einhergegangen. Auch die Umstellung des *Handelsregisters*[4] hat zu einer Konzentration der Registergerichte geführt. In Zukunft wird es nur noch 7 statt 29 Handelsregistergerichte im hiesigen Bezirk geben. Die Umstellung des *Grundbuchs* auf SolumSTAR[5] ist im Gange. Sie wird voraussichtlich Ende 2006 abgeschlossen sein. Bereits jetzt können viele Notare von ihrem Büro aus auf eine Datenbank zugreifen und

4 *Die Umstellung ist durch Einführung des Fachverfahrens RegisSTAR erfolgt; vgl. zu diesem Verfahren www.ggrz-hagen.nrw.de/regisstar.htm.*

5 *Das Programm, das außer von NRW noch von 12 weiteren Bundesländern eingesetzt wird, ermöglicht eine elektronische Grundbuchführung. Es setzt voraus, dass der gesamte vorhandene Grundbuchbestand (allein in NRW 5,8 Millionen gültige Grundbuchblätter mit ca. 38 Millionen Einlegebögen aus 130 Grundbuchämtern) eingescannt wird; weitere Informationen zu dem Projekt finden sich unter www.solumstar.nrw.de.*

Einsicht in das Grundbuch nehmen. Für den internen Dienstbetrieb hat die Fachanwendung *JUDICA/*[6]*TSJ*[7], die die Arbeit der Zivil-, Familien und Strafabteilungen bei allen Gerichten des Landes unterstützen soll, zentrale Bedeutung gewonnen. Das Programm kombiniert Elemente der Textverarbeitung mit Datenbank-Funktionen und erleichtert so die Anfertigung und Ausführung von Standardverfügungen und Beschlüssen. Weitere Fachanwendungen befinden sich in der Entwicklung.[8]

Die Tatsache, dass die moderne Informationstechnik inzwischen zu einem unverzichtbaren Bestandteil der Arbeitsplätze aller Mitarbeiterinnen und Mitarbeiter der Justiz geworden ist, hat überdies zur Einrichtung von zwei zentralen Servicestellen geführt, die einen wesentlichen Beitrag zu einem professionellen und modernen IT-Betrieb der Justiz NRW leisten. Das *Beratungstelefon Informationstechnik (BIT)* und das *Technisches Betriebszentrum (TBZ)* sind beim Oberlandesgericht Düsseldorf angesiedelt und gewährleisten in enger Zusammenarbeit mit lokalen IT-Betreuern und weiteren Betreuungsinstanzen eine umfassende Betreuung aller Anwender der Justiz bei Problemen rund um die IT.

Das BIT versorgt von einem im Oberlandesgericht eingerichteten zentralen User Help Desk aus zurzeit mit 23 Agenten (Mitarbeiter aus der Justiz) rund 25.000 Anwender in 230 Behörden der Justiz NRW. Bis zum Ende des ersten Halbjahres 2005 wird die gesamte Justiz (alle Gerichtszweige und der Justizvollzug) mit rund 30.000 Anwendern und 270 Behörden in die Betreuung aufgenommen sein. Derzeit werden durch diese Einrichtung monatlich rund 10.000 Anfragen und Problemmeldungen bearbeitet. Fast 80 Prozent können binnen eines Tages geklärt werden; davon ein Großteil bereits beim ersten Telefonat.

Das TBZ stellt die Funktionsfähigkeit des Netz- und Systembetriebes in den Justizbehörden sicher. Es betreut mit Hilfe des Landesamtes für Datenverarbeitung und Statistik (LDS) als externem Dienstleister bereits mehr als 600 Serversysteme und 400 Netzwerkkomponenten in 162 Gerichten und Staatsanwaltschaften. Im Wege der Fernüberwachung werden zentral von Düssel-

6 *JUDICA = Justiz Unterstützung durch Instanzübergreifende Client-Server-Applikation; Näheres dazu unter www.judica.nrw.de.*

7 *TSJ = TextSystemJustiz.*

8 *Für die Zwangsvollstreckung von erheblicher praktischer Bedeutung ist das sog. IT-ZVG. Diese Verfahrenslösung besteht aus zwei Komponenten; nämlich zum einen dem Programm IT-Text, das die Arbeit der in der Zwangsvollstreckungsabteilung tätigen Servicekräfte und Rechtspfleger erleichtert, zum anderen dem Programm IT-ZVG SE, das die Veröffentlichung des Versteigerungstermins einschließlich der Beschreibung des zu versteigernden Objekts nebst Wertangabe im Internet vorsieht. Ebenfalls vielversprechend ist das Programm JUKOS (der Begriff steht für Justiz und Kosten), ein Verfahren zur Automation des Gerichtskosten- und -kassenwesens sowie der Geldstrafenvollstreckung; vgl. www.jukos.justiz.nrw.de.*

dorf aus Probleme in den Behörden erkannt und behoben. Das TBZ ist zudem für das Controlling und die Optimierung der Geschäftsprozesse zwischen den einzelnen mit Informationstechnik befassten Dienststellen der Justiz zuständig. In technischen Notfällen, etwa bei Vorliegen von Sicherheitslücken, führt das TBZ für die gesamte Justiz Notfallmaßnahmen durch. So ist erst kürzlich durch das TBZ der Schutz vor Computerviren optimiert worden. Demnächst kann der gesamte Virenschutz in den Justizbehörden des Landes auf 30.000 Computern zentral vom Oberlandesgericht Düsseldorf aus gesteuert und kontrolliert werden.

## Qualitätsmanagement und Controlling

Die veränderten technischen Möglichkeiten haben den Blick für die Arbeitsabläufe geschärft. Von vornherein ist erwartet worden, dass die erheblichen Investitionen, die in die Ausstattung der Gerichte getätigt werden, sich auch finanziell lohnen, indem sie zu einer Entlastung der Justiz und im Ergebnis zu einer erheblichen Verringerung des Justizpersonals führen würden. In der Tat hat der Haushaltsgesetzgeber in Nordrhein-Westfalen im Vorgriff auf diesen Effekt schon längst damit begonnen, vor allem im nicht-richterlichen Bereich in erheblichem Umfang Stellen abzubauen.[9] Er hat damit den Druck auf die Justiz, die technischen Möglichkeiten auszuschöpfen und die Arbeitsorganisation den gegebenen Verhältnissen anzupassen, bis an die Grenze des Erträglichen erhöht. Die Veränderungen haben deutlich gemacht, dass es auch in der Justiz einer Überprüfung der sich zwangsläufig wandelnden Arbeitsabläufe und damit insgesamt eines «*Qualitätsmanagements*» bedarf. Dieses darf allerdings in seiner Ausrichtung nicht auf Wirtschaftlichkeit und Effizienz beschränkt sein, sondern muss sich unter Gestaltung und Ausschöpfung der gegebenen Möglichkeiten seinerseits wiederum an der Erfüllung des Justizgewährungsanspruchs orientieren.

Die notwendigen Reformen machen vor dem *Arbeitsplatz des Richters* nicht Halt. Sie verlangen auch vom Richter Flexibilität und Kooperation. Vor allem die Einführung neuer Techniken setzt ein Umdenken und u.U. den Verzicht auf manche lieb gewordene Gewohnheit voraus. So kann der Personalabbau bei den Protokollführern nur ausgeglichen werden, wenn der Richter auf Protokollkräfte in der Sitzung zugunsten des Einsatzes eines (digitalen) Diktiergerätes auch tatsächlich verzichtet.[10] Nicht anders verhält es sich mit dem

9 *Allein im Zeitraum von 1999 bis 2003 ist die Zahl des nicht-richterlichen Personals im Bezirk des Oberlandesgerichts Düsseldorf von 5524 auf 4699 reduziert worden.*

10 *Die jüngste Änderung des § 159 Abs. 2 ZPO weist den Weg.*

Gebrauch des Dienst-PCs als Informations- und Kommunikationsquelle. Der Papierumsatz wird durch Versendung elektronischer Mitteilungen nur dann mit Aussicht auf Erfolg verringert werden, wenn alle Bediensteten, also auch die Richter, zumindest einmal täglich ihren PC einschalten und die eingegangenen Nachrichten lesen. Ebenso stellt die Verwendung der für die Rechtsprechung entwickelten Software erheblich veränderte Anforderungen an die Organisation des richterlichen Arbeitsplatzes und die Zusammenarbeit mit den Unterstützungskräften.

Es macht wenig Sinn, die notwendigen Veränderungen primär unter dem Gesichtspunkt der richterlichen Unabhängigkeit zu diskutieren. Denn diese Diskussion führt eher zu strengen Abgrenzungen und verhärtet die Fronten. Vielmehr gilt es die Richterschaft von den Chancen, die in den veränderten Verfahrensabläufen liegen, zu überzeugen und sie zu einer Mitarbeit zu gewinnen. Dabei muss es auch darum gehen, deutlich zu machen, dass richterliche Unabhängigkeit mit richterlicher Verantwortung korrespondiert. Sie ist nicht das Privileg eines Berufsstandes.[11] Insoweit kann die Reflexion des Justizgewährungsanspruchs und der Rolle, die dem Richter im Rahmen seiner Umsetzung zufällt, helfen, die Gräben zu überwinden und zu jener ganzheitliche Betrachtung zu gelangen, derer wir zur Bewältigung der Zukunftsaufgaben bedürfen.

## Personalführung

Von besonderer Bedeutung für eine wirkungsvolle Sicherung der Justizgewähr nach innen und außen ist schließlich *qualifizierte Führung*. Diesem Aspekt ist in der Vergangenheit nicht immer der ihm zukommende hohe Rang eingeräumt worden.[12] Nur bei richtiger Führung aber können die Beschäftigten ihre Fähigkeiten voll entfalten und sich hinreichend für ihre Aufgaben engagieren.

Qualifizierte Führung heißt, Menschen anzuleiten, bestimmte Ziele als die ihren anzuerkennen und die Aufgaben, die auf dem Weg dorthin zu erfüllen sind, anzunehmen. Sie setzt die Reflexion ihrer eigenen Aufgaben und Ziele voraus. Für die Gerichte scheinen die Aufgaben, die zur Justizgewähr zu erfüllen sind, durch Gesetz und Verfassung vorgegeben. Praktisch müssen sie jedoch unter Berücksichtigung der aktuellen und künftigen finanziellen, technischen und organisatorischen Rahmenbedingungen näher konkretisiert und operationalisiert werden. Die Reflexion und Fortentwicklung der Konzepte zur

11 *v. Renesse, NJ 1993, 409, 411.*

12 *Dies gilt nicht nur für die Justiz-, sondern für die gesamte öffentliche Verwaltung, wie sich aus dem Bericht der Bull-Kommission ergibt; Bericht der Regierungskommission «Zukunft des öffentlichen Dienstes – Öffentlicher Dienst der Zukunft», Düsseldorf 2003.*

Zielerreichung sind Führungsaufgaben. Sie schließen die Weitergabe von Kritik mit ein.

Gegenüber den Mitarbeitern verlangt qualifizierte Führung vor allem Überzeugungsarbeit. Denn noch immer ist die eigene Motivation und das persönliche Interesse des Einzelnen an seiner Arbeit die beste Gewähr für deren Qualität. Ein Führungsstil, der auf Überzeugung anstatt auf Anweisung setzt, der Verantwortung wecken und Mitarbeiter erfolgreich machen will, stellt allerdings an die Führungskräfte hohe Ansprüche. Er setzt ein eigenes, positives Menschenbild und eine wertschätzende Haltung voraus. Nur wer den Menschen etwas zutraut, kann sie auch fordern und fördern.

Die Führungsentscheidungen müssen bei der Personalauswahl ansetzen. Auch für das Gesicht der Justiz wird in der Zukunft entscheidend sein, welche Mitarbeiter sie einstellt und welche Kompetenzen sie dabei voraussetzt. Das Bild des Richters, des Rechtspflegers, des Beamten des mittleren Dienstes, des Justiz(fach)angestellten, des Gerichtsvollziehers und der Angehörigen des Justizwachtmeisterdienstes hat sich gewandelt. Die Anforderungen an alle Beschäftigten der Justiz müssen diesem Wandel angepasst werden. Die in der Vergangenheit fast ausschließlich geforderten fachlichen Kompetenzen genügen nicht mehr. Sie müssen um methodische, soziale, zielorientierte und insbesondere Führungs-Kompetenzen ergänzt werden.[13] Durch die im Geschäftsbereich des Oberlandesgerichts Düsseldorf etablierten *Einstellungsverfahren* wird diesen Erfordernissen Rechnung getragen.

Die Entwicklung der Mitarbeiter muss danach von längerfristigen Konzepten begleitet werden, die auf ihre besonderen Fähigkeiten und Möglichkeiten abgestimmt sind. Ziel dieser *Personalentwicklungskonzepte* muss es sein, die richtigen Personen mit den bestmöglichen Kompetenzen in die entsprechenden Aufgaben zu entwickeln. Besonderes Augenmerk gilt dabei den Führungskräften, da sie primär den Gesamterfolg der Organisation beeinflussen. Die für die Zielerreichung erforderlichen Strukturen sind in Düsseldorf im Aufbau begriffen. In einem ersten Schritt wurde ein Personalentwicklungskonzept für Führungskräfte aller Ebenen des nichtrichterlichen Dienstes in der Justizverwaltung erstellt. In dieses Personalentwicklungskonzept ist ein Aufgaben- und Anforderungsprofil für Führungskräfte integriert. Die bisher im Wesentlichen sachorientierte Aufgabenzuweisung wie z. B. die Geschäftsstellenordnung, die Geschäftsleiter AV (Entwurf), die AV für die Organisation in der Bewährungshilfe (Koordinatoren), Dienstordnung für den Justizwachtmeisterdienst wurde um führungsorientierte Aufgaben ergänzt (z.B. Führen von Mitarbeitergesprä-

13 *Zu den notwendigen richterlichen Fähigkeiten A.-J. Paulsen, karriereführer recht, 2004, S. 24 f.*

chen, Ermittlung des individuellen Fortbildungsbedarfs einschl. Maßnahmeplanung und Erfolgskontrolle, Sicherstellung des Informationstransfers, der Durchführung von Dienstbesprechungen). Eine Erweiterung des Personalentwicklungskonzeptes für alle Mitarbeiter in der Rechtspflege ist in der Planung.

Führung muss gelernt werden. Führungskräftefortbildung zielt darauf ab, Führungskräfte zu befähigen, ihre Zielvorstellungen überzeugend zu vertreten und erfolgreich umzusetzen. Mitarbeitergesprächen kommt im Rahmen moderner Führung eine besondere Bedeutung zu. Viele Vorgesetzte glauben, es reiche aus, sachlich zu überzeugen. «Es genügt nicht, zur Sache zu reden. Man muss zu den Menschen reden.» (Stanislaw J. Lec) Tatsächlich ist aber die Beziehungsebene entscheidend. Wer seinen Gesprächspartner auf der Beziehungsebene erreicht, der kommt auch auf der Sachebene an.

In den Jahren des Wandels wird der Erfolg der Personalführung entscheidend davon abhängen, dass es gelingt, die Mitarbeiter davon zu überzeugen, notwendige Veränderungen nicht als Schicksal hinzunehmen, sondern als Chance aktiv zu nutzen.[14] Dies setzt allerdings voraus, dass die Führungskräfte in Wahrnehmung ihrer Verantwortung für die Mitarbeiter und ausgerichtet an dem für die Justiz entscheidenden – grundgesetzlich vorgegeben – Ziel effektiver Justizgewähr[15] sinnvolle, wie es heute heißt «zielführende» Veränderungen anstreben.

Veränderungen werden nicht als sinnvoll erfahren, wenn nicht erkennbar ist, dass und wie sie zur Zielerreichung dienen. Beharrungsängste werden verstärkt oder gar erst hervorgerufen, wenn Mitarbeiter nicht erleben, dass Veränderungsprozesse zu Ergebnissen führen. Nicht zu Unrecht haben manche Mitarbeiter den Eindruck, dass nahezu täglich eine «neue Baustelle» aufgemacht wird, ohne jemals irgendeine der offenen zu schließen. Um die damit einhergehende Überforderung der Mitarbeiter und des Apparates zu vermeiden, ist es eine Kernaufgabe von Führungskräften, den Veränderungsfeldern innerhalb der jeweiligen Organisation in Abstimmung mit den betroffenen Mitarbeitern Prioritäten zu zuweisen.

## III.

Die Justizverwaltung wird auch in Zukunft ihre gesetzlichen Aufgaben erfüllen. Der notwendige Umbau der Gerichte zu modern ausgestatteten und effektiv funktionierenden Dienstleistungseinheiten verlangt jedoch nach ver-

14 *Johnson, Die Mäusestrategie für Manager,* S. 70.
15 *H.-J. Papier, NJW* 2001, 1089.

lässlichen und berechenbaren Rahmenbedingungen. Dazu gehört eine ausreichende finanzielle Ausstattung der Justiz ebenso wie eine gewisse Konstanz der Gesetzgebung. Weitreichende Veränderungen des materiellen und vor allem des Prozessrechts haben Auswirkungen auf die Gerichtsorganisation und bedürfen einer längerfristigen Perspektive. Hektische Betriebsamkeit schadet da nur.

Bei den einzelnen Ansätzen zur Modernisierung der Justiz darf im übrigen nicht aus dem Auge verloren werden, worum es eigentlich insgesamt geht, nämlich um die langfristige Sicherung des Anspruchs auf Justizgewährung. Insoweit bedarf der Reformprozess in allen seinen Einzelheiten einer ständigen Reflexion auf das Grundsätzliche.

Der Anspruch auf Justizgewährung führt in das Zentrum rechtsstaatlicher Gewährleistungen. Ihn zu erfüllen und die Rechtsprechung fähig zu machen, dem Bürger auch in Zukunft Rechtsschutz zu gewähren und den Rechtsfrieden zu sichern, ist eine große und lohnenswerte Aufgabe, die jeder Anstrengung wert ist und bleibt.

Von Gisela Lantzerath

# Gesetzliche Rahmenbedingungen: Margot von Renesses Engagement für das Betreuungswesen

Margot von Renesse hat auf dem 5. Vormundschaftsgerichtstag in Bonn am 21. November 1996 unter der Überschrift «Was kann Politik leisten, um die Wahrnehmung der Grundrechte von Kranken und Behinderten sicherzustellen?» einen Vortrag gehalten. In ihrer Schlussbemerkung sagt sie:

> «Wenn es um den Erhalt der Menschenwürde für Kranke und Behinderte geht, so hat mich die Erfahrung gelehrt, dass sie im tiefsten nur gewahrt werden kann, wenn die Betroffenen nicht nur gesetzgeberische Zuwendung, sondern individuelle Liebe erfahren. Dies kann kein Gesetzgeber leisten oder gewährleisten. Ohne Liebe zum einzelnen wird Betreuung nach dem BGB, Pflege in der Pflegeversicherung oder Gesundheitsfürsorge nach dem SGB V kaum mehr leisten als kalte Leistung nach dem Prinzip ‹satt und sauber›. Gesetze können die emotionale Beteiligung, die mehr ist als kühle Professionalität, nicht bewirken. Sie können und müssen allerdings Rahmenbedingungen setzen, in denen Liebe und personale Zuwendung nicht verzagen oder sich totlaufen. Ich wünsche allen Betroffenen, dass ihnen die unverzichtbare Zuwendung von Mensch zu Mensch zuteil wird.»

Dass eine Juristin und Politikerin einen kompetenten und engagierten Vortrag hält, der sich mit Menschenwürde, dem Benachteiligungsverbot, einem Gleichbehandlungsgesetz, der Verabschiedung einer Konvention zur Erhaltung der Menschenrechte auf dem Gebiet der Biomedizin und dem Reformbedarf des Betreuungsrechts befasst, ist sicher weniger ungewöhnlich als dass sie schließlich zu dem Ergebnis gelangt, dass es letztlich die individuelle Liebe ist, die für den Erhalt der Menschenwürde unabdingbar erforderlich ist. Noch ungewöhnlicher und deshalb bemerkenswert ist die große Glaubwürdigkeit, die Margot von Renesse vermittelt. Das spüren Zuhörer, auch die, die anderer Ansicht sind; zumindest macht es diese nachdenklich.

Margot von Renesse hat sich als Politikerin immer bemüht, die gesetzlichen Rahmenbedingungen im Sinne des vorstehenden Zitats zu beeinflussen und zu gestalten, zu begleiten oder notwendige Korrekturen einzufordern. Sie hat frühzeitig Defizite in der praktischen Umsetzung des von ihr in seinen Zielen bejahten und offensiv vertretenen Betreuungsrechts erkannt. Sie beklagte dessen Justizlastigkeit, die «es zu entrümpeln» gelte, die zutage getretenen justiziellen Unzulänglichkeiten und das Fehlen der unbedingt erforderlichen Anbindung an das Sozialrecht. Sie forderte die Verknüpfung von zivilrechtlichen und sozialrechtlichen Regelungen.

Die Antwort auf die von ihr Anfang 1996 initiierte «Große Anfrage» hatte ergeben, dass die Wirklichkeit des Betreuungsrechts der Regierung und dem Parlament nicht bekannt ist. Dies hinderte allerdings nicht die Verabschiedung des 1. BtÄndG kurz vor Schluss der 13. Legislaturperiode 1998.

Dagegen hat sich Margot von Renesse immer in der Praxis kundig gemacht und zahllose Gespräche mit den Akteuren des Betreuungswesens, den Betroffenen, ihren Angehörigen und den Fachverbänden, insbesondere auch dem Vormundschaftsgerichtstag, geführt. Die Ergebnisse bestärkten sie, eine strukturelle Reform des Betreuungsrechts in die Wege zu leiten: «Von der justizförmigen zur sozialen Betreuung» lautete der Titel des unter ihrer Federführung erarbeiteten Antrages zur Reform des Betreuungsrechts, der am 1. April 1998 von der SPD-Fraktion eingebracht wurde.

Ohne die rechtspolitischen Ziele und die Philosophie des Betreuungsgesetzes in Frage zu stellen, hielt Margot von Renesse dessen Reform zum Wohl der betroffenen Menschen für erforderlich, um für das Betreuungswesen insgesamt bessere Rahmenbedingungen zu schaffen.

Ihr Verständnis von Betreuung ist die fürsorgerische Aufgabe, die begleitet wird von persönlicher Zuwendung eines Betreuers, der für diese Aufgabe die erforderlichen Fähigkeiten hat und die erforderliche Zeit aufwendet. Auszurichten ist Betreuung daran, die Selbständigkeit des Betroffenen zu erhalten. Unverzichtbar ist der Aufbau eines Vertrauensverhältnisses und «Hilfe zur sinnvollen Führung und Vollendung eines menschenwürdigen Daseins».

Die Vorschläge zur Reform des Betreuungsgesetzes gehen von diesem Verständnis des Betreuungsrechts aus und stellen den in § 1901 BGB normierten Anspruch der Betreuten auf die ihnen individuell zustehende Betreuertätigkeit nie in Frage. Da solche Betreueraktivitäten den Rahmen des Zivilrechts sprengen, sind sozialstaatliche Institutionen gefordert, die angemessene Betreuung sicherzustellen, zu steuern und zu überwachen. Vorgeschlagen wird unter anderem die Schaffung eines Betreuungshilferechts als Teil des SGB, eine Neuordnung der Aufgabenverteilung zwischen Vormundschaftsgericht und Betreuungsstelle, Förderung der Betreuungsvereine mit öffentlichen Mitteln und Neuregelung der Vergütung.

Auf dem 6. Vormundschaftsgerichtstag im Oktober 1998 hat Margot von Renesse ihre Überlegungen und Perspektiven zur Weiterentwicklung des Betreuungsrechts durch ein Betreuungshilfegesetz in einer Arbeitsgemeinschaft vorgestellt.

> «Als ein Stück Alltagsrecht muss diese [Reform] fraktionsübergreifend mit der Bereitschaft zum Kompromiss erarbeitet werden. Sie muss ressortübergreifend sein, da sie Fachbereiche des Justiz-, Sozial- und Gesundheitsministeriums berührt. Auch sind den Kommunen Mittel zuzuweisen, die in der Justiz eingespart werden. Politische Auseinandersetzungen um diesen Punkt werden die Reform des Betreuungsrechts erheblich erschweren. Sie wird nur möglich sein, wenn sie auf der ganzen Linie fachlich zu überzeugen vermag.»

Dies ist offenbar und bedauerlicherweise nicht gelungen. Der Reformantrag wurde nicht umgesetzt, das Eckpunktepapier der unter dem Vorsitz von Margot von Renesse Ende 1999 konstituierten interfraktionellen Arbeitsgruppe versandete irgendwo. Eine *Strukturreform* gehörte offenbar nicht zu den vorrangigen politischen Themen.

Stattdessen ist auf Druck der Justiz- und Finanzminister der Länder ein 2. BtÄndG in den Bundestag eingebracht worden. Eine *Strukturreform* ist damit nicht beabsichtigt, und die von Margot von Renesse formulieren Reformziele finden sich in dem Entwurf nicht wieder, wohl aber eine rigide Pauschalierung der Betreuervergütung mit dem ausschließlichen Ziel einer wesentlichen Kosteneinsparung in den Justizhaushalten der Länder. Der nach § 1901 BGB bestehende Anspruch der Betreuten auf die in ihrem Fall erforderliche Betreuungstätigkeit wird mit der angestrebten Regelung nicht mehr berücksichtigt. Was aus dem 2. BtÄndG wird, ist derzeit nicht absehbar. Der Rechtsausschuss befasst sich noch mit dem Gesetzentwurf. Schon liegt ein Referentenentwurf für ein 3. BtÄndG vor, der die Patientenverfügung im Betreuungsrecht verankern soll. Auch hier geht es *nicht* um eine strukturelle Reform, allerdings um ein Thema, zu dem Margot von Renesse ihre spezielle Sicht mit sehr innovativen Lösungsmöglichkeiten einbringen wird.

Einen Hoffnungsschimmer stellt vielleicht die Erklärung der 81. Arbeits- und Sozialministerkonferenz 2004 dar, die angekündigt hat, *nach Abschluss* des Gesetzgebungsverfahrens die Installierung einer Bund-Länder-Arbeitsgruppe zur Reform der Betreuungsstruktur anregen zu wollen. Zurzeit besteht allerdings weiter die Gefahr, dass – wie Heribert Prantl am 5. November 2003 in der Süddeutschen Zeitung geschrieben hat – ein im Kern höchst respektables Gesetz nicht fachmännisch repariert, sondern funktionsuntüchtig gemacht wird, indem es kaputt gespart wird.

Margot von Renesse hätte das als Politikerin und Abgeordnete – davon bin ich überzeugt – niemals zugelassen. Ich hoffe sehr, dass ihre Ausführungen auf dem 9. Vormundschaftsgerichtstag am 13. November 2004 zu dem Thema «Perspektiven des Betreuungswesens – Ausblick auf eine Strukturreform» von den entscheidenden Leuten gehört werden und Wirkung zeigen.

*Liebe Margot,*
*ich möchte Dir, auch im Namen des Vorstandes des Vormundschaftsgerichtstags, herzlich danken für Dein Engagement in und um das Betreuungswesen, das immer getragen war von Deinem christlichen und ethischen Verständnis in dem Bestreben, mit Deiner hohen fachlichen Kompetenz für die betroffenen Menschen das Beste zu erreichen. Auch in Deinem (Un-)Ruhestand bleibst Du diesem Anliegen verbunden und mischst Dich ein. Hierfür, und für viele Gespräche, Anregungen, Tipps und Deine Mitwirkung an den Vormundschaftsgerichtstagen: Danke!*

# Autorenverzeichnis

**Prof. Dr. iur. Dr. h.c. Ulrich Battis,**
Humboldt-Universität zu Berlin.

**Prof. Dr. iur. Ernst Benda,**
Albert-Ludwigs-Universität Freiburg,
Präsident des Bundesverfassungsgerichts a.D.

**Prof. Dr. phil. Maria Böhmer,**
Mitglied des Bundestages, stellvertretende Vorsitzende der CDU/CSU-Bundestagsfraktion.

**Susann Bräcklein,**
Rechtsanwältin in Berlin, Referentin für Rechtspolitik der SPD-Bundestagsfraktion (14. Legislaturperiode), Promotion «Investigativer Parlamentarismus».

**Wolfgang Clement,**
Bundesminister für Wirtschaft und Arbeit.

**Prof. Dr. iur. Herta Däubler-Gmelin,**
Mitglied des Bundestages, Bundesministerin der Justiz a.D.

**Stephan Detjen,**
DeutschlandRadio,
Parlamentskorrespondent Deutschlandradio/Hauptstadtstudio (1999–2004).

**Prof. Dr. theol. Wilfried Härle,**
Ruprecht-Karls-Universität Heidelberg, Vorsitzender der Kammer für Öffentliche Verantwortung der Evangelischen Kirche Deutschlands.

**Alfred Hartenbach,**
Mitglied des Bundestages,
Parlamentarischer Staatssekretär bei der Bundesministerin der Justiz,
Rechtspolitischer Sprecher der SPD-Bundestagsfraktion (14. Legislaturperiode).

**Prof. Dr. theol. Traugott Jähnichen,**
Ruhr-Universität Bochum.

**Prof. Dr. theol. Dr. phil. Siegfried Keil,**
Philipps-Universität Marburg,
ehem. Präsident der Evangelischen Aktionsgemeinschaft für Familienfragen.

**Dr. iur. Jens Kersten,**
Privatdozent an der Humboldt-Universität zu Berlin,
Habilitation «Das Klonen von Menschen».

**Gisela Lantzerath,**
ehem. Vorsitzende des Vormundschaftsgerichtstages.

**Karl Kardinal Lehmann,**
Bischof von Mainz, Vorsitzender der Deutschen Bischofskonferenz.

**Prof. Dr. iur. Jutta Limbach,**
Präsidentin des Bundesverfassungsgerichts a.D.

**Prof. Dr. iur. Jürgen Meyer,**
Universität Freiburg, ehem. Mitglied des Bundestages,
Vertreter der Bundesrepublik Deutschland im Konvent zur EU-Grundrechtscharta sowie im Konvent zur Europäischen Verfassung.

**Prof. Dr. iur. Dagmar Oberlies,**
Fachhochschule Frankfurt/Main.

**Anne-José Paulsen,**
Präsidentin des Oberlandesgerichts Düsseldorf.

**Dr. iur. Lore Marie Peschel-Gutzeit,**
Senatorin für Justiz a.D., Berlin,
Vorsitzende Richterin am Oberlandesgericht Hamburg i. R., Rechtsanwältin in Berlin

**Prof. Dr. iur. Christian Pfeiffer,**
Universität Hannover,
Direktor des Kriminologischen Forschungsinstituts Niedersachsen.

**Fritz Pleitgen,**
Intendant des Westdeutschen Rundfunks.

**Dr. iur. Jan-Robert v. Renesse,**
Richter am Landessozialgericht Essen.

**Axel Schäfer,**
Mitglied des Bundestages, Mitglied des Europäischen Parlaments (1994–99).

**Dr. iur Henning Scherf,**
Bürgermeister und Präsident des Senats der Freien Hansestadt Bremen.

**Gerhard Schröder,**
Bundeskanzler.

**Prof. Dr. theol. Dr. h.c. Richard Schröder,**
Humboldt-Universität zu Berlin.

**Prof. Dr. iur. Dr. h.c. Dieter Schwab,**
Universität Regensburg.

**Prof. Dr. theol. Klaus Tanner,**
Martin-Luther-Universität Halle-Wittenberg,
Mitglied der Zentralen Ethikkommission für Stammzellforschung.

**Dr. rer. nat Christof Tannert,**
Biologe, Theologe, Leiter der Arbeitsgruppe Bioethik und Wissenschaftskommunikation am Max-Delbrück-Centrum für Molekulare Medizin, Berlin-Buch, Mitglied des Europäischen Parlaments (1994–99).

**Prof. Siegfried Willutzki,**
Honorarprofessor an der Universität Chemnitz,
Ehrenvorsitzender des Deutschen Familiengerichtstages.

**Margot von Renesse**
**im Orginal**

**Audio-CD**

## Interviews und Auszüge aus den Reden im Deutschen Bundestag auf CD

1) «Ich heiße Frau von Renesse», Auszug aus der Rede v. 28. Oktober 1993 zum Entwurf eines Familiennamensrechtsgesetzes (Gleichberechtigung im Namensrecht, Namensbestimmung durch den Vormundschaftsrichter bei Uneinigkeit über den Kindernamen), BT-Prot., 12/185, S. 15996 ff.

2) Politik und Familie: Die SPD-Rechtspolitikerin Margot von Renesse, ein Porträt von Stephan Detjen, DeutschlandRadio/Hauptstadtstudio, Sendung im Deutschlandfunk v. 16. September 2002.

3) Rede v. 31. Mai 2001 zur Debatte «Recht und Ethik der modernen Medizin und Biotechnologie», BT-Prot. 14/173, S. 16885 ff.

4) Rede v. 30. Januar 2002 zur Stammzellenforschung, Antrag «Keine verbrauchende Embryonenforschung: Import humaner embryonaler Stammzellen grundsätzlich verbieten und nur unter engen Voraussetzungen zulassen», BT-Prot. 14/214, S. 21195 ff.

5) Rede v. 25. April 2002 zur Stammzellforschung, Entwurf eines Gesetzes zur Sicherstellung des Embryonenschutzes im Zusammenhang mit Einfuhr und Verwendung menschlicher embryonaler Stammzellen (Stammzellgesetz – StZG), BT-Prot. 14/233, S. 23210 ff.

6) Rede v. 10. Mai 2001 zum Zwischenbericht der Enquete-Kommission «Recht und Ethik der modernen Medizin», Teilbericht zum Thema: Schutz des geistigen Eigentums in der Biotechnologie (Patentierung im Bereich der Biotechnologie, «Kein Patent auf Leben!») BT-Prot. 14/167, S. 16404 ff.

7) Rede v. 7. Juli 2000 zum Lebenspartnerschaftsgesetz, Entwurf eines Gesetzes zur Beendigung der Diskriminierung gleichgeschlechtlicher Gemeinschaften, 1. Beratung BT-Prot. 14/115, S. 10959 ff.

8) Rede v. 25. Juni 1992 zur Reform des Rechts zum Schwangerschaftsabbruch Entwurf eines Gesetzes zum Schutz des vorgeburtlichen/werdenden Lebens, zur Förderung einer kinderfreundlicheren Gesellschaft, für Hilfen im Schwangerschaftskonflikt und zur Regelung des Schwangerschaftsabbruchs (Schwangeren- und Familienhilfegesetz), BT-Prot. 12/99, S. 8321 ff.

9) Rede v. 25. September 1997 zur Reform des Kindschaftsrechts, Entwurf eines Gesetzes zur Reform des Kindschaftsrechts (Kindschaftsrechtsreformgesetz – KindRG), BT-Prot. 13/192, S. 17347 ff.

10) Rede v. 5. April 2001 zur Gleichstellung, 4. Bericht der Bundesregierung über die Förderung der Frauen im Bundesdienst – Berichtszeitraum 1995 bis 1998, BT-Prot. 14/164, S. 16038 ff.

11) Interview der Woche mit Stephan Detjen, Sendung im Deutschlandfunk v. 11. Februar 2005, 11:05 Uhr.

Kolibri 360 GmbH
Ferdinand-Jühlke-Straße 7
99095 Erfurt, Deutschland
produktsicherheit@kolibri360.de

Druck:
CPI Druckdienstleistungen GmbH
im Auftrag der
Kolibri 360 GmbH
Ferdinand-Jühlke-Str. 7
99095 Erfurt